Günter Schade / Berliner Porzellan

Günter Schade

Berliner Porzellan

Zur Kunst- und Kulturgeschichte der Berliner Porzellanmanufakturen im 18. und 19. Jahrhundert

Keyser

CIP-Kurztitelaufnahme der Deutschen Bibliothek

Schade, Günter:
Berliner Porzellan: zur Kunst- u. Kulturgeschichte der Berliner Porzellanmanufakturen im 18. und 19. Jahrhundert / Günter Schade. – München: Keyser, 1987

ISBN-3-87405-170-6

Lizenzausgabe
der Keyserschen Verlagsbuchhandlung GmbH
für die Bundesrepublik Deutschland, Berlin (West),
Österreich und die Schweiz · München 1987

Gesamtgestaltung: Joachim Kölbel
Gesamtherstellung: Druckwerkstätten Stollberg VOB
Printed in the German Democratic Republic

Inhalt

Vorwort

Als im Jahre 1709 der berühmte Alchimist Johann Friedrich Böttger in einem Laboratorium auf der Dresdener Jungfernbastei nach langen und systematisch durchgeführten Versuchen einen neuen keramischen Werkstoff gefunden hatte, der dem chinesischen Porzellan in allen seinen Eigenschaften ähnlich war, begann in der Geschichte der jahrtausendealten europäischen Keramik ein neuer Abschnitt der Entwicklung. Mit der 1710 erfolgten Gründung der ersten europäischen Porzellanmanufaktur auf der Albrechtsburg in Meißen waren auch bald schon alle notwendigen Voraussetzungen geschaffen, diese Entdeckung technisch und künstlerisch so zu vervollkommnen, daß bereits 1713 die ersten Porzellane auf der Leipziger Ostermesse angeboten werden konnten.

Durch die Mitarbeit so hervorragender Künstler wie Johann Gregor Höroldt und Johann Joachim Kändler erhielten die anfangs ausschließlich an ostasiatischen Vorbildern orientierten Porzellane der Meißener Manufaktur schon bald ihren eigenen künstlerischen Stil, der für das deutsche Porzellan insgesamt von großem Einfluß und weitreichender Bedeutung werden sollte.

Vom Erfolg der Meißener Manufaktur angeregt, entstanden bereits in der ersten Hälfte des 18. Jahrhunderts in vielen europäischen Ländern gleiche Unternehmen, die das begehrte Porzellan zur Erhöhung «des Glanzes und der Würde» ihrer meist fürstlichen Besitzer, aber auch zu rein merkantilen Zwecken produzierten.

In Berlin, der Residenz der brandenburg-preußischen Könige, entstand jedoch erst relativ spät auf Initiative des Kaufmanns Wilhelm Kaspar Wegely im Jahre 1751 die erste Manufaktur, obwohl schon 1713 mit Hilfe eines aus Meißen entflohenen Mitarbeiters in Plaue an der Havel der Versuch unternommen wurde, dem Geheimnis des weißen, echten Meißener Porzellans auf die Spur zu kommen. Auch der damals bekannte Berliner Chemiker Johann Heinrich Pott hatte zwischen 1740 und 1746 ernsthaft an der Entdeckung des Porzellans gearbeitet, jedoch seine Versuche mangels finanzieller Unterstützung durch den Landesherrn wieder einstellen müssen.

In der vorliegenden Darstellung der Geschichte des «Berliner Porzellans» sollen diese nicht uninteressanten Vorstufen der Entwicklung, ihre historische Bedeutung und auch die Ursachen ihres Scheiterns im Zusammenhang mit den allgemeinen gesellschaftlichen Verhältnissen in der ersten Hälfte des 18. Jahrhunderts erläutert werden. Insofern schließt der Begriff «Berliner Porzellan» diese Phasen der Entwicklung ebenso mit ein wie die der privaten Manufakturen von Wilhelm Kaspar Wegely und Johann Ernst Gotzkowski zwischen 1751 und 1763.

Der künstlerisch und kunstgeschichtlich bedeutendste Abschnitt beginnt jedoch erst mit der Übernahme der Manufaktur Johann Ernst Gotzkowskis durch König Friedrich II. im Jahre 1763; von da an entwickelte sich die Manufaktur zu einem der führenden Unternehmen dieses Industriezweiges. Ganz im Sinne des in der barocken Kunst des 18. Jahrhunderts angestrebten Gesamtkunstwerkes, jener Synthese zwischen Architektur, bildender und angewandter Kunst, sind die großen Service der Berliner Manufaktur vom gleichen geistigen und gestalterischen Ideengehalt geprägt wie die Innenausstattung der preußischen Schlösser in Berlin und Potsdam. Hier liegt nicht zuletzt auch ihre weit über die künstlerische Stellung der Porzellane anderer Manufakturen dieser Zeit hinausgehende Bedeutung.

Aber auch die für auswärtige Besteller und den Verkauf bestimmten Service, Figuren, Gruppen und

Einzelstücke sind von einer so hohen künstlerischen und technischen Qualität, daß sie zu dem Besten gehören, das in dieser Zeit überhaupt aus Porzellan hergestellt wurde. Die Vielfalt künstlerischer Formen, die Schönheit der plastischen Gestaltung und nicht zuletzt die hohe Qualität der Malerei trugen zu dem guten Ruf des Porzellans mit den Marken der Berliner Manufakturen bei.

Das ständig wachsende Interesse der Öffentlichkeit an den Kunstschätzen der Vergangenheit – allein die hohen Besucherzahlen in den Museen legen davon ein eindrucksvolles Zeugnis ab – ruft gleichzeitig ein großes Bedürfnis nach weitergehenden Informationen über kunstgeschichtliche Zusammenhänge, historische Hintergründe und Interpretation der Kunstwerke selbst hervor. Diesem Bedürfnis Rechnung tragend, soll der vorliegende Band allen Freunden der Porzellankunst in einer auf das Wesentliche beschränkten Zusammenfassung den geschichtlichen und künstlerischen Werdegang des Berliner Porzellans anhand der historischen Überlieferungen und der Kunstwerke aus einem nahezu 250 Jahre umfassenden Zeitraum selbst erläutern. Dabei konnte sich der Verfasser auf die Bestände in den Museen Berlin, Potsdam, Dresden, Weimar, Schwerin, Köln, Frankfurt am Main und Leningrad stützen sowie auf die umfangreiche, zu diesem Thema vorliegende Literatur, die in den Anmerkungen und im Anhang in ihren wichtigsten Teilen genannt ist.

Allen Kollegen und Freunden, die dem Verfasser bei der Vorbereitung der Arbeit hilfreich zur Seite standen, sei an dieser Stelle noch einmal recht herzlich gedankt.

1 *Zur Geschichte des Porzellans*

Die Herkunft des Porzellans aus China

Die Selbstverständlichkeit, mit der wir heute Porzellan sowohl im Haushalt als auch für industrielle Zwecke verwenden, läßt uns die Wichtigkeit und die Daseinsberechtigung dieses wertvollen keramischen Werkstoffes erkennen, der sogar im Zeitalter der unterschiedlichsten Kunststoffe für bestimmte Anwendungsbereiche durch nichts anderes zu ersetzen ist.

Die Zeitspanne von der Erfindung des europäischen Hartporzellans bis heute ist im Vergleich zum Glas, zur Keramik, zum Metall und Textil, also zu jenen Werkstoffen, die mit der Jahrtausende währenden Entwicklung der menschlichen Gesellschaft in engstem Zusammenhang standen, als sehr kurz zu bezeichnen.

Die Erfindung des Porzellans geht indessen auch nicht auf die momentane Eingebung eines begnadeten Töpfers zurück, sondern ist ebenfalls das Endresultat eines langen Entwicklungsprozesses, dem Erfahrungen von Generationen von Töpfern zugrunde liegen.

Das Entstehungsland des Porzellans ist China. Dort fanden sich, historisch bedingt, alle jene Voraussetzungen, die notwendig waren, um aus speziellen Tonarten und verschiedenen Beimengungen einen weißen und harten Scherben zu brennen, den wir auf Grund seiner besonderen Eigenschaften im Gegensatz zu allen anderen keramischen Produkten dieser Zeit als Porzellan bezeichnen. Zu den grundlegenden Bedingungen für die Herstellung des Porzellans gehörten vor allem die entsprechenden Rohstoffe sowie die Erfahrungen der Menschen, diese in ein richtiges Mischungsverhältnis zu setzen und bei entsprechend hohen Temperaturen zu brennen.

Die ersten keramischen Arbeiten, die bereits wichtige Merkmale des Porzellans besaßen, entstanden zur Zeit der Tang-Dynastie (618 bis 906).[1] Jedoch sollte von da an noch ein Jahrtausend vergehen, ehe aus diesem porzellanartigen Steinzeug wirkliches Porzellan mit allen seinen charakteristischen Eigenschaften entstand. Man nimmt an, daß dieser Entwicklungsprozeß zur Zeit der Mongolenherrschaft über China, zwischen 1280 und 1367, abgeschlossen war. Der künstlerische Höhepunkt der chinesischen Porzellankunst wurde jedoch erst unter dem Kaiser Kangxi aus der Mandschu-Dynastie (1662 bis 1722) erreicht. Das Porzellan dieser Epoche, das den weltweiten Ruhm der chinesischen Porzellankünstler begründete, zeichnet sich durch eine hervorragende technische Verarbeitung des keramischen Scherbens, durch eine vollendete Formgebung der Gefäße, durch eine starke Leuchtkraft der Farben sowie durch die bestechende Brillanz der Glasuren aus.[2]

Bereits der berühmte Venezianer Marco Polo, der von seiner Heimatstadt aus eine Weltreise über Bagdad nach China unternahm und dort von 1271 bis 1295 im Dienste des damals über China herrschenden Mongolenkaisers Chubilai-Chan stand, berichtete in seinem 1447 auch in deutscher Sprache erschienenen Reisebericht von seltsamen chinesischen Keramiken, die in der Stadt Tinghui hergestellt wurden und für die er den Begriff «porcellana» verwendete.[3]

Die Chinamode in Europa zur Zeit des Barocks

Frühe Beispiele dieser neuen chinesischen Keramikart, die bereits im Mittelalter nach Europa kamen, wurden als Kunstwerke von besonders hohem Wert geschätzt und wiederholt mit silbervergoldeten Fassungen versehen.

Der Name Porzellan, wie er in den meisten europäischen Sprachen gebräuchlich ist, geht auf das aus dem Lateinischen kommende Wort «porcella» zurück, das Ferkel oder Schweinchen bedeutet. Mit diesem Begriff bezeichnet man aber gleichzeitig auch eine schöne, glatte, weiße Meeresschnecke. Weil das frühe chinesische Porzellan der Oberfläche des Schneckengehäuses ähnlich war, gab man dieser vielbewunderten und geschätzten Keramik den gleichen Namen.

Mit der Entdeckung des Seeweges nach Ostindien zu Beginn des 16. Jahrhunderts und der wenige Jahrzehnte danach erfolgenden Gründung von Handelsniederlassungen und Handelsgesellschaften, den Ostindischen Handelskompanien, durch portugiesische, holländische, englische und deutsche Kaufleute war eine feste Brücke zwischen dem fernen, fremden Land und Europa geschlagen. Durch bebilderte und gedruckte Reiseberichte sowie durch mündliche Erzählungen der Kaufleute und Seefahrer entwickelte sich in nahezu allen europäischen Ländern, vor allem in Frankreich, England und Deutschland, eine starke Beziehung zu dieser fernöstlichen, exotischen Kunst Chinas und Japans, die man in Unkenntnis genauer geographischer Beziehungen vielfach als «indisch» oder «indianisch» bezeichnete.[4] Ihren bis heute sichtbaren Ausdruck fand diese in verschiedenen Phasen auftretende Vorliebe für das «Indianische» in der Nachbildung ostasiatischer Architekturmotive und der Darstellung von «Chinoiserien» in vielen Bereichen der angewandten und bildenden Kunst. Das «indianische» Lustschloß des sächsischen Kurfürsten August des Starken in Pillnitz (1720 bis 1723) oder auch das «chinesische» Teehaus des preußischen Königs Friedrich II. im Park von Sanssouci (1754 bis 1757) sind beeindrukkende Zeugnisse dieser Chinamode im Barock.[5]

Durch diese zunehmende Wertschätzung fernöstlicher Kunst und Kultur an den europäischen Höfen gewann auch der Import chinesischer und japanischer Porzellane eine große Bedeutung. Vor allem wurde der Adel in der zweiten Hälfte des 17. Jahrhunderts von einer regelrechten Sammelleidenschaft erfaßt, die den kommerziellen Import des Porzellans nahezu ins Unermeßliche steigen ließ.[6] Auf Grund überlieferter Angaben hat man errechnet, daß in den großen Handelsschiffen bis zu 100 000 Stück Porzellan geladen waren, so daß der Import in dieser Zeit insgesamt mehrere Millionen Stück betragen haben müßte.[7]

Aber diese vielen Porzellane brauchte man natürlich nicht ausschließlich als Tafel- und Gebrauchsgeschirr. Die meisten der kostbaren Vasen und Vasensätze, die großen Teller und Platten wurden zum Schmuck der Zimmer und Säle in den Schlössern benutzt sowie zur Einrichtung von Porzellankabinetten, in denen die schönsten Exemplare auf Konsolen und Tischen aufgestellt standen.[8]

Der größte Liebhaber und bedeutendste Sammler ostasiatischer Porzellane war der Kurfürst von Sachsen und König von Polen August der Starke, der für diese Leidenschaft, die er selbst als «Krankheit» bezeichnete, ungeheure Summen ausgab. Während andere Fürsten in ihren Schlössern einzelne Porzellankabinette anlegten, wollte sich August der Starke für seine Sammlungen das an der Elbe gelegene «Japanische Palais» vollständig als Porzellanschloß einrichten lassen. Unter diesem Aspekt tauschte er unter anderem auch mit dem preußischen König Friedrich Wilhelm I. im Jahre 1717 ein Regiment von 600 gut ausgerüsteten Dragonern gegen 117 chinesische Porzellane, darunter jene 48 als «Dragonervasen» bekannten Monumentalvasen, die noch heute in der Dresdener Porzellansammlung und im Schloß Moritzburg zu besichtigen sind.[9]

Die Erfindung des europäischen Porzellans in Dresden

Die künstlerische und technische Überlegenheit des chinesischen Porzellans gegenüber der europäischen Keramik dieser Zeit sowie die hohen finanziellen

Aufwendungen, die man für den Erwerb des wertvollen Porzellans aufbringen mußte, ließen schon am Ende des 15. Jahrhunderts Fürsten und ihre Alchimisten nicht ruhen, selbst ebensolche kostbaren Erzeugnisse herzustellen. Alle Versuche jedoch – in Italien schon um 1470 – führten nicht zu dem gewünschten Erfolg, weil man weder die Ausgangsstoffe und deren Zusammensetzung noch die entsprechenden Brenntechniken kannte. Neben den in vielen Ländern fehlgeschlagenen Versuchen entwikkelte sich jedoch in Holland und dann auch in Deutschland seit dem Ende des 17. Jahrhunderts eine ausgedehnte Produktion von blau-weißen und farbigen Fayencen, die anfangs als eine Art billig zu beschaffender Ersatz für das feine chinesische Porzellan angesehen wurden. Hinsichtlich der künstlerischen und technischen Eigenheiten schied die Fayence aber als ernsthafte Konkurrenz von vornherein aus, so daß der Reiz der Nacherfindung des Porzellans weiterhin bestehen blieb.

Es ist daher auch kein Zufall, daß man sich gerade in Sachsen besonders intensiv mit diesem Problem beschäftigte. Hier kamen viele Faktoren zusammen, die als Voraussetzung für die Erfindung und die Produktion des Porzellans anzusehen sind. Natürlich spielten die Porzellanleidenschaft Augusts des Starken und sein Hang zum Luxus und höfischen Prunk eine große Rolle. Hierzu kamen aber auch die wirtschaftliche Stärke des Landes, der Rohstoffreichtum und die Erfahrungen auf dem Gebiet des Bergbaus, der Keramik- und Glasherstellung, so daß dort mehr als anderswo zielgerichtete Experimente zum Erfolg führen konnten.[10]

In der Person des hochbegabten Alchimisten Johann Friedrich Böttger, der sich anfangs im Auftrage Augusts des Starken nicht ganz freiwillig mit der Herstellung von Gold beschäftigt hatte, und der des bedeutenden sächsischen Gelehrten Ehrenfried Walther von Tschirnhaus, der systematisch an der Untersuchung der sächsischen Bodenschätze und deren physikalischen Eigenschaften arbeitete, trafen zwei Persönlichkeiten zusammen, die auf wissenschaftlicher Grundlage dem Geheimnis des Porzellans gemeinsam auf die Spur zu kommen versuchten.[11]

Bereits 1706 war Böttger mit Versuchen zur Herstellung von Keramiken beschäftigt, die schließlich ein Jahr später zur Erfindung des roten marmorierten Steinzeugs führten, jenes Materials, das in den Anfangsjahren zu den Haupterzeugnissen der Meißener Manufaktur gehörte. Im März 1709 übergab Böttger dann das Ergebnis seiner planmäßig durchgeführten Versuche dem sächsischen Kurfürsten in einer Denkschrift über die Erfindung des weißen Porzellans, und am 6. Juni 1710 wurde die Meißener Manufaktur gegründet, die auf der Grundlage der Schöpferkraft Böttgers – unabhängig von der chinesischen Porzellantechnologie – zu produzieren begann.

Bevor das Meißener Porzellan jedoch künstlerisch und technisch einen eigenen Stil und Wert gefunden hatte, waren noch viele Schwierigkeiten zu überwinden. Einmal entdeckt, konnte das Geheimnis der Herstellung, das Arkanum, bestehend aus dem Wissen um die richtigen Rohstoffe, deren Mischungsverhältnis und die Brenntechnologie, nicht allein auf die Meißener Manufaktur beschränkt bleiben. Trotz strenger Geheimhaltungsvorschriften verließen Mitarbeiter der Manufaktur ihre Arbeitsstätte und stellten ihre dort gewonnenen Erfahrungen – oft für hohe Summen – in den Dienst anderer Auftraggeber.[12]

So konnte bereits 1718 der österreichische Kriegskommissar Innozenz du Paquier den Meißener Vergolder Conrad Christoph Hunger gewinnen und ein Jahr später auch noch den Arkanisten und Werkmeister Samuel Stöltzel. Von ihm kaufte er das Arkanum für 1000 Taler. Mit Hilfe dieser beiden ehemaligen Meißener Mitarbeiter gelang dann auch in Wien die Herstellung des Porzellans. Nachdem um die Mitte des 18. Jahrhunderts in Höchst (1746), in Nymphenburg und Fürstenberg (1747), in Berlin (1751), in Frankenthal (1755), in Ludwigsburg (1758) und in anderen Orten weitere Manufakturen entstanden waren, erhielt das Meißener Unternehmen erstmals eine ernst zu nehmende Konkurrenz. Den Künstlern der Porzellanmanufaktur Augusts des Starken aber gebührt ohne jeden Zweifel der Ruhm, aus dem neuen weißen, von Böttger entdeckten Porzellan einen eigenen künstlerischen Stil entwickelt zu haben. Das trifft sowohl auf die Herstellung qualitätvoller Tafelservice mit plastischem und malerischem Dekor als auch auf die Entwicklung der Porzellanplastik zu. In jeder Beziehung war Meißen auch über Jahrzehnte hinaus beispielgebend für alle nachfolgenden deutschen Manufakturen, die zu Beginn ihrer Produktion immer an die Vorbilder Meißens anknüpften und erst im Verlaufe ihrer eigenen Entwicklung einen selbständigen, manufakturbezogenen Stil herausbilden konnten.

Die Bedeutung des Porzellans im 18. Jahrhundert

Das Porzellan hatte sich bereits in der ersten Hälfte des 18. Jahrhunderts einen festen Platz in der höfischen Kultur des Barocks erobert. Auf den Tafeln des Adels verdrängte es das silberne Geschirr, und in den anmutig farbigen Porzellangruppen spiegelte sich das Leben der feudalen Gesellschaft in hervorragender Weise wider. Zur Dekoration waren in den Räumen und Sälen der Schlösser die großen Vasen, Vasensätze, Leuchter, Spiegel und Figurengruppen unerläßlich. Ursprünglich Sammelobjekt, ist das Porzellan im Verlauf des 18. Jahrhunderts zum unentbehrlichen «notwendigen Attribut des Glanzes und der Würde» geworden, wie es Herzog Carl Eugen im Gründungsstatut der Ludwigsburger Porzellanmanufaktur im Jahre 1758 sehr deutlich formuliert hat.[13] Alle anderen Materialien, wie Silber, Fayence und Zinn, traten hinter dem Porzellan zurück. Auf Grund der sehr hohen Preise großer, repräsentativ ausgestatteter Tafelservice blieben die Meisterwerke der Porzellankunst aber nur den führenden Adelsschichten vorbehalten. Sie waren reines Luxusgerät, das der eigenen Selbstdarstellung und einer nach außen gerichteten Repräsentation dienen sollte. Da sich die Manufakturen in der zweiten Hälfte des 18. Jahrhunderts verstärkt einer großen Konkurrenz ausgesetzt sahen und man auf Grund des hohen finanziellen Aufwandes unbedingt rentabel produzieren mußte, zugleich aber das sich entwickelnde Bürgertum nach stärkerer gesellschaftlicher Repräsentation drängte, drang das Porzellan auch sehr schnell in bürgerliche Kreise ein. Dies betraf besonders die Kaffee- und Teegeschirre, die einmal nicht den Umfang der großen Tafelservice besaßen, zum anderen aber von den Manufakturen von Glatt-Weiß bis zur prachtvollen Bemalung mit Goldstaffierung angeboten werden konnten, woraus sich wiederum unterschiedlich hohe Preisforderungen ergaben. Insofern reicht die ästhetische Spannweite des Porzellans bereits im 18. Jahrhundert vom repräsentativen, kostbaren Meisterwerk bis zum formschönen praktischen Gebrauchsgegenstand, der den bis dahin üblichen Geräten aus Fayence und Zinn auf Grund der Härte des Scherbens und der Glasur weit überlegen war.

2 Zur Technologie der Porzellanherstellung

Die Ausgangsstoffe Kaolin, Feldspat, Quarz

Zum Verständnis der mit der künstlerischen Gestaltung des Porzellans zusammenhängenden Problematik ist es notwendig, die Technologie der Herstellung des Porzellans in ihren Grundzügen zu erläutern. Wohl in keinem anderen Bereich der angewandten Kunst sind die gestalterischen und künstlerischen Probleme so eng mit einem technologisch komplizierten und auch aufwendigen Herstellungsprozeß verbunden sowie von dessen Entwicklungsstand abhängig wie beim Porzellan. Eigentlich ist die Geschichte des Porzellans im 18. und 19. Jahrhundert auch immer eine fortlaufende Geschichte seiner technischen Verbesserung bis hin zur rein wissenschaftlichen Durchdringung in unserem Jahrhundert. Jede Manufaktur – und das trifft auch auf die Berliner Unternehmen von Wilhelm Kaspar Wegely (1751 bis 1757) und Johann Ernst Gotzkowski (1761 bis 1763) zu – hatte trotz des Vorbildes der vollkommenen Meißener Porzellane und der durch erfahrene Arkanisten und Künstler vermittelten Kenntnisse bei Beginn der Produktion mit größeren technischen Schwierigkeiten zu rechnen. Meist gelang es erst nach einer längeren Anlaufzeit, technisch und künstlerisch zufriedenstellende Porzellane zu brennen, weil allein die theoretische Kenntnis des Arkanums nicht ausreichte, um den technologisch komplizierten Prozeß der Herstellung in allen seinen Phasen zu beherrschen. Vielmehr war dazu die praktische Erfahrung des ganzen Kollektivs der Manufakturmitarbeiter notwendig, die sich erst im Verlaufe einer bestimmten Zeit gemeinsamer Arbeit einstellte. Auf diese mit der Porzellanherstellung verbundenen Schwierigkeiten wies selbst noch in der Mitte des 18. Jahrhunderts Johann Kilian Benckgraff, der Direktor der Höchster Manufaktur, hin. Er schrieb: «Was die Struktur des Brennhauses und des Porzellain-Ofens, so ein würklicher Theil mit vom Geheimnisse ist, samt dem Einsetzen, Brennen, Verglühen, Schlemmen und Glasieren betrifft, lassen sich viel besser und klärer zeigen, als theoretica beschreiben.»[14] Den gleichen Standpunkt vertrat auch Johann Georg Grieninger, der Direktor der Berliner Gotzkowski-Manufaktur. Er schrieb 1762: «Chemische Bücher zu lesen hat in gar vieler Erwägung den größten Nutzen; wer aber echtes Porzellan zu machen daraus erlernen will, oder die Zubereitung der Farben auf dasselbe damit zu machen, der irret sich gar sehr.»

Böttger und Tschirnhaus war es zu verdanken, daß sie durch ihre systematischen Untersuchungen der in Sachsen vorkommenden Steine und Erden auf den Rohstoff stießen, der die eigentliche Grundlage des Porzellans bildet: das Kaolin.[15] Hierbei handelt es sich um eine weiße, tonartige Erde, die, gemischt mit anderen mineralischen Komponenten, bei einer Brenntemperatur von etwa 1450 Grad einen weißen, harten und dicht gesinterten Scherben mit hervorragenden keramischen Eigenschaften ergibt. Diese spezielle Erde wurde anfangs in der Nähe von Colditz im Muldental gegraben; bald nach Aufnahme der Produktion in Meißen entdeckte man aber sehr reiche und qualitätvolle Kaolinvorkommen in der Nähe von Aue, die zu den größten in Sachsen gehörten und seit dieser Zeit den begehrten Rohstoff für das Meißener Porzellan lieferten.

Das Kaolin, nach den Fundorten der chinesischen Porzellanerde am Kao-ling-Paß in der Provinz Jiangxi benannt, ist, geologisch gesehen, das Verwitterungsprodukt der feldspathaltigen Gesteine Granit, Gneis und Porphyr, das am Ort des Zerfalls verblieben und infolgedessen im Gegensatz zu den normalen Tonerden mit nur wenigen Verunreinigungen versetzt ist. Im Brand stellt sich das Kaolin als feuerfestes Material dar, das selbst bei hohen Temperaturen nicht schmilzt, aber allein noch keinen keramischen Scherben ergeben würde. Aus diesem Grund mischt man das Kaolin in einem bestimmten Verhältnis mit Feldspat und Quarz. Während das Kaolin innerhalb des «Versatzes», wie man diese Mischung nennt, den formbaren und plastischen Anteil bildet, fungieren Feldspat und Quarz als Magerungs- und Flußmittel. Das bedeutet einmal, daß sie der sogenannten Fettigkeit des Kaolins entgegenwirken und damit das Schwinden der Masse im Brand vermindern, und zum anderen, daß beide Mineralien während des Brandes innerhalb des Gefüges glasartig schmelzen, dieses fest miteinander verbinden und ihm die weiße, sehr harte und in dünnen Schichten durchscheinende Konsistenz verleihen. Damit erhält das Porzellan seine eigenen, sich von allen anderen keramischen Produkten unterscheidenden Merkmale.

Der prozentuale Anteil der drei Hauptbestandteile des Porzellans richtet sich nach der Zusammensetzung des Kaolins, das in manchen Abbaugebieten bereits einen ausreichenden Feldspatanteil besitzt. Als ein brauchbares Mischungsverhältnis für das Hartporzellan, wie man das von Meißen, Berlin und auch den anderen deutschen Manufakturen des 18. Jahrhunderts hergestellte Porzellan im Gegensatz zum Weichporzellan der englischen und französischen Manufakturen nennt, hat sich eine Zusammensetzung von 50 Prozent Kaolin, 25 Prozent Feldspat und 25 Prozent Quarz erwiesen. Dieser Versatz hat aber nur eine rein theoretische Bedeutung, da seine genauen Anteile noch von vielen anderen Faktoren abhängig sind und deshalb auch in den Manufakturen davon abweichende Mischungsverhältnisse angewandt wurden.

Mit der Entdeckung der großen Kaolinlagerstätten bei Aue war für die Meißener Manufaktur die Rohstoffgrundlage gegeben, auf der sich eine großangelegte Produktion entwickeln konnte. So wie die Entdeckung der für das Porzellan notwendigen Grundstoffe und deren Mischung strengster Geheimhaltung unterlagen, so wurde auch als logische Konsequenz daraus die Ausfuhr des Kaolins, nach dem Besitzer dieser Lagerstätten, dem sächsischen Kammerherrn Hans Schnorr von Carolsfeld, auch als «Schnorr'sche Erde» bezeichnet, verboten und unter Strafe gestellt. Doch diese vom sächsischen Kurfürsten August dem Starken erlassene Anordnung konnte es nicht verhindern, daß trotzdem Porzellanerde an fremde Konkurrenzunternehmen geliefert wurde. So bezog zum Beispiel die 1751 von Wilhelm Kaspar Wegely gegründete erste Berliner Porzellanmanufaktur das Kaolin aus den Schnorrschen Gruben bei Aue, wie eine chemische Analyse noch ungebrannter Porzellanerde ergab, die Ende des vorigen Jahrhunderts bei Bauarbeiten auf dem ehemaligen Gelände dieser Manufaktur in Berlin gefunden wurde.[16]

Gleichzeitig aber führte das Bekanntwerden der für die Porzellanherstellung notwendigen Rohstoffe zur Suche nach weiteren Fundorten. Hier sind besonders die 1718 entdeckten Kaolinlagerstätten von Hafenzell bei Passau zu nennen, die den Rohstoff für viele deutsche, um die Mitte des 18. Jahrhunderts entstehende Manufakturen lieferten. Auch die zweite Berliner Manufaktur Johann Ernst Gotzkowskis, gegründet 1761, bezog das Kaolin von dort, da die Einfuhr aus Aue unterbunden wurde. Jedoch erreichten die aus dem Passauer Kaolin hergestellten Arbeiten nicht das helle Weiß der Meißener Porzellane, die aus der Schnorrschen Erde gebrannt wurden. Vielmehr wiesen sie einen leicht gelblichen, rahmfarbigen Ton auf. Die Passauer Erde wurde in Berlin selbst noch nach der Übernahme der Manufaktur Gotzkowskis durch Friedrich II. bis zum Jahre 1765 verarbeitet, obwohl der König – wie in dieser Zeit ganz allgemein üblich – den mehr kühlen, weißen Ton des Meißener Porzellans bevorzugte. Der Nachteil des Passauer Kaolins gegenüber dem aus Aue bestand aber nicht nur im

Aussehen des daraus gebrannten Porzellans, sondern er stellte auch in finanzieller Hinsicht eine Belastung für die Berliner Manufakturen dar. Durch den weiten Transport von Passau über Regensburg nach Berlin war der Preis für die Erde so hoch, daß das Endprodukt auf dem Markt zu teuer wurde und man folglich nicht rentabel genug produzieren konnte.

Bedingt durch diese ökonomischen Erwägungen, schlug bereits 1763 der Manufakturdirektor J. G. Grieninger dem König anläßlich eines Manufakturbesuches vor, im eigenen Land nach brauchbarem Kaolin suchen zu lassen. In seinen Aufzeichnungen aus diesem Jahr heißt es: «Bei dieser Gelegenheit brachte ich es aufs neue vor, das die Manufaktur ihre Erde mit grosen Kosten von Passau müse kommen lahsen, und das bei so vielen damit angestellten Versuchen noch kein Mittel hätte ausfindig gemachet werden konnen, weissere Porzelläne davon zuzubereiten. Zugleich bat ich um Königl.e Ordre zur Probe Einsendung von allen in den Königl.en Ländern lagernden Erden – Thon – und Stein Arten, ob vielleicht etwas brauchbares darunter seyn möchte, wie sich in Schlesien und auch im Saal-Kreise vermuten ließ.» [17]

Diese Vermutung Grieningers erwies sich als richtig, denn die in Ströbel am Zobten in Schlesien geförderte weiße Erde war auch für die Porzellanherstellung geeignet und wurde seit 1765 in der Manufaktur verarbeitet. Jedoch mußte das Ströbelsche Kaolin, da es sehr mager war und dementsprechend eine nicht ausreichende Plastizität besaß, besonders bei der Herstellung größerer Stücke noch mit 50 Prozent Passauer Erde gemischt werden, wie Grieninger in seinem Bericht weiter erwähnte. Jedoch war die Beschaffung dieser Erde durch den langen Transportweg sehr aufwendig, so daß ab 1771 das bei Brachwitz in der Nähe von Halle entdeckte Kaolin in der Berliner Manufaktur verarbeitet wurde. Ebenso brauchbare und umfangreiche Lagerstätten fand man durch intensive Sucharbeit 1787 unweit von Brachwitz in Beidersee, Morl und Sennewitz, die sich die Manufaktur sicherte und bis ins 20. Jahrhundert hinein als Rohstoffbasis nutzte. Dieses «hallische» Kaolin war für die Porzellanherstellung bestens geeignet, weil es nur wenige Verunreinigungen enthielt und außerdem bereits den für die Porzellanherstellung notwendigen Quarzanteil besaß.[18] Gebrannt ergab dieser aus hallischer Porzellanerde bestehende Versatz ein weißes, leicht ins Bläuliche schimmernde Porzellan, das dem Meißener aus der Schnorrschen Erde in keiner Weise nachstand, dem Porzellan aus schlesischem und Passauer Kaolin gegenüber jedoch etwas kühler erschien.

Die Aufbereitung der Rohstoffe

Der Mischung der drei Hauptkomponenten der Porzellanmasse gingen allerdings noch umfangreiche Aufbereitungsarbeiten voran. So mußte das Kaolin in einem Schlämmprozeß von allen Verunreinigungen und fremden Bestandteilen gesäubert werden. Zu diesem Zweck wurde es in Wasser aufgelöst und über ein System von Schlämmkästen geleitet, in denen sich die Verunreinigungen absetzten und das reine Kaolin letztlich in der Endstufe übrigblieb. Anschließend getrocknet, gestampft oder gemahlen, stand es in einer nahezu pulverförmigen Konsistenz der Weiterverarbeitung, das heißt der Mischung mit den anderen Komponenten, zur Verfügung. Auch Feldspat und Quarz mußten erst in den Manufakturen für die weitere Verarbeitung erschlossen werden. Die meist in Form von Steinbrocken und Sand angelieferten Mineralien glühte man zunächst in einem Ofen aus, um sie für den danach folgenden Mahlprozeß porös und brüchig zu machen. Dieser vollzog sich auf den sogenannten Kollergängen, einer aus großen, um eine senkrechte Achse rotierenden Steinrädern bestehenden Mühle, auf der das gebrannte Mahlgut unter Beimengung von Wasser weiter zerkleinert wurde. Hierauf folgte

ein Schlämmprozeß, um alle größeren Stücke und Verunreinigungen aus diesem Mahlgut herauszulösen. Erst nach Erfindung der Kugel- oder Trommelmühle im Jahre 1865 konnten die Gesteine bereits staubfein gemahlen werden, so daß ein nachträgliches Schlämmen entfiel.
Die zur Zertrümmerung der Gesteine notwendigen Hammer- und Pochwerke, Kollergänge, Mahlwerke und Mühlen sowie die Schöpfwerke für das erforderliche Wasser wurden in den Manufakturen in Berlin und Meißen durch von Pferden getriebene Göpelwerke in Bewegung gesetzt. Doch bereits 1793 bekam die Berliner Porzellanmanufaktur eine zehn PS starke Dampfmaschine – die erste in einem preußischen Industrieunternehmen überhaupt –, die zehn Stampfwerke, zwölf Mühlsteine, eine Schleifscheibe und einige Wasserschöpfwerke antrieb.[19]
Nach diesen Vorarbeiten wurden die so aufbereiteten Ausgangsstoffe Kaolin, Feldspat und Quarz unter Zusatz von Wasser vermischt, wodurch ein «Masseschlamm» entstand, dem jedoch nach dem Mischvorgang das Wasser in Spindelpressen zum größten Teil wieder entzogen wurde. Die aus der Presse kommenden «Massekuchen» mußten aber noch, bevor sie verarbeitet werden konnten, im sogenannten «Massekeller» abgelagert werden. Dort vollzog sich in einer unterschiedlich langen Lagerzeit ein innerkristalliner Quellprozeß, der neben anderen sich daraus ergebenden Faktoren die «Bildsamkeit» und die Homogenität der Masse wesentlich verbesserte.
Nach dieser notwendigen Ablagerungszeit wurde die Masse mehrmals kräftig durchgemischt, um alle darin enthaltenen Luftbläschen zu entfernen. Zu Beginn der Porzellanproduktion erreichte man diese Homogenisierung durch Kneten mit den Händen oder Treten mit den Füßen; als Hilfsmittel gab es die sogenante «Knetebank», auf der die Masse mit einem an der Bank befestigten Stock durchgeschlagen wurde und dann erst für die eigentliche künstlerisch-schöpferische Arbeit zur Verfügung stand. Die hier in ihren Grundzügen wiedergegebene Masseaufbereitung wurde im Prinzip in allen Manufakturen ähnlich gehandhabt.

Die Formgebung des Porzellans

Für die Entwicklung der Geschirrformen und Plastiken waren die an den Manufakturen fest angestellten Modellmeister mit den ihnen zugeordneten Bildhauern verantwortlich. Die Ausführung der von ihnen geschaffenen Modelle und Vorbilder übernahmen dann die Dreher, Former und Bossierer, die in den Manufakturen zu dem sogenannten «Weißen Korps» gehörten. Das wichtigste Hilfsmittel bei der Formgebung des Porzellans ist die seit Jahrtausenden bekannte Töpferscheibe. Da es sich bei der Porzellanherstellung jedoch nicht wie bei den üblichen Töpferwaren um das freischöpferische Aufdrehen und Gestalten von Gebrauchsgeschirren handelte, sondern vielmehr nur um die genaue Reproduktion und Vervielfachung der durch den Modellmeister vorgegebenen Modelle, wurde von den Drehern der Manufakturen auch nicht vorrangig künstlerische Begabung verlangt, sondern vor allem hohes handwerkliches Können und Präzision. Die einzelnen Teile und Formen eines Services sollten exakt miteinander übereinstimmen, so daß die Former und Dreher ihre Hauptaufgabe in der genauen Vervielfältigung des vorgegebenen Musters zu sehen hatten.
Aus diesen Gründen wurden die Tassen, Teller, Terrinen, Wärmeglocken und Saucieren auch nicht frei auf der Drehscheibe gefertigt, sondern mit Hilfe von rotierenden Gipsformen (Modeln) und feststehenden Messingschablonen, wodurch eine gleichmäßige Formgebung nach dem vorhandenen Modell und eine konstante Scherbendicke erreicht wurde.
Für tiefere Hohlgefäße, wie Tassen, Schüsseln und Terrinen, setzte man eine der äußeren Form der zu fertigenden Gegenstände entsprechende Hohlform

aus Gips auf die Töpferscheibe und drückte mit einem feuchten Schwamm die bereits grob vorgeformten Gefäßkörper in die Gipsmodel hinein, so daß sie dadurch ihre genau dem Vorbild entsprechende äußere Form erhielten. Die inneren Konturen und damit auch gleichzeitig die Stärke der Gefäßwand entstanden dann während der Rotation der Drehscheibe mitsamt der Form durch eine entsprechend profilierte Messingschablone, die an einer Hebellehre befestigt war und in das sich drehende Gefäß hineingeführt wurde.

Teller, Platten und andere flache Geschirrteile entstanden im umgekehrten Verfahren. Auch hierbei wurden die Gegenstände grob vorgeformt, dann aber nicht in eine Form hinein, sondern über eine sich auf der Scheibe drehende Model gelegt und mit einer Schablone, die gleichzeitig die äußere Form ergab, abgedreht. In diesem Falle spricht man vom Überdrehen im Gegensatz zum Eindrehen der tiefen Geschirre.

Ein neueres Verfahren der Formgebung, das Gießen der Porzellanmasse in vorbereitete Gipsformen, bereits 1780 in Frankreich erfunden, setzte sich gegen Ende des 19. Jahrhunderts für einfachere Gebrauchsgeschirre durch.

Durch die Beimischung von Ammoniak, Wasserglas und Wasser wird die Porzellanmasse in einen flüssigen Zustand versetzt. Diese so veränderte Masse ließ sich dann leicht in eine vorgefertigte Gipsform gießen, die auf Grund ihrer starken Porösität dem flüssigen Porzellan wieder Wasser entzog, so daß sich an der Innenwand eine Masseschicht absetzen konnte. Hatte diese verfestigte Schicht die gewünschte Stärke der Gefäßwand erreicht, wurde die restliche, immer noch dünnflüssige Porzellanmasse wieder zurückgegossen. Nach einer bestimmten Trockenzeit konnte dann das so entstandene Gefäß der Form entnommen und der weiteren Bearbeitung zugeführt werden.

An die Formgebung schloß sich im allgemeinen eine Nachbehandlung der durch den Drehprozeß nicht sauber genug gearbeiteten Kanten und der beim Gießverfahren entstandenen Guß- und Formnähte an. Erst dann wurden die plastischen Teile, wie Henkel, Knäufe, Füße, und der ornamentale, plastische Dekor angesetzt. Der flach aufliegende Reliefdekor aber – für viele Service gerade des 18. Jahrhunderts charakteristisch – wurde bereits in die als Modell dienenden Gipsformen negativ hineinradiert, so daß er sich nach dem Ein- oder Überdrehen erhaben darstellte. Aus dieser Verfahrenstechnik hat sich die historische Bezeichnung «Radierter Dessin» entwickelt – typisch auch für die frühen Service der Berliner Manufakturen.

Die Gestaltung des figürlichen Porzellans vollzog sich hingegen nach einer etwas anderen Arbeitsweise. Der Ausgangspunkt war – wie bei den Servicen auch – der künstlerische Entwurf. Eine Zeichnung oder Skizze, Kupferstichvorlagen oder auch figürliche Arbeiten bekannter Modelle anderer Manufakturen bildeten die Grundlage für die Arbeit des Modelleurs. Nach dieser künstlerischen Vorlage wurde dann ein plastisches Modell gefertigt, das aus Holz, Wachs, Gips oder auch aus Modellton gearbeitet war. Allerdings mußte dieses Modell, genau wie die Gipsformen der Geschirre, um ein Sechstel größer sein als das beabsichtigte Original, da die Porzellanmasse während des Brandes um diesen Prozentsatz zusammensintert. Das Modell wurde anschließend, um es überhaupt reproduzierbar zu machen, durch Zerschneiden in verschiedene Einzelteile zerlegt, von denen wiederum Hohlformen angefertigt wurden. Allein für eine plastische Gruppe mit drei Figuren benötigte man durchschnittlich zwanzig Teilformen. Zu einem pokalförmigen Tafelaufsatz, 1741 von Johann Joachim Kändler für den Kölner Kurfürsten und Erzbischof Clemens August entworfen, gehörten sogar neunundsechzig Einzelformen, die wiederum jeweils aus etwa fünf Teilen zusammengesetzt waren. Bei dieser Aufstellung sind die zahlreichen dekorativen Details, wie Blüten, Blätter, Früchte und anderes mehr, die im allgemeinen aus freier Hand oder wiederum aus speziellen kleineren Formen hergestellt wurden, noch nicht einmal mitgerechnet.[20]

Die Zusammensetzung der aus dieser Vielzahl von Formen gewonnenen Teile oblag den Modelleuren, die in der Manufaktursprache als Bossierer bezeichnet werden. Sie beseitigten die störenden Formnähte und setzten die geformten Teile mit Schlicker, einer mit Wasser stark verdünnten Porzellanmasse, nach den Originalmodellen wieder zusammen. Dabei arbeiteten sie gleichzeitig Oberflächenstrukturen ein und fügten Details, wie Blüten und Blätter, in freier Arbeit hinzu.

Das Brennen des Porzellans · Die Brennöfen

Die so fertiggestellten Porzellane mußten nun, in Regalen abgestellt, einen Trocknungsprozeß durchmachen. Danach erfolgte der erste Brand bei Temperaturen von etwa 900 Grad, den man als «Vor- oder Verglühbrand» bezeichnet. Bei diesem Brand wird der lufttrockenen Porzellanmasse derart viel Wasser entzogen, daß sie die für die weitere Bearbeitung notwendige Festigkeit erhält. Als nächster Arbeitsgang schließt sich das Glasieren und Bemalen mit Unterglasurfarben an. Obwohl dem Porzellan während des Vorbrandes alles chemisch gebundene Wasser entzogen worden ist, behält der Scherben noch immer seine Porösität und die daraus resultierende Eigenschaft, Wasser aufzusaugen. Dadurch kann die mit Wasser zu einem dünnen Brei angesetzte Glasur aus Kaolin, Quarz sowie Beimengungen von Gips und pulverisierten Porzellanscherben tief in die Oberfläche eindringen. Nach einem anschließenden Trocknungsprozeß setzt sich diese Glasur als weißgrauer, pulverförmiger Belag auf den Gefäßen und Figuren ab, um dann bei Temperaturen von etwa 1450 Grad, im Garbrand oder Scharffeuer, als feste, durchsichtige Glasur innig mit dem Scherben des Porzellans zu verschmelzen.

Das Brennen des Porzellans war von jeher ein zentrales und sehr diffiziles Problem. Eine besondere Bedeutung kam hierbei den Ofenkonstruktionen zu, mit denen man eine gleichmäßige Temperatur von etwa 1400 bis 1450 Grad erreichen mußte, um die Porzellanmasse zum «Sintern», das heißt zum Schmelzen, zu bringen.[21]

Um diese hohen Temperaturen zu erreichen, wurde von Johann Friedrich Böttger 1713 in Meißen ein spezieller Typ des Brennofens entwickelt, dessen Schema mit einigen Abwandlungen auch von nahezu allen anderen deutschen Manufakturen während des 18. Jahrhunderts übernommen wurde. Dieses Modell bestand im wesentlichen aus einem langgestreckten, halbzylinderförmigen Tunnel, der in der Königlichen Berliner Manufaktur eine Länge von 4,40 Metern, eine Breite von 2,25 Metern und eine Höhe von 1,25 Metern aufwies. Auf Grund dieser Konstruktion wurden aber nicht in allen Abschnitten der länglichen Brennkammer gleichmäßige Temperaturen erreicht, so daß man entsprechend den einzelnen Temperaturzonen verschiedene Porzellanmassen zusammenstellen mußte.

Um die unterschiedliche Massezusammensetzung auch an den ausgeformten Stücken kenntlich zu machen und das Einsetzen in die dafür notwendige Temperaturzone des Ofens zu erleichtern, erhielten die Porzellane zum Beispiel der Wegelyschen Manufaktur neben ihrer Modellnummer auch noch eine Massenummer eingestempelt.

Aber nicht alle in die Öfen zum Brennen gegebenen Porzellane verließen diese in einem einwandfreien Zustand. Ein bestimmter Prozentsatz Fehlbrände, die sich durch Risse im Porzellan, durch Blasen in der Glasur oder durch gelbliche bis bräunliche Verfärbung des sonst weißen Scherbens bemerkbar machten, belastete häufig die Produktion, so daß der Meißener Manufakturinspektor Steinbrück die Öfen auch als «Glückstöpfe» bezeichnete.

Die Ausschußquote in der Königlichen Porzellanmanufaktur Berlin betrug etwa 40 Prozent.[22] Diese

Porzellane wurden je nach Brauchbarkeit als zweite Wahl bezeichnet oder verworfen. Das Streben nach höchster Qualität der Erzeugnisse war stets das Anliegen der Manufakturen, denn nur dadurch war der Unternehmer auf dem Markt konkurrenzfähig und konnte seinen Betrieb gewinnbringend führen. Aus diesem Grunde wurden auch die technisch nicht einwandfreien Porzellane als solche kenntlich gemacht und zu geringeren Preisen verkauft. Als äußeres Zeichen tragen diese Arbeiten meist ein- oder zweimal durchgeschliffene Marken, so daß der Käufer von vornherein um die mindere Qualität des Stückes wußte und ein Betrug ausgeschlossen war.

Erst mit der konstruktiven Verbesserung der Brennöfen gegen Ende des 18. Jahrhunderts verliefen die Brände besser und rationeller. Dazu trug wesentlich auch ein von dem Franzosen Jean Etienne Guettard 1770 in Paris entwickelter Rundofen mit aufsteigender Flamme bei, der schon bald von den deutschen Manufakturen übernommen wurde. Für Berlin jedoch hatte dieser Ofentyp keine Bedeutung. Hier wurden auf Initiative des Vorsitzenden der «Königlichen Porcellanmanufacturs-Commission», des Ministers Freiherr von Heinitz, der als einer der bedeutendsten Kenner des Berg- und Hüttenwesens galt, Versuche unternommen, die teure Holzfeuerung der liegenden Halbzylinderöfen durch Steinkohle zu ersetzen. Als diese Versuche in den Jahren 1794 bis 1796 jedoch fehlschlugen – die Steinkohle erbrachte nicht die notwendige Hitze –, wurde nach englischem Vorbild ein stehender Rundofen mit vier Feuerstellen errichtet. Die Versuchsbrände ergaben jedoch, daß auch dieser Ofen mit Holzfeuerung wesentlich bessere Ergebnisse erbrachte als mit der kurzflammigen Kohle. Sein Vorteil bestand jedoch dem liegenden Halbzylinderofen gegenüber in einer viel kürzeren Brennzeit und damit auch gleichzeitigen Einsparung von Feuerholz. Durch diese Ergebnisse ermutigt, ernannte man den mit der Rundofentechnik vertrauten Steingutfabrikanten Ungerer zum Brennmeister der Manufaktur und setzte unter seiner Leitung die Versuche fort. Ungerer errichtete einen neuen Ofen mit fünf Brennstellen und verbesserte gleichzeitig die Feuerführung. Damit erzielte er sehr zufriedenstellende Ergebnisse, so daß bereits ein Jahr später nach diesem Muster zwei weitere Öfen in Betrieb genommen werden konnten.

Die wichtigsten Vorteile des «Berliner Rundofens» charakterisierte der Manufakturdirektor G. Kolbe in seiner 1863 erschienenen Manufakturgeschichte: «Der Vortheil dieser neuen Oefen erwies sich als ein sehr erheblicher, indem in einem solchen dem Rauminhalt seiner beiden Etagen nach ungefähr eben so viel Geschirr gebrannt werden konnte, als drei Gut- und zwei Verglühbrände in den liegenden Oefen ausgaben. Während aber die Brennzeit in jenen sich auf 18 bis 20 Stunden belief, erforderten die Gutbrände in diesen 30 bis 33 Stunden, und während der Holzconsum im Etagenofen ein drei viertel bis zwei Haufen betrug, hatten bisher drei Gutbrände zwei bis zwei ein viertel, und zwei Verglühbrände einen Haufen, zusammen also drei bis drei ein viertel Haufen kihnen Klobenholz erfordert, so das bei einem Etagenbrande mindestens ein und viertel Haufen Holz gegen früher erspart wurden. Dazu kam, dass die Arbeit im runden Ofen mit sechs Arbeitern bestritten werden konnte, während dieselbe Arbeit in den liegenden bisher dergleichen acht erforderte. Der Minister von Heinitz durfte daher Seiner Majestät dem König im April 1797 mit besonderer Genugthuung anzeigen, dass in Folge Einführung der runden Oefen die ganze hiesige Porcellanfabrikation in vier solchen Oefen, statt der bisherigen sechszehn eingeschränkt, dadurch aber mindestens 200 Haufen Holz, nach damaligem Werthe 4000 Thaler, jährlich erspart würden.»[23]

Zum Brennen wurde das zuvor mit der Glasur überzogene Porzellan in feuerfeste Schamottekapseln gestellt, die man dann dicht neben- und übereinander in den Brennkammern der Öfen stapelte. Diese aufwendige Arbeit war notwendig, damit das Porzellan selbst nicht mit dem Feuer und seinen

Verunreinigungen in Berührung kam. Ruß und Flugasche hätten sich ohne den Schutz der Kapseln auf der Oberfläche der Porzellane festgesetzt und sie verdorben. Nachdem der Ofen derart gefüllt war, wurde die Öffnung fest vermauert und das Feuer entzündet. Durch Sehschlitze konnte der Anstieg der Temperaturen anhand aufgestellter Lehmkegel beobachtet werden, die durch unterschiedlich hohe Sinterungszeitpunkte zusammenschmolzen und dem Brennmeister Auskunft über die erreichten Temperaturen gaben.

Die Feuerung der Öfen erfolgte im 18. Jahrhundert ausschließlich mit Holz, das man aus den nahegelegenen Wäldern bezog. Die Lieferungen für die Königliche Manufaktur in Berlin kamen bis zum Jahre 1774 aus dem Köpenicker Forst, weil das anfangs in Aussicht genommene Holz aus der Neumark durch die langen Transportwege zu hohe Kosten verursacht hätte.[24] Der Transport erfolgte auf manufaktureigenen Kähnen. Als sich dann infolge des zu hohen Bedarfs im Köpenicker Forst ein Holzmangel bemerkbar zu machen begann, erfolgte der weitere Einschlag in den Rüdersdorfer Wäldern. Als königliches Staatsunternehmen erhielt die Porzellanmanufaktur diesen wichtigen Rohstoff nur zu den Selbstkosten, ein Privileg, das sich günstig auf die Preise des Porzellans und auf den Absatz auswirken konnte. In einer Kabinettsorder vom 18. Januar 1764 heißt es dazu: «So viel aber die geforderten Holtz Gelder anbetrifft, so muß deshalb nicht bezahlet werden, weil seyne Königliche Majestät das Holtz aus dero Forsten geben.»[25]

Die Bemalung des Porzellans

Obwohl das Porzellan nach der Formgebung, seiner plastischen Gestaltung sowie dem sich daran anschließenden Brand bereits im keramischen Sinne als fertig und auch als gebrauchsfähig gelten kann, gehört jedoch die Malerei als ein ästhetisch bestimmender Faktor zur künstlerischen Vollendung dazu.

In den Manufakturen des 18. und 19. Jahrhunderts stand deshalb auch dem «Weißen Korps» das «Maler-Korps» gleichberechtigt gegenüber, denn erst aus der Harmonie von Form, plastischem Dekor und Malerei ergab sich der künstlerische Wert des Porzellans, wobei sich allerdings die Malerei der Form und dem Dekor unterzuordnen hatte.

In der Porzellanmalerei müssen wir zwei verschiedene Technologien unterscheiden: die Unterglasur- oder Scharffeuermalerei und die Aufglasur- oder Muffelfarbenmalerei.[26] Beide Verfahren sind bereits seit der Frühzeit des Porzellans bekannt und kommen auch gelegentlich zusammen auf einem Stück vor.

Bei der Unterglasurmalerei werden die aus Metalloxiden bestehenden und mit Terpentin angesetzten Farben bereits nach dem Glühbrand auf die porösen und noch saugfähigen Geschirre aufgetragen, wobei die Farbe sehr schnell in die Oberfläche eindringt und Korrekturen durch den Maler kaum noch anzubringen sind. Nach der Bemalung wird der Gegenstand in die deckende Glasur getaucht und dem Garbrand von 1450 Grad ausgesetzt.

Die Farbskala der Unterglasurmalerei blieb aber aus diesen technischen Gründen sehr eng begrenzt, weil nur wenige Farben diesen hohen Temperaturen standhielten. In der Frühzeit des Porzellans ging es in der Malerei vor allem um die getreue Kopie und Nachbildung der ostasiatischen Dekore. Wie die Formen der Gefäße selbst ja oftmals Nachbildungen chinesischer Vorbilder waren, so sollte auch die Malerei dem Vorbild entsprechen. Hier waren es vornehmlich die unter der Glasur in Blau gemalten Dekore, die den besonderen Reiz des Porzellans allen anderen Keramiken gegenüber ausmachten. Dieses Unterglasurblau zu erreichen war aber eines der schwierigsten Probleme zu Beginn der Porzellanmalerei in Meißen. Wenn die Herstellung dieser Farbe auch bereits 1720 dem Obermeister David

Köhler nach einem von ihm entwickelten Rezept gelang, so mußte dennoch an seiner Vervollkommnung bis in die dreißiger Jahre hinein gearbeitet werden. 1739 konnte dann schon das berühmte, sich an ostasiatische Motive anlehnende Meißener Zwiebelmuster in seiner bis heute noch immer ansprechenden Schönheit produziert werden.

Der Vorteil der Unterglasurmalerei bestand gegenüber der Aufglasurmalerei vor allem darin, daß die Farben durch die darüberliegende glasartige Deckglasur geschützt wurden und die Geschirre dadurch sehr lange Zeit – trotz Benutzung – ihr ursprüngliches Aussehen behielten. Der Nachteil jedoch lag in der begrenzten Farbauswahl. Da aber das Porzellan für eine farbige Bemalung von vornherein prädestiniert war und dies auch im Sinne der künstlerischen Vorstellungen der barocken Kunst des 18. Jahrhunderts lag, hatte man bereits vor Erfindung der Unterglasur- und Muffelfarben die ersten Porzellane mit Lackfarben bemalt. Aber bald schon fand man in Meißen unter maßgeblicher Beteiligung des Malers Conrad Christoph Hunger die technischen Möglichkeiten der Aufglasurmalerei, die gegenüber den zuvor verwendeten Lackfarben eine viel größere Leuchtkraft, Brillanz und Haltbarkeit erreichten. Das Aufbrennen von Farben war aber bereits vor der Erfindung des Porzellans durch Glas- und Emailmaler bekannt, so daß dieses Verfahren nur auf die speziellen Bedingungen des Porzellans zu übertragen war. Aber erst dem bedeutenden Maler und Farbtechniker Johann Gregor Höroldt, der 1720 von Wien nach Meißen übergewechselt war, gelang eine wesentliche Verbesserung der Aufglasurmalerei sowohl in künstlerischer als auch technischer Hinsicht.[27]

Höroldt begann seine Tätigkeit in Meißen als freier künstlerischer Mitarbeiter für Malerei zu einer Zeit, als die Entwicklung der Schmelzfarbenmalerei, wie die Aufglasurmalerei damals genannt wurde, technisch noch nicht abgeschlossen war und die Farbpalette selbst nur wenige Töne umfaßte. Sofort mit Beginn seiner Tätigkeit widmete sich der außerordentlich begabte Künstler mit großem Erfolg der Verbesserung und der Vervollkommnung der Farben und der Brenntechnologie und erweiterte damit die künstlerischen Möglichkeiten der Porzellanmalerei überhaupt. 1722 erhielt er eine eigene Werkstatt innerhalb der Manufaktur auf der Albrechtsburg, und zwei Jahre später wurde er zum Königlichen Hofmaler ernannt. Bevorzugte Themen der Malerei Höroldts und seiner Werkstatt waren neben der Nachbildung ostasiatischer Motive vor allem von ihm selbst entworfene Chinoiserien. Hinzu kamen dann im Verlaufe der zwanziger Jahre des 18. Jahrhunderts auch Genreszenen europäischen Charakters, so daß hier in Meißen unter wesentlicher Beteiligung Höroldts die Grundlagen und Voraussetzungen für den spezifischen Charakter und Stil der europäischen Porzellanmalerei geschaffen wurden.

Die Grundlage der Farben für die Aufglasurmalerei bilden ebenfalls Metalloxide, die mit einem Flußmittel versetzt sind und dadurch während des Brennens zum Schmelzen gebracht werden. Im Gegensatz zu den Unterglasurfarben werden die Aufglasurfarben jedoch erst auf das fertig gebrannte, glasierte Porzellan aufgetragen und dann in einer Muffel (Kapsel) bei Temperaturen zwischen 800 und 900 Grad gebrannt. Das Problem dieser Malerei bestand für die Manufakturen des 18. Jahrhunderts vor allem darin, färbende Metalloxide und deren genaue chemische Zusammensetzung zu finden, die bei diesen Temperaturen schmolzen, dabei ihre Leuchtkraft und Farbigkeit entwickelten sowie sich fest mit der Oberfläche der bereits glasierten Porzellane verbanden. Die Aufglasurfarben haben ja die Eigenschaft, daß sie ihre Farbkraft erst während des Brennvorganges entfalten und daher beim Auftragen vom Aussehen her noch in keiner Weise mit dem Endresultat übereinstimmen. Hieraus ergibt sich für den Porzellanmaler, daß er über die Reaktionen der einzelnen Farben und ihre Veränderungen im Brennofen genaue Kenntnis haben muß, um diese beim Malen selbst berücksichtigen zu können. Insofern ist die Porzellanmalerei keineswegs mit dem normalen Umgang mit Farben zu vergleichen.

Im Verlaufe des 18. Jahrhunderts gelang es an den verschiedensten Manufakturen durch vielfache Experimente in den Farblaboratorien, eine reichere und differenziertere Farbpalette zu entwickeln, die jedoch an jeder Manufaktur unterschiedlich war und wesentlich den künstlerischen Stil ihrer Porzellanmalerei bestimmte.

Die künstlerischen Anregungen für die vielfältigsten Themen und Darstellungen entnahmen die Maler den zahlreichen Vorlagewerken und Kupferstichfolgen nach Motiven bekannter zeitgenössischer Künstler, die sie aber selten nur naturgetreu kopierten, sondern vielmehr als Anregungen benutzten und den Erfordernissen der einzelnen Geschirrformen anpaßten.[28] Im Gegensatz zu den freien Künstlern waren die Manufakturmaler gezwungen, ihre Arbeit anonym der Manufaktur unterzuordnen und sich dem dort herrschenden und geforderten Stil anzupassen. Aus diesem Grund wurden die Malereien auf den Porzellanen auch nicht signiert. Dort, wo es ein Maler dennoch tun wollte, mußte die Signatur in der Malerei versteckt untergebracht werden. Auf Grund des Ausbildungsweges an den Manufakturen waren sich die Maler, Bildhauer und Modelleure aber schon von vornherein ihrer Stellung und Aufgabe innerhalb des Produktionsablaufes bewußt. Sie bestand vor allem in der Verwirklichung der von den Modellmeistern und den Malereivorständen vorgegebenen Themen, die in hoher künstlerischer Qualität zu kopieren waren. Darum wurden die Lehrlinge auch nur auf einem eng begrenzten Fachgebiet ausgebildet, für das sie besonders geeignet waren, denn die Tätigkeit der Maler an der Manufaktur war nach Fähigkeit und Können unterteilt. So gab es Blaumaler, Blumenmaler, Genremaler, Porträtmaler, Maler, die sich hervorragend auf die Wiedergabe von Watteau-Szenen und Boucher-Putten verstanden, sowie Spezialisten für Mosaikborten, Wolken, Figuren und Goldornamente. Auch die Figuren und plastischen Arbeiten wurden extra von dafür qualifizierten Malern dekoriert, die man als Staffierer bezeichnete. Ihnen oblag häufig auch die Goldbemalung der Kanten und plastischen Verzierungen an den Geschirren.

3 *Erste Versuche der Porzellanherstellung in Brandenburg-Preußen am Anfang des 18. Jahrhunderts*

Die wirtschaftliche Bedeutung der Porzellanmanufakturen im 18. Jahrhundert

Bereits bei der Gründung der ersten Porzellanmanufaktur in Meißen standen trotz der leidenschaftlichen Verehrung des Porzellans durch August den Starken von vornherein auch wohldurchdachte wirtschaftliche Interessen im Mittelpunkt der Bemühungen. Diesem übergeordneten Ziel diente auch die mit der Porzellanherstellung während des ganzen 18. Jahrhunderts verbundene Geheimhaltung des Arkanums, denn nur solange das Produktionsgeheimnis und seine vielen technischen Einzelheiten im Besitz eines einzelnen oder eines eng begrenzten Kreises waren, ließ sich eine einmal erzielte Monopolstellung ökonomisch vorteilhaft nutzen. Den gleichen Zweck hatten auch die den Manufakturen bei ihrer Gründung zugesicherten Privilegien, die fast immer die Einfuhr fremdländischer Porzellane für das entsprechende Land verboten und die Ausfuhr der eigenen Produkte durch Steuererleichterungen begünstigten.

Deutschland war zu Beginn des 18. Jahrhunderts in etwa 360 kleine Staaten, Fürstentümer und Länder zersplittert, so daß es ein gemeinsames Wirtschaftsgefüge unter den Bedingungen dieser feudalabsolutistischen Zerstückelung des Landes nicht geben konnte. Nach der allgemeinen merkantilistischen Wirtschaftslehre beruhte der Reichtum eines jeden Staates auf den im Lande vorhandenen Schätzen an Gold und Silber, die durch eine mehr oder weniger geschickt geführte Handelspolitik vermehrt oder vermindert werden konnten. Aus diesen Anschauungen ergab sich für die Wirtschaft und den Handel der Grundsatz, möglichst alle benötigten Waren unter Ausnutzung der einheimischen Rohstoffe im Lande selbst zu produzieren und durch einen hohen Export von Fertigwaren Gewinne zu erzielen. Der Import wichtiger Waren und Rohstoffe wurde deshalb auch durch verschiedene Zölle und Verbote weitestgehend eingeschränkt, der Verkauf und Export der im Lande hergestellten Waren dagegen durch Privilegien und Sondervergünstigungen gefördert.

Die Grundlage der Produktion in dieser Zeit bildete noch immer das in Zünften zusammengeschlossene Handwerk, das aber durch überalterte Produktionsmethoden und historisch überholte Zunftgesetze in seiner Entwicklung stark eingeengt war. In Sachsen und Süddeutschland hatten sich bereits in der zweiten Hälfte des 16. Jahrhunderts vor allem im Textilgewerbe Manufakturen entwickelt, die durch die Zusammenfassung von Arbeitskräften, durch eine strenge Arbeitsteilung sowie durch die Nutzung rationeller Arbeitsmittel und Arbeitstechnologien dem traditionellen Handwerk ökonomisch weit überlegen waren.[29] Der Übergang von der handwerklichen zur manufakturellen Produktionsweise war jetzt eine gesellschaftliche Notwendigkeit geworden.

Die Steinzeugmanufaktur in Plaue (Havel) 1713–1730

In Brandenburg-Preußen stand mit dem seit 1713 regierenden König Friedrich Wilhelm I. ein Herrscher an der Spitze des Staates, der im Gegensatz zu seinem Vorgänger Friedrich I. und anderen Fürsten dieser Zeit kein allzu großes Interesse an der Kunst sowie an feudaler Repräsentation und höfischem Luxus hatte. Er konzentrierte seine Anstrengungen vor allem auf die Entwicklung Preußens zu

einer in Europa führenden Militärmacht mit einem strengen und gut durchorganisierten staatlichen Verwaltungsapparat.[30] Allein schon aus diesen Gründen wird es verständlich, weshalb die erste preußische Porzellanmanufaktur auch nicht im königlichen Auftrag oder mit seiner Unterstützung errichtet wurde, sondern von einem geschäftstüchtigen märkischen Großgrundbesitzer, dem im preußischen Staatsdienst stehenden Minister Friedrich von Görne, der 1713 auf seinem Gut in Plaue an der Havel den Versuch unternahm, in seiner dort bereits existierenden Fayencefabrik nach Meißener Vorbild echtes, weißes Porzellan zu produzieren.[31]
Zur Realisierung dieses Vorhabens bediente sich von Görne des aus Sachsen entflohenen Manufakturmitarbeiters Samuel Kempe, der zeitweise im Laboratorium von Tschirnhaus und Böttger auf der Dresdener Jungfernbastei gearbeitet hatte und hier in Berlin vorgab, eine Ofenkonstruktion zu kennen, mit deren Hilfe man mit wenig Holz eine große Hitze erzeugen würde. Eigentlich sollte Kempe seine Kenntnisse bei der Einrichtung eines Salzwerkes bei Schönebeck an der Elbe, unweit von Magdeburg, unter Beweis stellen, dann aber nutzte von Görne die ihm gebotene Chance und veranlaßte Samuel Kempe, auf Grund seiner in Meißen gewonnenen Erfahrungen in der Fayencemanufaktur in Plaue an der Havel die Porzellanfabrikation in Gang zu bringen. Hier zeigte sich jedoch sehr schnell, daß Kempe gar nicht im Besitz des dazu notwendigen Arkanums war. Trotzdem gelang es dem Unternehmen, in relativ kurzer Zeit auf der Grundlage der im Havelgebiet bei Pritzerben und Vehlen vorhandenen Tonvorkommen – vielleicht sogar mit Hilfe Kempes – das auch von Böttger zuerst erfundene und hergestellte rote Steinzeug nachzuarbeiten. Obwohl man Kempe, der wegen seines Alters und einer Krankheit Plaue sehr schnell wieder verließ, nachsagte, daß «seine Wissenschaft weder in der Feuerung noch in der Präparierung der Masse fundament (gewesen) sei», dürfte sein Anteil an der Entwicklung des Plauer Steinzeugs jedoch nicht unerheblich gewesen sein.
Nach Kempes Ausscheiden bemühte sich Friedrich von Görne, weitere Mitarbeiter für sein Unternehmen zu gewinnen. Am 1. August 1714 schloß er mit dem «Baudirektor auf dem hiesigen Schlosse», dem Maler und Lackierer David Pennewitz, einen Vertrag, demzufolge von Görne die Finanzierung des Unternehmens sicherte und Pennewitz zum «Director der Porcellain Fabrique» ernannt wurde und «daß beide associirten die Kosten der Fabrike zu gleichen Theilen tragen»[32].
Unter der Leitung von Pennewitz entwickelte sich die Manufaktur sehr schnell zu einem leistungsstarken Unternehmen, in dem vierunddreißig Arbeiter, Porzellanmacher, Porzellanmaler, Porzellanbrenner, Glasschneider, Glasschleifer, ein Bildhauer und ein Goldschmied beschäftigt waren. Obwohl von Görne das Unternehmen in Anlehnung an die Manufaktur Augusts des Starken auf der Meißener Albrechtsburg als «Porcellain Fabrique» gegründet hatte, gelang es ihm und seinen Mitarbeitern nicht, das Geheimnis des weißen Porzellans zu enträtseln, sondern die Manufaktur war nur in der Lage, das dunkelbraune Böttgersteinzeug in verschiedenen Variationen herzustellen.
Die technische und künstlerische Qualität der Plauer Erzeugnisse wurde in den zeitgenössischen Berichten über alle Maßen gerühmt, und selbst August der Starke, der einige Stücke der Manufaktur auf der Ostermesse 1715 in Leipzig gesehen hatte, lobte die «saubere Arbeit». Anders dagegen urteilte Johann Friedrich Böttger, der sich als Erfinder des roten Steinzeugs und des weißen Porzellans natürlich sehr für diese unwillkommene Konkurrenz interessierte. Da von Görne jedoch mit allen Mitteln in den Besitz des Arkanums zur Herstellung des weißen Porzellans gelangen wollte, nutzte Böttger einen von jenem geplanten Abwerbungsversuch Meißener

1
Sechskantvase, Plaue (Havel), um 1713

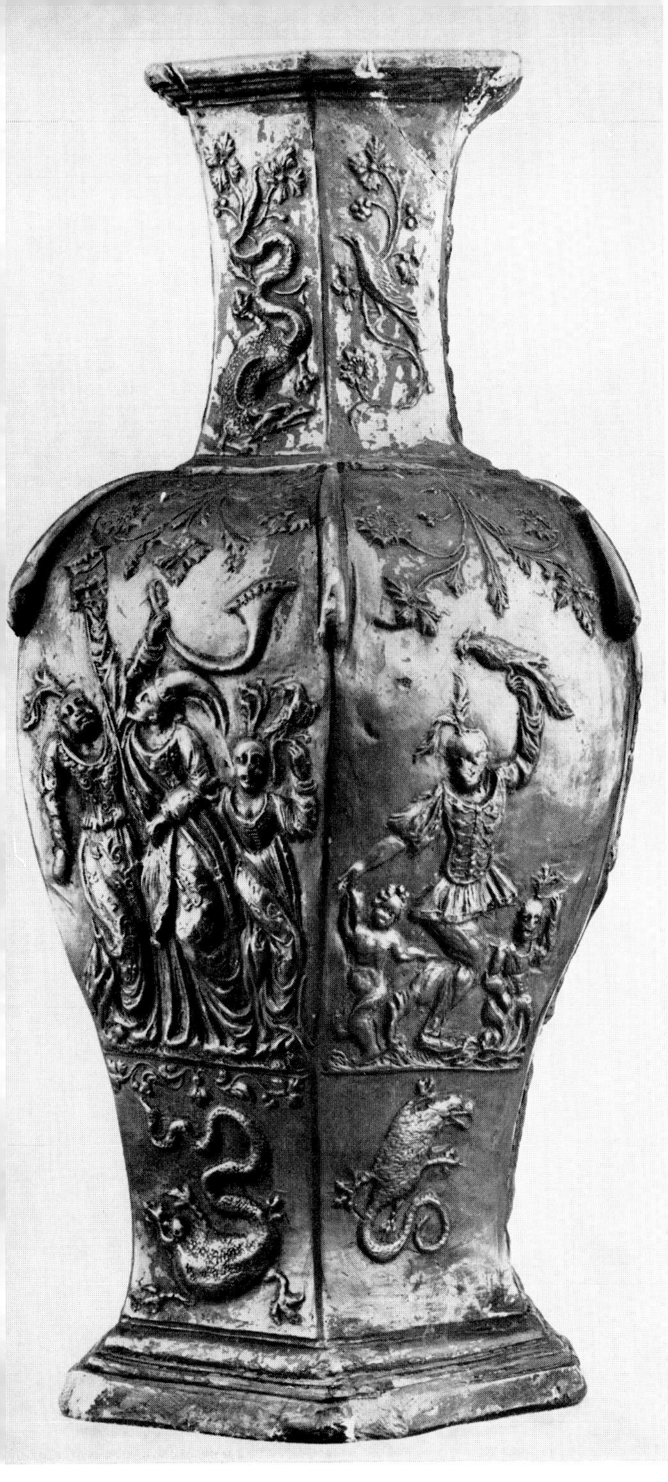

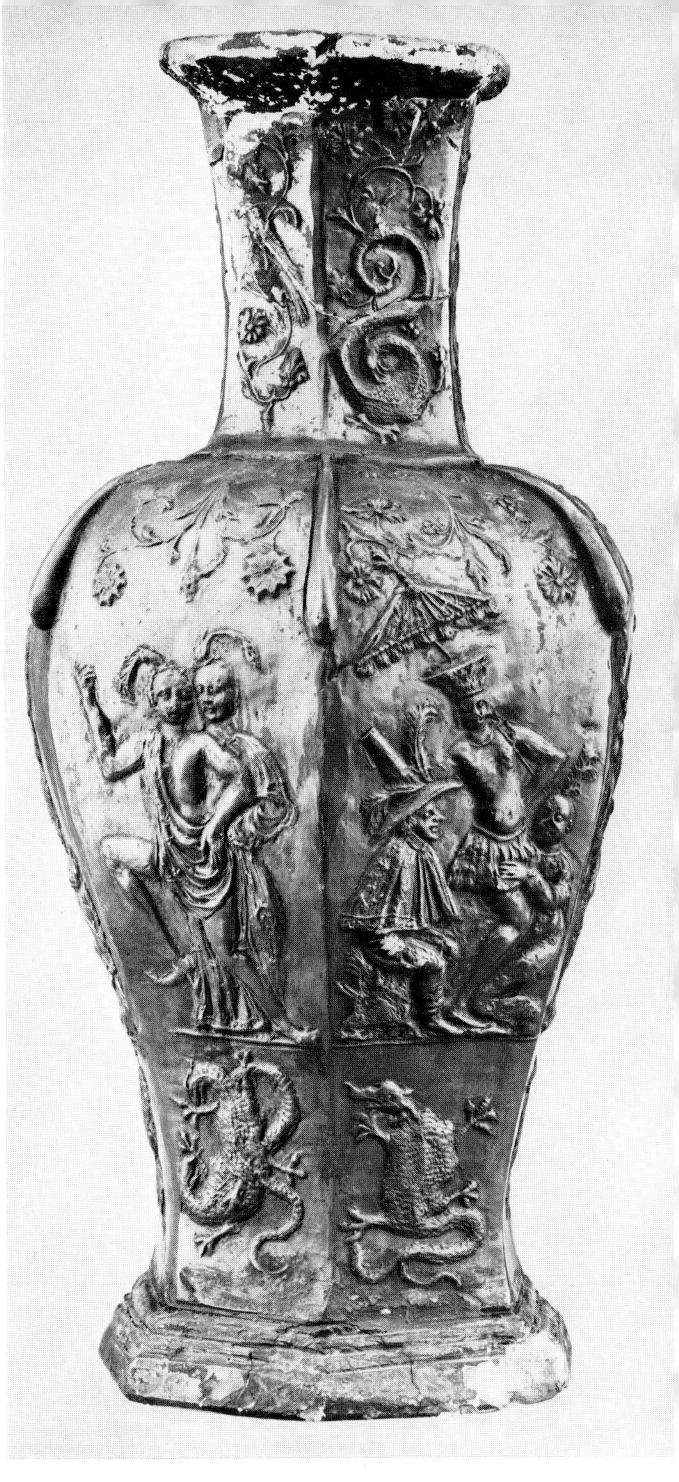

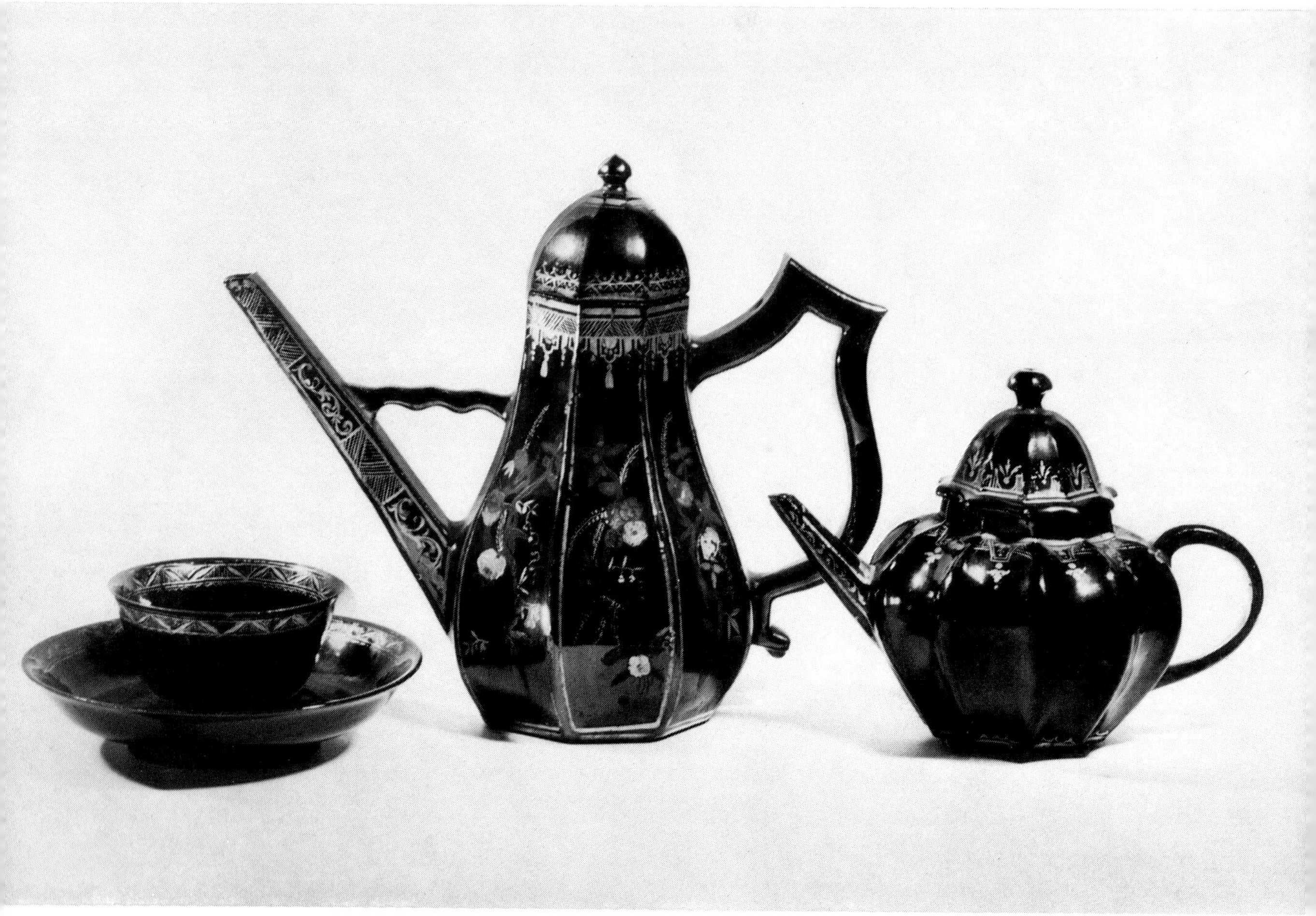

2
Kaffeekanne, Teekanne und Koppchen, Plaue (Havel), 1713–1725

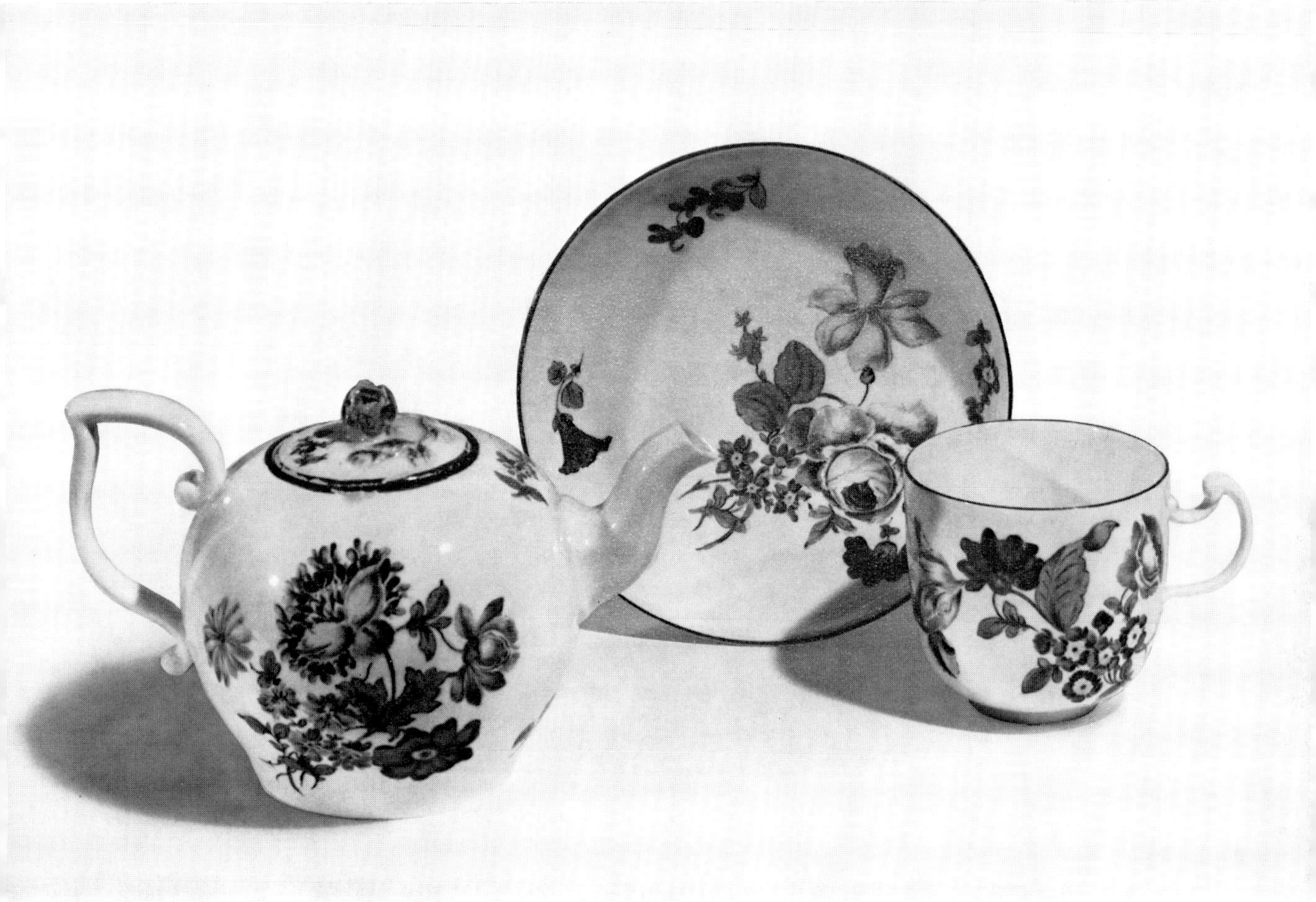

3

Teekanne, Kaffeetasse mit Untertasse, Manufaktur Wegely, 1751–1757

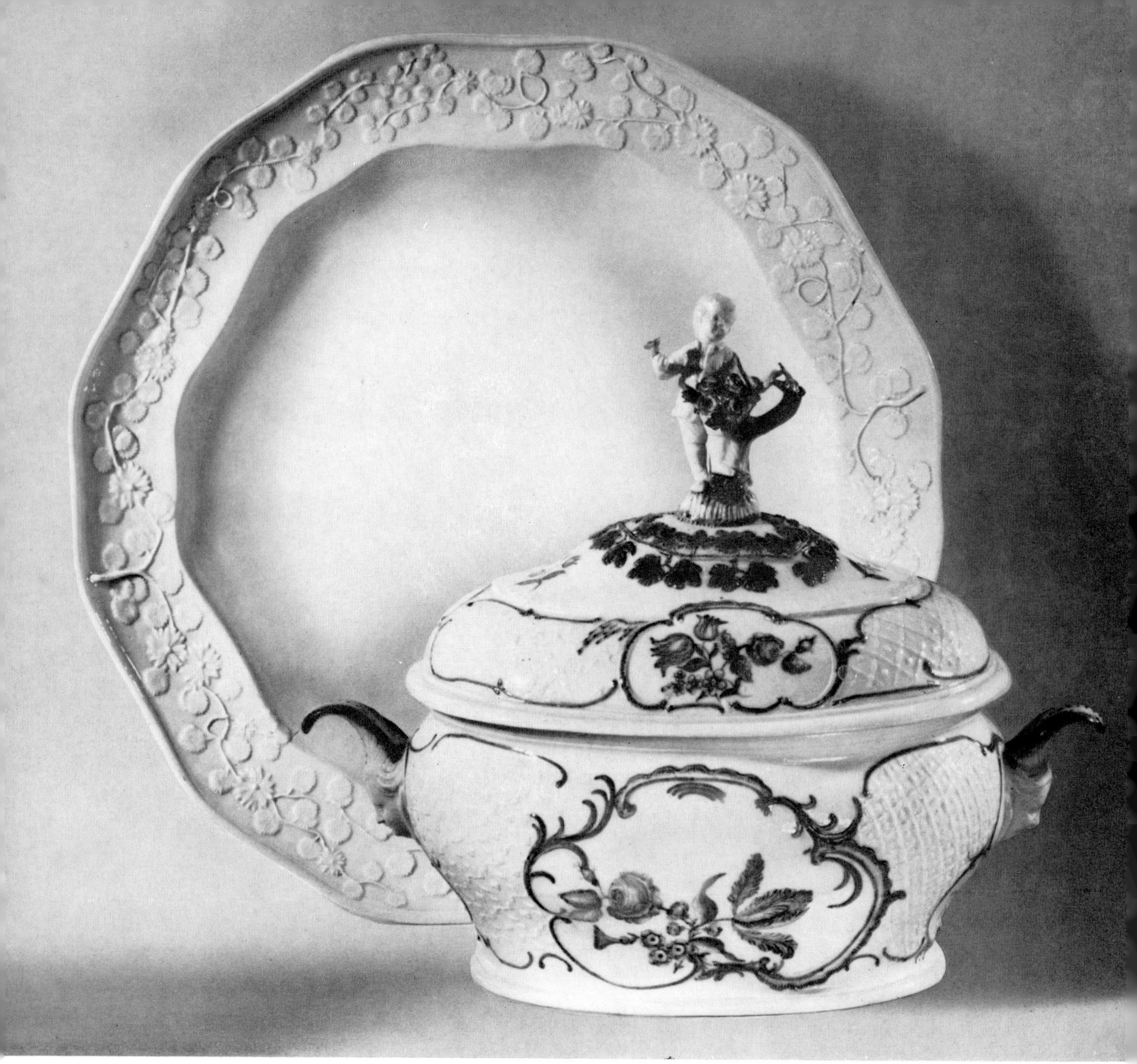

4

Große Platte mit reliefiertem Blütendekor und Terrine mit Malerei in Unterglasurblau, Manufaktur Wegely, 1751–1757

5

Kanne mit reliefierten Blumenranken, Manufaktur Wegely, 1751–1757

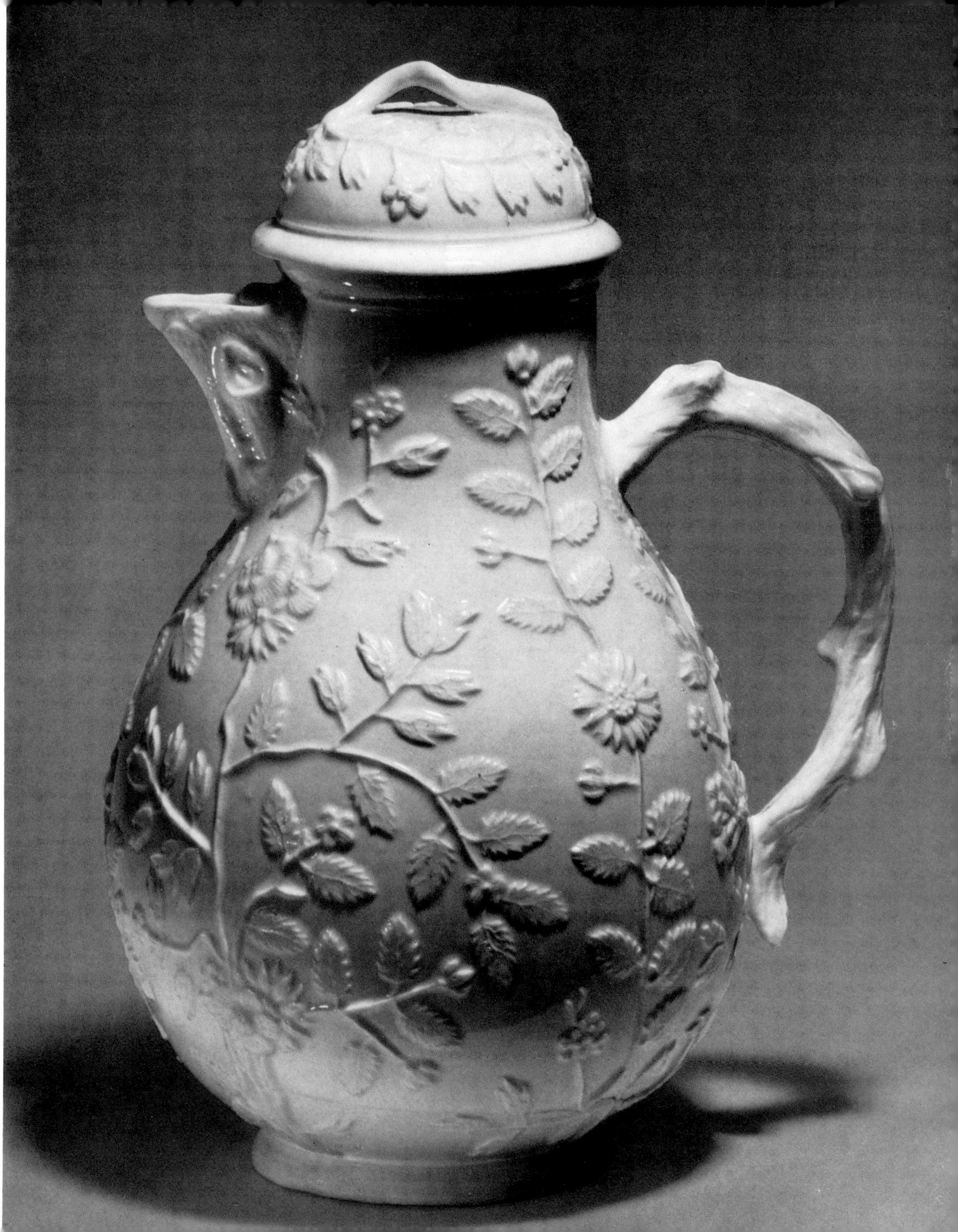

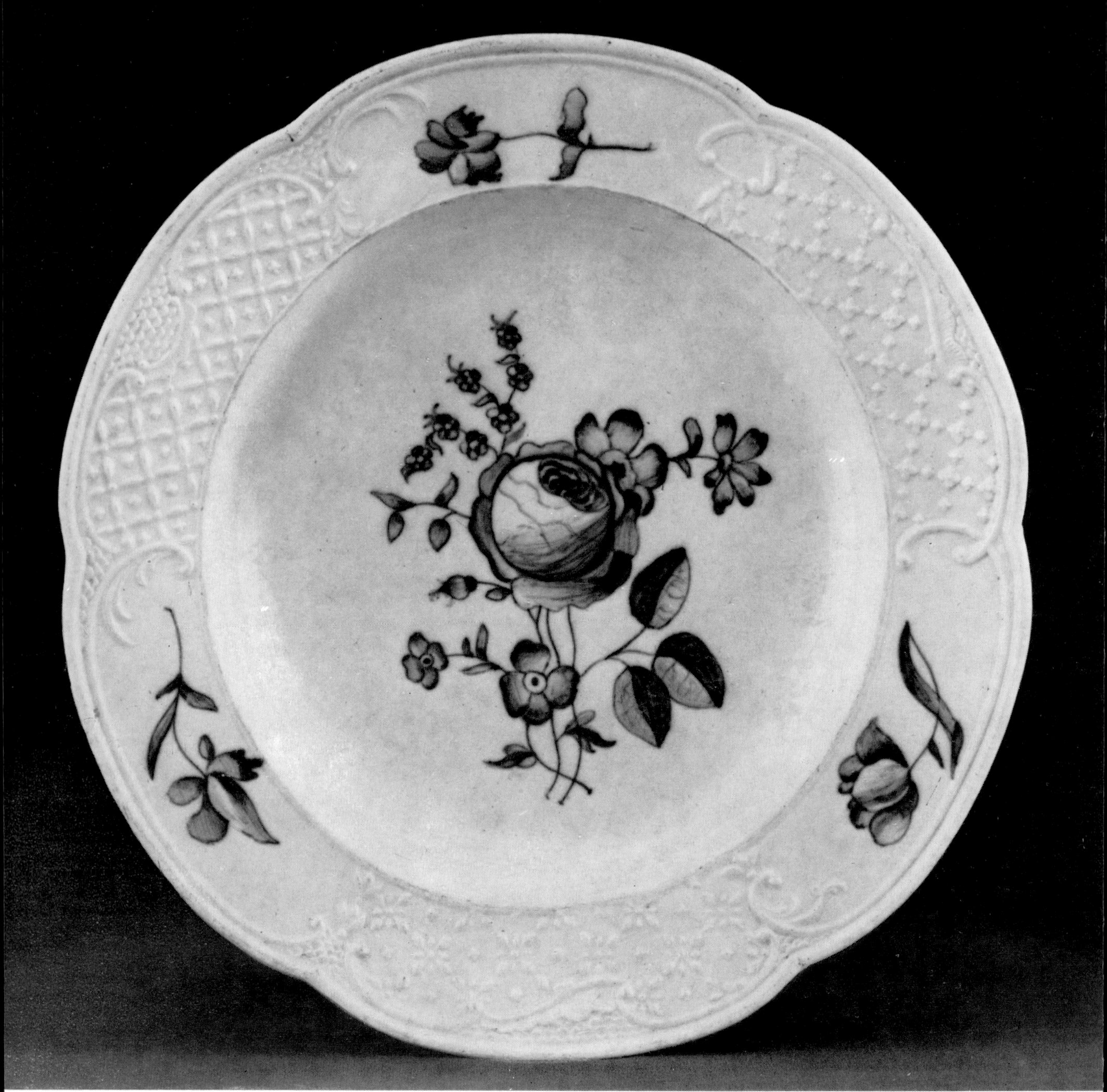

6
Tiefer Teller mit Blumenmalerei in Unterglasurblau, Manufaktur Wegely, 1751–1757

Tiefer Teller vom Tafelservice für den Grafen Gotter, Manufaktur Wegely, 1751–1757

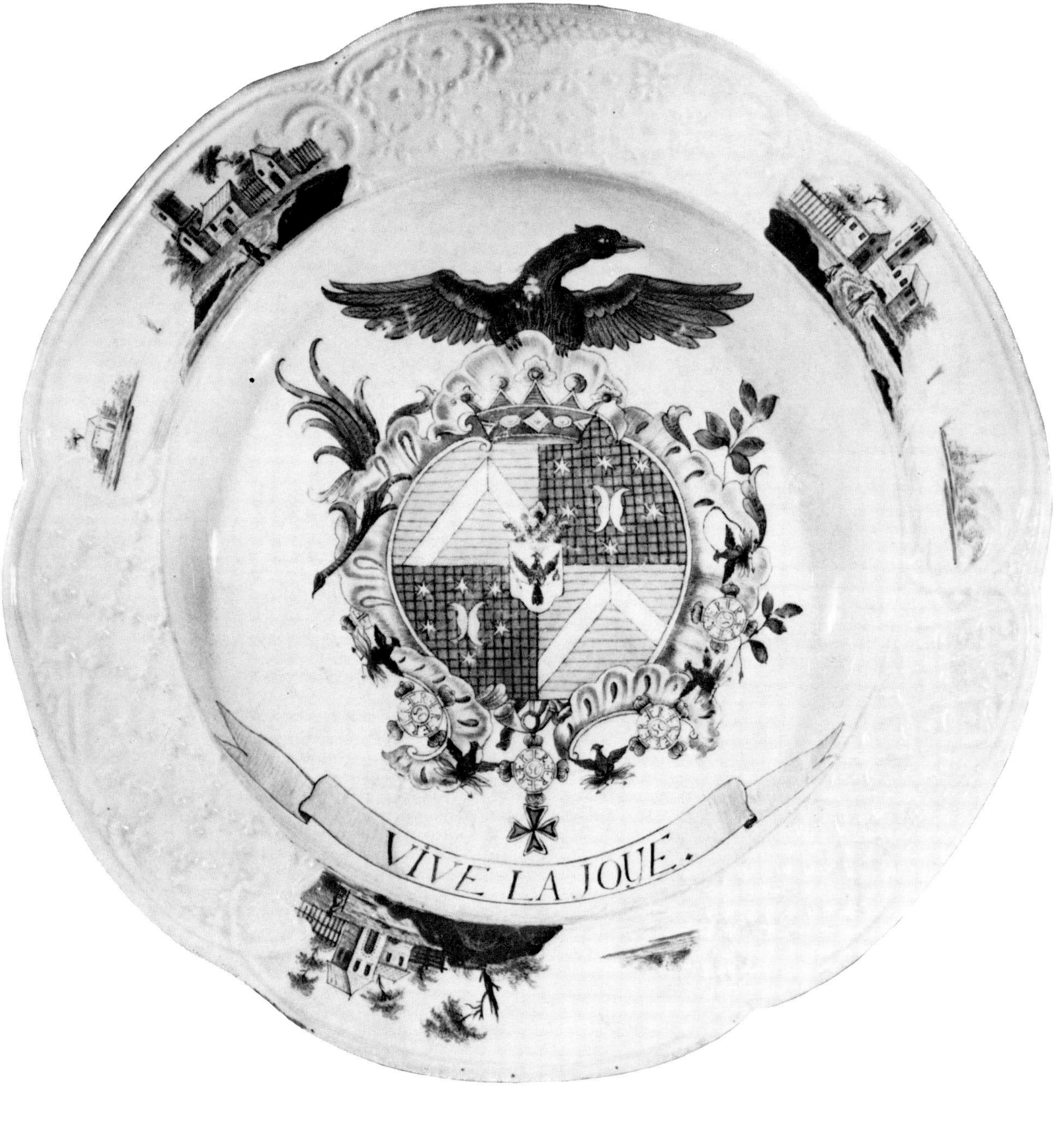

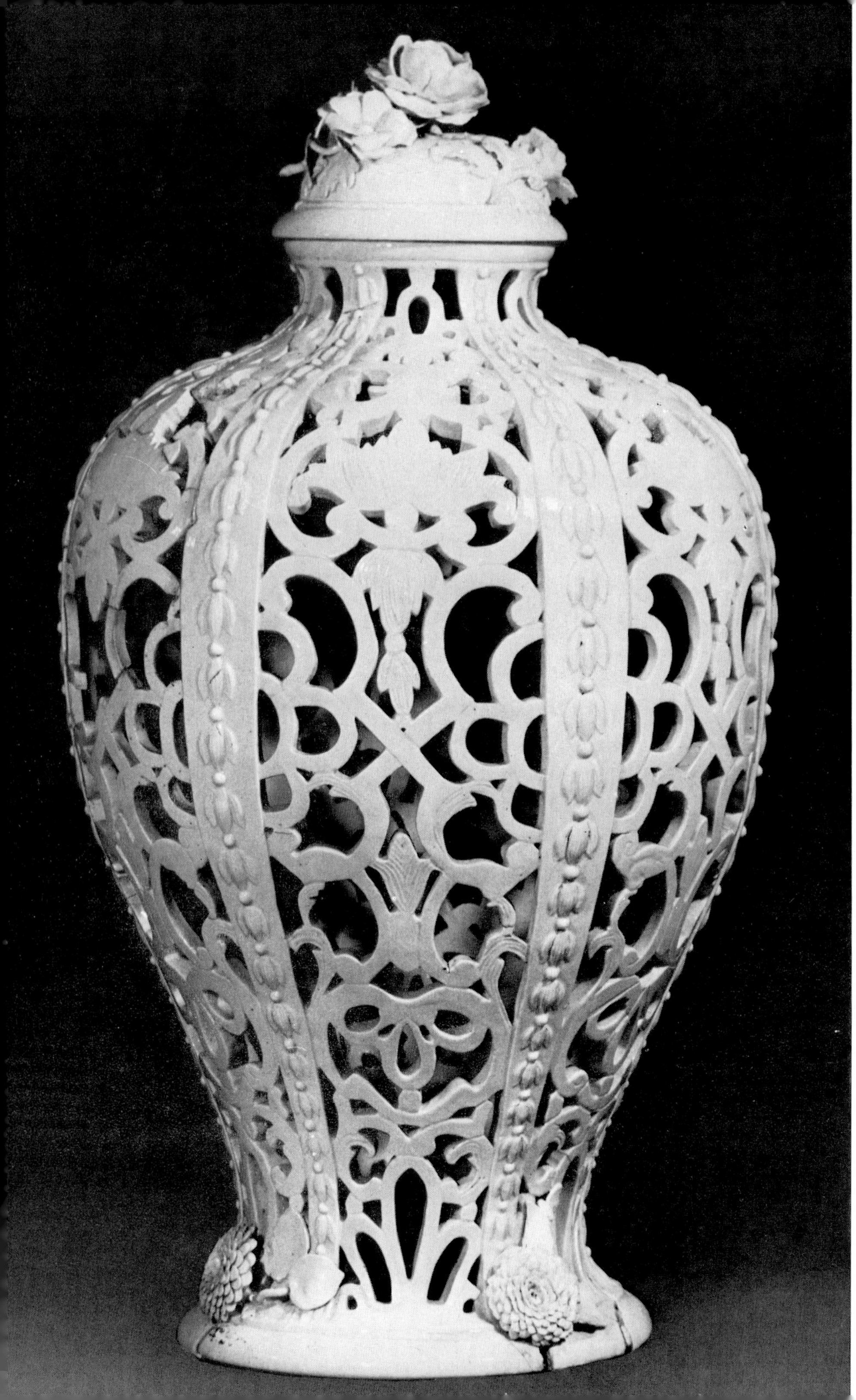

8
Deckelvase, Manufaktur Wegely, 1751–1757

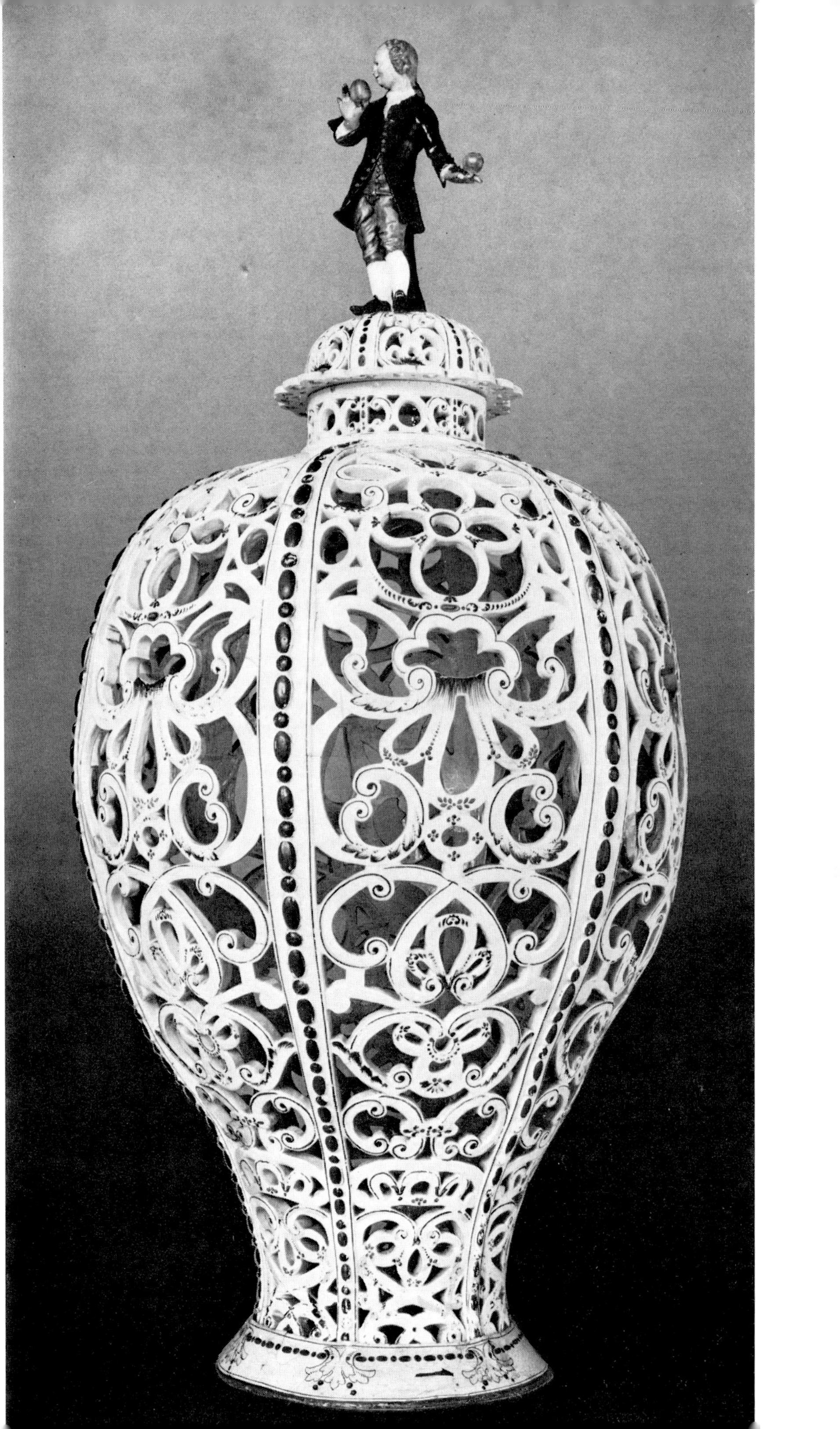

9
Deckelvase, Manufaktur Wegely, 1751–1757

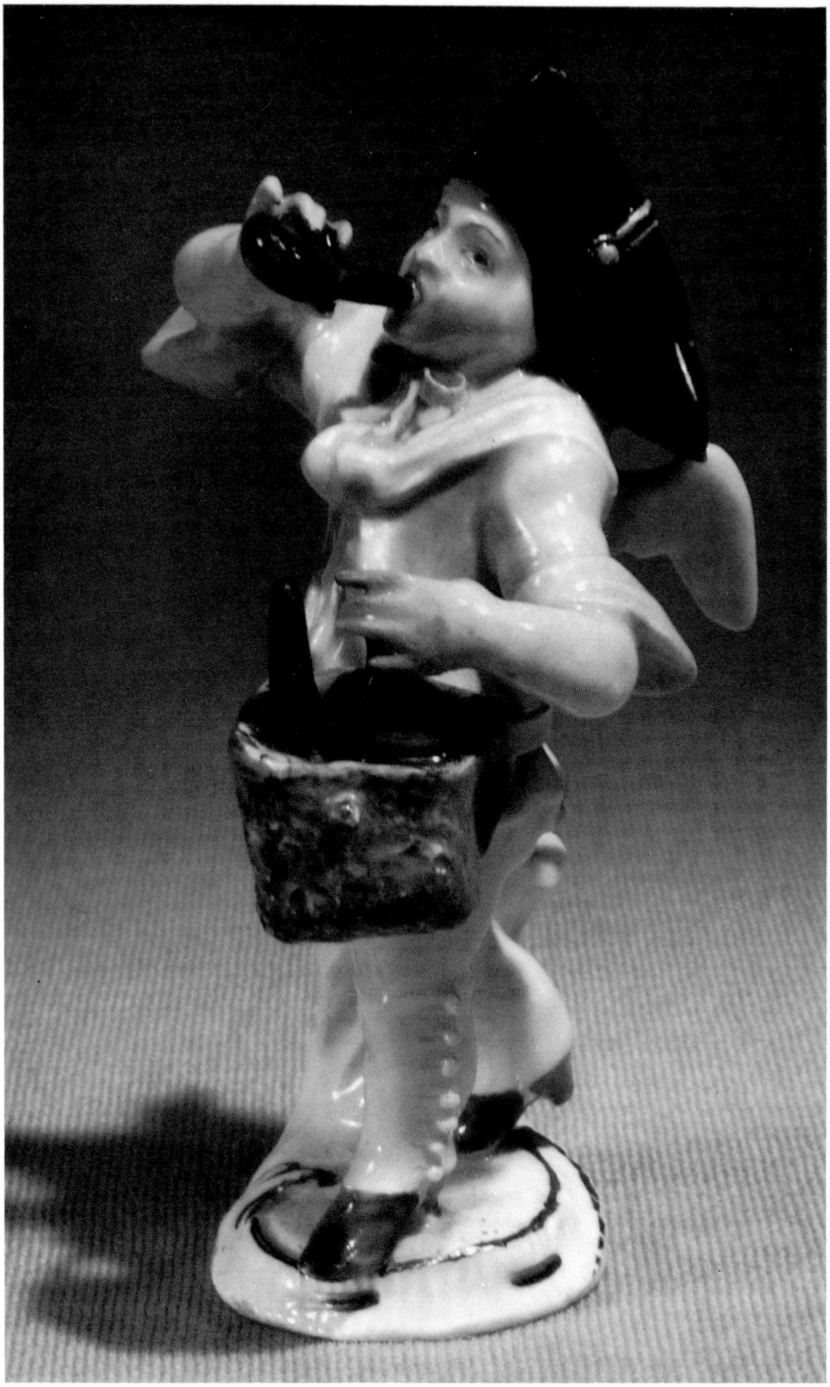

10
Putto als Marketenderin,
Manufaktur Wegely, 1751–1757

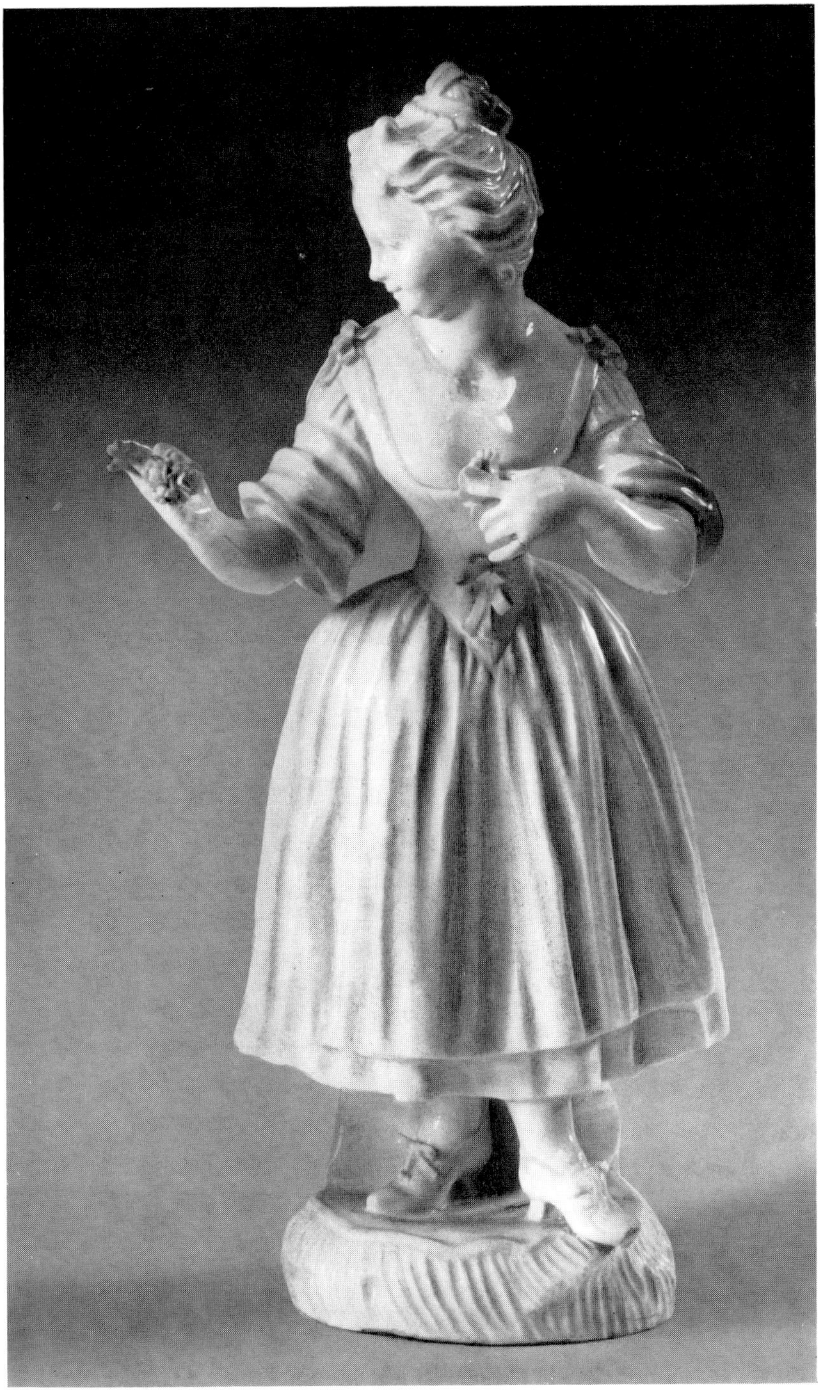

11
Mädchen mit Blumen,
Manufaktur Wegely, 1751–1757

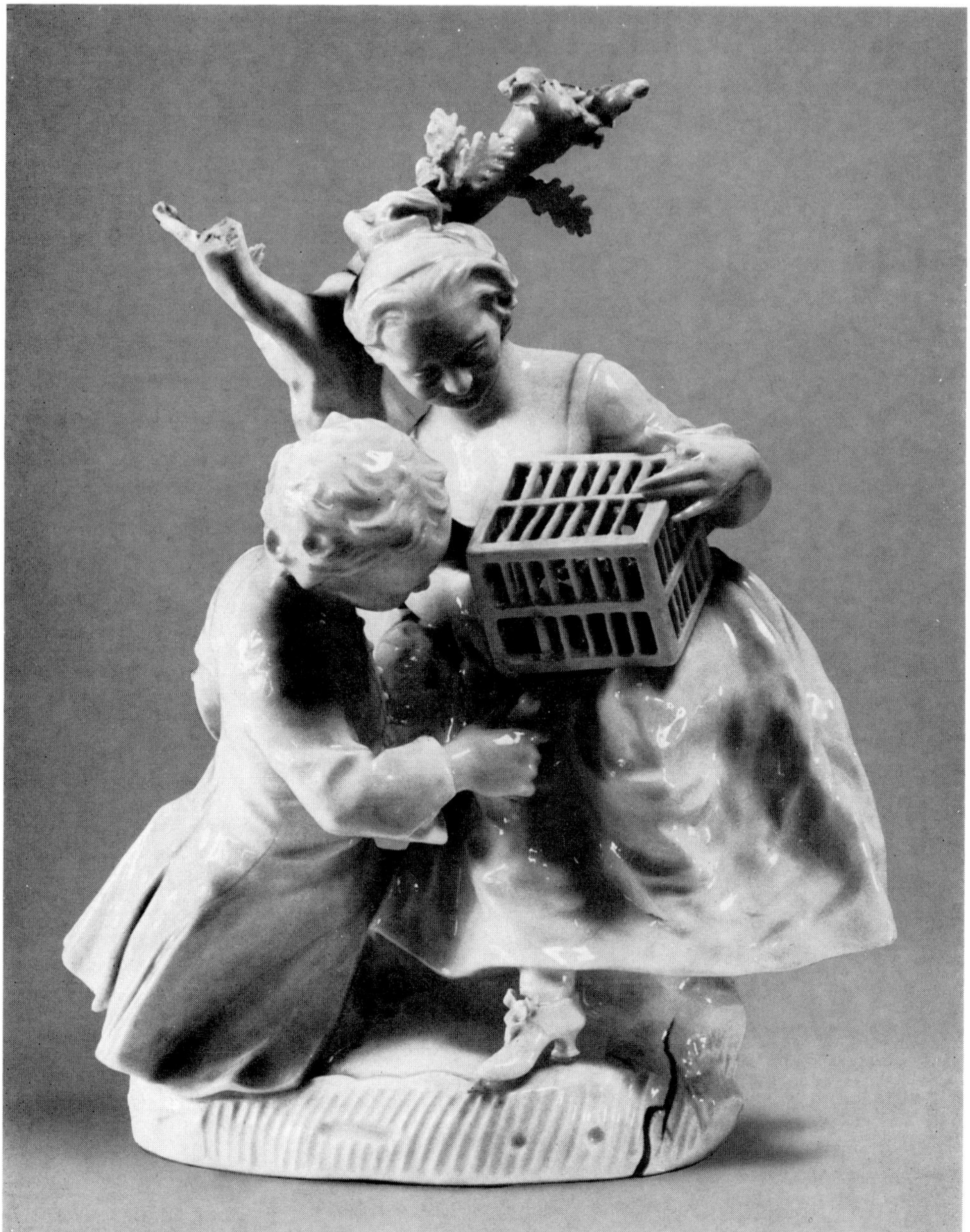

12

Paar mit Vogelbauer, Modell von Ernst Heinrich Reichard (?)
nach einem Vorbild von Johann Joachim Kändler, Manufaktur Wegely, 1751–1757

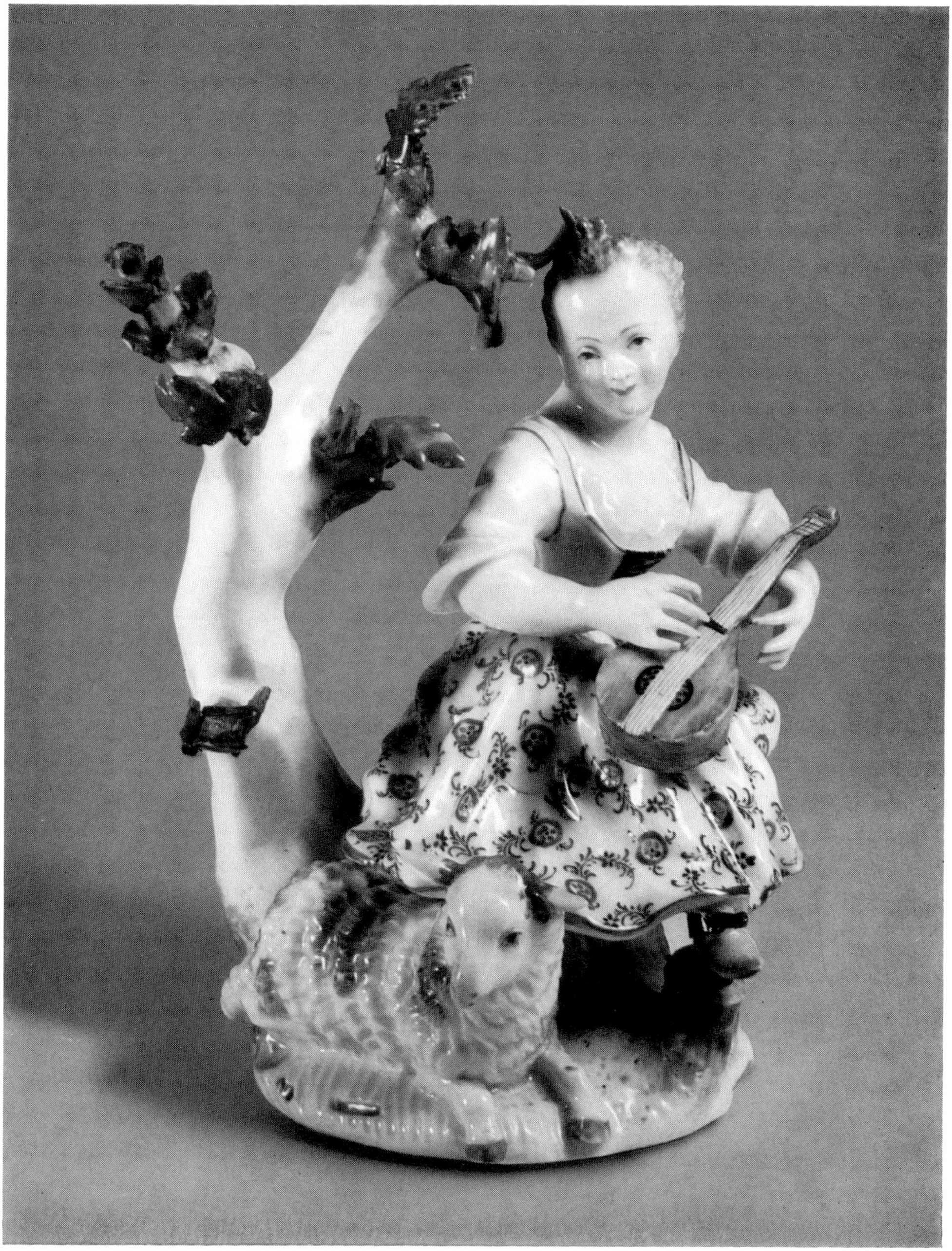

13
Lautenspielerin, Manufaktur Wegely, 1751–1757

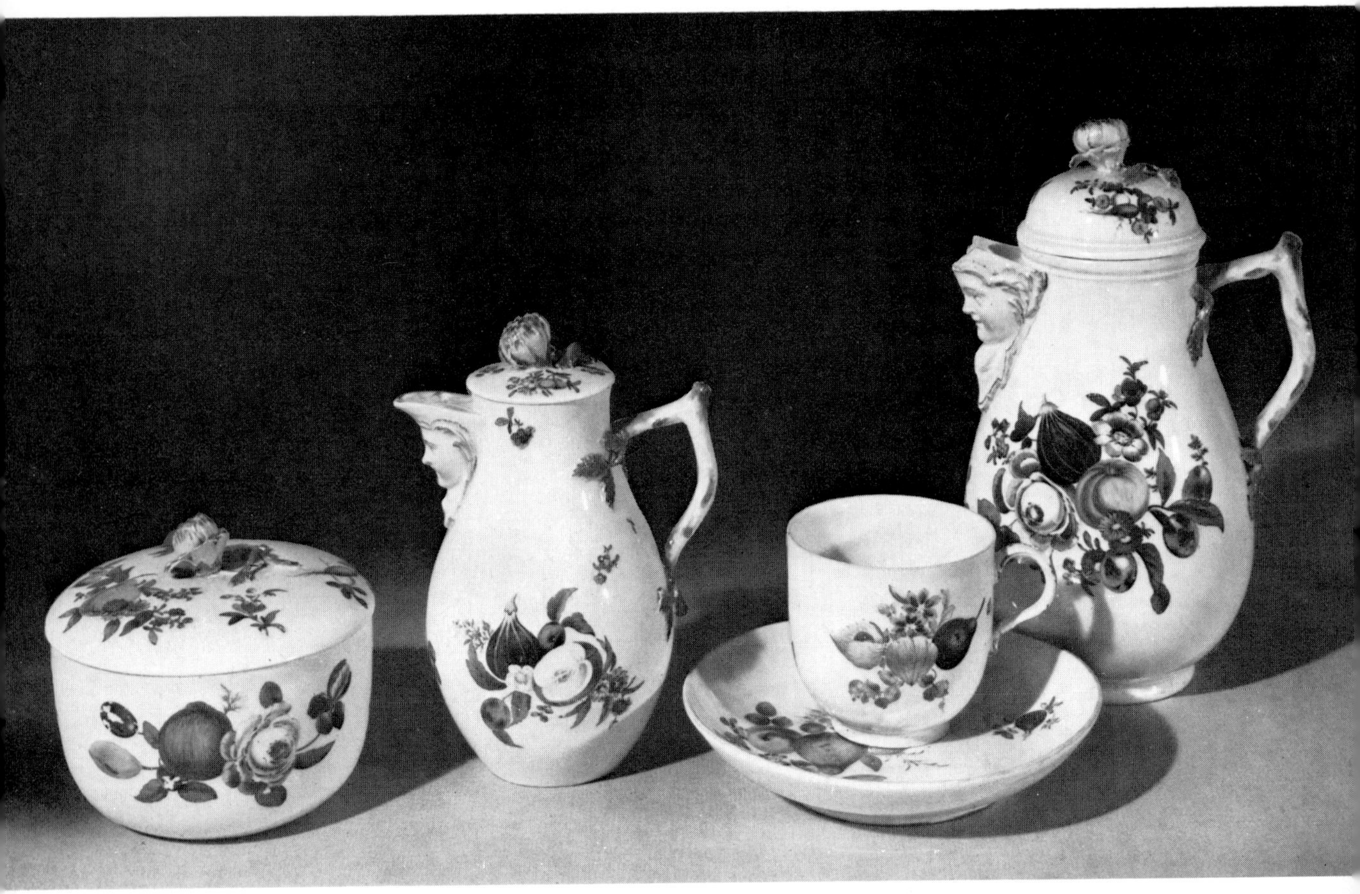

14
Teile eines Kaffee- und Teeservices, Manufaktur Gotzkowski, 1761–1763

15
Teekännchen, Manufaktur Gotzkowski, 1761–1763

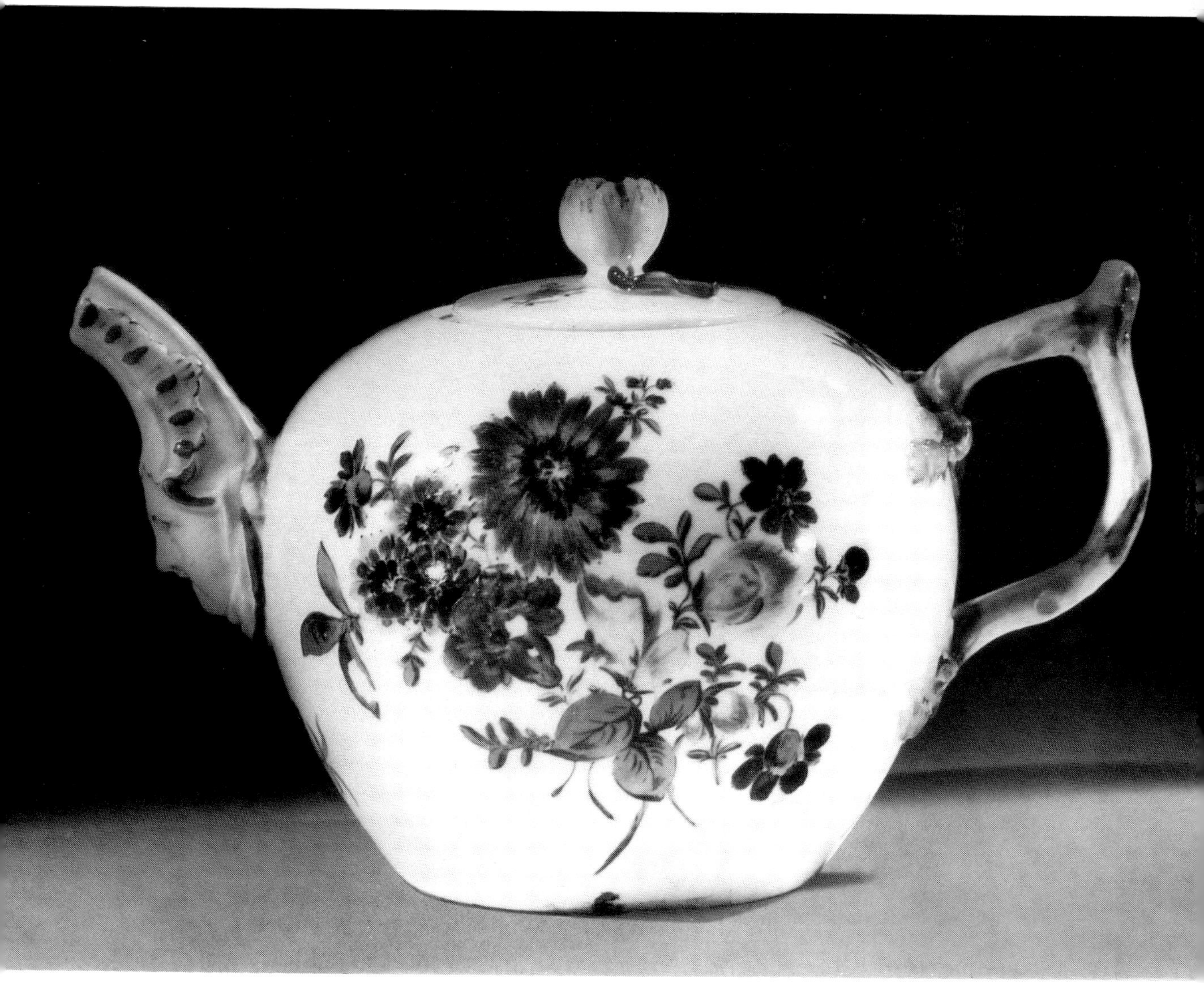

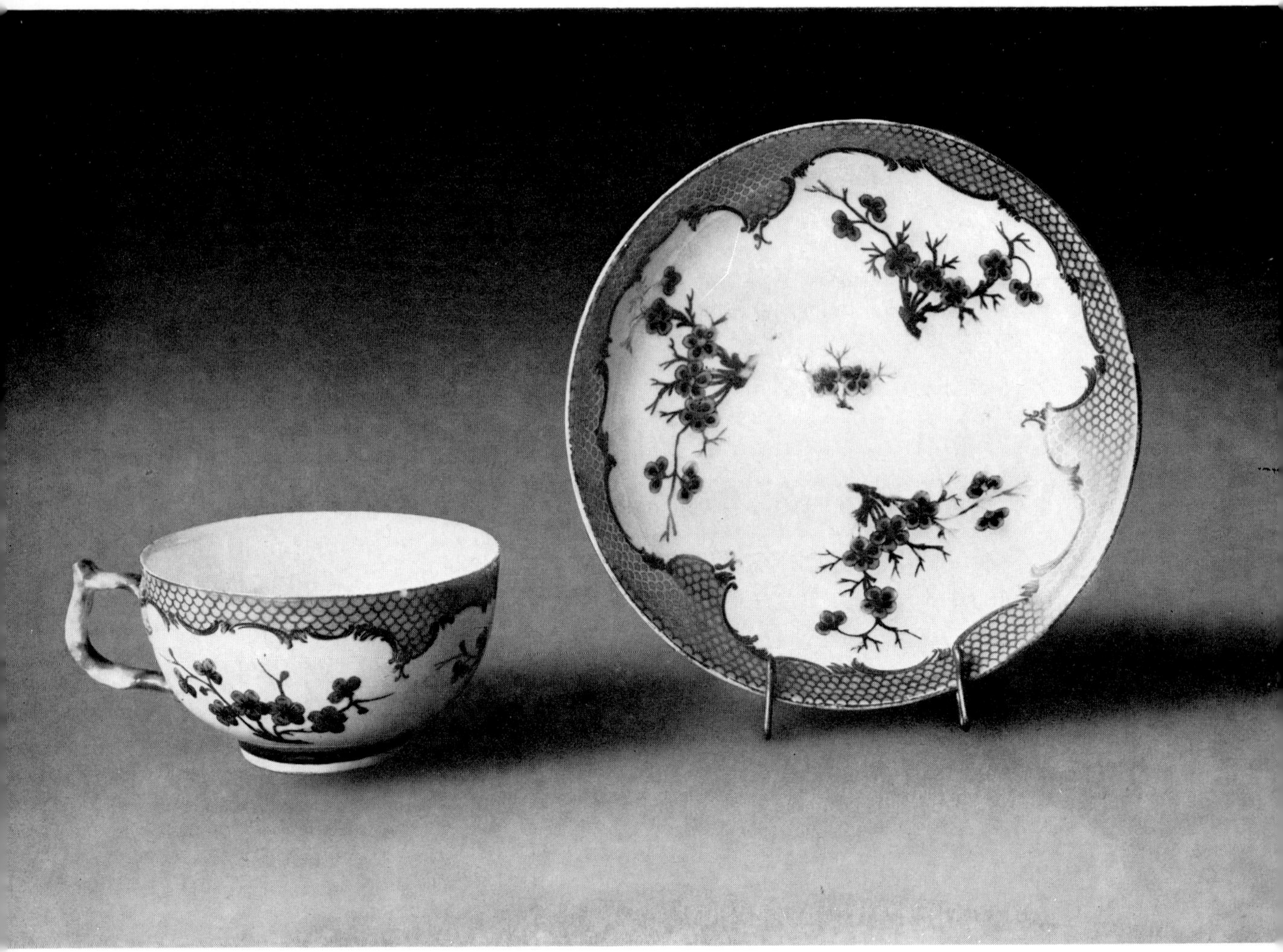

16
Tasse und Untertasse, Manufaktur Gotzkowski, 1761–1763

Arbeiter für sich aus und schickte den Töpfer Johann Georg Mehlhose zum Schein nach Plaue, um genaue Informationen über die dortige Produktion zu erhalten. Aus dem Bericht dieses Meißener Kundschafters ging hervor, daß die Plauer Brennöfen und das braune Porzellan ganz ähnlich dem Meißener seien. Nur fehle dem Steinzeug noch die schwarze Glasur. Böttger urteilte in seinem Bericht an August den Starken von 1715 dagegen viel schärfer; er meinte, «die Materie hat die Eigenschaft, daß sie sich weder recht feste brennen, noch aber fein und zart schleifen lässet», und weiter, «die meisten (Stükke) aber wären schwer, plump, und unfacionnierlich; und könnte man daselbst weder Lustre noch Leichtigkeit denen Geschirren beibringen: die allermeisten ließen sich gar nicht polieren»[33].

Diese, wie wir heute wissen, sehr subjektive und unter rein persönlichen Gesichtspunkten abgegebene Kritik Böttgers ist nur aus den zeitlichen Umständen zu erklären, unter denen sie erfolgte. Einmal war die Manufaktur in Plaue ja das erste Konkurrenzunternehmen zu Meißen, so daß Böttger als Erfinder des roten Steinzeugs und des Porzellans natürlich seine eigenen Verdienste um diese Sache geschmälert sah, zum anderen aber stand August der Starke mit Friedrich von Görne bereits 1715 in Verhandlungen, das Plauer Unternehmen für Sachsen zu erwerben. Sicher wollte Böttger mit dieser abfälligen Beurteilung seinen König von diesem Vorhaben abbringen, um damit einen eventuellen Rivalen auszuschalten.

Anders hingegen fielen die Urteile über die Plauer Manufaktur von preußischer Seite aus. In seinen «Historischen Beschreibungen der Chur und Mark Brandenburg» von 1751 zollte Bernhard Ludwig Bekmann diesem Unternehmen großes Lob. Es heißt bei ihm: «die Sache ist auch so wohl geraten, daß nach einigem suchen die Fabriken im stande gewesen, die schönsten Stücke an Thee- und Kaffezeug, Kannen, Becher, Krüglein, Spülnäpfe und große Näpfe, Schüsseln, Teller, Aufsätze, kleine Vasen, Theekessel, Dosen, aufzuweisen; theils von hellbrauner, theils dunkelbrauner; auch schwarzer farbe; welche weil man sonderlich das schleifen und malen durch allerhand Versuche ganz ins feine gebracht, güldene blumen und Ranken zierlich eingebrannt, ein ungemein schönes ansehen gegeben, sonst aber die Terra sigillata an feine sowohl als Festigkeit und klang weit übertroffen, und so dicht und fest gewesen, daß man die stücken davon zum feuerstein gebrauchen, und damit feuer aus dem stahl schlägen können.»[34]

Diese positive Beurteilung Bekmanns aus dem Jahre 1751 läßt sich aus heutiger Sicht anhand der nur wenigen noch erhaltenen Arbeiten dieser Manufaktur durchaus bestätigen, wenn auch im Vergleich zu den Böttgersteinzeugen ein qualitativer Unterschied festzustellen ist. Die Meißener Arbeiten sind sowohl in ihrer keramischen Qualität als auch in der Formgebung und künstlerischen Gestaltung dem Plauer Steinzeug überlegen. Der Grund hierfür kann sicher in der hohen wissenschaftlichen Qualifikation Böttgers und in den viel besseren technischen und materiellen Voraussetzungen der sächsischen Staatsmanufaktur gesehen werden. Nicht zuletzt wirkte sich auch die weltoffene, geistige Atmosphäre der Residenz- und Kunststadt Dresden auf den künstlerischen Stil der Meißener Erzeugnisse aus. In dem von der preußischen Hauptstadt Berlin abgelegenen Ort Plaue konnte sich natürlich kein mit Dresden auch nur annähernd vergleichbares geistiges Klima entwickeln, das bedeutende Künstler für eine Tätigkeit an der von Görneschen Manufaktur angezogen hätte. Wie neuere Untersuchungen zur Plauer Manufakturgeschichte ergaben, waren vom künstlerischen Personal der Maler und Direktor David Pennewitz sowie der Glasschneider Jeremias Spiller bis 1729 in Plaue ansässig. Die anderen namentlich erwähnten Künstler, wie der Glasschleifer Johann Moritz Böhme, der Bildhauer Friedrich Martini und der Goldschmied Heinrich Meier, wirkten nur für kurze Zeit an der Plauer

Manufaktur, wie aus den Eintragungen in dem dortigen Kirchenbuch ersichtlich ist.[35]
Die Produktion der kleinen «Porzellanfabrik» mußte aber ungeachtet ihrer ungünstigen Lage und der von Meißen ausgehenden Konkurrenz bald schon einen bedeutenden Umfang angenommen haben, denn außer einer großen Verkaufsniederlassung in der Breiten Straße in Berlin und der Beteiligung an allen größeren Messen hatte sie Handelsniederlassungen in Braunschweig, Kassel, Danzig (Gdańsk) und Königsberg (Kaliningrad); Lieferungen Plauer Erzeugnisse gingen sogar bis nach England und Holland.
Trotz dieser umfangreichen Handelsbeziehungen blieb aber der finanzielle Erfolg aus. Nicht anders sind die Bemühungen von Görnes zu interpretieren, seine Manufaktur bereits 1715 an August den Starken zu verkaufen, der auch persönlich großes Interesse zeigte. Von seiten des preußischen Königs bestand hingegen keinerlei Ambition, dieses Unternehmen selbst zu erwerben. Sogar größere Ankäufe und Bestellungen von Plauer Geschirren für das Königshaus blieben aus. Nur aus einer Mitteilung von Bekmann wissen wir, daß Friedrich Wilhelm I. anläßlich des Besuches Zar Peters I. im Jahre 1717 in Berlin für diesen aus der Niederlassung in der Breiten Straße Plauer Steinzeug gekauft hat. Jedoch soll der Zar, der im September des gleichen Jahres anläßlich einer Truppenbesichtigung in Brandenburg (Havel) auf dem Gut des Ministers von Görne in Plaue übernachtet hatte, in der Manufaktur ein großes Service mit Wappenmalerei erworben haben. Allerdings ließen sich von diesem ebenfalls bei Bekmann erwähnten Service bisher noch keine Teile nachweisen.
Das eigentliche Ziel der Manufaktur in Plaue bestand aber nicht in der Herstellung des braunen Steinzeugs, sondern von Görne wollte nach Meißener Vorbild vor allem das echte weiße Porzellan produzieren. Alle in dieser Hinsicht unternommenen Versuche schlugen jedoch fehl. Selbst die Abwerbung Meißener Arbeiter führte nicht zu dem gewünschten Erfolg, so daß die Manufaktur schließlich zu einer Zeit, als Meißen mit künstlerisch hervorragenden Porzellanen bereits auf dem Markt erschienen war, allein mit dem braunen Steinzeug wirtschaftlich nicht mehr existieren konnte und ihrer Auflösung entgegensah. Wann sich diese vollzogen hat, ist nicht eindeutig zu belegen. In einem sicherlich nicht ganz objektiven Bericht des Meißener Manufakturinspektors Steinbrück aus dem Jahre 1719 heißt es bereits: «daß der Herr v. Görne jetzo lieber wünschte dergleichen nicht entreprennirt zu haben», ein deutlicher Hinweis auf die finanziellen Probleme, denen sich der Unternehmer gegenübergestellt sah. Ein Jahr darauf trennte sich auch von Görne von seiner Manufaktur und überließ sie seinem ehemaligen Direktor David Pennewitz als alleinigem Inhaber. Viel Erfolg war aber auch Pennewitz nicht beschieden, denn bereits 1730 verließ er Plaue und nahm in Potsdam am Hofe eine Stellung als Kastellan an.
Wenn auch schriftliche Unterlagen über die Geschichte der Manufaktur in den zwanziger Jahren fehlen und wir über die wirklichen Ereignisse in dieser Zeit nichts wissen, so scheint jedoch sicher, daß sich in diesem Jahrzehnt die Auflösung der 1713 gegründeten Manufaktur auf Grund wirtschaftlicher Mißerfolge vollzogen hat.
Die Anzahl der heute noch erhaltenen Arbeiten dieser nur kurze Zeit bestehenden «Porzellanfabrik» ist sehr klein und außerdem über viele Museen und Privatsammlungen verteilt. Einzelne Stücke befinden sich in den Museen zu Dresden, Berlin, Leipzig, Gotha, Schwerin, Frankfurt am Main, Hamburg, München sowie in verschiedenen anderen Sammlungen. Trotz der wenigen erhaltenen Plauer Steinzeuge sind wir aber in der Lage, uns eine Vorstellung von ihren technischen Eigenheiten und ihrem künstlerischen Stil zu machen.
Aus der Anfangszeit der Manufaktur stammt eine Gruppe von großen sechs- und achtkantigen Vasen,

die auf Grund neuerer Forschungsergebnisse nicht mehr der Fayencemanufaktur des Cornelius Funke in Berlin, sondern dem Görneschen Privatunternehmen in Plaue zugeschrieben werden. Die Form dieser frühen Vasengruppe folgt in ihrem laternenförmigen Aufbau und den fremdartig anmutenden plastischen Auflagen eindeutig ostasiatischen Vorbildern, wie sie auch für das Böttgersteinzeug charakteristisch waren. *Tafel* 1

Vom keramischen Scherben her sind diese Vasen jedoch noch nicht als Böttgersteinzeug zu bezeichnen, obwohl die dunkelrote, hart erscheinende und glänzende Oberfläche dies vermuten läßt, denn dieser Effekt wurde nicht durch Polieren, sondern durch aufgetragene Lackschichten erreicht. In dieser Hinsicht unterscheiden sich die genannten Vasen noch eindeutig von dem klassischen Böttgersteinzeug, das ja aus einem dicht gesinterten Scherben von großer Härte bestand und sich demzufolge auch schneiden und polieren ließ. Der plastisch aufgelegte Dekor dieser Vasen ist entsprechend der Gliederung des Gefäßes in Fuß, Gefäßkörper, Schulter und Hals in vier Ebenen angelegt, wobei alle sechs Seiten mit ornamentalen und figürlichen Darstellungen geschmückt sind. Auf den dominierenden Flächen des Gefäßkörpers finden sich skurrile Figurengruppen von exotischem Aussehen. Diese aus vorgefertigten Modeln geformten und dann auf den flachen Grund der Gefäßseiten aufgelegten Gruppen sind in ihrer plastischen Gestaltung und künstlerischen Auffassung recht derb und von einer ins Volkstümliche gehenden expressiven Ausdruckskraft, die sich auch in einer stark übersteigerten Gebärdensprache der tanzenden und musizierenden Figuren äußert.

Unter diesen figürlichen Darstellungen, getrennt durch eine plastisch hervorgehobene waagerechte Linie, tummeln sich dann phantastische, echsenartige Tiere. Blatt- und Blütenranken, teils mit Tiermotiven vermischt, schmücken weiterhin die Flächen des Halses und der Schulter des Gefäßes.

Für den plastischen Dekor in seiner hier vorliegenden eigenwilligen, ausdrucksstarken Auffassung konnten bisher weder in der zeitgenössischen Grafik noch in der Keramik vergleichbare Vorbilder nachgewiesen werden, so daß man annehmen muß, daß es sich hierbei um eine selbständige Umsetzung und Deutung der in der barocken Kunst allgemein verbreiteten Chinoiserien durch einen in Plaue tätigen Künstler handelt.

Mit ihrer künstlerisch unkonventionellen, aber dennoch frischen Darstellungsweise vertreten diese handwerklich nicht einmal besonders perfekten Vasen innerhalb der Keramik des 18. Jahrhunderts eine stark vom Volkskünstlerischen beeinflußte Richtung, wie sie etwa auch in den Fayencen dieser Zeit zu finden ist. Damit aber offenbart sich bereits zu Beginn der Produktion in Plaue ein für diese Manufaktur charakteristischer Grundzug künstlerischer Gestaltung, der zwar dem sächsischen Steinzeug gegenüber als weniger qualitätvoll erscheint, als Zeugnis und Ausdruck einer volkstümlich-lebendigen Umsetzung der höfischen Chinamode dieser Zeit aber dennoch von besonderem künstlerischem Reiz und auch historischem Interesse ist.

Auf diesen für Plauer Erzeugnisse allgemein zutreffenden Umstand hat erstmals C. Keisch 1965 in einer Plaue-Studie aufmerksam gemacht und damit den Arbeiten dieser Manufaktur einen eigenen Platz in der Keramik des 18. Jahrhunderts zugewiesen. Dieser volkstümliche Charakter ist auch den Geschirren der nachfolgenden Zeit eigen und selbst bei solchen Arbeiten unverkennbar, die nach Meißener Vorbildern gearbeitet sind.

Zu den wenigen heute noch erhaltenen Erzeugnissen aus Plaue gehören vor allem Kannen, Vasen, Krüge, *Tafel* 2
Dosen und außerdem auch einige Figuren. Alle diese Arbeiten bestehen im Gegensatz zu den anfangs besprochenen Vasen bereits aus dem hartgebrannten Steinzeug, das vielfach mit einer tiefbraunen, stark glänzenden Braunsteinglasur überzogen ist. Die diesem Steinzeug eigene Härte ermöglichte es

den Künstlern der Manufaktur, außer den plastischen Auflagen und Lackmalereien auch den Dekor nach Meißener Vorbild in die Oberflächen der Gefäße zu schleifen und zu schneiden. Diese Arbeit oblag den bei der Manufaktur angestellten Glasschleifern und -schneidern. Die geschnittenen Dekore, meist sind es Blumen und Blütenzweige, wurden häufig mit vergoldeten geometrischen Borten gerahmt; ebenso vergoldete man bei besonders kostbaren Gefäßen auch Deckel und Scharniere.

Entsprechend den aus Meißen bekannten Vorbildern wurde in Plaue auch die Lackmalerei gepflegt, zumal David Pennewitz vor Übernahme seines Amtes in der Manufaktur ein bedeutender, qualifizierter Lackmaler war, wie ein heute noch im Märkischen Museum zu Berlin aufbewahrtes Lackkabinett aus dem Plauer Schloß erkennen läßt. Auf dem dunklen Untergrund der braunsteinglasierten Geschirre stellen sich die leuchtenden, pastos aufgetragenen Lackfarben besonders dekorativ dar.

Die Formen der Keramiken sowie die Malerei sind häufig im ostasiatischen Stil gehalten, jedoch dürften sie nur in den seltensten Fällen auf chinesische Originale zurückgehen. Wie an einigen Beispielen zu belegen ist, dienten vor allem Böttgersteinzeuge als Muster. Zu dieser von Meißen beeinflußten Gruppe gehört auch die hier abgebildete birnenförmig-oktogonale Kanne mit bandartig gebrochenem Henkel, deren unmittelbares Vorbild in einer als «türkisch» bezeichneten Kaffeekanne von 1712 mit ostasiatischem Blütendekor zu sehen ist, die sich in der Porzellansammlung im Dresdener Zwinger befindet.[36]

Tafel 2

Trotz der Übereinstimmung beider Arbeiten in Form und Dekor – auch der japanisch anmutende Blütenzweig in den Farben Grün, Orange, Gelb und Rot mit vergoldeten Gräsern ist von dort übernommen – kann man jedoch nicht von einer exakten Kopie des Dresdener Stückes sprechen, sondern vielmehr nur von einer freien Nachempfindung. Auch die goldenen Linien, die die einzelnen Seiten des Gefäßkörpers rahmen, sowie die aus geometrischen Mustern gebildeten Goldborten an den Rändern der Kanne, des Deckels und der Tülle sind in fast gleicher Anordnung und Musterung auf der genannten sächsischen Arbeit zu finden.

Als charakteristisch für den künstlerischen Stil des Plauer Steinzeugs kann weiterhin auch eine bauchige Kaffeekanne in ihrer etwas schwerfälligen, massig wirkenden Form angesehen werden, deren äußerer Umriß aber die Ausgewogenheit der Proportionen und die Eleganz der Linienführung anderer barokker Gefäße dieser Art vermissen läßt.[37]

Auch vom Keramischen her sind die Plauer Geschirre nicht so sauber und exakt gearbeitet wie das sächsische Böttgersteinzeug. Bei vielen Arbeiten bemerkt man die durch den töpfermäßigen Herstellungsprozeß verursachten Unregelmäßigkeiten in der Formgebung ebenso wie die Unebenheiten der Flächen und Kanten. Aus diesen technischen und handwerklichen Unzulänglichkeiten ergibt sich die Schlußfolgerung, daß man in Plaue für die Herstellung der Gefäße keine Formen oder Schablonen benutzt, sondern sie ohne Hilfsmittel auf der Töpferscheibe gedreht hat. Als keramischer und auch künstlerischer Mangel machen sich kleine, sandkorngroße Verunreinigungen in der glasierten Oberfläche der Gefäße bemerkbar, die auf eine ungenügende Aufbereitung der Masse durch Schlämmen und Mahlen zurückzuführen sind.

Trotz dieser im Vergleich zum sächsischen Steinzeug bestehenden Mängel und der Tatsache, daß es den in Plaue tätigen Künstlern, Handwerkern und Arbeitern nicht gelungen ist, nur wenige Jahre nach der Erfindung des Porzellans in einer dafür wenig geeigneten Umwelt und Situation dem Geheimnis dieser komplizierten Materie auf die Spur zu kommen, nehmen ihre Erzeugnisse einen beachtlichen Platz in der Entwicklungsgeschichte des europäischen Porzellans ein.

Versuche Johann Heinrich Potts zur Erfindung des Porzellans in Berlin (1740–1746)

Die geniale Erfindung Böttgers, die 1710 auf der Albrechtsburg in Meißen gegründete erste europäische Porzellanmanufaktur und das 1717 in Wien entstandene, nicht ganz erfolglose Konkurrenzunternehmen Innozenz du Paquiers hatten zur Folge, daß in nahezu allen europäischen Ländern und auch in verschiedenen deutschen Kleinstaaten die Jagd nach dem Arkanum verstärkt einsetzte. Ernsthafte Wissenschaftler, Alchimisten, Abenteurer und Adepten versuchten sich in der Ruhm und Erfolg versprechenden Herstellung des Porzellans, für das es an allen Fürstenhöfen größtes Interesse gab.

Auch ehemalige Mitarbeiter der sächsischen Manufaktur, die trotz strenger Bewachung entfliehen konnten, boten die Kenntnis des Produktionsverfahrens gegen entsprechend hohe Bezahlung an. So versuchte auch der ehemals in Meißen angestellte Vergolder Conrad Christoph Hunger, der vorgab, im Besitz des Arkanums zu sein, im Jahre 1741 sein Wissen dem preußischen König Friedrich II. anzubieten. Aber Hunger, der zuvor schon bei der Gründung der Porzellanmanufakturen in Venedig und Stockholm, anschließend in Wien und dann wieder in Meißen tätig war, fand – weil er dem König allzu unzuverlässig erschien – für seine Pläne keine Unterstützung.[38] Die Interessen des erst seit 1740 regierenden Friedrich II. waren in dieser Zeit zunächst weniger auf die Einrichtung einer kulturvollen und luxuriösen Hofhaltung ausgerichtet als vielmehr auf die Fortsetzung des von Friedrich Wilhelm I. begonnenen umfassenden Aufbaus der Militärmacht des preußischen Staates. Die hohen finanziellen Aufwendungen, die diese Politik erforderlich machten, sowie die von Preußen geführten Kriege sind die eigentlichen Ursachen dafür, daß in den ersten beiden Jahrzehnten seiner Regentschaft nie ernsthaft der Versuch unternommen wurde, in Brandenburg-Preußen eine Porzellanmanufaktur zu gründen. Die wirtschaftlichen Aktivitäten des Königs und auch der Berliner Kaufmannschaft lagen indessen mehr auf dem Gebiet der Textilherstellung, die für die Einkleidung des Heeres von unmittelbarem Nutzen war und deshalb auch die notwendige staatliche Unterstützung erfuhr.[39] Selbst als gegen Ende der vierziger Jahre Porzellanmanufakturen in Höchst (1746), in Nymphenburg (1746) und Fürstenberg (1747) sowie auch an anderen Orten entstanden waren und bedeutende Fürsten ohne eine solche Manufaktur nicht auskamen, arbeiteten in Brandenburg-Preußen Chemiker und Alchimisten nur aus eigenem Antrieb und ohne nennenswerte Unterstützung des Landesherrn an der Entdeckung des Porzellangeheimnisses.

Obwohl Friedrich II. als einer der gebildetsten Fürsten seiner Zeit natürlich ein ganz anderes Verhältnis zur Kunst und Kultur hatte als Friedrich Wilhelm I. und er auch als großer Liebhaber und Kenner des Porzellans galt, interessierte er sich zwar für alle in dieser Beziehung gemachten Vorschläge, jedoch gingen sein Engagement und seine finanzielle Unterstützung nie so weit, daß es ernsthaft zur Entdeckung des Arkanums oder gar zur Gründung einer Manufaktur gekommen wäre. Die für ein solches Vorhaben notwendigen Ausgaben scheute der König, weil 79,9 Prozent der Staatseinnahmen für die von ihm vorrangig betriebene militärische Aufrüstung seiner Armeen benötigt wurden.[40] So findet der Widerspruch in seinem Verhalten zwischen dem verbalen Interesse an der Porzellanherstellung in seinem Lande und der nur geringfügigen finanziellen Unterstützung entsprechender Vorhaben schließlich seine Erklärung in der übergeordneten staatspolitischen Zielstellung. Die Zeit des leidenschaftlichen Sammelns von Porzellan war ohnehin vorbei, und so bestand auch das Hauptinteresse Friedrichs II., ganz im Sinne des von ihm streng befolgten Merkantilismus, vor allem an der ökonomischen Effektivität der Manufakturen und erst in zweiter Linie an der damit verbundenen Befriedigung luxuriöser und repräsentativer Bedürfnisse seines eigenen Hofes sowie des Adels.[41]

Unter diesen gesellschaftlichen Bedingungen in Brandenburg-Preußen sind auch die gescheiterten Bemühungen des Berliner Professors der Chemie, Dr. Johann Heinrich Pott (1692–1777), zu sehen, auf der Grundlage der von ihm angestellten wissenschaftlichen Versuche mit keramischen Erden eine Porzellanmanufaktur in Gang zu setzen. Kennzeichnend für das zwiespältige Interesse des Königs an der Entwicklung einer brandenburgischen oder gar eigenen Porzellanmanufaktur ist sein Verhalten dem Gelehrten gegenüber. Als Friedrich II. von Potts Experimenten erfuhr, schrieb er 1740 an den Wissenschaftler: «Weilen ich höre, daß Ihr mit dem Porcellainmachen reussiret, so solltet Ihr nur einige Proben einschicken. Wann das Werk zum Stande kömt, werde ich es protegiren und sollt Ihr Zeit lebens mit eurem officié den Profit dero genießen.»[42]

Pott, über diese königliche Ermunterung erfreut, schickte daraufhin sogleich eine Probe seines vermeintlichen Porzellans ein, denn ohne kapitalkräftige Unterstützung des Landesherrn oder eines anderen Unternehmers war er nicht in der Lage, die im Laboratorium gewonnenen Erkenntnisse in der Praxis zu erproben. Friedrich II. antwortete bereits am 26. Oktober: «Prof. Pott. Ich habe Eure Schreiben vom 24. dieses, nebst denen kleinen Probestükken von Eurem ausgefundenen Porcellain wohl erhalten und ersehen, daß Ihr nebst dem Hofrath Eller und Dr. Cramer ferner auf die Perfectionirung der Sache arbeitet. Es ist solches sehr gut und da Ihr die rechten Materialien gefunden, so wird sorglich nöthig seyn, über die weiße couleur und glasur zu raffiniren, daß mir erst die ordinaire Arth des Dresdenschen Porcellain heraus kömt.»[43]

Von einer tatkräftigen Unterstützung dieser noch notwendigen Arbeiten, die ja das Interesse des Landesherrn auch bewiesen hätte, verrät dieses Antwortschreiben allerdings nichts. So sah sich schließlich der Universitätsprofessor und Gelehrte gezwungen, am 8. Dezember 1742 in den «Berlinischen Nachrichten» eine Annonce aufzugeben, in der er der Öffentlichkeit mitteilte, «daß er Porzellan machen könnte und gegen Bezahlung gerne bereit sei, seine Kunst anderen mitzuteilen». Später hat man dem Gelehrten aus diesem angeblich «geschäftstüchtigen» Verhalten den Vorwurf gemacht, daß er damit seinem Ruf als Wissenschaftler geschadet hätte.

Schließlich gelang es Pott doch noch, den König für seine Pläne zu interessieren, der ihm daraufhin in Freienwalde ein kleines Brennhaus einrichten ließ. Dort wurde mit Hilfe des ehemaligen Verwalters der Neustädter Spiegelmanufaktur, Krieger, ein Brennofen aufgestellt und von einem aus Wriezen stammenden Töpfer das für die geplanten Versuche notwendige Geschirr abgedreht. Pott selbst laborierte während dieser Zeit an den Glasuren. Am 7. Oktober 1745 war dann schließlich alles fertig, der Ofen wurde angeheizt und bis zum anderen Tag unter scharfem Feuer gehalten. Der Brand verlief allerdings ergebnislos, und mit der Errichtung neuer, verbesserter Öfen hatte Pott ebenfalls nicht den erhofften Erfolg. So mußte man schließlich zu der in dieser Zeit bewährten Methode greifen, durch Abwerben eines erfahrenen Brennmeisters aus Meißen zu den erforderlichen Kenntnissen zu gelangen. Dieser Abwerbungsversuch aber mißlang, und Pott beendete seine Experimente im Sommer 1746, weil der König aus der Staatskasse für diese Versuche bereits 755 Reichstaler zur Verfügung gestellt hatte und diese «Unkosten» nicht noch höher ansteigen lassen wollte. Angesichts dieser geringen Ausgaben – verglichen mit den Investitionen Augusts des Starken in Meißen – wurde deutlich, wie wenig Interesse der Landesherr an diesem Unternehmen hatte. Die von ihm bewilligten Zuwendungen können keineswegs als ernsthafte Bemühungen um die Gründung einer preußischen Porzellanmanufaktur angesehen werden, sondern vielmehr nur als eine Unterstützungssumme für die Forschungsarbeit eines in dieser Zeit angesehenen und bedeutenden Berliner Chemikers.

Zur gleichen Zeit, als Johann Heinrich Pott seine Versuche geheim – die Rechnungen dafür liefen verschlüsselt über das Waisenhaus in Potsdam – und fern von der Hauptstadt durchführte, meldete sich Anfang des Jahres 1746 der Pfarrer Samuel Gottlob Lange aus Laublingen mit der Nachricht, daß er in der Laublinger Gegend eine Erde gefunden habe, die nach dem Brand folgende Eigenschaften aufweise: 1. Porzellanfarbe schön weiß, nicht zu glasartig und halbdurchsichtig, 2. Porzellanhärte, 3. Die schönste Glasur bei sich selbst, 4. Bruch wie beim Porzellan, 5. Porzellanschwere.[44]

Auch die Entdeckung des Pfarrers Lange fand beim König weder die erhoffte Aufmerksamkeit noch die erforderliche Unterstützung. Man verwies den angeblichen Erfinder an Johann Heinrich Pott, mit dem er über seine Entdeckung beraten sollte. Da Pott jedoch in Freienwalde mit dem Brand seiner eigenen Porzellanerde gescheitert war, lag seinerseits natürlich keine Veranlassung vor, einem Konkurrenten zum Erfolg zu verhelfen. So blieb auch die Erfindung des Laublinger Pfarrers Lange ohne weitere praktische und theoretische Resonanz.

Bereits im ersten Jahr seiner Regierung nahm Friedrich II. den mit der Inthronisation von Maria Theresia 1740 in Österreich ausgebrochenen Streit um die Erbfolge zum Anlaß, mit einem starken Heer in Schlesien einzufallen, so daß Österreich 1742 gezwungen war, diese Provinz an Preußen abzutreten. Bereits zwei Jahre später, als die um die politische Vormachtstellung in Europa geführten Auseinandersetzungen zwischen Österreich, Sachsen und Hannover auf der einen sowie Bayern und Frankreich auf der anderen Seite zugunsten Österreichs ausgegangen waren, befürchtete Friedrich II., seine gerade erst eroberte Provinz Schlesien durch die nunmehr sichtbare Übermacht Maria Theresias zu verlieren. So fiel er 1744 erneut mit seinen Truppen in Böhmen ein, um den schlesischen Besitz zu verteidigen. In diesem Zweiten Schlesischen Krieg, in dem Sachsen mit Österreich verbündet war, blieben die preußischen Truppen in den Schlachten bei Hohenfriedberg (Juni 1745) und Kesselsdorf (Dezember 1745) erfolgreich, so daß Friedrich II. die 1742 annektierte Provinz Schlesien behielt und durch den Sieg über die Sachsen bei Kesselsdorf auch dieses Land besetzen konnte.

Im Zuge dieser Auseinandersetzungen gelangte auch die Meißener Porzellanmanufaktur als Kriegsbeute in den Besitz Preußens, wodurch sich für Friedrich II. die günstige Gelegenheit ergab, ohne das kostspielige Experiment der Gründung einer eigenen Manufaktur in den Besitz der kostbarsten Porzellane zu kommen.

Wie sehr Friedrich II. auch daran interessiert war, geht aus den Schreiben an seinen Kämmerer Fredersdorf hervor, deren erstes bereits einen Tag nach der Schlacht bei Kesselsdorf, am 16. Dezember 1745, verfaßt wurde: «Du wirst wissen, was hier passirt ist. – Ich gedenke den 20. in Berlin zu sein und – so viel Geld und Porcelain mitzubringen, daß ich dafür meine Bagage ersetze.» Und in einem anderen Brief vom 19. Dezember hieß es: «Ich kann noch nicht so gleich nach Berlin kommen: ich wollte gern den Frieden auch mitbringen. – Ich schicke für 100 000 Thlr. Porcelaine nach Berlin; davon werde ich Gotzkowsky bezahlen und für 50 000 Thlr. verkaufen. Sieh nur zu, wie man es kann los werden.»[45]

Mit der praktischen Durchführung der Requirierung wurde der Generalintendant der preußischen Schlösser, der bedeutende Architekt Friedrichs II., Georg Wenzeslaus von Knobelsdorff, beauftragt, der, da Meißen bereits seit dem 12. Dezember 1745 von preußischen Truppen besetzt war, schon am 14. Dezember den Buchhalter der Porzellanmanufaktur Heymann anwies, zweiundfünfzig Kisten wertvoller Tafelservice und Figuren versandfertig zu machen. Am 22. Dezember wurden diese Porzellane mit mehreren sächsischen Gespannen nach Berlin, Potsdam und Charlottenburg transportiert. Auch an seine Generäle ließ der König durch Knobelsdorff aus dem Lagerbestand der Manufaktur wertvolle Geschenke verteilen, die von Heymann genauestens registriert wurden und von den Empfängern zu quittieren waren.

Insgesamt hatte die Manufaktur an Friedrich II. 1745 und dann noch einmal während des Siebenjährigen Krieges (1756 bis 1763) 269657 Taler und 5 Groschen in bar und für 283679 Taler und 4 Groschen Porzellan abzuliefern.[46]

Durch diese für Preußen – beziehungsweise für den König – günstige Situation bestand in seinem Land nun keine zwingende Notwendigkeit mehr, die Experimente Potts und Langes zu unterstützen. Der Bedarf an Porzellan für den eigenen Gebrauch in den königlichen Schlössern war befriedigt und der Aufbau einer Manufaktur zwecks Erzielung von Profit durch den Krieg und seine Folgen erst einmal in weite Ferne gerückt. Außerdem war die preußische Finanzlage durch den Ersten und Zweiten Schlesischen Krieg derart angespannt, daß sich der König im Jahre 1747 sogar entschließen mußte, den erst 1738 von dem Berliner Goldschmied Lieberkühn d. J. für 90000 Taler errichteten silbernen Chor im Rittersaal des Berliner Schlosses sowie wertvolle Teile des Silberbuffets aus dem gleichen Raum einzuschmelzen.

Vor diesem ökonomischen und staatspolitischen Hintergrund ist das nur geringe Interesse des Königs an einer landeseigenen Porzellanmanufaktur zu sehen, ebenso aber auch das Scheitern aller weiteren Bemühungen, in der Folgezeit in Berlin oder anderswo in Brandenburg-Preußen eine Porzellanmanufaktur zu gründen.

An Versuchen, Möglichkeiten und Angeboten hat es indessen nicht gefehlt. Neben den bereits erwähnten Anerbieten des Meißener Vergolders Hunger, des Chemikers Pott und des Pastors Lange erfahren wir aus den Schatullerechnungen des Königs, daß zwischen 1746 und 1747 an den von Meißen nach Berlin übergewechselten «Miniatur-Mahler» Johann Karl Gerlach und den «Bildhauer», «Mechanikus» und «porcellainfabricanten» Gottlieb Kayser sogenannte «Wartegelder» gezahlt wurden. In einer Anweisung heißt es dazu: «Seine königliche Majestät haben befohlen, daß dem bildhauer und mahler der porcelain fabrique monatlich aus seiner Chatulle jedem 10 Thlr. sollen ausgezahlt werden.» Unter welchem Vorwand diese Meißener Porzellanarbeiter – vielleicht von Friedrich II. selbst – nach Berlin geholt wurden, ist nicht bekannt.[47]

Man hat zwar den Aufenthalt der beiden Künstler in Berlin dahingehend gedeutet, daß Friedrich II. mit ihrer Hilfe nach dem Kriege eine eigene Manufaktur gründen wollte, konkrete Hinweise dafür gibt es jedoch nicht. Auch scheint es in Anbetracht der damaligen Situation in Brandenburg-Preußen als unwahrscheinlich, daß in dieser Zeit eine solche Absicht erfolgreich zu verwirklichen gewesen wäre.

Gleichermaßen ohne Chance war das Anerbieten zweier Pariser Porzellankünstler, die durch Vermittlung des preußischen Generalleutnants von Rothenburg für eine von ihm geplante Manufaktur angeworben wurden. Als diese, St-Germain und Joinville, jedoch eine Vorschußzahlung von 6000 Reichstalern verlangten, erlosch das Interesse des Königs sofort, weil ihm diese Summe zu hoch erschien.

Als letzter versuchte 1753 der ehemalige Meißener Modellmeister Luck, der schon in Wien und in Kopenhagen aus seinen auf der Albrechtsburg gemachten Erfahrungen Kapital geschlagen hatte, dieselben nochmals für nur 500 Reichstaler an den preußischen König zu verkaufen. Nachdem aber die eingereichten Proben nicht zur Zufriedenheit ausgefallen waren, befahl Friedrich II. seinem Gesandten in Kopenhagen am 18. Juni 1753, dem Modellmeister Luck «auf gute Arth» abzusagen und ihn an den Berliner Kaufmann Wegely zu verweisen.[48]

17

Teile eines Kaffee- und Teeservices mit blauer Blumenmalerei, um 1764

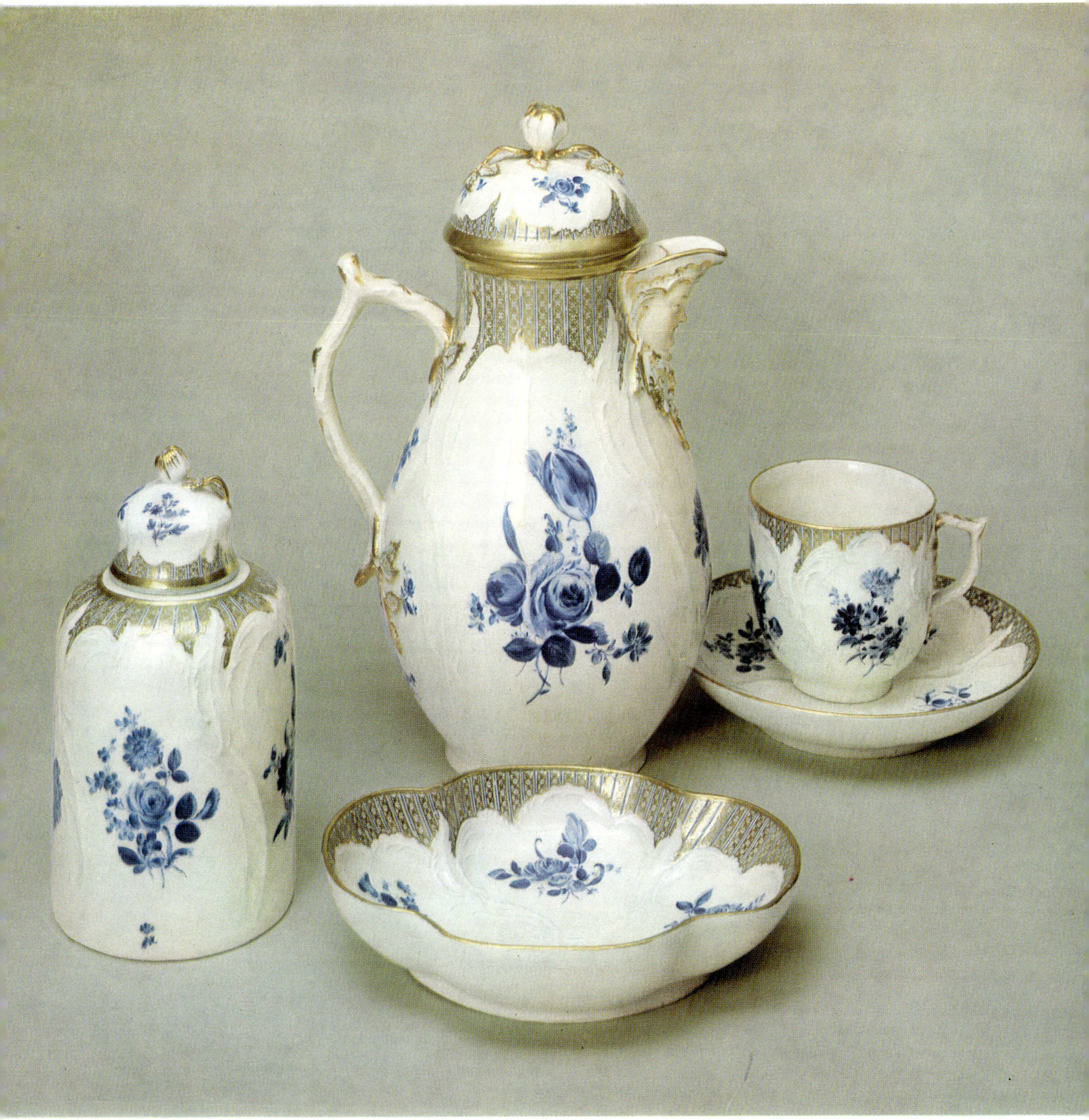

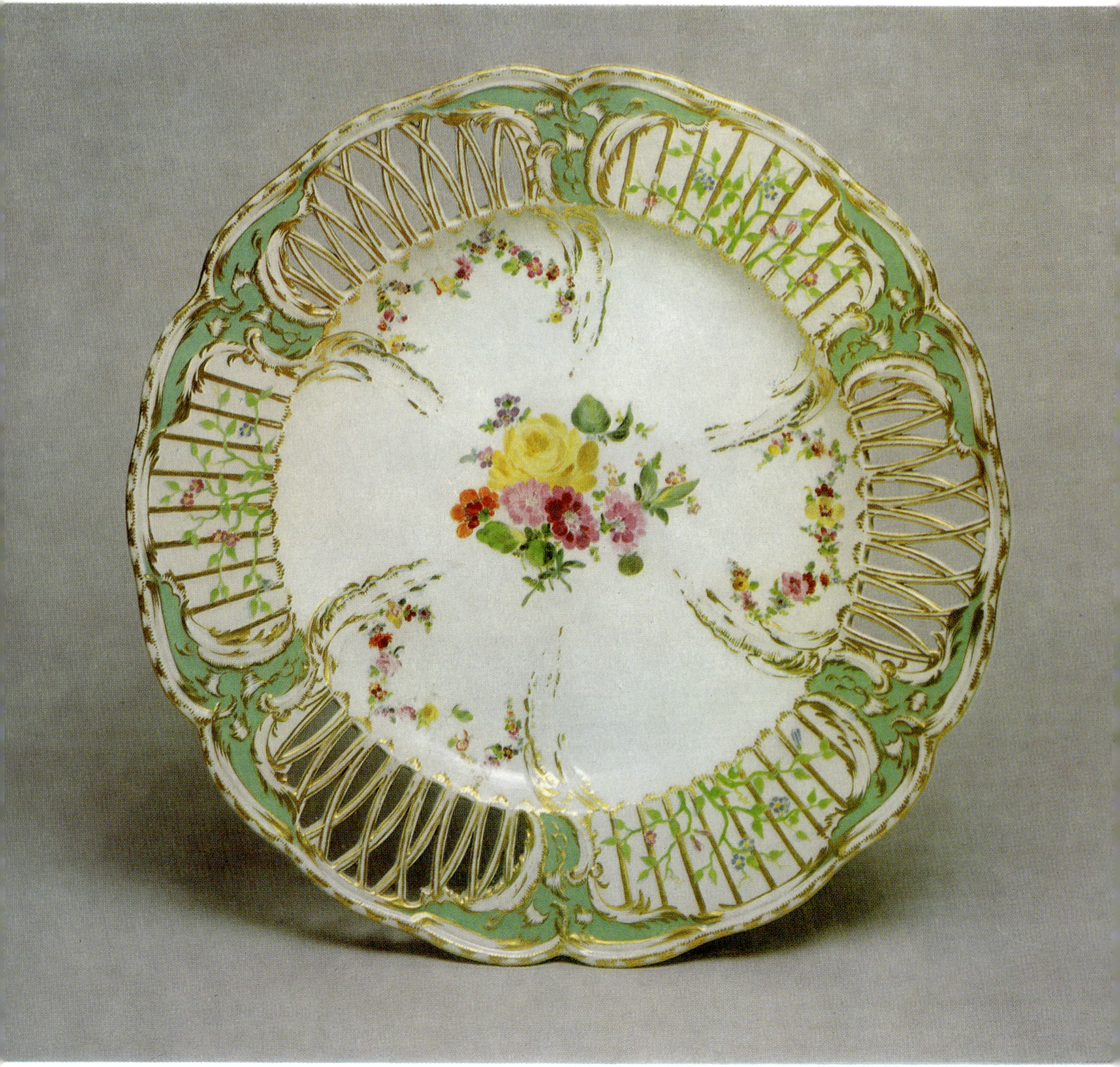

18
Dessertteller vom «Grünen Tafelservice» oder vom Service für den Markgrafen Alexander von Brandenburg-Ansbach, 1767

19
Teile vom Service für das Breslauer Stadtschloß, 1767/68

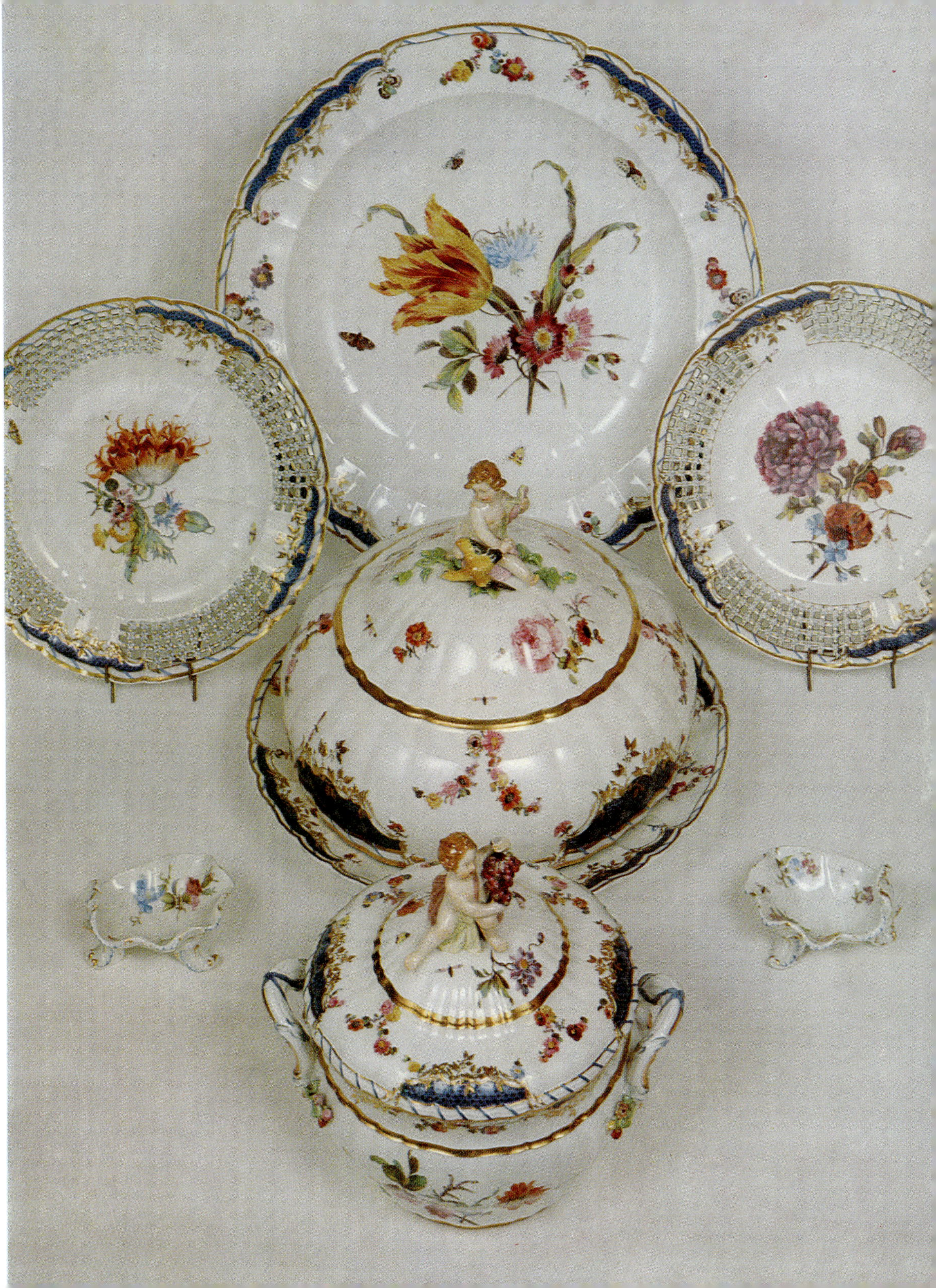

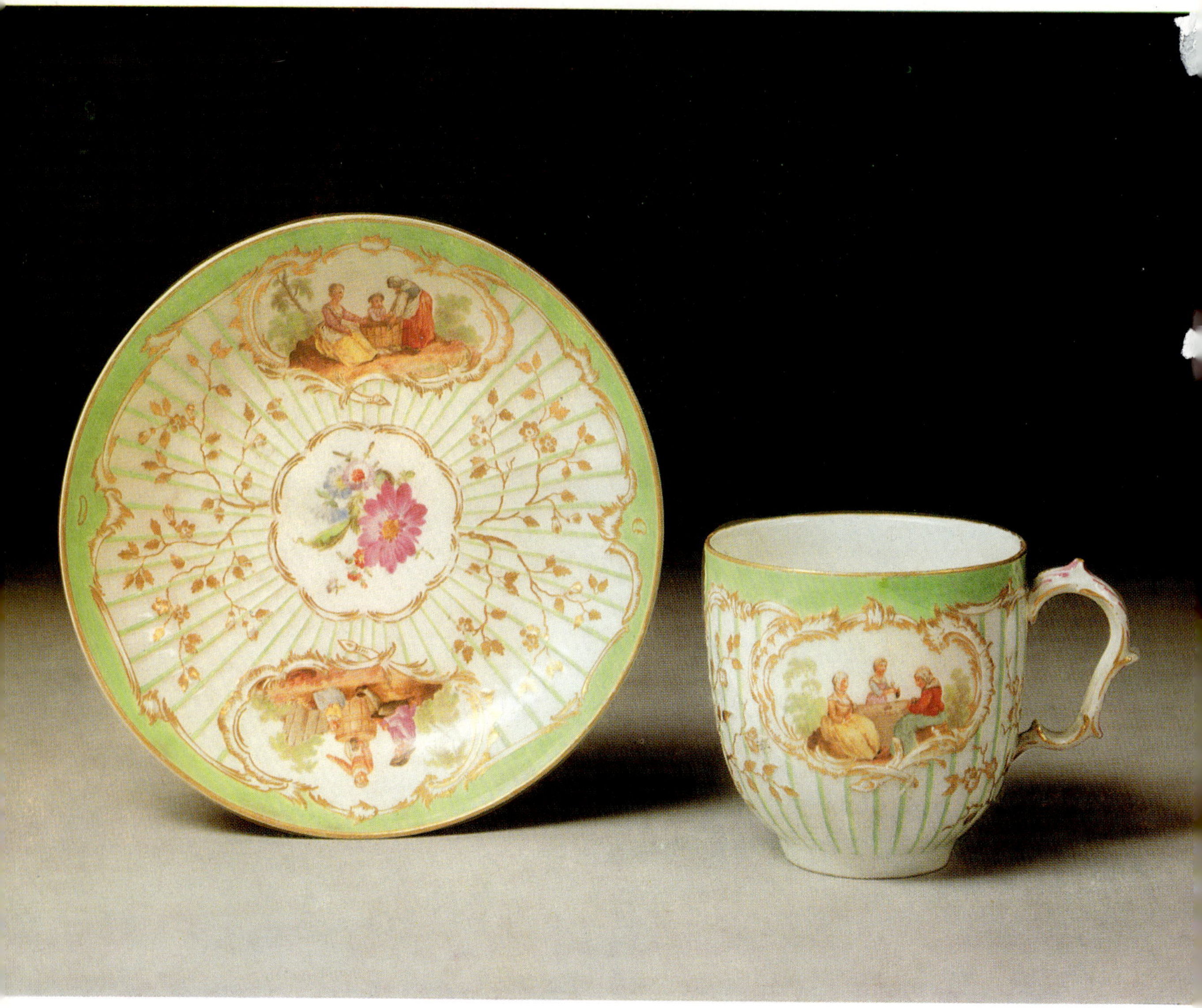

20
Tasse und Untertasse, um 1765

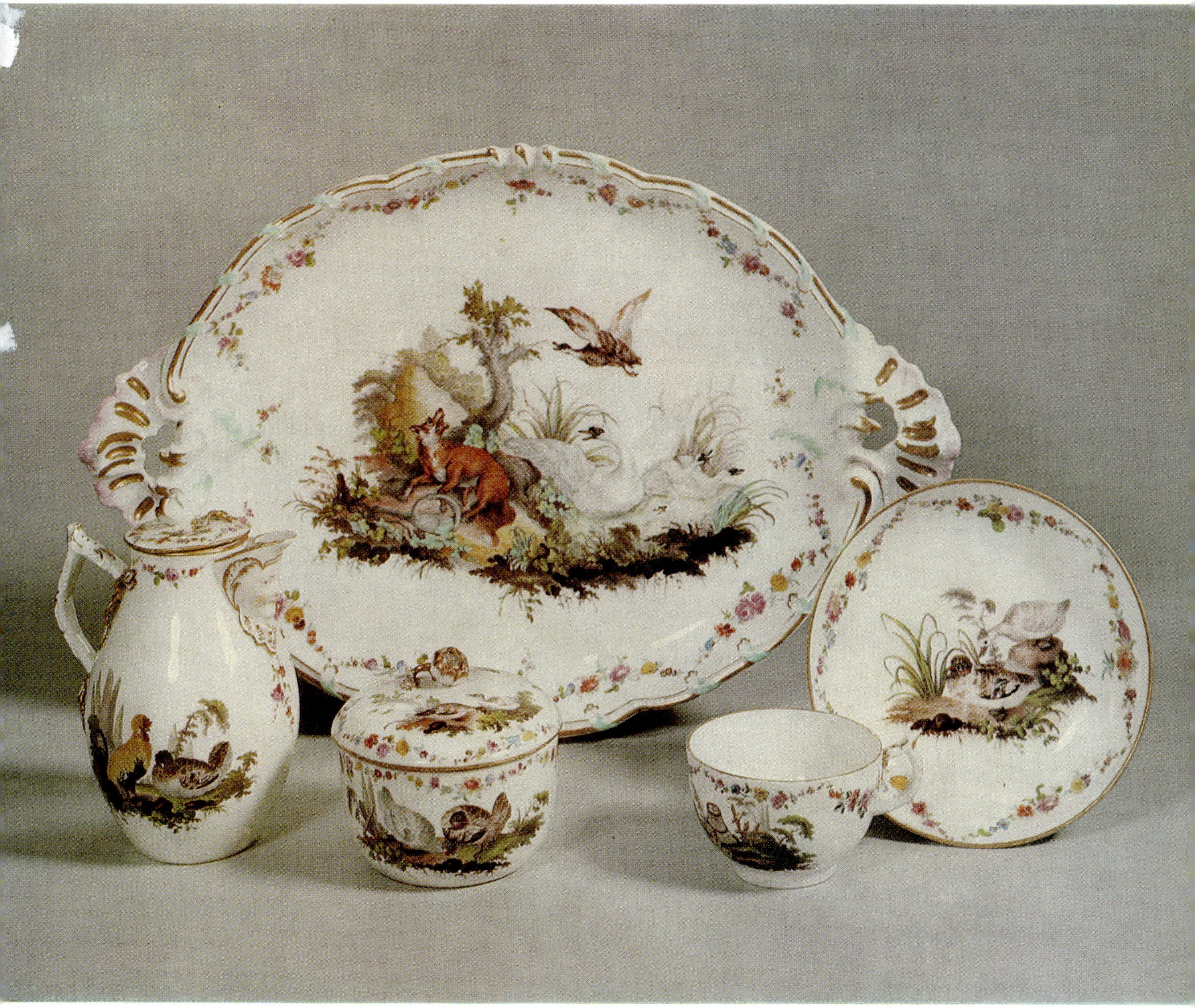

21

Frühstücksservice mit Tierstück und Vogelmalerei, um 1765

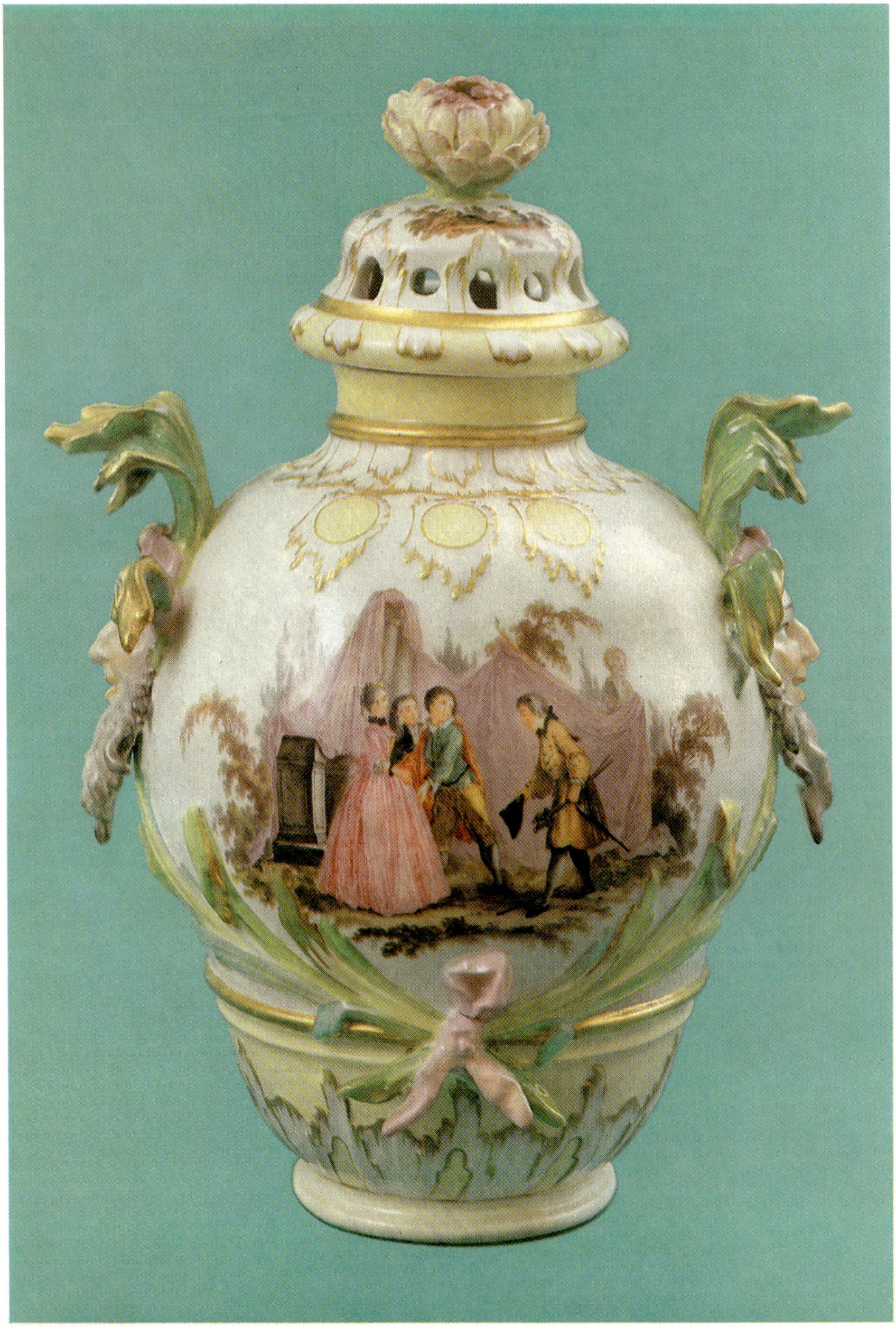

22
Duftvase
mit Molière-Szene
nach François Boucher,
um 1770–1775

23
Teile eines
Toilettenservices
mit Rosenmalerei,
um 1770

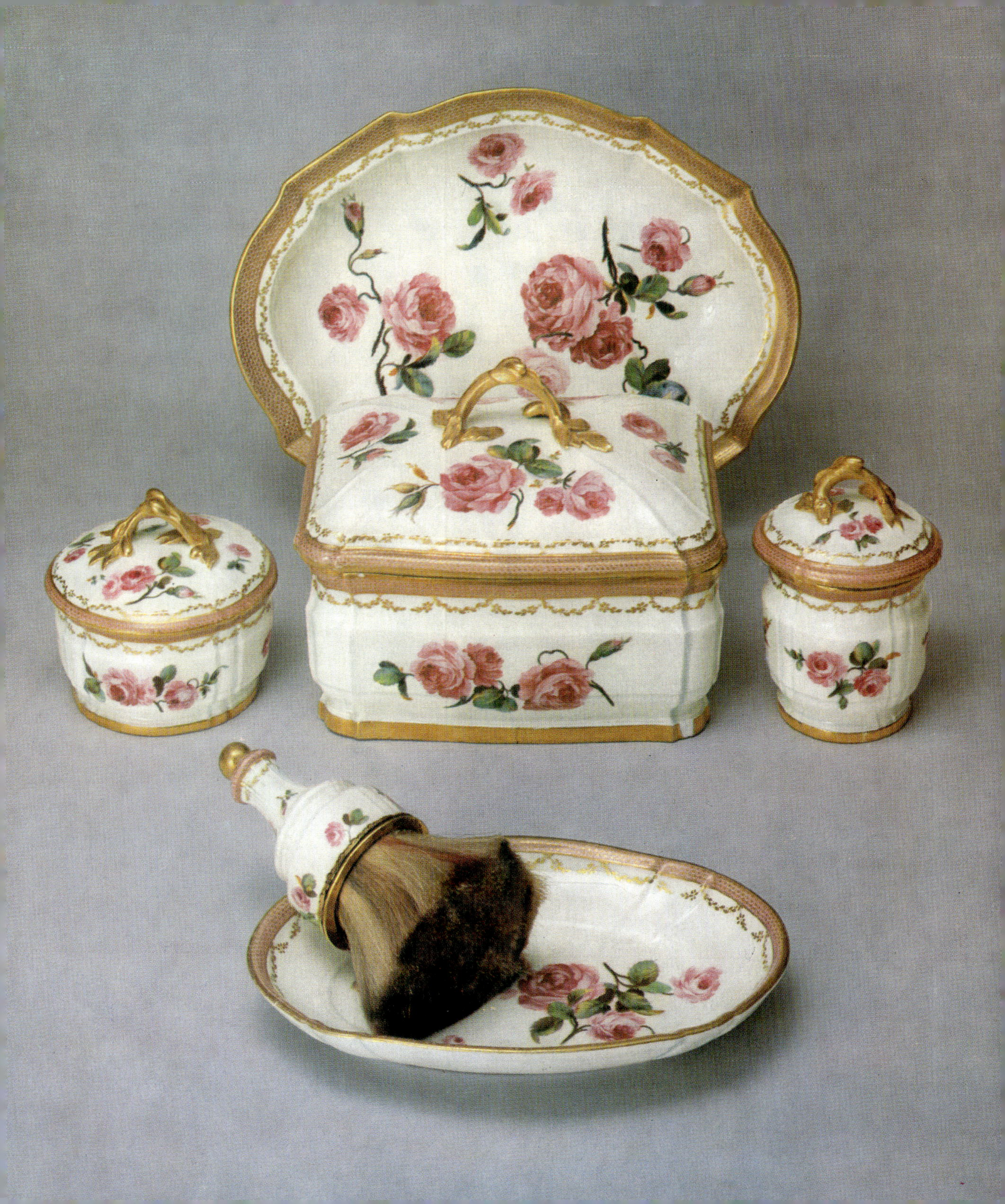

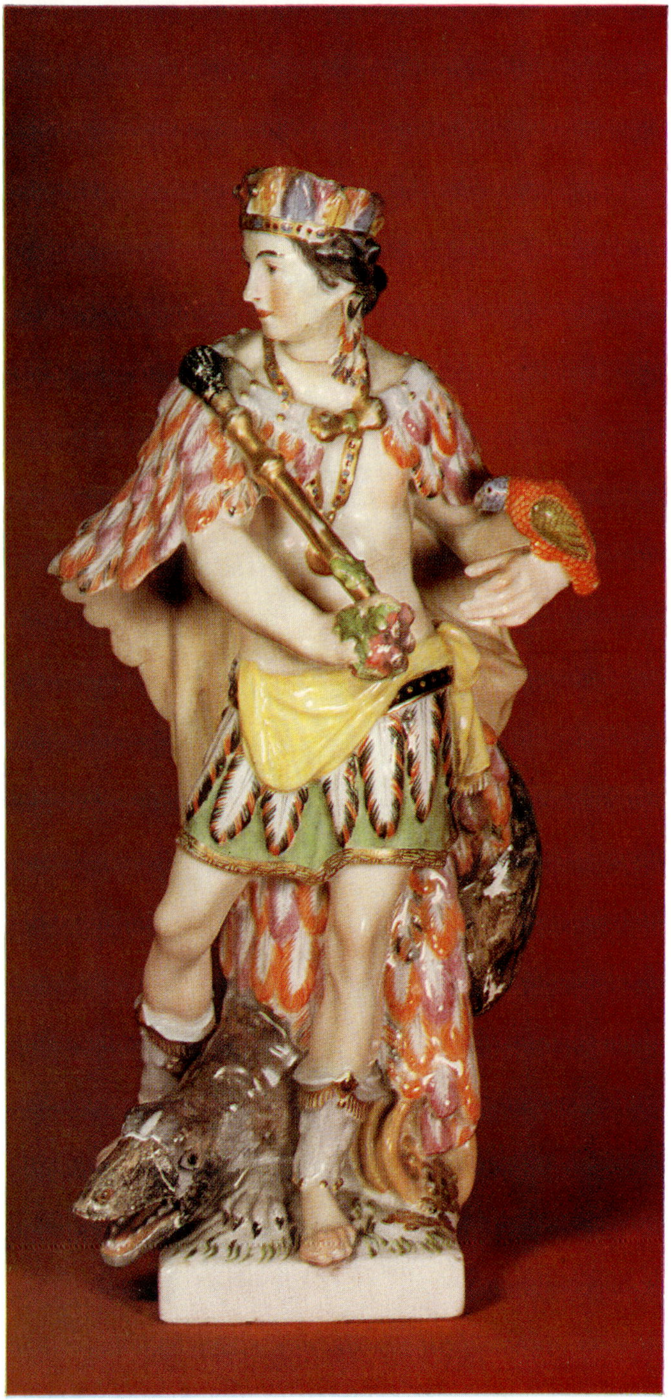

24
«Amerika»,
aus einer allegorischen Folge der Erdteile,
Modell von Wilhelm Christian Meyer, um 1769

4 *Die erste Berliner Porzellanmanufaktur Wilhelm Kaspar Wegelys (1751–1757)*

Die Gründung der Manufaktur

Am 10. Januar 1751 wandte sich der angesehene Berliner Kaufmann Wilhelm Kaspar Wegely mit einem Gesuch an den preußischen König Friedrich II., in dem es heißt: «Ich habe es durch viele Mühe und Kosten dahin gebracht, daß ich nicht allein die Materie, woraus das Meißener Porcellain verfertigt wird, sondern auch die Art von dessen Bereitung glücklich entdecket, und unterstehe mich, E. K. M. i. a. U. zu versichern, daß, wenn ich diese nützliche Fabrique erstlich recht en train gebracht und hinlängliche Arbeiter angestellt, ich der Meißner Fabrique an Schönheit der Waren wenigstens gleichkommen und, was den Preiß anlanget, es derselben weit zuvorthun und mein Porcelaine viel wohlfeiler als selbige verkaufen will.»[49]

Wilhelm Kaspar Wegely war der Mitinhaber der seit 1702 in Berlin ansässigen Wollzeugmanufaktur Johann Georg Wegely und Söhne, deren wirtschaftliche Grundlage auf der Anfertigung von Uniformstoffen für die preußischen Armeen beruhte. Die Ursachen für den Entschluß, diesen erfolgreichen Betrieb allein seinem Bruder zu überlassen und sich ganz der Herstellung des Porzellans zuzuwenden, dürfte vor allem in dem damit erhofften wirtschaftlichen Erfolg zu sehen sein, den ein solches Luxusunternehmen in der Residenz versprach.

Die zu dieser Zeit bereits in anderen deutschen Ländern bestehenden Manufakturen und ihre wirtschaftliche Bedeutung boten dem bis dahin erfolgreichen Kaufmann die Garantie, daß auch in Brandenburg-Preußen eine Porzellanfabrik rentabel und profitbringend zu unterhalten sei. Hinzu kam ferner die um die Jahrhundertmitte vorhandene Möglichkeit, durch entsprechende finanzielle Investitionen in den Besitz des Arkanums und der notwendigen Fachkräfte zu gelangen.

Um sein Unternehmen jedoch von vornherein auf eine solide wirtschaftliche Grundlage zu stellen, erbat sich Wegely von Friedrich II. die Zusicherung entsprechender Privilegien. Dazu gehörten:

«1. das an mein Haus anstoßende Commendanten-Haus nebst den dazu gehörigen Garten und die dahinter gelegene Bastion zu dieser Porcellain-fabrique mir erb- und eigentümlich a. gn. zu schenken.

2. solches von der Natural-Einquartirung in Gnaden loßzusprechen.

3. mir und den Meinigen ein Privilegium privativum auf 50 Jahr in der maßen a. gn. zu ertheilen, daß außer mir und den Meinigen binnen solcher Zeit niemand erlaubet seyn soll, in sämtlichen E. K. M. gelegenen Landen echtes Porcellain zu machen, weil ich anderergestalt das hierzu erforderliche und auf viele tausend Rthlr. sich belaufende Capital nicht hazardiren kann, überdem auch, wenn noch mere dergleichen fabriquen anlegen wollten und darin reussiren, die Kunst alsdann in allen Landen gemein werden, folglich der ausländische Debit völlig cessiren würde.

4. Bitte in h. Gn. zu erlauben, daß diejenigen zu dieser fabrique benöthigte Personen, welchen ich ein Teil des Geheimnisses anvertrauen muß, in E. K. M. Eydt und Pflicht nehme, auch ihnen auflegen dörfe, dieses Geheimniß Niemanden zu offenbahren, sondern mit sich ins Grab zu nehmen.»[50]

Friedrich II., an der Stärkung der Wirtschaft seines Landes aus vielerlei Gründen interessiert, unterstützte sofort das geplante Vorhaben des angesehenen Kaufmanns. Schon nach kurzer Zeit, am 17. Januar 1751, bestätigte er die von Wilhelm Kaspar Wegely geforderten Privilegien und fügte diesen von seiner Seite aus sehr großzügig hinzu, daß im Interesse der Geheimhaltung des Arkanums die Fässer mit den zur Produktion notwendigen Rohstoffen für die Wegelysche Manufaktur selbst auf dem Berliner Zollhof nicht geöffnet werden dürften.

Durch diese weitgehenden Zugeständnisse von seiten des Landesherrn hatte Wegely die allerbesten Voraussetzungen erhalten, so daß er mit den umfangreichen und komplizierten Vorbereitungsarbeiten sofort beginnen konnte. Schon im Juli des folgenden Jahres lagen dann auch die Pläne für den Aufbau der notwendigen Produktionsgebäude vor, wie aus einer zweiten Eingabe an den König ersichtlich ist. Ein weiteres Jahr später, im August 1753, war das Baugeschehen schon in vollem Gange, denn aus dieser Zeit ist eine Kabinettsorder Friedrichs II. datiert, in der bestätigt wird, daß Wegely die für den Bau seiner Manufaktur notwendigen Materialien, wie Holz, Kalk, Dielen und Bretter, nur gegen Bezahlung der Transport-, Brech- oder Schneidekosten erhalten sollte. Im Jahre 1756 wurde noch immer Bauholz für ein Maschinenhaus, eine Brennerei und zwei weitere Gebäude benötigt. Dieser sich über Jahre hinziehende Aufbau der Manufaktur läßt deutlich werden, wie kostspielig und schwierig Wegelys Vorhaben trotz der ihm gewährten Unterstützung war. Wie F. Nikolai in seiner Beschreibung der Residenzstädte Berlin und Postdam berichtet, war das große Manufakturgebäude in der Neuen Friedrichstraße am Königstor eines der ansehnlichsten Bauwerke im damaligen Berlin.

Mit der Porzellanherstellung ist, von der endgültigen Fertigstellung der Gebäude einmal abgesehen, vielleicht schon 1753 begonnen worden. Besondere Probleme konnte es dabei nicht gegeben haben, weil in dieser Zeit die Arkanisten und solche, die vorgaben, von der Porzellanherstellung etwas zu verstehen, überall dort ihre Kenntnisse zur Verfügung stellten, wo man ihnen dafür die höchsten Summen zahlte.

Die entscheidenden Unterlagen für die Herstellung des weißen Porzellans erhielt Wilhelm Kaspar Wegely von dem seit 1750 als Manufakturdirektor in Höchst tätigen kurmainzischen Kommerzienrat Johann Kilian Benckgraff, der zusammen mit dem in Höchst tätigen Maler und Bossierer Simon Feilner 1752 zu Wegely nach Berlin übersiedeln wollte, dann aber einem sehr lukrativen Angebot des braunschweigischen Herzogs den Vorzug gab.[51] Benckgraff hatte seit Ostern 1751 in Höchst mit Hilfe des aus Wien kommenden Brennofenfachmannes Josef Jakob Ringler, der auch im Besitz des Arkanums war, mit Erfolg die Porzellanherstellung in Gang gebracht. Von Ringler dürfte sich Benckgraff aber nicht nur die Geheimnisse des Ofenbaus, sondern auch die der Massezusammensetzung und des Brennvorganges angeeignet haben. Als Benckgraff jedoch 1752 mit dem Besitzer der Höchster Manufaktur, dem Frankfurter Kaufmann Johann Christoph Göltz, in Streit geriet und in braunschweigische Dienste treten wollte, ließ dieser ihn kurzerhand verhaften. In der gegen ihn erhobenen Anklage spielte auch ein Brief Wegelys eine Rolle. Aus diesem geht hervor, daß Benckgraff dem Berliner Kaufmann ein Brennofenmodell, ein Fäßchen Porzellanerde sowie feine Dosenmasse zur Verfügung gestellt habe und darüber hinaus auch an der Abwerbung von Höchster Porzellanarbeitern für Wegely beteiligt gewesen sei. Wahrscheinlich handelte es sich dabei um eine Vorleistung für die damals noch geplante Übersiedlung nach Berlin. Unter den aus Höchst abgeworbenen Fachkräften befand sich auch der mit dem Arkanum aufs engste vertraute Schlämmer Nikolaus Paul, der später sogar erklärte, daß er in Berlin hatte «anfangen helfen».

Wie hoch die an Benckgraff gezahlten Summen für die Überlassung des Ofenmodells, der Masse und anderer Geheimnisse waren, ist hingegen nicht bekannt geworden.

Das Arkanum und die allgemeine Technologie des Porzellanmachens stellten aber nur die eine Seite der notwendigen Voraussetzungen dar. Ebenso wichtig waren auch die künstlerischen Kräfte, die aus der formlosen Masse erst das geforderte Kunstwerk «Porzellan» entstehen ließen. Aber auch in dieser Hinsicht war Wegely erfolgreich. Als Modellmeister für seine Manufaktur konnte er den aus Sachsen stammenden Porzellanplastiker Ernst Heinrich Reichard und als Leiter der Malereiwerkstätten den bekannten Miniatur- und Emailmaler Isaak Jakob Clauce gewinnen.

Clauce wurde 1728 in Berlin geboren, erlernte dort die Miniaturmalerei und erwarb sich dann einen besonderen Ruf als Emailmaler für Dosen und Uhren, so daß er 1753 an die Meißener Porzellanmanufaktur berufen wurde. 1754 kehrte er jedoch durch Vermittlung des Kaufmanns Johann Ernst Gotzkowski wieder nach Berlin zurück und übernahm die Leitung der Malerei an der Wegelyschen Manufaktur.

Damit hatte Wegely in relativ kurzer Zeit alle jene technischen und personellen Probleme gelöst, die zu den unmittelbaren Voraussetzungen für ein solches Unternehmen gehörten und für den wirtschaftlichen wie auch künstlerischen Erfolg von ausschlaggebender Bedeutung waren.

Die Erzeugnisse der Wegely-Manufaktur

Der Beginn der Produktion in der Wegelyschen Manufaktur läßt sich auf Grund fehlender Quellenangaben nicht mehr exakt bestimmen. Geht man jedoch von den hier dargelegten Fakten aus und berücksichtigt, daß außer der Einrichtung der Gebäude und Brennöfen sowie der Beschaffung von Maschinen und Rohstoffen auch die notwendigen Modelle zu entwerfen und Formen herzustellen waren, so dürfte mit der eigentlichen Anfertigung von Porzellanen für den Verkauf kaum vor 1754/1755 begonnen worden sein. Dieses Datum ergibt sich auch aus dem Bericht des ersten Direktors der königlichen Porzellanmanufaktur, J. G. Grieninger, in dem es heißt: «Im Jahre 1750 machte der Kaufmann Wilhelm Kaspar Wegely den Anfang, eine echte Porzellan-Manufaktur auf seine Kosten hier in Berlin zu errichten, und im Jahre 1755 hatte er es bereits so weit gebracht, daß er von seinen Porzellanen schon verkaufen konnte.»[52]

Auch die genaue Datierung der Wegely-Porzellane stößt immer wieder auf Schwierigkeiten, weil hierfür keine beweiskräftigen Unterlagen oder eindeutigen Anhaltspunkte mehr vorhanden sind. Aus den Marken der Porzellane, die meist aus einem in Unterglasurblau geschriebenen W mit häufig dreifach untereinander eingeprägten Zahlen bestehen, lassen sich ebenfalls keine Datierungshinweise entnehmen. Die Zahlenfolge gibt die Modellnummer des entsprechenden Gegenstandes und die Zusammensetzung seiner Masse an, wie sie für die Bestückung des noch bei Wegely verwendeten Brennofens mit seinen unterschiedlichen Temperaturzonen notwendig war. Zu den frühesten Erzeugnissen der Manufaktur gehören mit großer Wahrscheinlichkeit aber alle jene Geschirre und Plastiken, die noch durch eine Anzahl technischer Unzulänglichkeiten gekennzeichnet sind. Sie äußern sich vor allem in den an stärkeren Stellen auftretenden Brandrissen und in den schlecht verlaufenen, teilweise mit kleinen Bläschen durchsetzten Glasuren. Auch können alle jene Porzellane der Anfangsphase der Manufaktur zugerechnet werden, deren Dekore mit kalter Bemalung, das heißt mit Lackfarben, ausgeführt wurden, weil zu dieser Zeit den an der Manufaktur tätigen Künstlern die Aufglasurmalerei mit echten Porzellanfarben noch nicht in zufriedenstellendem Maße gelang.

In diese frühen Gruppen lassen sich auch die hier abgebildeten Teile eines größeren Tafelservices mit dem in der Berliner Wegely-Manufaktur selbständig entwickelten Reliefgitterwerk und deutscher Blumenmalerei in Unterglasurblau einordnen. Dieser für Wegely-Porzellan typische Dekor besteht aus einem aus kleinen Blüten zusammengesetzten Gitterwerk, das, in Kartuschen zusammengefaßt, *Tafel* 4, 6

die Ränder der Teller und Platten sowie bei größeren Geschirren ganze Flächen überzieht. Zu den künstlerisch repräsentativsten Stücken eines Services gehörten die Tafelaufsätze und Terrinen, die überdies durch plastische Dekorationselemente, wie Maskaronhenkel und Putten, noch besonders hervorgehoben wurden. Im Wechsel mit dem Reliefgitterwerk – dessen Modellierung, verglichen mit Meißener Geschirren dieser Zeit, aber letzte künstlerische Feinheiten vermissen läßt – befinden sich sowohl auf den geschwungenen Flächen der Terrinen wie auch auf den Rändern der Platten und Teller durch Rocaillen eingefaßte Flächen mit Malereien. Der gemalte Dekor beschränkte sich in der Anfangszeit ausschließlich auf die in Unterglasur-
Tafel 6 technik ausgeführten deutschen Blumen von nur mäßiger künstlerischer Qualität. Der gleiche künstlerische Mangel drückt sich auch insgesamt an den Gefäßformen aus, wie er besonders in der nur wenig differenzierten Linienführung der Umrisse und den etwas massigen, schwerfälligen Proportionen der Terrinen erkennbar wird.

Das plastische Reliefdekor einer zweiten Geschirrform der Wegely-Manufaktur besteht aus einer auf den Rändern der Teller und Platten umlaufenden
Tafel 5 Blütenranke, die – verglichen mit dem Reliefgitterwerk – einfacher und gestalterisch schlichter wirkt. Vielleicht ist dieser Dekor, wenn die wenig vorhandenen Beispiele eine solche Schlußfolgerung überhaupt zulassen, sogar erst als Vorform zu dem Service mit dem Reliefgitterwerk zu betrachten.

Außer den erkennbaren Mängeln in der Formgebung der Geschirre treten in der Frühzeit der Manufaktur besonders bei den größeren Stücken häufig noch Brandrisse und schlecht verlaufene, blasendurchsetzte Glasuren auf. Auch gibt es eine Anzahl von heute noch erhaltenen Arbeiten, deren Form sich während des Brandes insgesamt verzogen hat. Diese technischen Schwierigkeiten sind vor allem auf die noch ungenügenden Erfahrungen bei der Zusammensetzung der Masse und der mangelhaften Beherrschung des komplizierten Brennvorganges zurückzuführen.

Den Rohstoff, das Kaolin, bezog Wegely trotz des Ausfuhrverbots der sächsischen Behörden aus den Schnorrschen Gruben bei Aue, wodurch seine Porzellane das leuchtende Weiß der Meißener Erzeugnisse erreichten.[53] Die Schnorrsche Erde war aber in ihrer Konsistenz sehr fett, das heißt, sie besaß nur einen geringen Anteil Feldspat und Quarz, so daß bei nicht genügender Mischung mit diesen Fluß- und Magerungsmitteln sowie einer nicht exakten Brenntechnologie die genannten Fehler auftreten konnten.

Auch die notwendigen Kenntnisse der Aufglasurmalerei mit ihrer der Unterglasurmalerei gegenüber viel reicheren Farbpalette mußten in der Wegelyschen Manufaktur erst erarbeitet werden. Nach 1755 scheint die anfänglich in ihrer künstlerischen Qualität noch nicht sehr hochstehende Blaumalerei durch eine meist in kräftigen Farben ausgeführte, lockere Blumenmalerei in Unterglasurtechnik abge- *Tafel 3*
löst worden zu sein. Bei der vielfach mit sicherer Hand und in leuchtenden Farben aufgetragenen Malerei – meist sind es glatte Tee- und Kaffeegeschirre – dominieren die Töne Grün, Gelb, Dunkelblau, Eisenrot und Violett – eine Farbskala, die auch in gleicher Weise bei den staffierten Figuren zu finden ist. Der künstlerische Stil der Wegely-Malerei, der sich in dieser ungebrochenen Farbigkeit, verbunden mit einer durchaus auch lockeren Malweise, zu erkennen gibt, könnte künstlerisch von den aus Höchst nach Berlin berufenen Malern beeinflußt sein, wie ein Vergleich des Wegely-Porzellans mit Höchster Geschirren aus dieser Zeit erkennen läßt.[54]

Inwieweit der 1755 aus Meißen nach Berlin berufene Miniaturmaler Isaak Jakob Clauce an der qualitativen Verbesserung der Malerei in dieser Manufaktur beteiligt war, ist im Detail nicht mehr genau zu bestimmen. Jedoch dürfte diesem hervorragenden Künstler, der mit der Technik der Porzellanmalerei durch seine Tätigkeit in Meißen aufs beste vertraut war, ein nicht geringer Anteil an dieser positiven Entwicklung zuzuschreiben sein. Ganz sicher aber sind die miniaturhaft feinen, qualitätvollen Landschaften und Hafenszenen in Purpur-Camaieu-Malerei in den Kartuschen des um 1755 für den preußischen Generalpostmeister Graf Gotter gefer- *Tafel* 7 tigten Services unter Beteiligung und Einfluß von Clauce entstanden. Im Spiegel der Teller dieses Services dominiert das in Purpur gemalte Wappen des Grafen mit einer daruntergeschriebenen lateinischen Devise; auf den Rändern wechselt in sechs langgestreckten Kartuschen das leicht erhöhte Reliefgitterwerk mit minutiös gemalten Landschafts- und Hafenszenen.

Die Vorliebe für die Purpur-Camaieu-Malerei in der Wegelyschen Manufaktur – wahrscheinlich auch von Höchster Malern eingeführt – kommt auch auf dem Service mit «Watteauszenen» zum Ausdruck, das gleichzeitig auch zu den wenigen Beispielen der figürlichen Malerei der Wegely-Manufaktur zählt.

Neben den bemalten Porzellanen haben sich auch eine Anzahl von Kannen, Tassen und Tellern erhalten, die glatt-weiß mit stark plastischen Blatt- und *Tafel* 5 Blütenranken nach Meißener Vorbild dekoriert wurden. Aber auch bei diesen Geschirren vermißt man in Form und Dekor die höfische Eleganz etwa der Meißener Porzellane. Sie verkörpern in ihrer oftmals etwas kraftvollen Formensprache den bürgerlichen Geist der Wegelyschen Manufaktur, die als Privatunternehmen einmal nicht über künstlerische Spitzenkräfte verfügen konnte und zum anderen aber auch für einen weitgefächerten Käuferkreis zu produzieren hatte. Allerdings wäre es falsch, die Wegelyschen Porzellane nur an den Spitzenerzeugnissen der Meißener Manufaktur messen zu wollen und sie dementsprechend als minderwertiger zu bezeichnen. Vielmehr kommt in den Formen und Dekoren dieser ohne fürstlichen Auftrag produzierenden Manufaktur ganz allgemein auch ein wichtiger Aspekt der bürgerlichen Kunst des 18. Jahrhunderts zum Ausdruck, wie er sich nicht zuletzt in dem vom Höfisch-Feudalen ins Bürgerlich-Realistische transponierten Figurenstil der Manufaktur zu erkennen gibt.

Von derb-urwüchsiger Gestaltungskraft ist auch eine Gruppe von balusterförmigen Vasen, deren Dekor nach Meißener Vorbild aus freiplastisch aufgelegten Blatt- und Blütenzweigen gebildet wird.

Unter den Vasen der Manufaktur verdienen aber jene Exemplare besondere Beachtung, deren Körper aus einem durchbrochenen, zwischen senkrecht verlaufenden Stegen eingebundenen Gitter aus Laub- und Bandelwerkdekor besteht. In ihrem *Tafel* 8, 9 künstlerisch interessanten und technisch schwer zu bewältigenden Aufbau sowie durch ihre enorme Größe – das während des zweiten Weltkrieges zerstörte Exemplar des Berliner Kunstgewerbemuseums hatte eine Höhe von einem Meter – lassen sie den hohen technischen Entwicklungsstand der Manufaktur nach den offensichtlichen Schwierigkeiten der Anfangszeit erkennen.

Das figürliche Porzellan der Wegely-Manufaktur muß – wenn man von der relativ hohen Zahl der heute noch erhaltenen Figuren und Gruppen ausgeht – einen beachtlichen Platz innerhalb der Produktion eingenommen haben. Für die qualitätvoll- *Tafel* 10, 11, 13 sten Arbeiten hatte der aus Sachsen stammende Modellmeister Ernst Heinrich Reichard die Entwürfe und Modelle gefertigt.[55] Ein Vergleich der zahlreichen Figuren läßt aber erkennen, daß in der plastischen Modellierung, in der Körperhaltung und Ausdrucksweise große Unterschiede hinsichtlich des Stils und der künstlerischen Qualität bestehen, so daß neben Reichard auch weniger talentierte Modelleure tätig gewesen sein müssen.

Eine differenzierte Untersuchung des künstlerischen Stils der Wegely-Plastiken und eine dementsprechende Zuweisung steht jedoch noch aus, stößt aber auch auf größere Schwierigkeiten, da Signaturen fehlen und außerdem die Mitarbeiter Reichards bisher namentlich unbekannt geblieben sind.

Wenn man auch mit einiger Sicherheit die qualitätvollsten Porzellanplastiken Reichard selbst zuschreiben kann, so ist anzunehmen, daß dieser Künstler in seiner Eigenschaft als Modellmeister der Manufaktur auch an der Formgebung der wichtigsten Geschirre und ihrer plastischen Verzierung beteiligt war.

Wie im 18. Jahrhundert allgemein üblich, wurden von Wegely neben den eigenständigen Entwürfen seiner Mitarbeiter auch bereits bekannte Modelle aus Meißen, der französischen Manufaktur Vincenne sowie Vorlagen bedeutender Künstler übernommen, ohne daß diese Übernahmen im heutigen Sinne etwa als geistiger Diebstahl betrachtet wurden.[56]

Als ein Beispiel hierfür ist die abgebildete Gruppe eines Paares mit Vogelkäfig anzusehen, die auf ein Modell von Johann Joachim Kändler aus der Meißener Manufaktur zurückgeht und auf Grund fehlender Bemalung und vorhandener Brandrisse in die Anfangszeit der Berliner Wegely-Manufaktur zu datieren ist. Jedoch haben die Berliner Modelleure, vielleicht sogar Reichard selbst, das Kändlersche Vorbild nicht genau zu kopieren versucht, sondern dieses nur im Sinne einer Vorlage benutzt und dann eigenständig umgesetzt. Obwohl die Modellvorlage – wie auch die anderer Manufakturen – im wesentlichen erhalten blieb, drückt sich dennoch in den Figuren, in ihrem Wesen und ihrer Gestaltung jener für die Wegely-Plastik typische, meist bürgerlich-volkstümliche Charakter aus.[57] Man spricht in diesem Zusammenhang von einer Vergröberung der koketten Anmut der eleganten Hofgesellschaft des 18. Jahrhunderts, die ja Johann Joachim Kändler so meisterhaft in seinen Porzellanplastiken zu erfassen vermochte.[58] Diese Umsetzung des Höfischen ins Bürgerliche entsprach aber nicht etwa nur dem Nichtkönnen Reichards oder seiner Gehilfen, sondern darin drückt sich ganz allgemein auch der gravierende Unterschied zwischen der höfischen Dresdener Kunst der ersten Hälfte des 18. Jahrhunderts und der mehr bürgerliche Züge tragenden Berliner Kunst dieser Zeit aus. In Berlin und in Potsdam hatte sich seit 1713 durch das vorwiegend auf militärische und verwaltungstechnische Belange orientierte Interesse König Friedrich Wilhelms I. und auch das seines Nachfolgers Friedrich II. bis zur Mitte des 18. Jahrhunderts keine eigene bedeutende Hofkunst entwickeln können. Wegely als Repräsentant des Berliner Bürgertums und seine aus mehreren deutschen Ländern stammenden Mitarbeiter waren dementsprechend auch keiner vom Hof bestimmten künstlerischen Tradition verpflichtet.

Tafel 12

Trotz der anfänglichen Unterstützung des Unternehmens zur Zeit der Gründung verhielt sich der König den Wegelyschen Porzellanen gegenüber jedoch sehr reserviert. Das mag auch der Grund dafür gewesen sein, weshalb von seiner Seite aus nie eine repräsentative Bestellung an Wegely ergangen ist, durch die das Unternehmen ohne Zweifel einen spürbaren Aufschwung, auch im Künstlerischen, bekommen hätte. Demgegenüber hatte Friedrich II. zur gleichen Zeit aber mehrere Aufträge nach Meißen vergeben, weil die Erzeugnisse dieser Manufaktur mit ihrer hohen technischen Qualität und künstlerischen Vollendung seinen eigenen ästhetischen Anschauungen viel mehr entsprachen.

Die künstlerische Qualität und Lebendigkeit vieler Wegelyscher Plastiken, ihr bürgerliches Wesen sowie ihre Beziehung zu einer auch dem Volke nahestehenden Vorstellungswelt trugen aber mit dazu bei, daß sie heute als bedeutende, eigenständige Schöpfungen der Porzellanplastik des 18. Jahrhunderts neben den Spitzenleistungen Johann Joachim Kändlers in Meißen und Franz Anton Bustellis in Nymphenburg gewertet werden.[59]

Die Auflösung der Wegelyschen Manufaktur

Nachdem Wegelys Manufaktur nach 1755 in relativ kurzer Zeit die Anfangsschwierigkeiten der Porzellanherstellung in technischer und künstlerischer Hinsicht überwunden hatte und bei den Geschirren und Plastiken sogar ein eigener, gegenüber dem der höfischen Manufakturen unterschiedlicher künstlerischer Stil zu erkennen war, stellten sich dem Unternehmen vorher nicht kalkulierbare Schwierigkeiten in den Weg, die durch die allgemeine Situation in Brandenburg-Preußen bedingt waren. Nach der kurzen Zeit des Friedens begannen zwischen Österreich und Preußen erneute Vorbereitungen für einen Krieg, der von seiten Österreichs um die Rückgewinnung seiner durch Preußen annektierten Gebiete Schlesiens und von seiten Preußens um die Verteidigung dieser Provinz geführt wurde. Dieser sieben Jahre währende Dritte Schlesische Krieg brachte der Wegelyschen Porzellanmanufaktur gleich zu Beginn größere Probleme. Einmal mußte die Nachfrage nach Luxusartikeln, wie es das Porzellan ja immerhin darstellte, in Kriegszeiten beträchtlich sinken, zum anderen besetzten die preußischen Truppen erneut die Meißener Manufaktur und beschlagnahmten die umfangreichen Porzellanbestände der Warenlager in Meißen, Dresden und Leipzig. Diese Bestände, aus denen zuerst der Bedarf des Königs und des preußischen Hofes gedeckt wurde, gingen unter ihrem eigentlichen Wert, der bei 300000 Talern lag, für nur 120000 Taler an den Armeelieferanten Friedrichs II., den Geheimen Rat Heinrich Karl Schimmelmann, über. Ein anfänglich von der preußischen Seite ausgesprochenes Produktionsverbot für die Meißener Manufaktur wurde jedoch schon bald wieder aufgehoben, weil für Friedrich II. selbst noch größere Lieferungen fertigzustellen waren und durch die Verpachtung der Manufaktur für Preußen eine neue, dringend benötigte Geldquelle erschlossen werden konnte.

Betrachtet man diese Entwicklung jedoch aus der Sicht Wegelys, so mußte er darin eine ernsthafte Konkurrenz zu seinem eigenen Unternehmen erblicken. Einmal fiel der preußische Adel dadurch als Käufer seiner Porzellane aus, zum anderen aber befürchtete er den Verkauf Meißener Erzeugnisse in Brandenburg-Preußen, wo er ja bis dahin das alleinige Verkaufsrecht besaß.

Unter diesem Aspekt ist auch eine Reise Wegelys Anfang Dezember des Jahres 1756 nach Dresden zu sehen, wo der König Quartier bezogen hatte. Die in diesem Zusammenhang auch noch in der neueren Literatur geäußerte Meinung, Wegely wollte die Überführung der Meißener Manufaktur mit ihren kostbaren Modellen nach Berlin veranlassen, ist historisch nicht eindeutig zu belegen und außerdem aus dem Verlauf der ganzen Entwicklung wohl kaum zu schlußfolgern.[60] Der Anlaß für diese Reise könnte vielmehr gewesen sein, daß Wegely angesichts des Verkaufs der Meißener Warenlager an den Armeelieferanten Schimmelmann eine Gefahr für sein eigenes Unternehmen gesehen hatte und er deshalb von Friedrich II. eine erneute Bestätigung der ihm 1751 gewährten Rechte einholen wollte. Um konkurrenzfähig zu bleiben, mußte er auf alle Fälle den Verkauf Meißener Porzellane in Preußen verhindern. Das Vorhaben Schimmelmanns, die von ihm erworbenen Porzellane der drei Warenlager in Meißen, Dresden und Leipzig zur Sicherstellung aus dem sächsischen Kriegsgebiet nach Berlin zu verlagern, gab Wegely die Veranlassung, beim König diesbezüglich vorzusprechen. Er mußte befürchten, daß Schimmelmann, waren die Porzellane erst einmal in Berlin, diese auch dort zum Verkauf anbieten würde.

Friedrich II. kam sogar dem berechtigten Wunsch des Berliner Kaufmanns nach und bestätigte ihm die einmal gewährten Privilegien. In einer am 6. Dezember 1756 ausgefertigten Kabinettsresolution heißt es:[61] «Seine Königliche Majestät lassen den Kaufmann Wegely, auf seine u. a. Vorstellung vom 4ten dieses, betreffend den von den Schimmelmann entreprennirten Kauf derer 3 Sächsischen Porcellain Waaren-Lagers, hierdurch zur Resolution ertheilen, wie Sie ihn überlassen wollen, ob er sich nicht etwa mit gedachten Schimmelmann deshalb verstehen könne, allenfals aber intentioniret seynd, die Sache

dahin richten zu laßen, damit erwehnter sc Sch. (den der Transport solcher Waaren-Lager nach Berlin wohl nicht untersaget werden kann, um solchen gewißermaßen in Sicherheit zu setzen) aus solchen Lagers nichts innerhalb Sr. Königl. Majestät Landen verkauffen dörffe, sondern seinen Vertrieb dererselben nach auswärtigen Landen, als Hollandt, Engelland, Pohlen, auch auswärtigen Handels-Plätzen suchen müßte, auf welche Arth Se. K. M. glauben, daß beyde Enteprisen werden bestehen können; Worüber Sie dann auch Dero General Major v. Retzow das nöthige bekandt gemachet haben.
Dresden den 6ten December 1756

Friedrich.»

Außer diesem Anliegen hatte Wegely als Porzellanproduzent natürlich auch ein starkes Interesse daran, die ja normalerweise geheimgehaltenen Einrichtungen und produktionstechnischen Anlagen der Meißener Manufaktur kennenzulernen, um auf diesem Wege für sein eigenes Unternehmen Vorteile zu gewinnen. So ist es durchaus verständlich, daß er die sich durch die preußische Besetzung der Manufaktur bietende Gelegenheit nutzte und vom König die Erlaubnis zur Besichtigung der Manufaktur auf der Albrechtsburg beantragte, die ihm sehr schnell, schon am 3. Dezember 1756, erteilt wurde, «um sich von der Einrichtung der Porcelain-Fabrique zu Meißen gründlich zu informiren».

Ob Wegely die ihm gebotene Möglichkeit allein zur Besichtigung der Fabrikationsanlagen benutzte oder aber auch zur Abwerbung von guten Fachkräften, ist nicht belegt, aber den damals herrschenden Gepflogenheiten entsprechend anzunehmen. So sollen zu Beginn des Krieges die Maler Gottlob Albert und Johann Gottfried Besser sowie der Blaumaler Christian Friedrich Engelmann von Meißen zu Wegely übergewechselt sein. 1756 bewarb sich auch der Goldpolierer Carl Friedrich Richter um eine Anstellung in Berlin.[62] 1761 folgten dann – jedoch schon an die Manufaktur Gotzkowskis – unter anderem so bedeutende Kräfte wie der Landschafts- und Figurenmaler Carl Wilhelm Böhme, der Bataillenmaler Johann Balthasar Borrmann und außerdem als Plastiker der Kändlerschüler Friedrich Elias Meyer.

Nachdem Wegely Dresden wieder verlassen hatte, wurde in Verhandlungen zwischen Friedrich II. und sächsischen Manufakturvertretern, insbesondere wohl mit Schimmelmann, erreicht, daß die Porzellanherstellung auf der Albrechtsburg wieder aufgenommen wurde. In diesem Zusammenhang verpachtete Friedrich die ihm als Kriegsbeute zugefallene Meißener Manufaktur offiziell an den Geheimen Rat Schimmelmann für monatlich 2000 Taler. Diese Summe wurde 1760 auf monatlich 10000 Taler und ab 1763 auf monatlich 60000 Taler erhöht. Damit hatte sich Friedrich II. – ganz ökonomisch denkend – für den Fortbestand der Manufaktur ausgesprochen und eine zuverlässige Einnahmequelle gesichert. So konnte trotz des Krieges und der von sächsischer Seite aus veranlaßten Evakuierung leitender Mitarbeiter – Johann Gregor Höroldt befand sich mit einem Wartegeld von jährlich 1200 Talern in Frankfurt am Main – die Produktion fortgesetzt werden.

Dieser Umstand dürfte aber wesentlich dazu beigetragen haben, daß die Wegelysche Porzellanmanufaktur in Berlin mit noch größeren Schwierigkeiten zu kämpfen hatte, als es ohnehin schon durch den Krieg und die damit zusammenhängende wirtschaftliche Lage der Fall war. Mit der Verpachtung der Meißener Manufaktur hatte sich Friedrich II. aber nicht nur eine finanzielle Einnahmequelle zu sichern gewußt, sondern in gleichem Maße stand ihm auch eine Manufaktur zur Verfügung, die seinen persönlichen Bedarf und den des preußischen Hofes an hervorragenden Porzellanen zu decken vermochte.[63] Unter diesen Umständen konnte Wegely in Berlin keine größere Unterstützung von seiten des Landesherrn mehr erwarten.

25
Großer Kronleuchter, 1768

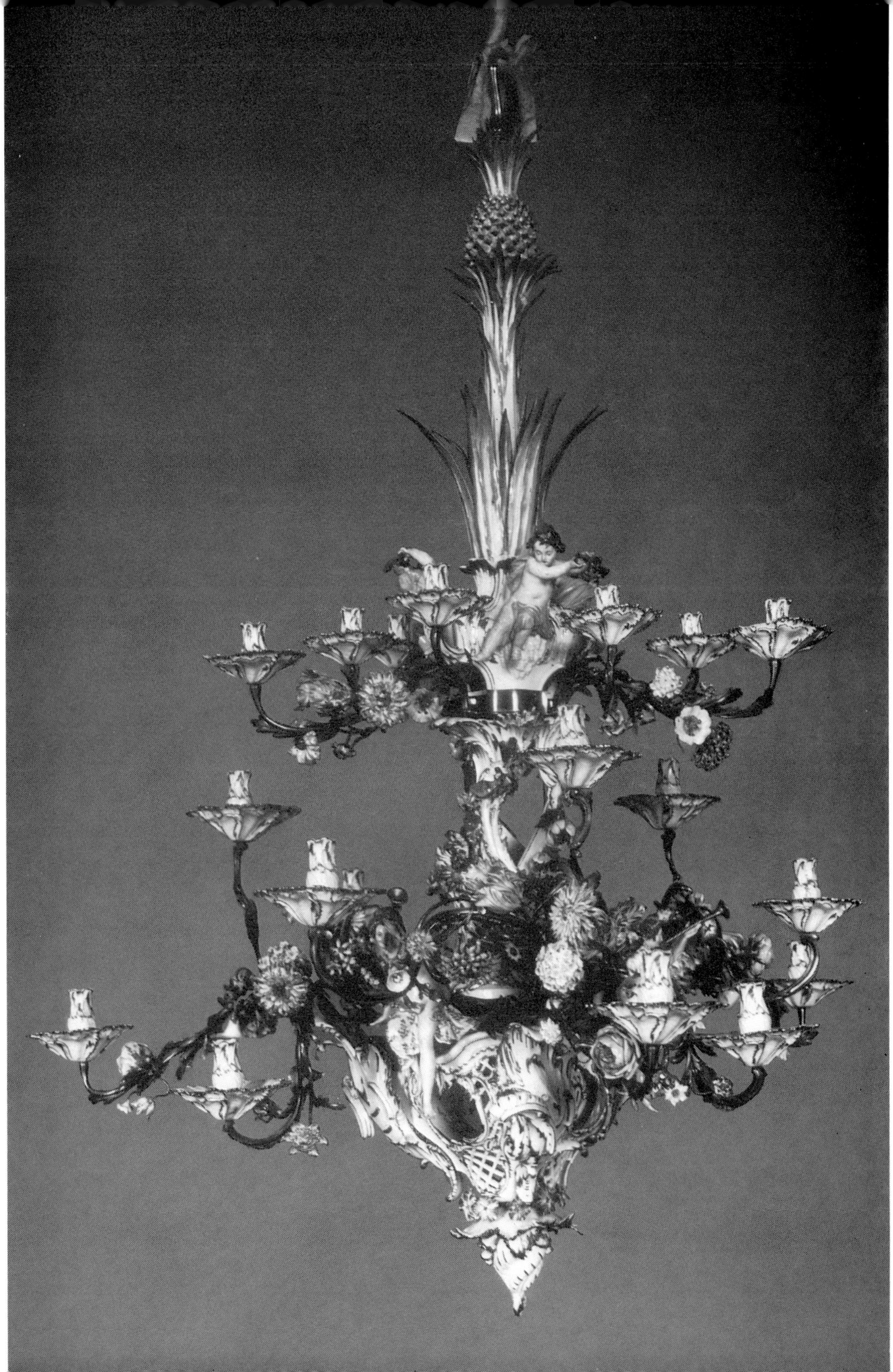

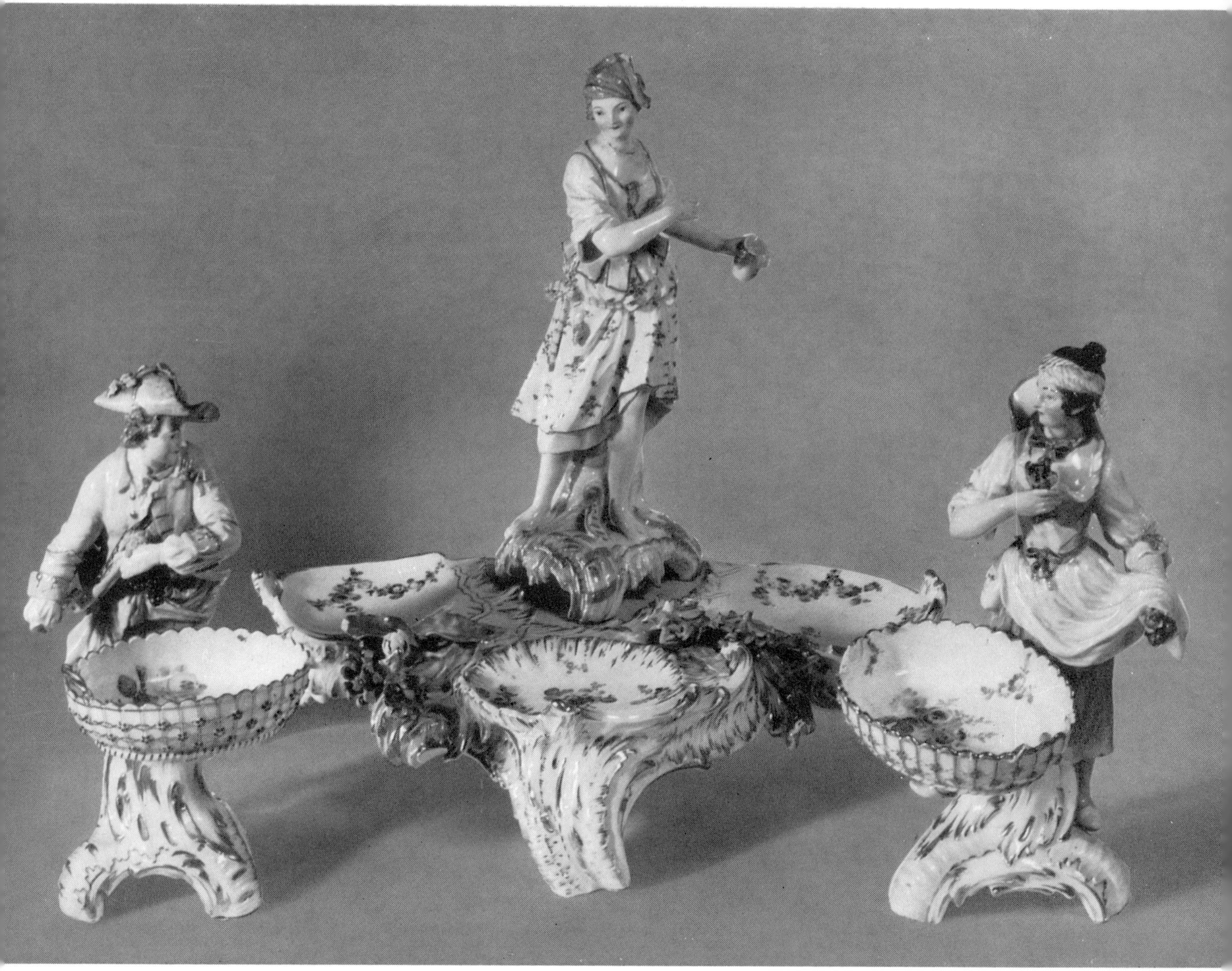

26
Teile vom Plat de Menage des Tafelservices für das Neue Palais in Potsdam, 1765/66

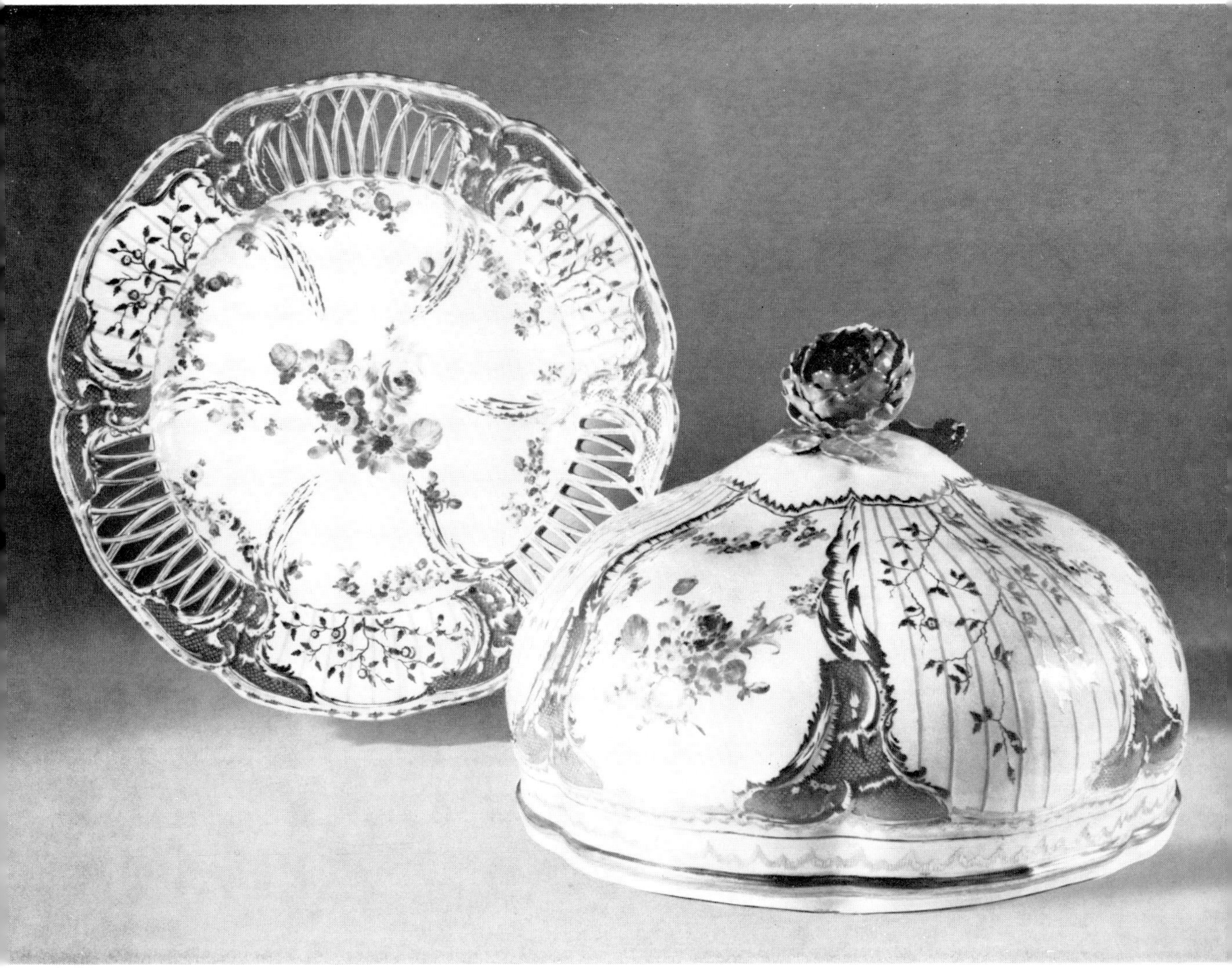

27
Wärmeglocke und Dessertteller vom Tafelservice für das Neue Palais in Potsdam, 1765/66, 1768

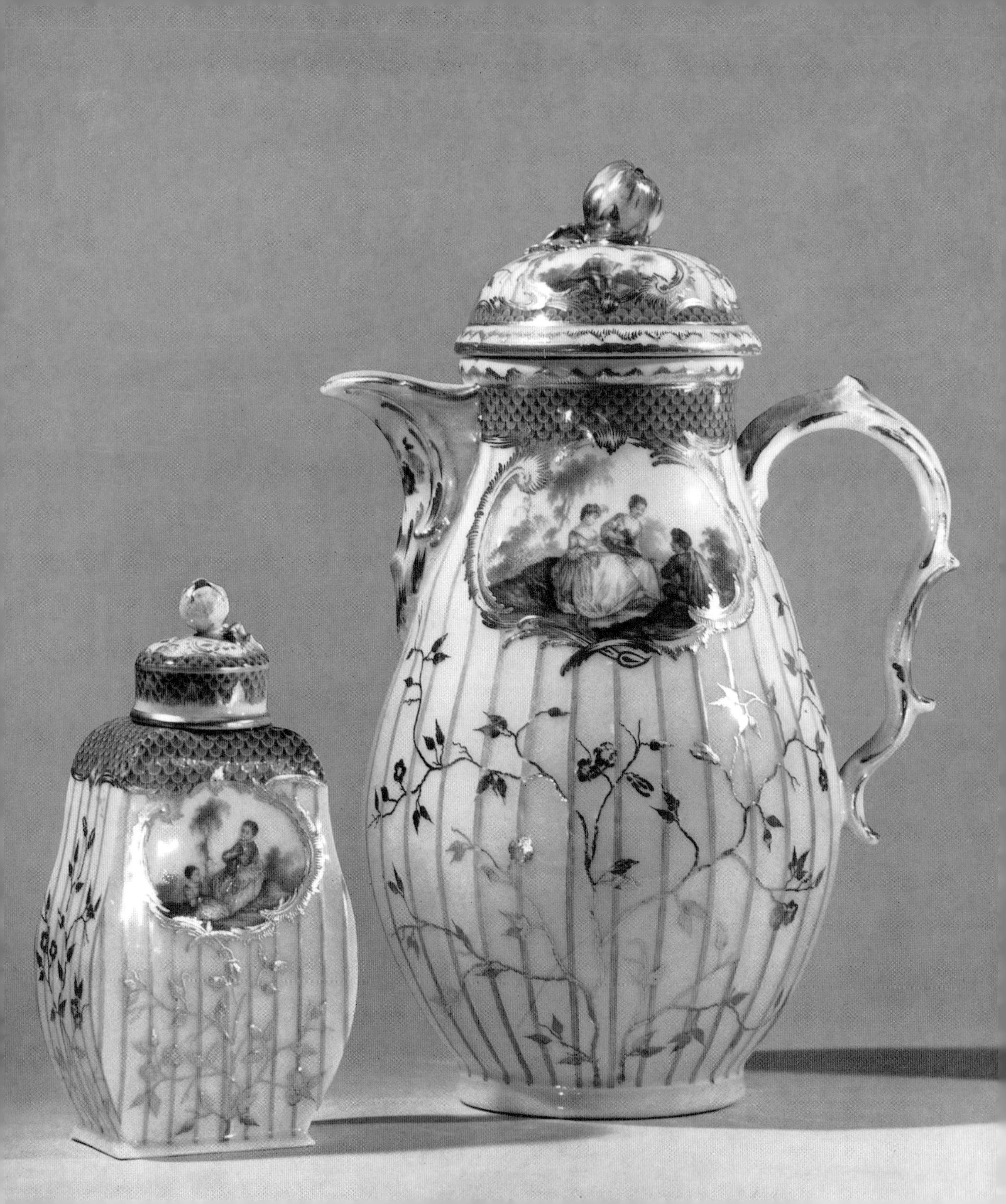

28
Teile eines Kaffee- und Teeservices mit «Watteau-Szenen», um 1765

29
Putten als Elemente Feuer und Wasser, Modelle von Friedrich Elias Meyer, 1767

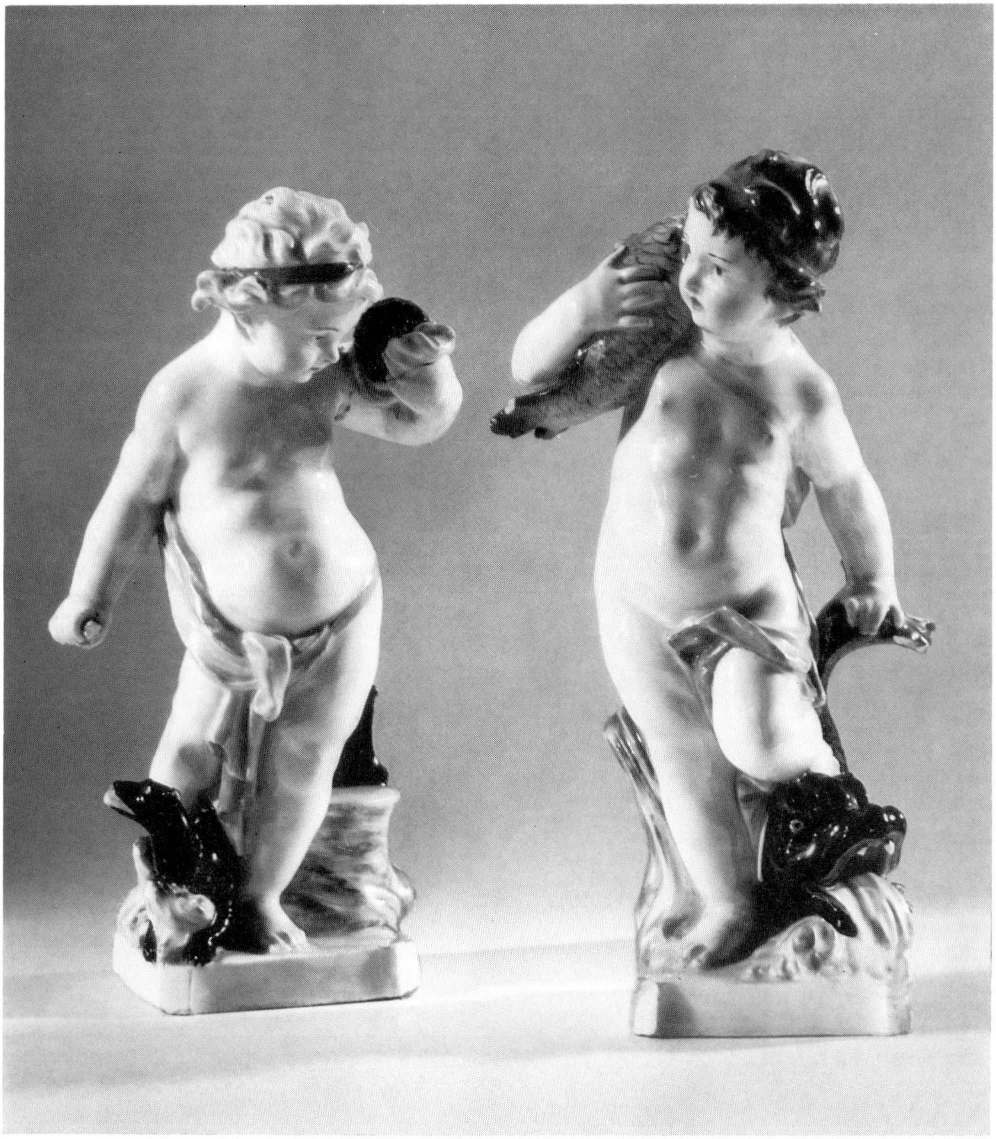

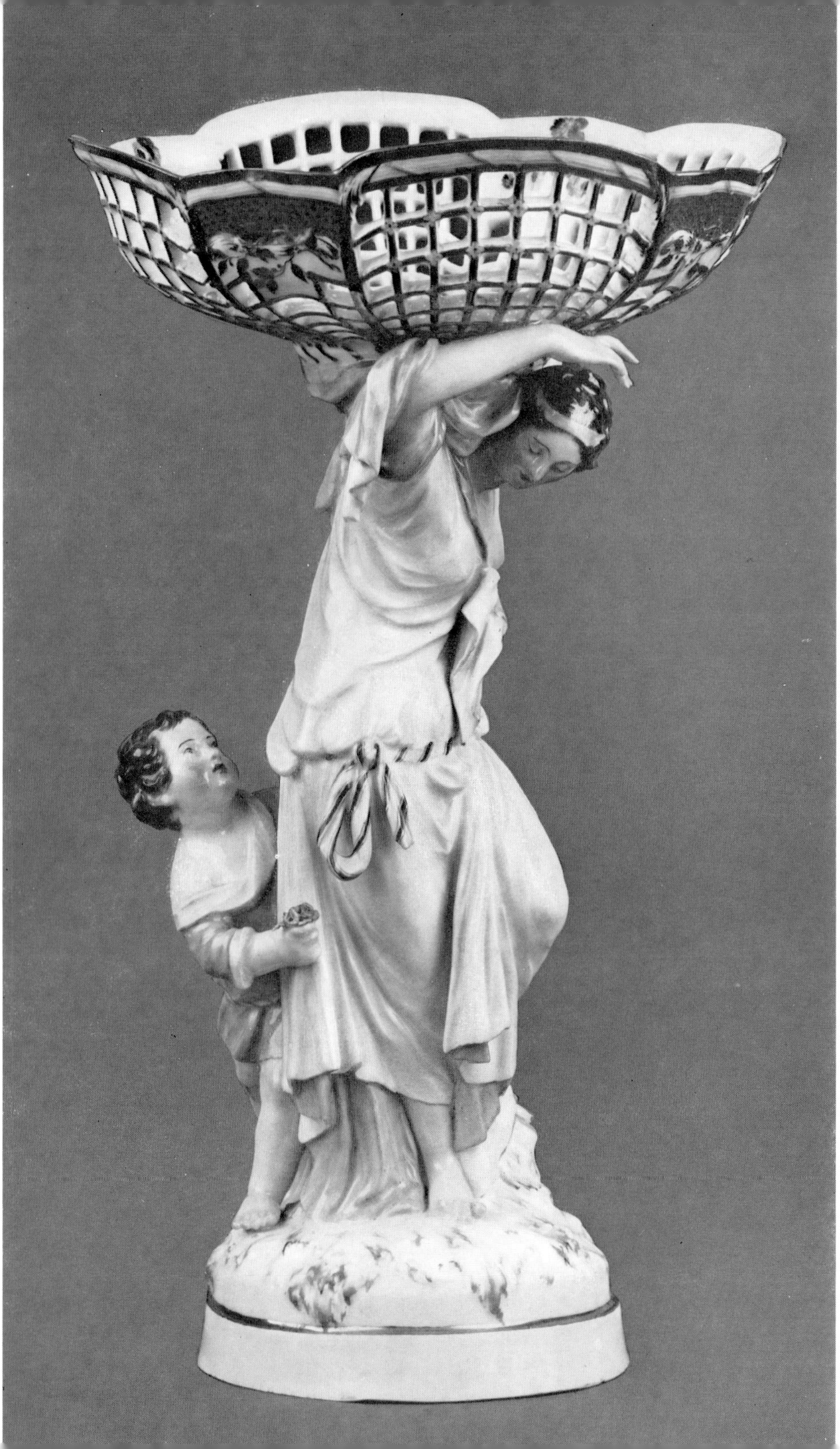

30
Fruchtkorb
vom Service
für das Breslauer
Stadtschloß, 1767/68

31
Terrine
vom Service
für das Breslauer
Stadtschloß, 1767/68

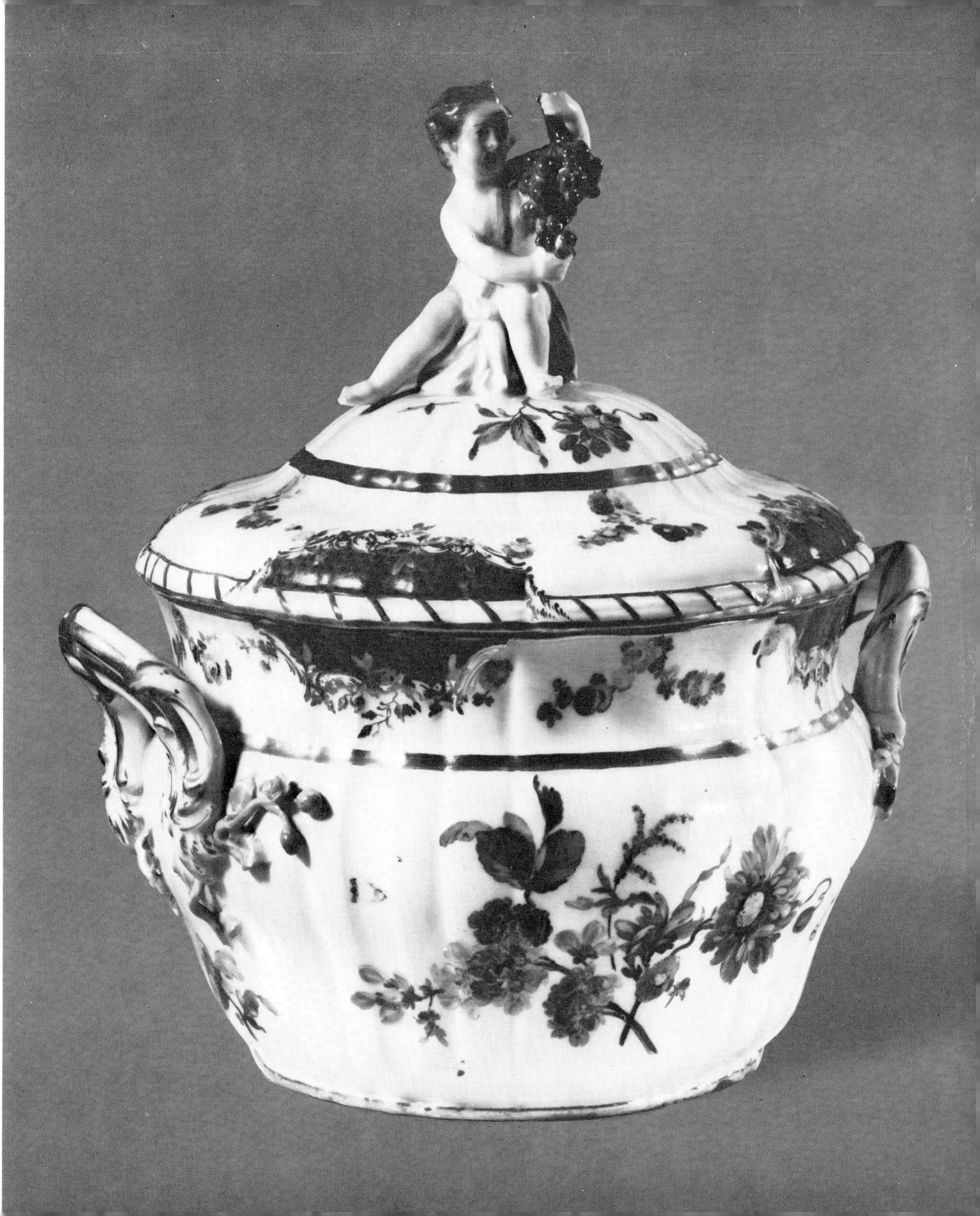

32

Kinder als Landleute, um 1775

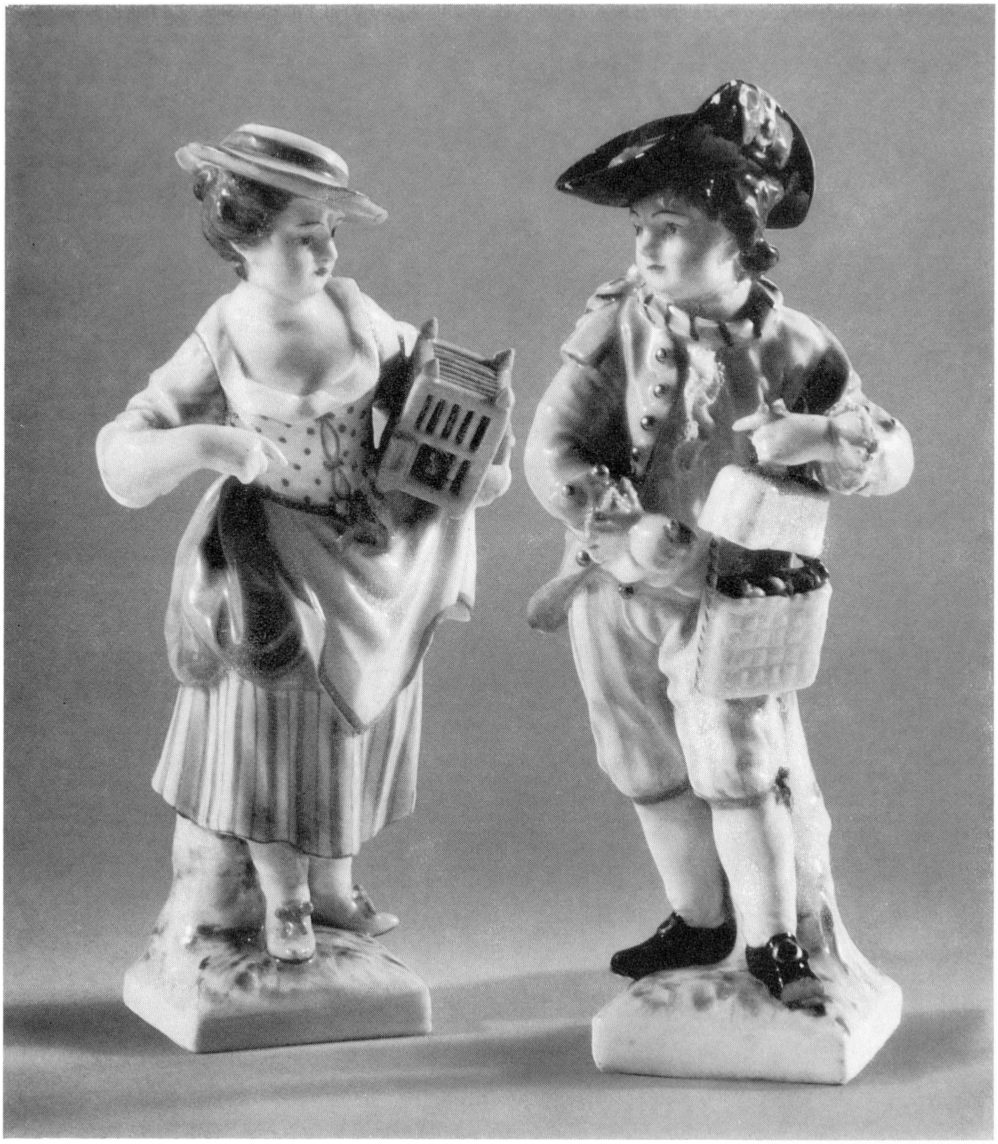

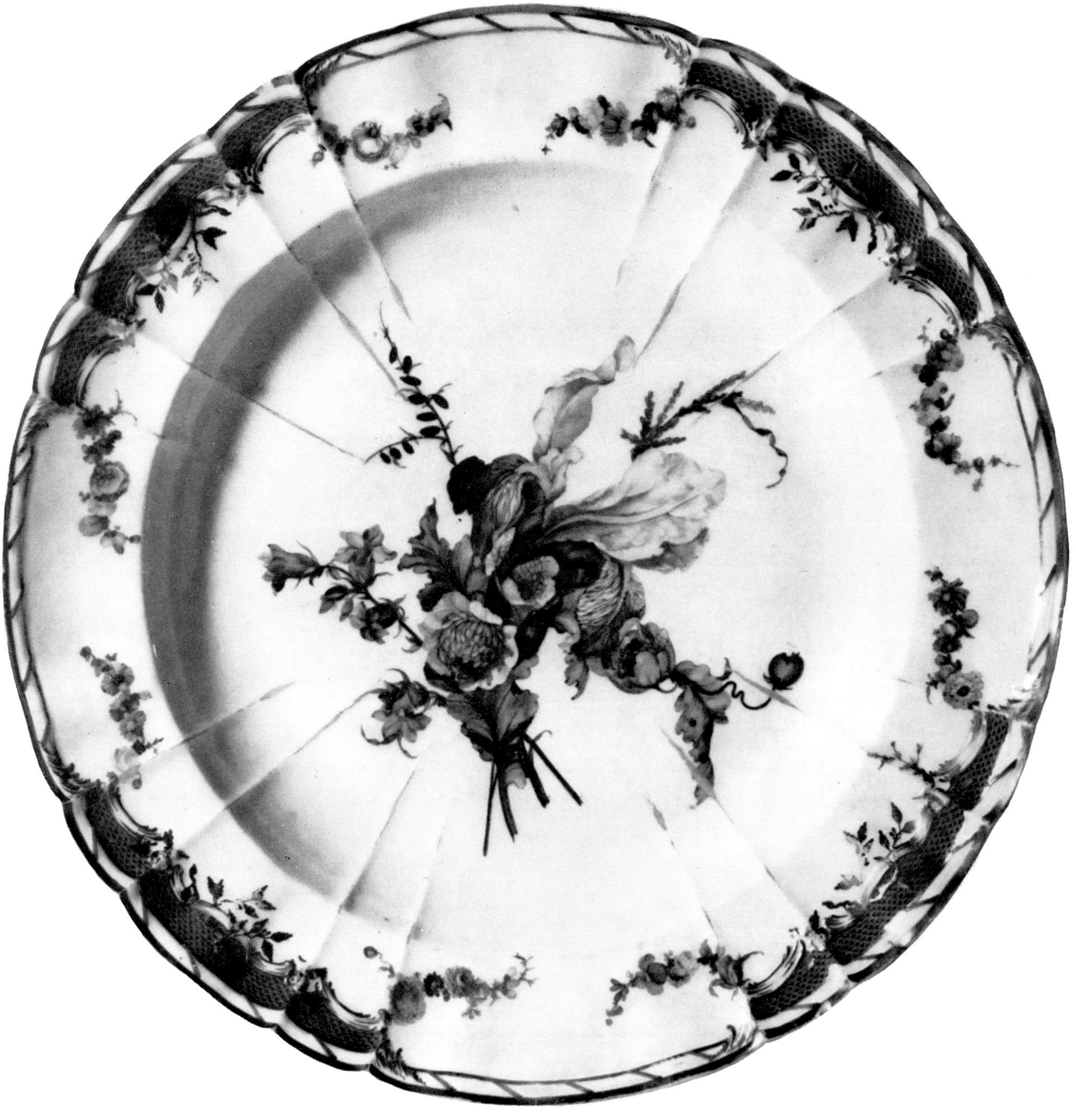

33
Platte vom «Roten Tafelservice» für Friedrich II., 1768/69

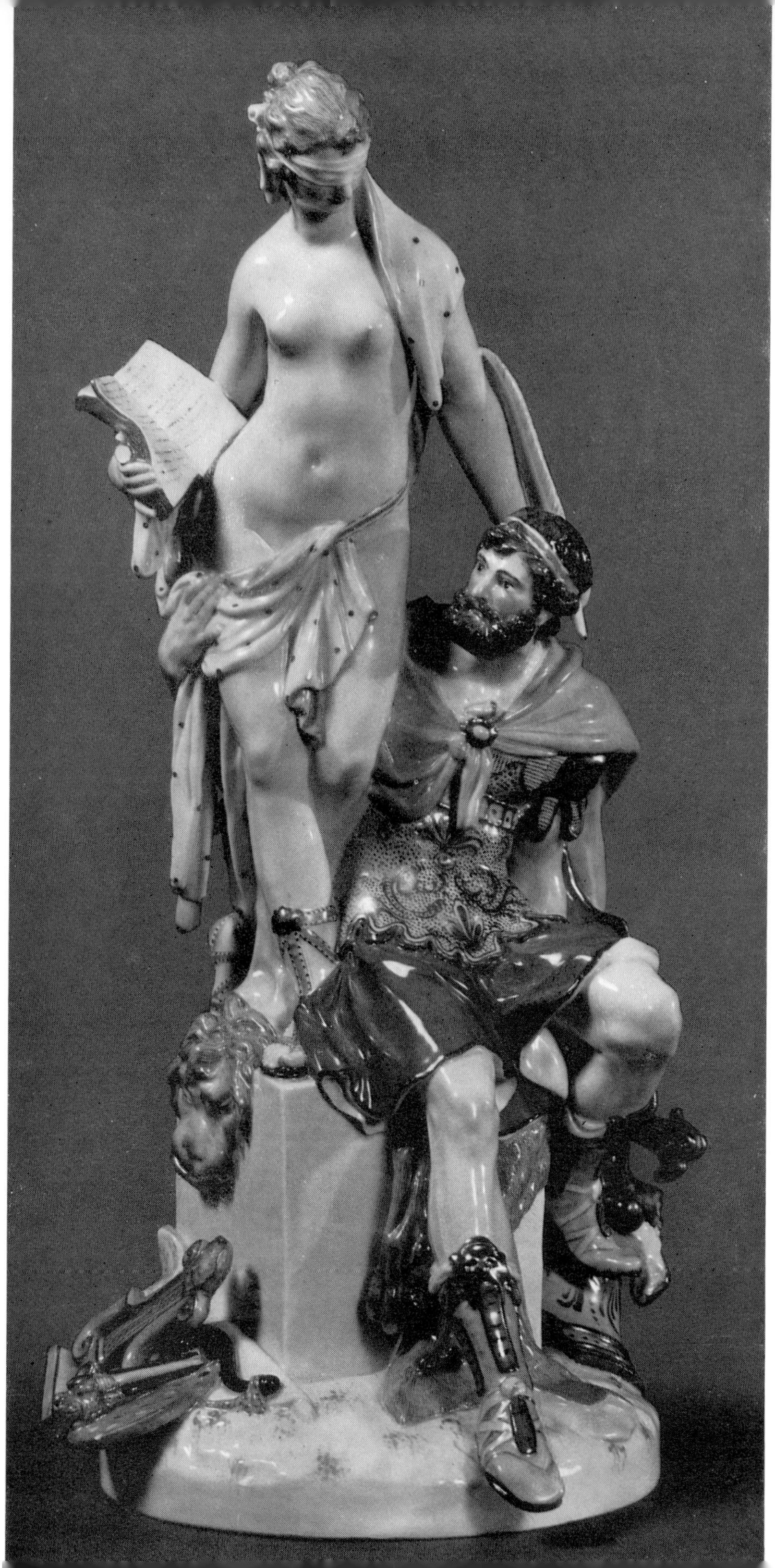

34
Mars und die Geschichte, allegorische Gruppe, Modell von Wilhelm Christian Meyer, um 1766

35
Chinesenpaar, Modelle von Friedrich Elias Meyer, 1768

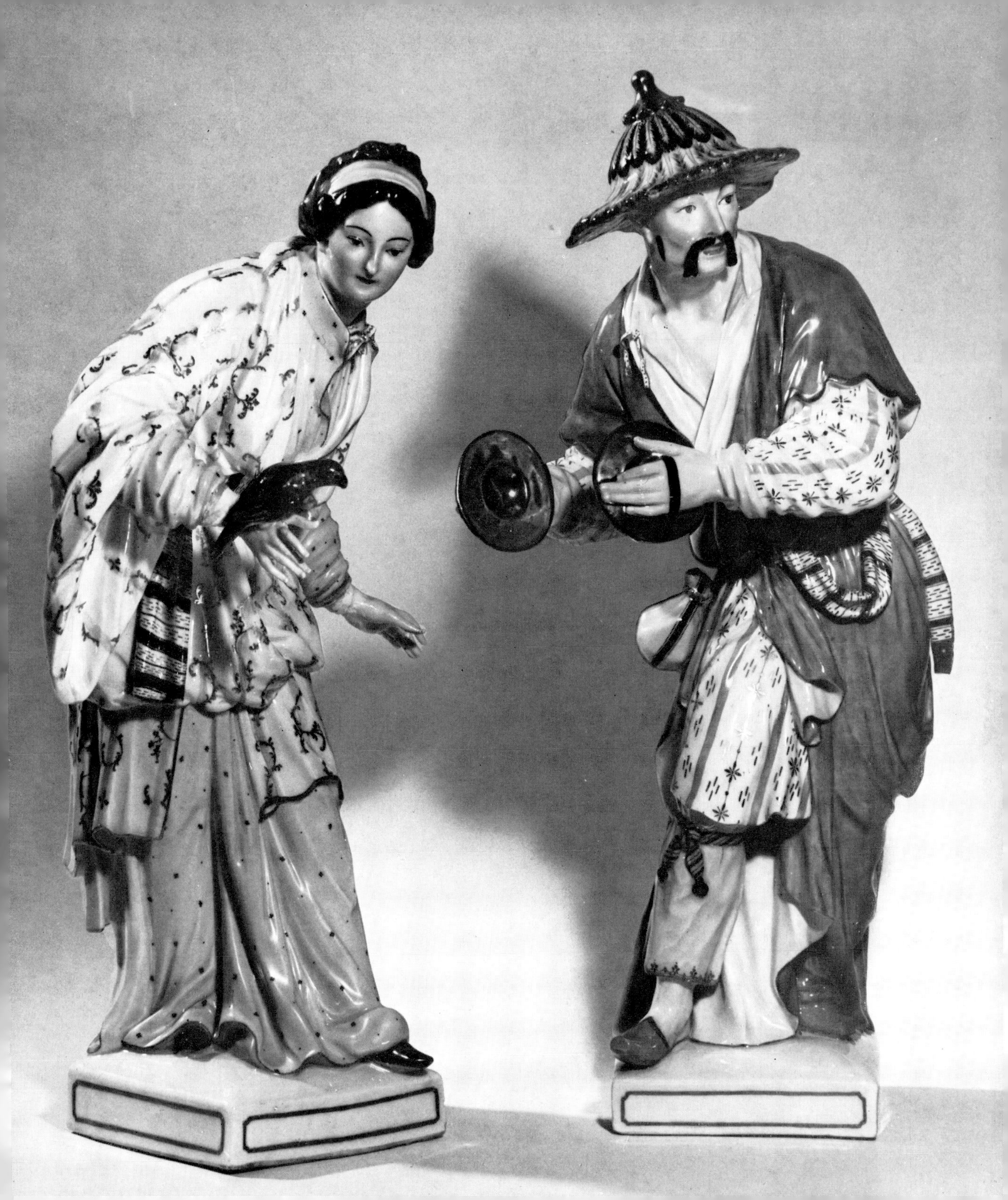

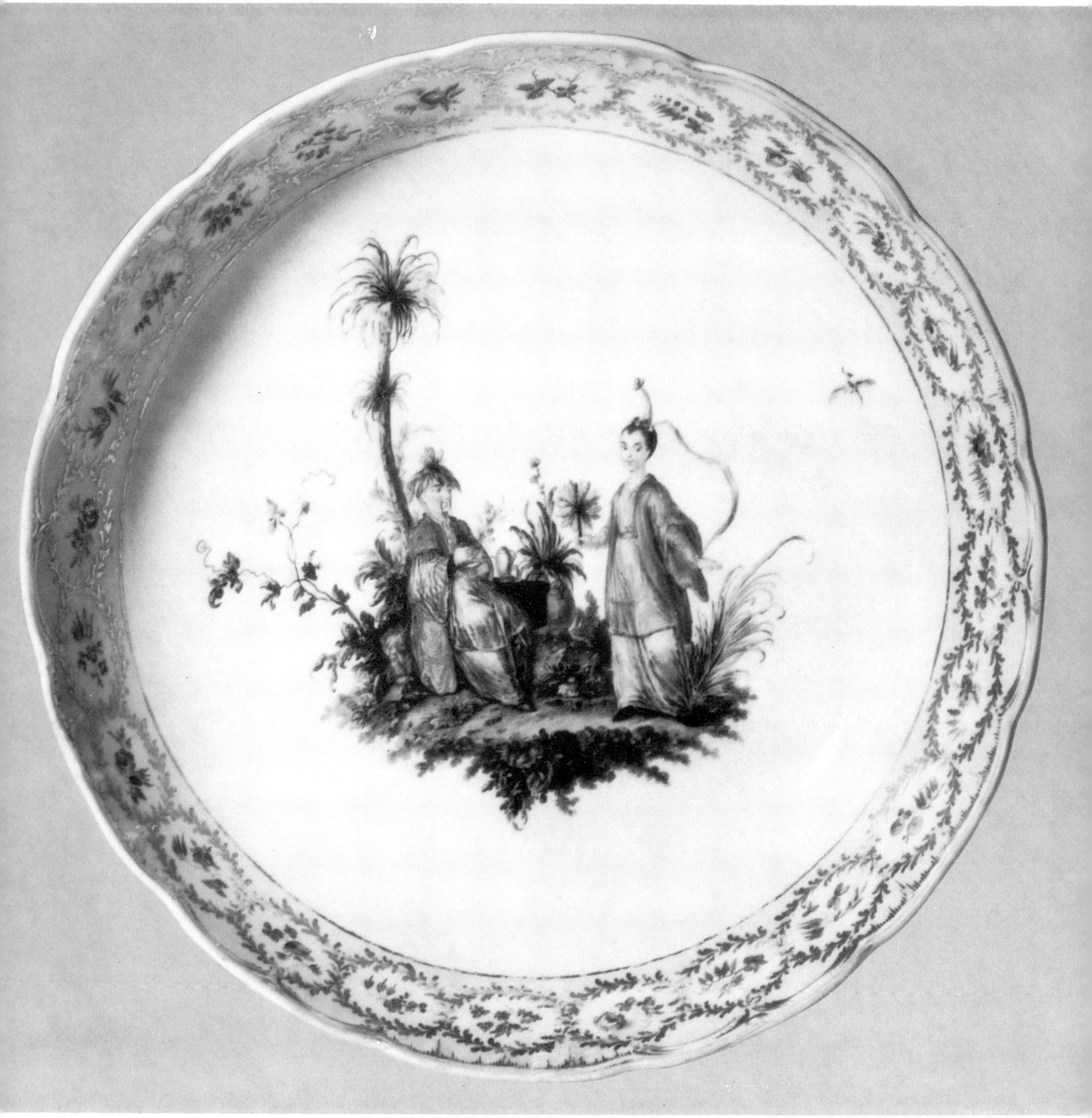

36
Kleine Schale vom «Japanischen Tafelservice» für Schloß Sanssouci, 1769/70

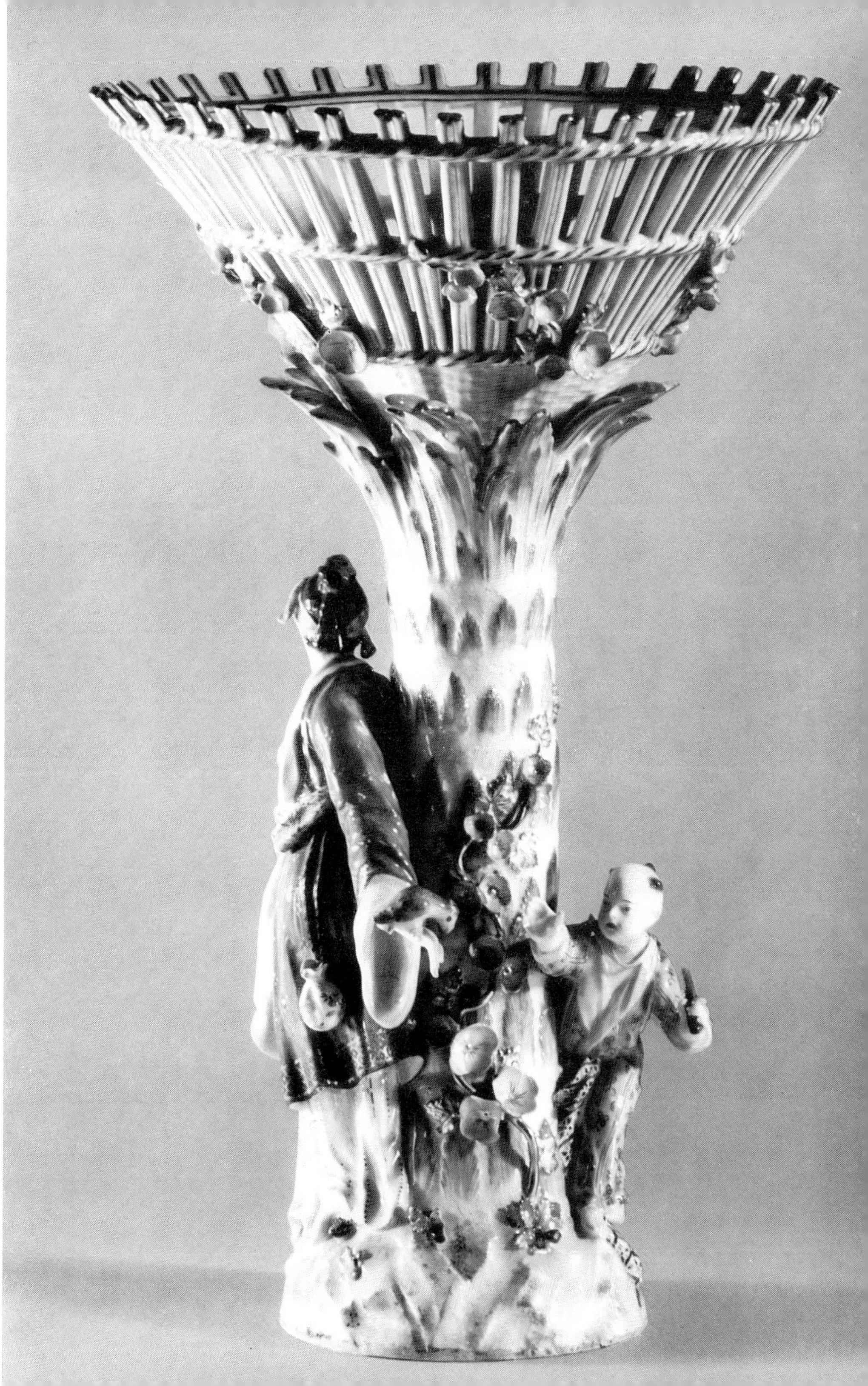

37
Fruchtkorb vom Plat de Menage des «Japanischen Tafelservices» für Schloß Sanssouci, 1769/70

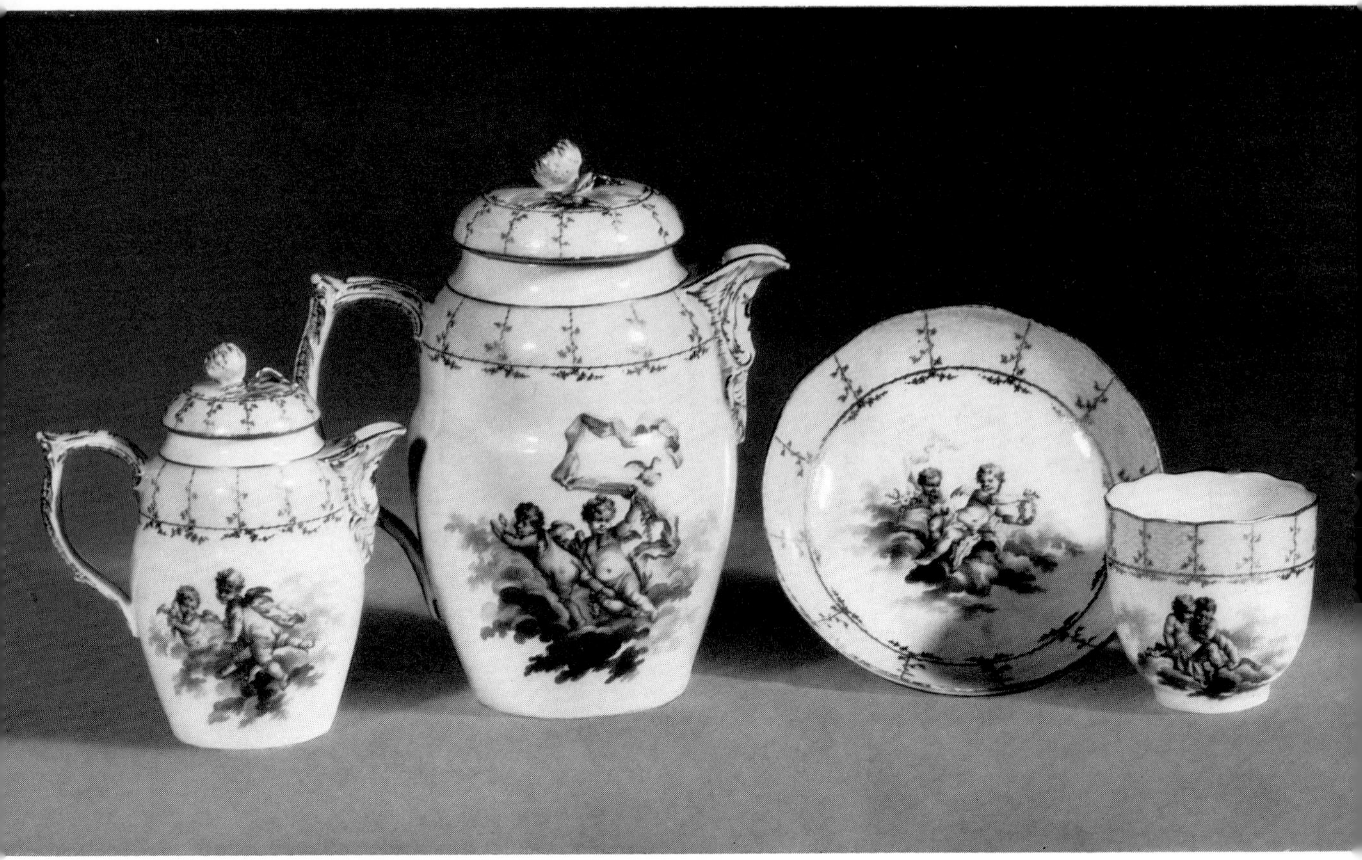

38
Teile eines Kaffee- und Teeservices mit «Purpurfliegenden Kindern», um 1770

Fruchtkorb vom Plat de Menage des Tafelservices mit «Purpurfliegenden Kindern», 1769/70

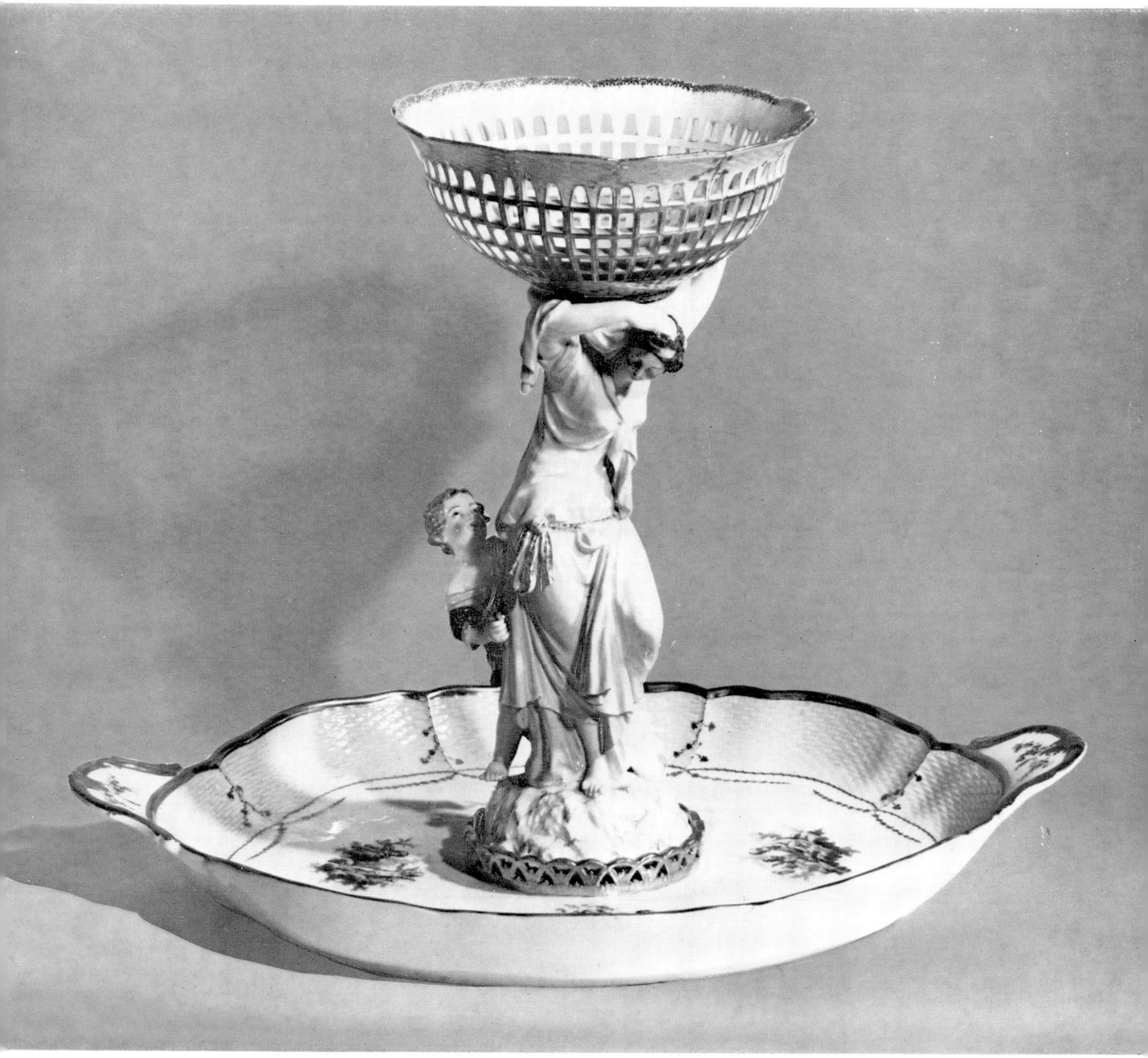

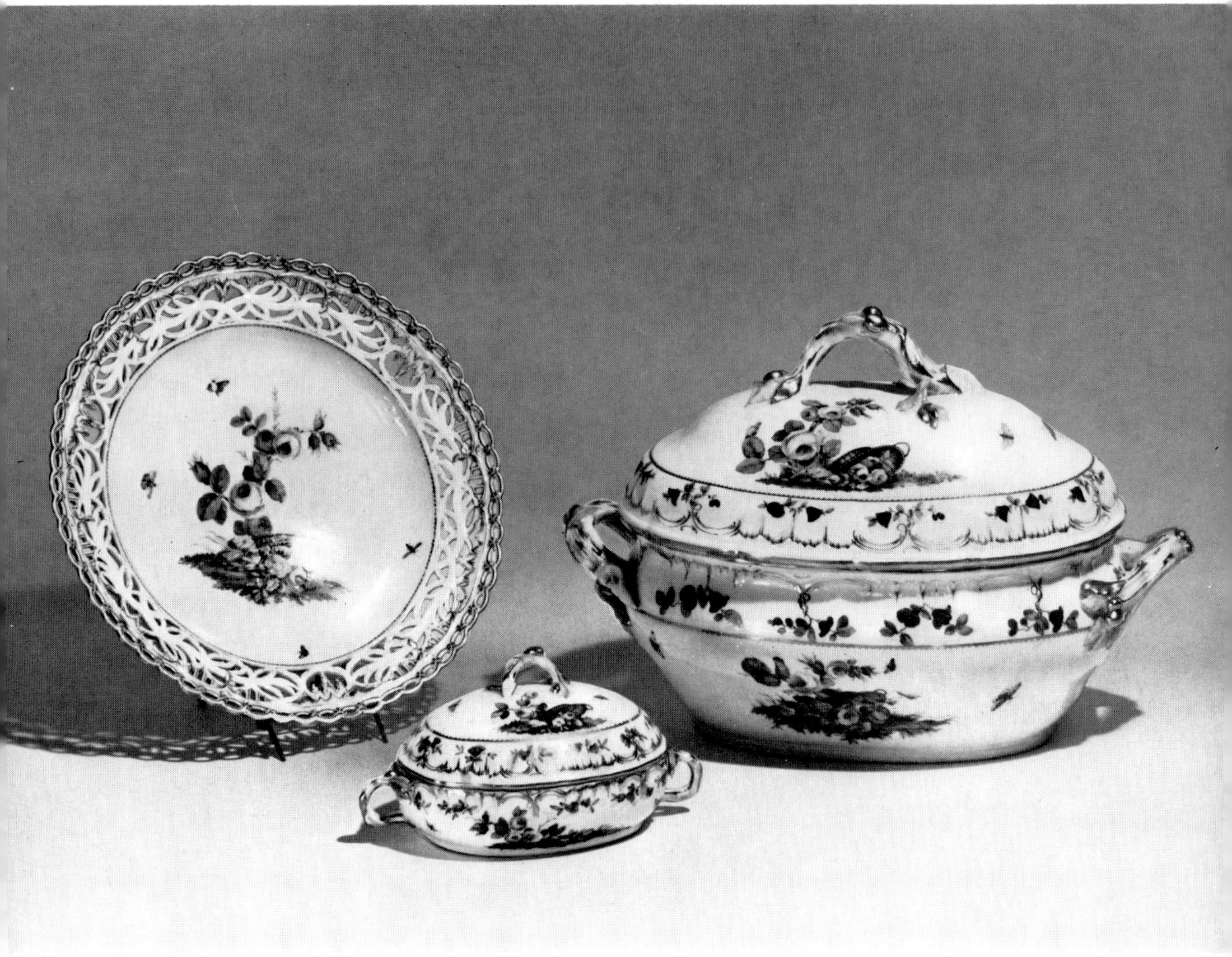

40
Dessertteller, Terrine und kleine Deckeldose vom Tafelservice für Schloß Charlottenburg, 1770–1772

Über die Reaktion des Berliner Kaufmanns auf diese für ihn ungünstige Entwicklung des Jahres 1757 wissen wir so gut wie nichts. Völlig unerwartet – mit Sicherheit aber nicht unbeeinflußt von den Vorgängen in Meißen – entschloß sich Wegely, im Herbst des gleichen Jahres sein gerade fertiggestelltes und auch gut funktionierendes Unternehmen aufzulösen. Er ließ das Warenlager und die Ausrüstung der Manufaktur versteigern und wandte sich wieder der Wollzeugherstellung zu.

Diese spektakuläre Aufgabe seines Unternehmens, das im Verlaufe von nur sechseinhalb Jahren mit viel Energie und großem finanziellem Aufwand technisch wie künstlerisch gute Porzellane hervorgebracht hatte, findet ihre Erklärung vor allem in den durch den Siebenjährigen Krieg hervorgerufenen wirtschaftlichen Schwierigkeiten sowie dem mangelnden Interesse des preußischen Hofes an dieser Manufaktur. Das von Friedrich II. 1760 gegenüber seinem vertrauten Geheimen Rat Schimmelmann geäußerte Urteil, daß Wegely «aber keine gründliche Wissenschaft von der Sache gehabt und Alles erst durch Proben versuchen, auch sich dabei auf Leute, die von ihrer Wissenschaft viel ausgeben, aber wirklich wenig verstanden haben, verlassen und dadurch beträchtlichen Schaden hat erleiden müssen, wozu auch noch der Krieg und andere dem G. R. Schimmelmann schon bekannte Ursachen gekommen sind, ...» trifft zumindest – wie die Porzellane der Manufaktur beweisen – in seinem ersten Teil nicht zu.[64] Geht man jedoch davon aus, daß der König einen anderen künstlerischen Geschmack bevorzugte, als ihn die von Wegely hergestellten Porzellane vertraten, und er aus diesen Gründen der Manufaktur nicht die genügende Unterstützung angedeihen ließ, so hatte er von seinem persönlichen Standpunkt aus gesehen recht. Das Urteil der Geschichte hat aber den Wegely-Porzellanen längst einen eigenen, bedeutenden Platz innerhalb der Porzellankunst des 18. Jahrhunderts zugewiesen.

5 *Die Porzellanmanufaktur Johann Ernst Gotzkowskis (1761–1763)*

Gründung, Aufbau und Niedergang

Wie Friedrich II. auf die Auflösung der Wegelyschen Porzellanmanufaktur reagiert hat, welcher Disput zwischen ihm und dem Berliner Unternehmer geführt wurde und zu welchen Absprachen es kam, kann nicht mehr historisch belegt werden. Jedoch dürfte es dem König allein schon aus Prestige- und Repräsentationsgründen nicht ganz gleichgültig gewesen sein, ob sich in einem Staat von der Bedeutung Preußens eine solche Luxusmanufaktur befand oder nicht. Aber auch unter allgemeinen ökonomischen Aspekten war die Existenz einer Porzellanmanufaktur von Wichtigkeit, wie die Einnahmen des Königs allein aus dem Pachtzins der Meißener Manufaktur gezeigt hatten. Solange er jedoch mit seinen Truppen Sachsen noch fest in den Händen hatte und über die Bestände dieser bedeutenden Manufaktur verfügen konnte, war diese Frage noch von untergeordneter Bedeutung. Was sollte jedoch nach Kriegsschluß werden? Unter diesen Gesichtspunkten ist das Bemühen Friedrichs II. zu betrachten, im Jahre 1760, zu einem Zeitpunkt, als der Krieg für Preußen eine ungünstige Wendung genommen hatte und die Verfügungsgewalt über das besetzte Sachsen fraglich geworden war, seinem geschäftstüchtigen Armeelieferanten und Geheimen Rat Schimmelmann die Gründung einer solchen Manufaktur in Berlin anzutragen. Schimmelmann schien dem König wohl deshalb als der geeignete Mann für eine solche diffizile Aufgabe, weil er einmal über das dafür notwendige Kapital, zum anderen aber auch über die besten Beziehungen zur Meißener Manufaktur verfügte. Hinzu kam ferner die in dieser Zeit noch günstige Gelegenheit, aus Meißen gute Fachkräfte abzuwerben, die dortige Technologie genau zu studieren und diese für die in Aussicht genommene preußische Manufaktur nutzbar zu machen. Schimmelmann aber, dieser erfolgreiche Geschäftsmann, der sein Vermögen im wesentlichen durch die Belieferung der preußischen Armee in Sachsen zusammengetragen hatte, war in kluger Voraussicht überhaupt nicht mehr in Dresden, sondern bereits in Hamburg, wo er die von ihm für nur 120000 Taler sehr preisgünstig von Friedrich II. erworbenen Porzellane absetzen konnte. Einer Aufforderung des Königs aus dem Jahre 1759, ihn in seinem Dresdener Winterquartier aufzusuchen, kam Schimmelmann schon nicht mehr nach.

Deshalb beauftragte Friedrich II. im April 1760 den preußischen Gesandten in Hamburg, von Hecht, Schimmelmann folgendes im Vertrauen vorzutragen: «... ob er nicht geneigt sei, nach Abschluß des Friedens eine kleine Porzellanfabrik zu Berlin oder an einem anderen Ort meiner Lande, wie er es am bequemsten finden werde, auf dem Fuß der Meißenschen Fabrik einzurichten, wobei ich ihn auf alle Fälle nur möglichste Weise souteniren und protegiren würde. Ob nun schon meine Absicht eigentlich ist, daß an das Etablissement dieser Fabrik zu Berlin nicht vor hergestelltem Frieden gedacht werden solle; so würde es dennoch sehr gut und unumgänglich notwendig sein, daß er schon zum Voraus auf die zu einer solchen Fabrik nöthigen Anstalten bedacht wäre, und da er die allerbeste Connaissance und Connexion mit der Meißenschen Fabrik hat und dieser Ort nebst der Fabrik bis dato in meinen Händen ist, jetzt schon darauf dächte, um sowohl recht gute und zuverlässige Zeichnungen und Profile von den Meißenschen Oefen zum Brennen des Porzellans als auch sonst alle gründlichen Nachrichten von den verschiedenen Graden des Feuers, die bei dem Porzellanbrennen beachtet werden müssen, ebenso von allen anderen Hand- und Kunstgriffen, die bei der Bearbeitung der Masse sowohl als auch sonst weiter bei der übrigen Anfertigung des Porzellans zu beachten sind, zu erhalten suche. Dabei werde es auch ganz besonders gut und nöthig sein, daß er diese oder jene Arkanisten oder auch andere der tüchtigsten und geschicktesten Bearbeiter des Porzellans ... zu engagiren suche ...»[65]

Schimmelmann aber erteilte dem König auf sein Angebot eine deutliche Absage, die er mit den Schwierigkeiten begründete, die sich einem solchen Unternehmen in den Weg stellen würden. Daraufhin sah sich Friedrich II. veranlaßt, für seine Pläne einen anderen Unternehmer zu suchen. Den für eine solche Aufgabe geeigneten Mann fand er schon sehr bald in dem Berliner Kaufmann, Unternehmer, Bankier und Kunstsammler Johann Ernst Gotzkowski, der mehrere Firmen besaß, darunter die bedeutenden Samt- und Seidenmanufakturen «C. F. Blumes sel. Erben», wo zeitweilig mehr als 1000 Arbeiter beschäftigt waren.[66] Anläßlich einer Audienz in seinem Dresdener Hauptquartier im Jahre 1760 zeigte Friedrich II. dem Kaufmann einige Meißener Porzellane und äußerte den Wunsch, daß man solche auch in Berlin herstellen möge.

Gotzkowski stand bereits seit längerer Zeit mit dem König in geschäftlichen Beziehungen; er war sein ständiger Vertreter auf den Leipziger Messen und hatte sich überdies auch im «patriotischen» Sinne Verdienste bei den schwierigen Kontributionsverhandlungen anläßlich der Besetzung Berlins durch russische und österreichische Truppen vom 9. bis 12. Oktober 1760 erworben. Besonderes Geschick und eine ausgeprägte Veranlagung besaß Gotzkowski aber auf dem Gebiet der Finanzspekulation, die er sehr wagehalsig und vielleicht auch in nicht ganz lauterer Absicht geführt hatte. Besonders als Friedrich II. während des Siebenjährigen Krieges zur Begleichung der hohen Kriegskosten den Edelmetallgehalt der preußischen Münzen beträchtlich herabsetzen ließ, führte Gotzkowski auf der Basis dieses minderwertigen Geldes umfangreiche Wechselgeschäfte durch, mit denen er sich einmal die notwendigen Mittel zur Realisierung seiner weiteren Pläne verschaffte, zum anderen sich aber durch diese unseriösen Transaktionen nach dem Krieg Gewinne in Höhe von 30 bis 40 Prozent erhoffte.[67]

Nur wenn man diese Eigenschaften Gotzkowskis berücksichtigt, wird es verständlich, weshalb er den Hinweis des Königs auf die Gründung einer Porzellanmanufaktur in Berlin sofort aufgriff und mit großem Elan verwirklichte. Allerdings war dieser Zeitpunkt für die Anlage einer solchen Luxusmanufaktur durch die gerade bedrohliche Lage des Krieges für Preußen sehr schlecht gewählt, so daß sie von vornherein als ein finanzielles Risiko zu betrachten war. Außerdem hatte nach der Auflösung der Wegelyschen Manufaktur ein Teil der nun beschäftigungslos gewordenen Mitarbeiter Wegelys Berlin bereits verlassen und Arbeit an anderen Orten, zum Beispiel in Fürstenberg, Ansbach und der in Plötzkau geplanten fürstlich-anhaltinischen Manufaktur, angenommen.[68]

Der begabte Modellmeister Wegelys, Ernst Heinrich Reichard, war jedoch noch immer in Berlin. Wie Friedrich Nikolai berichtete, hatte auch Reichard bei der Versteigerung des Wegelyschen Nachlasses eine Anzahl Porzellane und Gerätschaften erworben und soll, was aber nie bewiesen werden konnte und außerdem sehr unwahrscheinlich ist, in eigener Verantwortung Porzellan hergestellt haben.

Zu der Zeit nun, als Gotzkowski den Plan zur Gründung einer Manufaktur gefaßt hatte, stand Reichard aber schon in Verhandlungen mit dem Herzog von Gotha, um dort für ein Jahresgehalt von 1000 Talern bei der Gründung einer Porzellanmanufaktur mitzuwirken.[69] Als Gotzkowski von Reichard und seinem Vorhaben erfuhr, verpflichtete er ihn zu noch besseren Bedingungen für sein eigenes Unternehmen, zumal Reichard auch im Besitz des Arkanums war, das er für 4000 oder 10 000 Taler – die Angaben hierüber sind in der Literatur unterschiedlich – an Gotzkowski verkaufte.

Auch der Maler Jakob Isaak Clauce, den Gotzkowski für Wegely bereits 1755 aus Meißen abgeworben hatte, befand sich noch in Berlin und trat in das neue Unternehmen ein.

Es ist aber außerdem anzunehmen, daß sich auch noch viele der technischen Mitarbeiter und Hilfskräfte in der preußischen Hauptstadt befanden, die für die Mitarbeit an der Gotzkowskischen Manufaktur sofort zur Verfügung standen. Namentlich bekannt geworden ist neben Reichard und Clauce aber nur noch der Brenner Joachim Duwald, der bei Wegely als Dreher, Former und Garbrenner gearbeitet hatte und 1762 in den Dienst Gotzkowskis getreten war.

Wie es sich zeigte, besaß Duwald auch hervorragende Kenntnisse im Bau von Brennöfen, so daß er die Konstruktion des zu dieser Zeit schon in der Gotzkowskischen Manufaktur von Reichard erbauten Ofens wesentlich verbessern konnte.[70]

Über den Verlauf der Bemühungen Gotzkowskis, seine Manufaktur so schnell wie möglich arbeitsfähig zu machen, sind wir sehr genau durch den hier schon zitierten Bericht «Vom Ursprung und Fortgang der Königlichen aechten Porzellän-Manufactur zu Berlin» des sächsischen Commissionsrates Johann Georg Grieninger unterrichtet, der – wie er schrieb – in Berlin zu damaliger Zeit ohne öffentliche Beschäftigung war und von Gotzkowski im November 1761 mit der Leitung seiner Manufaktur beauftragt wurde. Als Friedrich II. dann 1763 Gotzkowskis Unternehmen erwarb, behielt Grieninger die Direktion der Manufaktur bis zu seinem Tode im Jahre 1798 bei.

Außer den ehemaligen Mitarbeitern Wegelys bemühte sich Gotzkowski durch Zahlung besonders attraktiver Jahresgehälter vor allem um fähige Mitarbeiter der Meißener Manufaktur. «... die damals noch anhaltenden Kriegsunruhen, die beständige Furcht und Gefahr, in der jedermann besonders in Sachsen lebte, und der Geld Mangel veranlaßten auch manchen, sich von der Meißener Manufaktur zu entfernen», schrieb Grieninger in seinen Aufzeichnungen. Zu diesen von der Meißener Manufaktur nach Berlin übergewechselten Künstlern gehörte schon 1761 der wohl begabteste Mitarbeiter Johann Joachim Kändlers, Friedrich Elias Meyer, der dann als Modellmeister wesentlich den künstlerischen Stil des Berliner Porzellans mitbestimmen sollte.[71] Weiterhin kamen im Dezember 1761 der Figuren- und Landschaftsmaler Carl Wilhelm Böhme, ihm folgten der hervorragende Prospekt- und Landschaftsmaler Johann Balthasar Borrmann sowie Jacob Christian Borrmann, der sich als Mosaikmaler in Meißen einen guten Ruf erworben hatte.

Bereits Mitte des Jahres 1762 hatten Gotzkowski und Grieninger alle notwendigen Stellen der Manufaktur mit entsprechenden Fachleuten besetzen können. Die Manufakturgebäude wurden in der Leipziger Straße auf dem Dorvilleschen Gelände angelegt, das neben den Gotzkowskischen Besitzungen lag und das er zu diesem Zweck im Januar 1761 für 9500 Taler hinzuerworben hatte.

Natürlich stellten sich dem Unternehmen trotz der Mitarbeit bereits erfahrener Porzellanfachleute bis zur Aufnahme der Produktion noch viele Schwierigkeiten in den Weg. Der erste Brennofen von Reichard zum Beispiel mit seinen drei Temperaturzonen erbrachte anfangs nicht die gewünschten Ergebnisse, so daß er bereits 1762 durch den Garbrenner Duwald verbessert und erneuert werden mußte. Etwa zur gleichen Zeit dürften auch die Farbversuche durch die Laboranten Johann Karl Erdmann Riedel und Ferdinand Ludwig von Meerheim so weit gediehen gewesen sein, daß man dem König im Dezember 1762 Probestücke vorlegen konnte. Am 28. Dezember erhielt Gotzkowski dann auch erst das königliche Privileg «über die von ihm in Berlin angelegte Fabrique von ächtem Porcellaine» mit der wichtigen Zusicherung, daß «sonst niemendem in sämtlich Königlichen Landen und Prowintzien dergleichen Fabriquen von ächtem Porcellaine anzulegen oder zu verfertigen concediret und erlaubet werden»[72].

Gegenüber den Wegely-Porzellanen erreichten die Erzeugnisse Gotzkowskis aber nicht das den Meißener Porzellanen entsprechende Weiß, weil seiner Manufaktur nicht das aus Aue stammende Kaolin zur Verfügung stand. Gotzkowski bezog diesen wichtigen Rohstoff – wie die anderen deutschen Manufakturen auch – aus den Kaolinvorkommen bei Passau. Diese Erde war jedoch, wie Grieninger schrieb, oftmals «sehr unrein und mit mancherlei heterogenen Theilen» durchsetzt.

Insgesamt gesehen, nahm der Aufbau der Manufaktur aber einen günstigen Verlauf, denn Gotzkowski hatte bis dahin keine Mittel gescheut, das Unternehmen großzügig voranzutreiben und durch Verpflichtung hervorragender Fachleute leistungsstark zu machen. An einen finanziellen Erfolg der Manufaktur war in dieser Phase der Entwicklung jedoch noch nicht zu denken, weil einmal das entsprechende Produktionsvolumen fehlte und infolge des Krieges auch der Absatz nur sehr gering gewesen sein dürfte.

Gerade zu diesem Zeitpunkt, als der Aufbau der Manufaktur weitestgehend abgeschlossen war, aber noch immer finanzielle Stützung benötigte, geriet Gotzkowski auf Grund seiner mit dem schlechten Kriegsgeld geführten Wechselgeschäfte in arge Bedrängnis, weil er die nach dem Kriege eingehenden Forderungen seiner vielen Gläubiger nun nicht mehr erfüllen konnte. Die ausbleibenden Gelder für den weiteren Fortgang der Produktion führten dazu, daß sein Manufakturdirektor Grieninger nicht mehr wußte, «woher also der notwendige Aufwand zu Ablohnung der Arbeiter; die Zahlungen für Materialien, die gleich nach der Ablieferung, und jene in der Mitte und beim Schlusse eines jeden Monats geschehen mußte», zu nehmen war. Schließlich mußte Gotzkowski als Geschäftsmann seinen Bankrott erklären, so daß auch diese Manufaktur vor ihrem Untergang stand.[73] Sollte dem Unternehmen aber ein gleiches Schicksal wie dem Wegelyschen erspart bleiben, war eine Unterstützung von staatlicher Seite aus unumgänglich. Für ein solches Vorgehen waren im August 1763 im Zusammenhang mit der allgemeinen wirtschaftlichen Lage in Preußen alle Voraussetzungen gegeben. Hinzu kam jetzt auch das persönliche Interesse des Königs an einer Porzellanfabrik.

Bereits im Mai des Vorjahres hatte Preußen mit Rußland Frieden geschlossen, und im Februar 1763 fand der Krieg nach siebenjähriger Dauer mit dem Hubertusburger Frieden zwischen Preußen, Sachsen und Österreich seinen endgültigen Abschluß. Als Resultat dieser langen, mit großen Verlusten geführten Auseinandersetzung wurde nahezu nur der alte territoriale Zustand wiederhergestellt. Preußen mußte Sachsen räumen, Österreich verzichtete auf Schlesien, das Preußen zugesprochen wurde. Dieses für Friedrich II. positive Ergebnis bedeutete aber gleichzeitig auch eine politische Stärkung Preußens innerhalb der europäischen Mächtegruppierung dieser Zeit, die im Lande selbst durch den verstärkten Ausbau des Manufakturwesens ihre ökonomische Entsprechung finden sollte. Im Zuge dieser bewußt forcierten wirtschaftlichen Entwicklung in der unmittelbaren Nachkriegszeit konnte Friedrich II. auch seinen persönlichen Wunsch nach Besitz einer Porzellanmanufaktur durch die Übernahme des Gotzkowskischen Unternehmens verwirklichen.

Im Zusammenhang mit dieser allgemeinen Wirtschaftsentwicklung und der akuten Berliner Wirtschaftskrise von 1763 ist der Erwerb dieser gut eingerichteten und betriebsfertigen Manufaktur jedoch nicht als ein Akt der Barmherzigkeit des Landesherrn gegenüber dem in Bedrängnis geratenen Kaufmann Gotzkowski zu betrachten, sondern vielmehr als ein kluger Schachzug des Königs im Rahmen seiner wirtschaftspolitischen Pläne.

Am 8. September 1763 wurde der Kaufvertrag ausgefertigt, wonach Gotzkowski für sein Unternehmen den als sehr hoch angesehenen Preis von 225 000 Talern erhielt, der jedoch nur teilweise zur Abdeckung seiner Schulden, die mit 1 196 850½ Talern angegeben wurden, reichte. Auch vermochte dieser Preis sowie der Verkauf seiner etwa 700 Bilder umfassenden Gemäldesammlung mit Werken bedeutender Maler nichts daran zu ändern, daß er 1765 völlig verarmt und von der «königlichen Gnade» verlassen starb.[74]

Schon am «25. August 1763 kam der Krieges Rath und nachherige Geheime Finanz Rath Voß als königl.er Commissarius, brachte alle bei der Porzellän Manufaktur in Pflicht und Diensten stehenden Personen in ein Verzeichnis ein und machte ein Inventarium von allen dazu gehörenden Gebäuden, Gerätschaften, Materialien und fertigen Porzellänen»[75].

Diese Aufzeichnung des königlichen Beamten ist für die Geschichte der Gotzkowskischen Manufaktur von besonderem Interesse, weil sie uns einen aufschlußreichen Einblick in den Aufbau der Personalstruktur und auch der Lohnverhältnisse des Betriebes vermittelt. Die berufsmäßige Zusammensetzung der 146 Personen umfassenden Belegschaft wird darin wie folgt angegeben: 6 Commissen (Verwaltungsangestellte), 1 Arkanist, 4 beim Brennofen, 2 beim Verglühofen, 3 Glasurer, 5 Kapseldreher, 3 Tontreter, 6 bei der Mühle, 2 Porzellanschreiber, 1 Modellmeister, 2 Bildhauer, 2 Bildhauerlehrlinge, 6 Bossierer, 13 Former, 4 Geschirrdreher, 3 Modelltischler, 1 Vergoldermeister, 5 Vergoldergesellen, 3 Maler-Vorgesetzte, 18 Maler, 21 Malerlehrlinge, 4 Blaumaler, 3 Arbeiter im Laboratorium und Emaillefeuer, 3 Farbenreiber, 4 Einpacker, Aufwärter, Torhüter, und 8 Holzhauer.[76]

Wie aus dieser Aufstellung hervorgeht, hatte Gotzkowski sein Unternehmen, allein der Personalstruktur nach zu urteilen, sehr leistungsstark geplant und damit den Grundstein für eine mit wirtschaftlichem Erfolg arbeitende Manufaktur gelegt. Das wird auch durch die große Menge von 30 000 rohen und verglühten Geschirren, 10 000 weißen und 4866 bemalten Porzellanen bestätigt, die trotz der nur sehr kurzen Produktionszeit bereits in der Manufaktur vorhanden waren und von der nunmehr Königlichen Porzellanmanufaktur mit übernommen wurden.

Die Porzellane der Manufaktur

Nach dem Bericht Grieningers waren ab Mitte des Jahres 1762 alle wesentlichen Positionen der Gotzkowskischen Manufaktur mit den notwendigen Fachkräften besetzt; die wichtigsten Funktionsgebäude standen. Man nimmt daher an, daß die Manufaktur im Herbst 1762 mit der Fabrikation begann. Jedoch hat sich, da das Unternehmen nur sehr kurze Zeit bestand, wenig Porzellan aus dieser Manufaktur erhalten. Es sind eigentlich nur Kaffee- und Teegeschirre, die den Hauptanteil der damaligen Produktion bildeten; größere Speiseservice oder auch nur Teile davon konnten bisher nicht nachgewiesen werden.[77]

Der Grund für dieses eng begrenzte Herstellungsprogramm ist vor allem darin zu sehen, daß die Kaufkraft selbst des Adels und des wohlhabenden Bürgertums nach einer siebenjährigen Kriegsdauer auf ein Minimum gesunken war und deshalb auch nur ein sehr geringes Interesse an aufwendigen Tafelgeschirren dieser künstlerisch nicht ausgewiesenen Manufaktur bestand. Kaffee- und Teeservice wurden sehr gern gekauft, nachdem in dieser Zeit Kaffee, Tee und Kakao als Getränke beliebt geworden waren; außerdem hatten sie auch den großen Tafelgeschirren gegenüber einen viel niedrigeren Anschaffungspreis.[78]

Tafel 14

Die meist glatten Formen der Kaffee- und Teeservice haben keinen Reliefdekor; nur Henkel, Ausgüsse und Deckelknäufe sind plastisch modelliert und damit besonders hervorgehoben. Während der gebauchte barocke Kannentyp in seiner für die Mitte des 18. Jahrhunderts allgemeingültigen Form mit dem Meißener Porzellan dieser Art übereinstimmt, sind nur die astförmigen Henkel mit ihren blättergeschmückten Ansätzen sowie die Maskaronausgüsse mit Tuchgehängen als ein unverwechselbares Charakteristikum Gotzkowskischer Porzellane zu betrachten.[79]

Auch bei den Teekannen besteht der Ansatz des röhrenförmigen Ausgusses – wie das hier abgebildete Beispiel zeigt – aus einem plastisch modellierten Frauenkopf auf Tuchgehänge, während die Tülle aus einer etwas schwerfälligen, wenig eleganten Rocaille gebildet wird.

Tafel 15

Die Kaffeetassen der Service sind gleichermaßen zylindrisch glatt mit eingezogenem Unterteil auf flachem Standring, die für Tee bestimmten Tassen entsprechend niedriger, schalenförmig, wobei die Henkel ebenfalls glatt oder, den Kannen entsprechend, astförmig gearbeitet sind.

Tafel 16

Neben den in mehreren Exemplaren erhaltenen und für Gotzkowski typischen Formen wurde wahrscheinlich durch den Modellmeister der Manufaktur, Friedrich Elias Meyer, ein plastischer Dekor entwickelt, der die Bezeichnung «Radierter Dessin» trug.[80] Dieses der Spätphase der Manufaktur angehörende Muster besteht aus einer mehrfachen Anordnung von Rocaillen, die, in flachem Relief vom Rand der Gefäße ausgehend, sich in elegantem Schwung über die Flächen der Porzellane legen und sich dann in zarten Abstufungen und Linien verlieren. Durch diese plastische Belebung der Oberflächen im Sinne des ganz auf dekorative Effekte abgestimmten Spätrokokos entstand zugleich eine Gliederung der Geschirre in ornamental umgrenzte Randzwickel und Bildflächen, die eine harmonische Rahmung für Malerei und Goldstaffierung abgaben.

Tafel 17

Der malerische Dekor der Gotzkowski-Porzellane bestand in der Anfangsphase aus großen, frei auf die Fläche gesetzten Blumenarrangements – meist aus deutschen Gartenblumen und manchmal auch mit Früchten vermischt –, wie es das abgebildete Service aus dem Besitz der Staatlichen Kunstsammlungen zu Weimar zeigt. *Tafel* 14 Die Blumenmalerei ist in ihrer frühen Phase vielfach in stumpfen und glanzlosen Farben ausgeführt, die hart nebeneinanderstehen und damit die nur lose bildkünstlerische Komposition betonen und unterstreichen. Erst im Verlaufe der weiteren Entwicklung wird die Malerei kompositorisch dichter, zwingender und dabei in ihren Farbtönen zarter und in ihrem Stil malerischer.

Insgesamt betrachtet, ist die Malerei der Gotzkowski-Porzellane jedoch von guter Qualität, begründet durch den Einfluß der aus Meißen nach Berlin gekommenen Maler. Neben der als Motiv dominierenden Blumen- und Früchtemalerei kennen wir Geschirre mit Putten nach Vorlagen von François Boucher – zum Beispiel auf einem Service im Besitz des Stockholmer Nationalmuseums – sowie Jagdszenen nach Johann Elias Riedinger und Philips Wouwerman in Purpurmalerei.[81]

Aus dem anläßlich des Verkaufs der Manufaktur an den König aufgestellten Inventarverzeichnis von 1763 geht hervor, daß neben den Kaffee- und Teeservicen jedoch auch Teile von Tafelservicen mit den drei dort erwähnten Mustern «Glatt», «Glatt mit ausgebogenem Rand» und «mit Kobergeflochtenem Rand» hergestellt wurden, von denen jedoch bis zur heutigen Zeit noch kein einziges Stück nachgewiesen werden konnte. Der Dekor «mit Kobergeflochtenem Rand» entsprach dem aus Meißen stammenden «Ozier»-Muster und wurde auch später noch an der Königlichen Manufaktur unter diesem Namen produziert. Das Muster «Glatt mit ausgebogenem Rand» wurde ebenfalls unter der neuen Bezeichnung «Deutschblau mit ausgebogenem Rand» fortgeführt und vorwiegend für Blaumalerei verwendet.[82]

Ebenso wie sich keine Tafelgeschirre aus der Gotzkowskischen Manufaktur erhalten haben, sind bisher auch keine figürlichen Porzellane bekannt geworden, obwohl in dem Inventarverzeichnis 133 Modelle erwähnt sind, darunter Schäfer und Schäferinnen, Gärtner und Gärtnerinnen, Türken, Götterfiguren, Krämer, Kinder und Tiere.

Neben dem Modellmeister Friedrich Elias Meyer, der für alle plastischen Arbeiten der Manufaktur die Verantwortung trug, waren die Bildhauer Johann Gottfried Flöter, Johann Wilhelm Müller sowie der Lehrling Johann Georg Müller an der Manufaktur beschäftigt.

Über den künstlerischen Stil Friedrich Elias Meyers zur Zeit seiner Tätigkeit bei Gotzkowski sind wir durch die Ausformung seiner Modelle in der Frühzeit der Königlichen Manufaktur unterrichtet, die von dieser übernommen und benutzt wurden. Zu diesen frühen Arbeiten gehört unter anderem auch das hier abgebildete, auf geschwungenen Rocaillenfüßen ruhende Postament mit Figurenschmuck, das als ein Teil des im Übergabeinventar erwähnten
Tafel 26 Plat de Menage von Meyer stammen dürfte. Die hier abgebildete Ausformung gehört zu dem berühmten Tafelservice für das Neue Palais in Potsdam, das 1765 von Friedrich II. in Auftrag gegeben wurde. Wie Georg Lenz in seiner umfassenden Arbeit zur Geschichte der Berliner Porzellanmanufaktur bereits feststellen konnte, dürften die vier im Übergabeinventar erwähnten Figuren dieses Plat de Menage mit jenen vier Schäfern und Schäferinnen identisch sein, die durch ihre Attribute als die vier Elemente Feuer, Wasser, Erde und Luft gekennzeichnet sind, da ihre Rocaillensockel genau in die vorhandene Vertiefung des plattenartigen Posta-
Tafel 29 ments passen. Nur wenig später oder auch direkt im Anschluß daran sind vier ebenfalls dazugehörige Gärtner und Gärtnerinnen als Konfektschalenträger entstanden, die die Jahreszeiten Frühling, Sommer, Herbst und Winter symbolisieren.

Die abgebildete Gruppe mit der Schäferin als Wasser, dem Gärtner als Herbst und der Gärtnerin als Frühling aus dem Besitz des Berliner Kunstgewerbemuseums stammt aus der ersten Lieferung des Services für das Neue Palais in Potsdam und kann deshalb nicht vor 1765 entstanden sein. Dennoch gehören die Modelle der Schäferin und des Postaments noch der Gotzkowski-Zeit an und lassen den frühen Berliner Stil Meyers erkennen.

Friedrich Elias Meyer wurde 1723 in Erfurt als Sohn eines Bildhauers geboren. Er erlernte den gleichen Beruf wie sein Vater und trat nach einer mehrjährigen Tätigkeit an den verschiedensten thüringischen Fürstenhöfen 1748 als Mitarbeiter Johann Joachim Kändlers in den Dienst der Meißener Porzellanmanufaktur. Dort konnte er an der Seite des wohl begabtesten Porzellanplastikers des 18. Jahrhunderts reiche Erfahrungen auf diesem speziellen Gebiet sammeln. Wegen der durch den Krieg hervorgerufenen ungünstigen Verhältnisse in Meißen und einer zu geringen Entlohnung folgte er 1761 einer Berufung an die Berliner Manufaktur Gotzkowskis für ein Jahresgehalt von 1500 Talern.

Trotz seiner langjährigen Arbeit an der Seite des despotischen und sehr selbstbewußten Kändler konnte sich Meyer dennoch eine eigene künstlerische Handschrift bewahren, die im Gegensatz zu der mehr dem kraftvollen Barock zuneigenden Formenauffassung Kändlers als der Ausdruck des leichteren, verspielten Rokokos zu werten ist. Charakteristisch «für Meyers Figuren sind die kleinen, zur Seite geneigten Köpfe mit den freundlich lächelnden Gesichtern, der oft stark übertriebene Kontrapost mit dem einen weit vorgestellten, auf der Hacke ruhenden Bein» (von Carolsfeld/Köllmann). Im Verlaufe seiner Tätigkeit als Modellmeister an der Königlichen Porzellanmanufaktur sollte sich dann der künstlerische Stil Meyers mehr zu einer strengeren, dem klassizistischen Ideal der zweiten Hälfte des 18. Jahrhunderts entsprechenden Auffassung hin entwickeln.

Diese sich im Unterschied zu Kändler klar absetzende Eigenheit der Plastik Meyers spiegelt sich auch in den Figuren des obenerwähnten Plat de Menage wider, vor allem in den anmutigen Bewegungen, den stark betonten kontrapostischen Körperhaltungen und nicht zuletzt auch in einer vehemen-

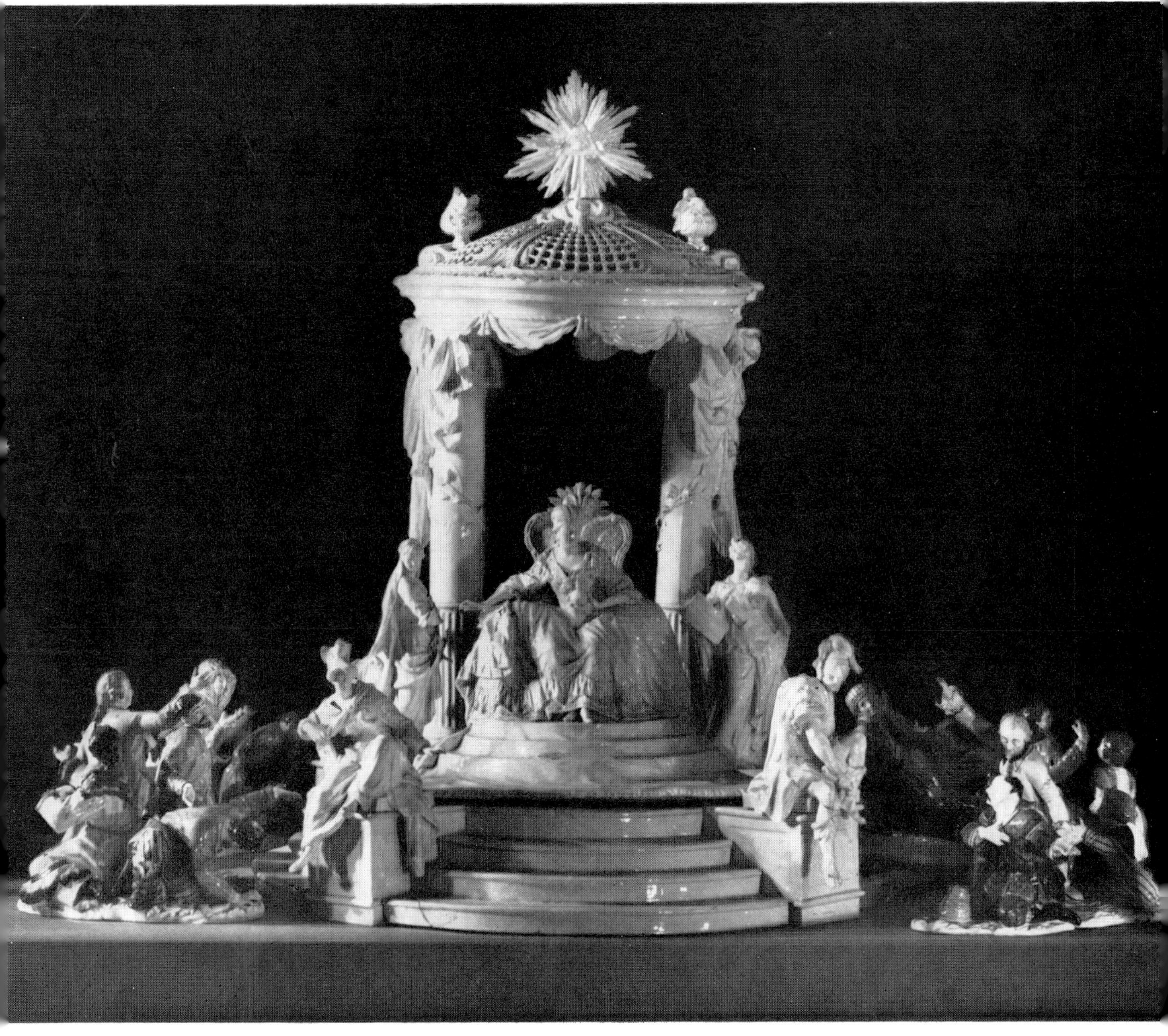

41
Mittelteil des Tafelaufsatzes für Kaiserin Katharina II. von Rußland, Modell von Friedrich Elias Meyer, 1770–1772

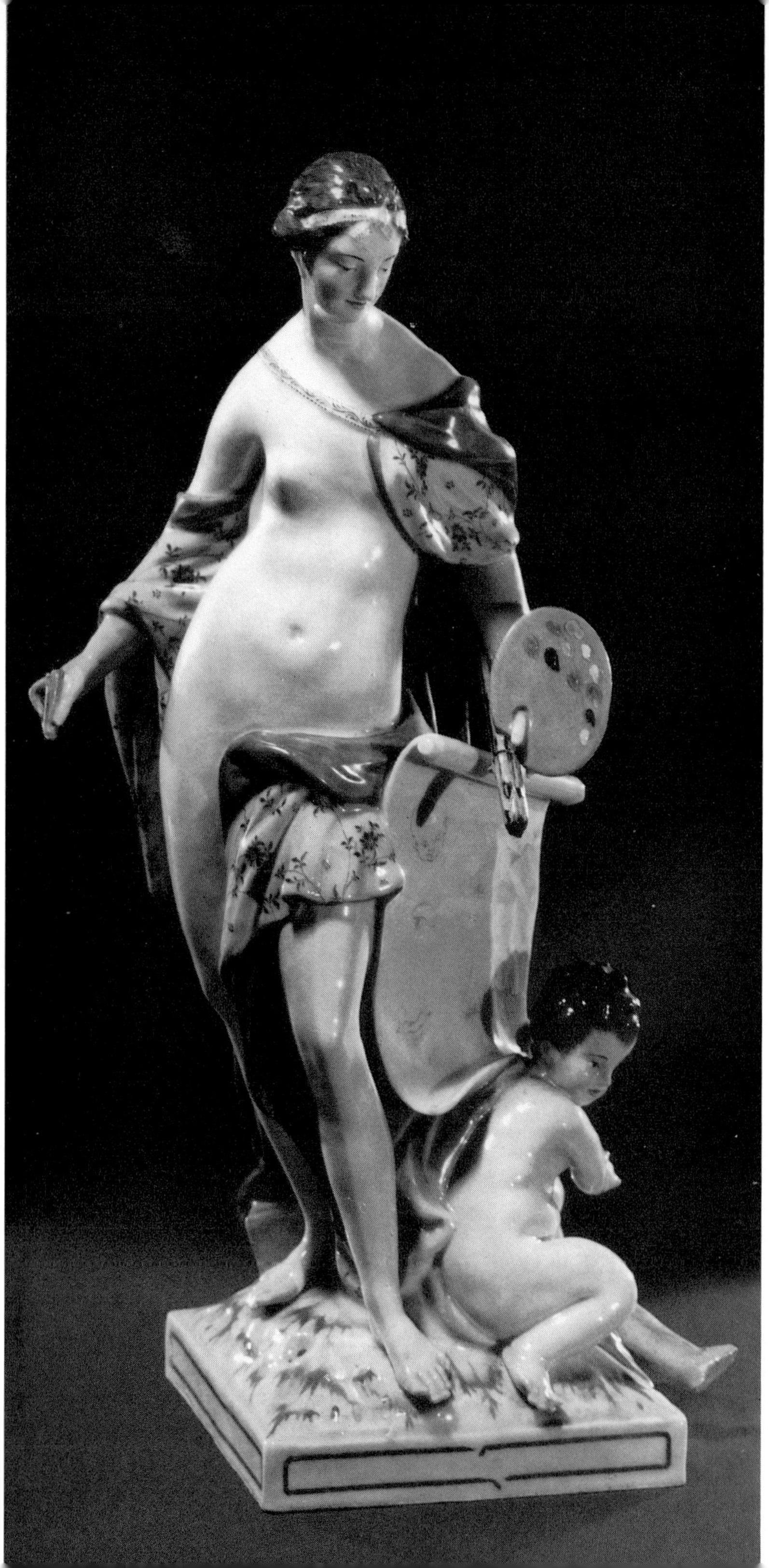

42

Allegorie der Malerei,
vom Tafelaufsatz des Services für
Kaiserin Katharina II. von Rußland,
Modell von
Wilhelm Christian Meyer, 1770–1772

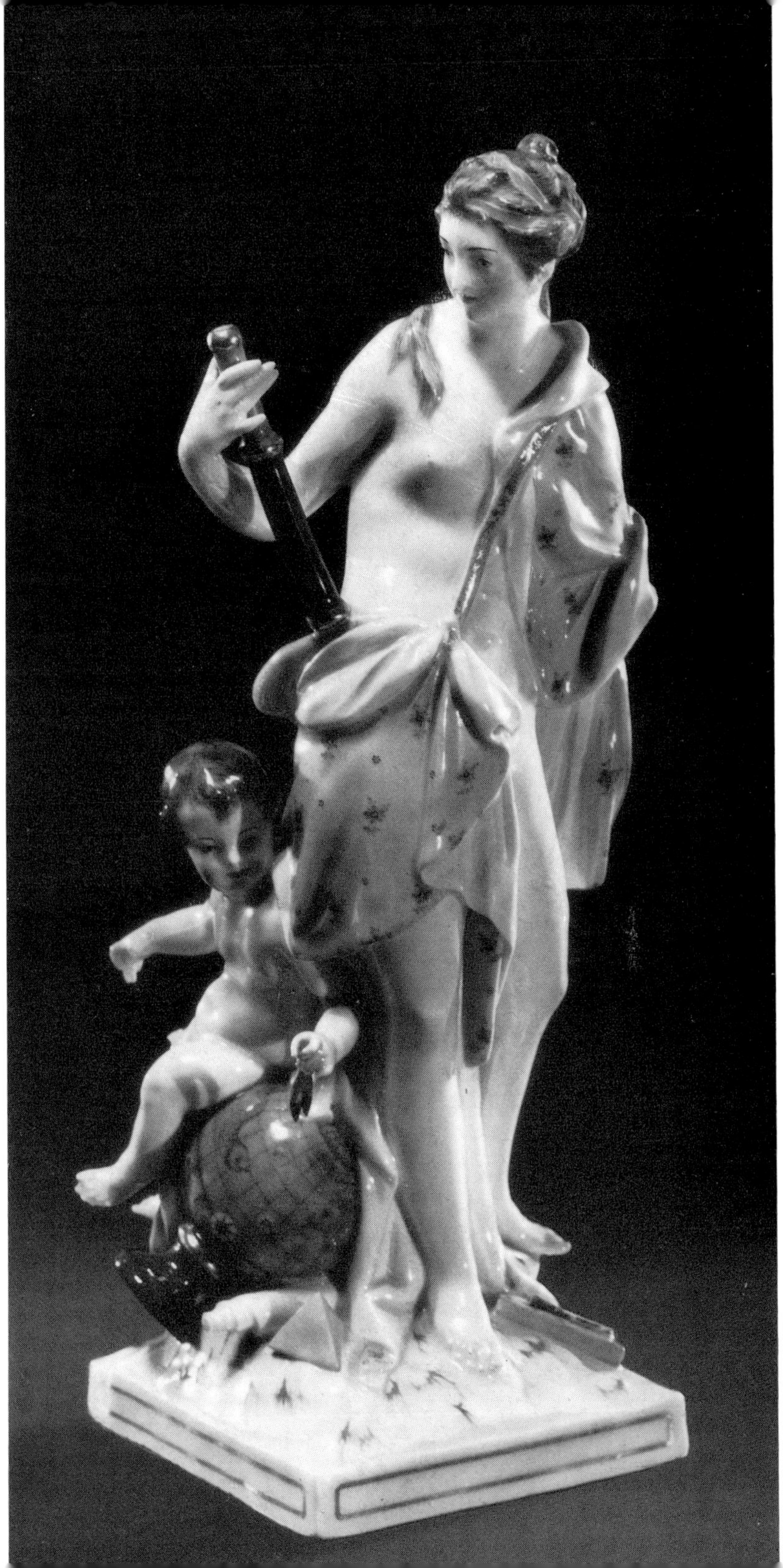

43
«Astronomie»,
vom Tafelaufsatz des Services für
Kaiserin Katharina II. von Rußland,
Modell von
Wilhelm Christian Meyer,
1770–1772
44
(folgende Seite)
Dessertteller vom Service für
Kaiserin Katharina II. von Rußland,
Malerei von
Johann Balthasar Borrmann,
1770–1772
45
(übernächste Seite)
Dessertteller vom Service für den
russischen Großfürsten
Paul Petrowitsch, Malerei von
Carl Wilhelm Boehme (?), 1774

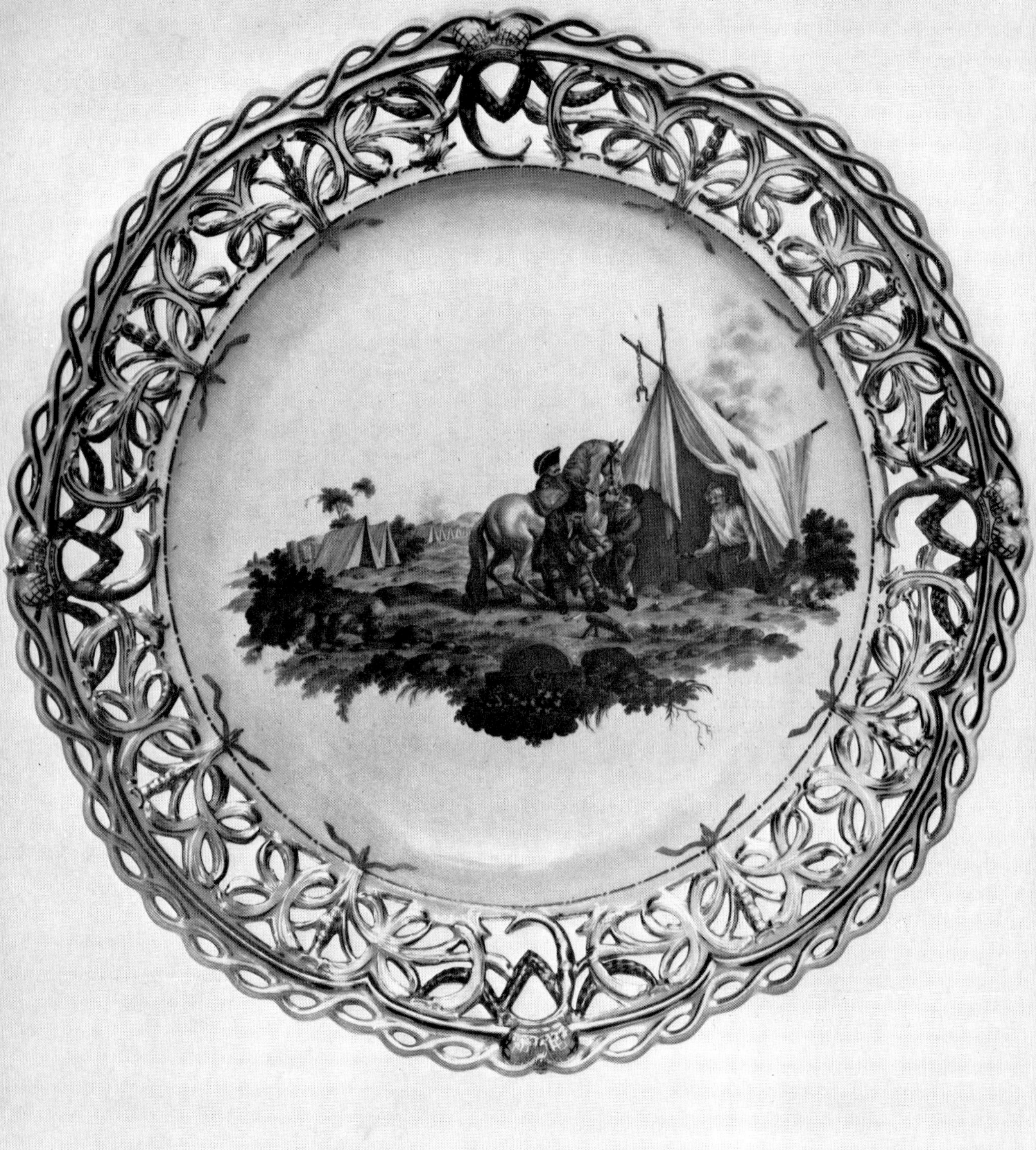

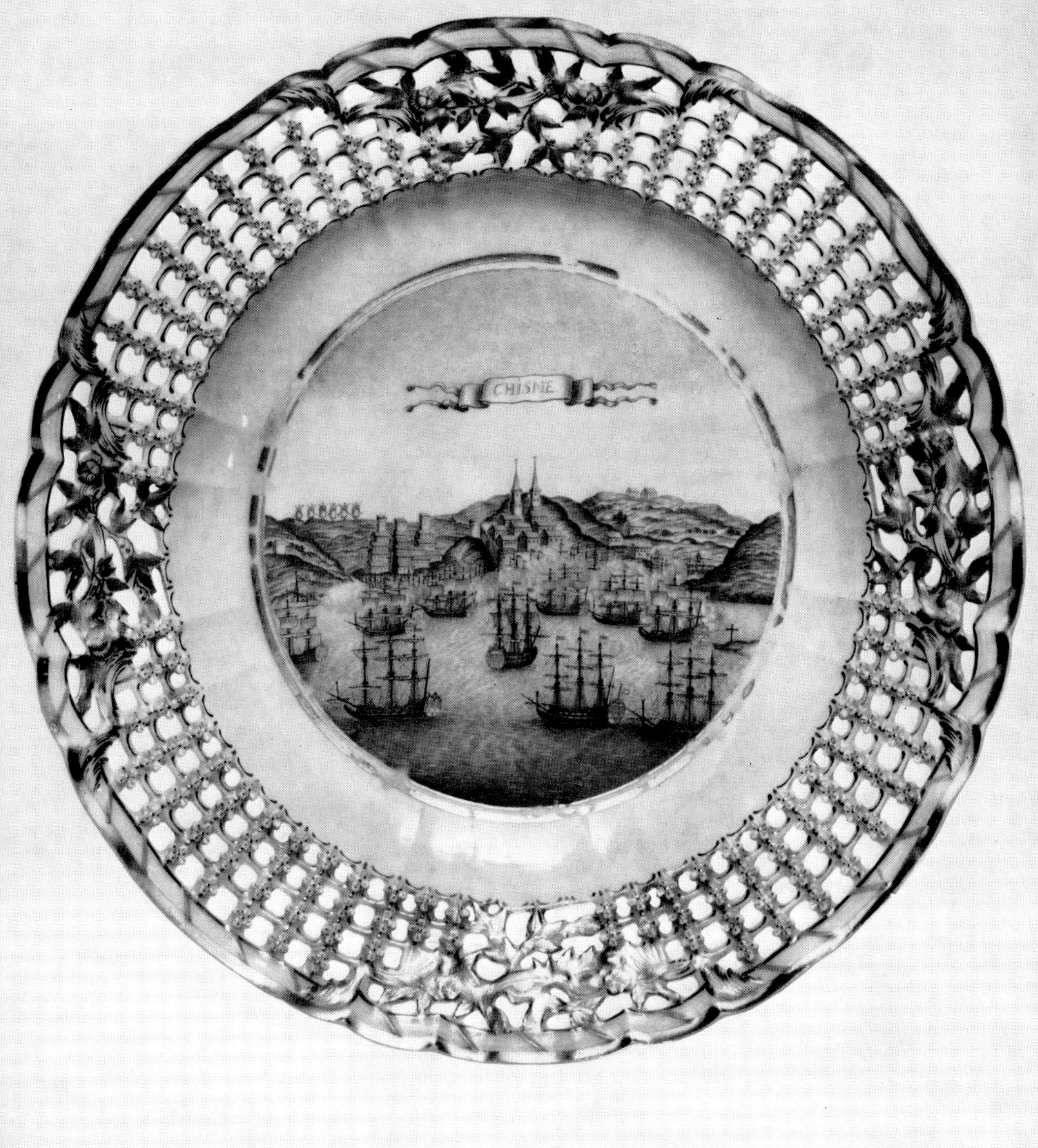
CHISME

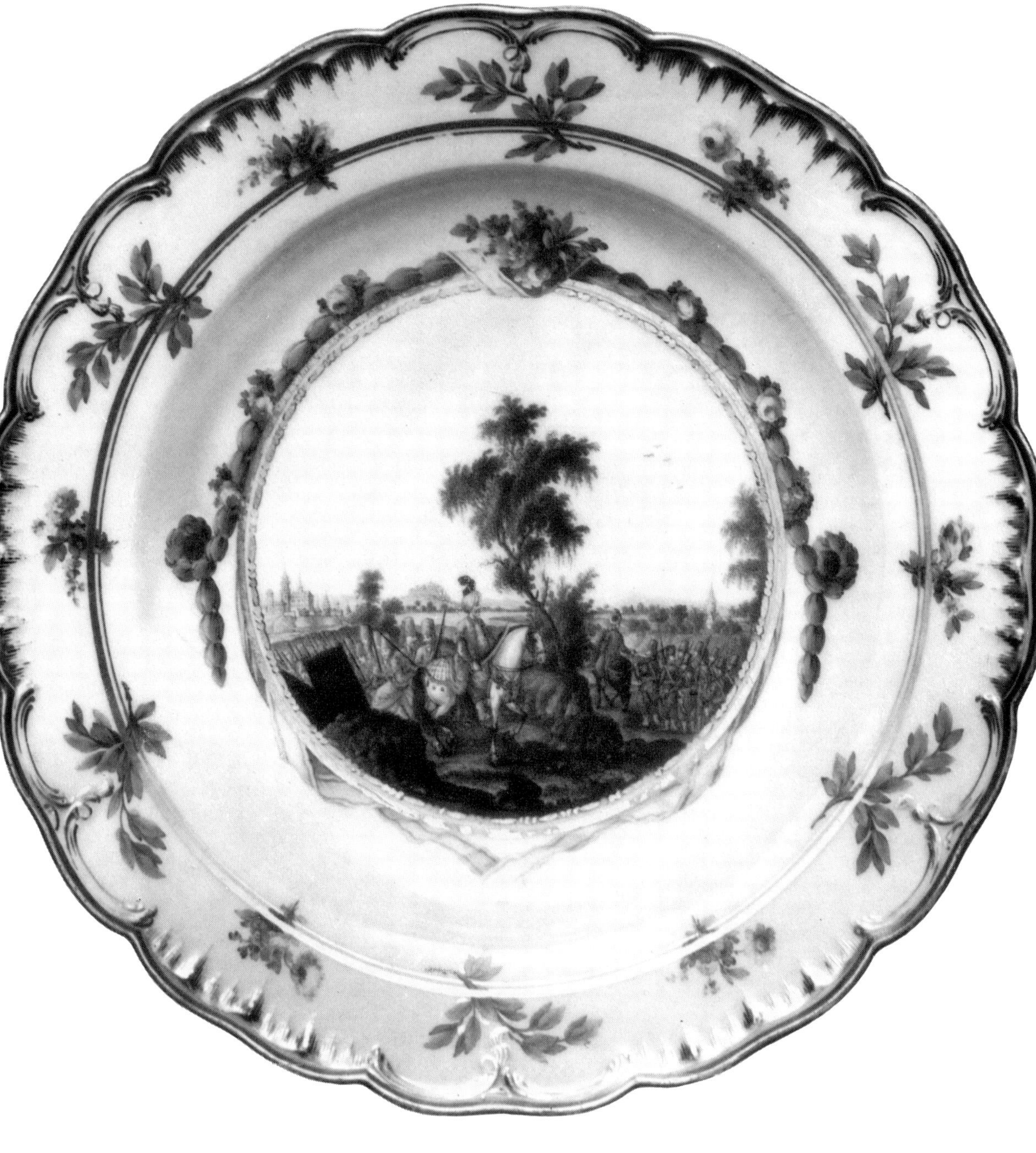

46

Flacher Teller vom Service für den russischen Fürsten Potemkin, Malerei von Johann Balthasar Borrmann, 1778

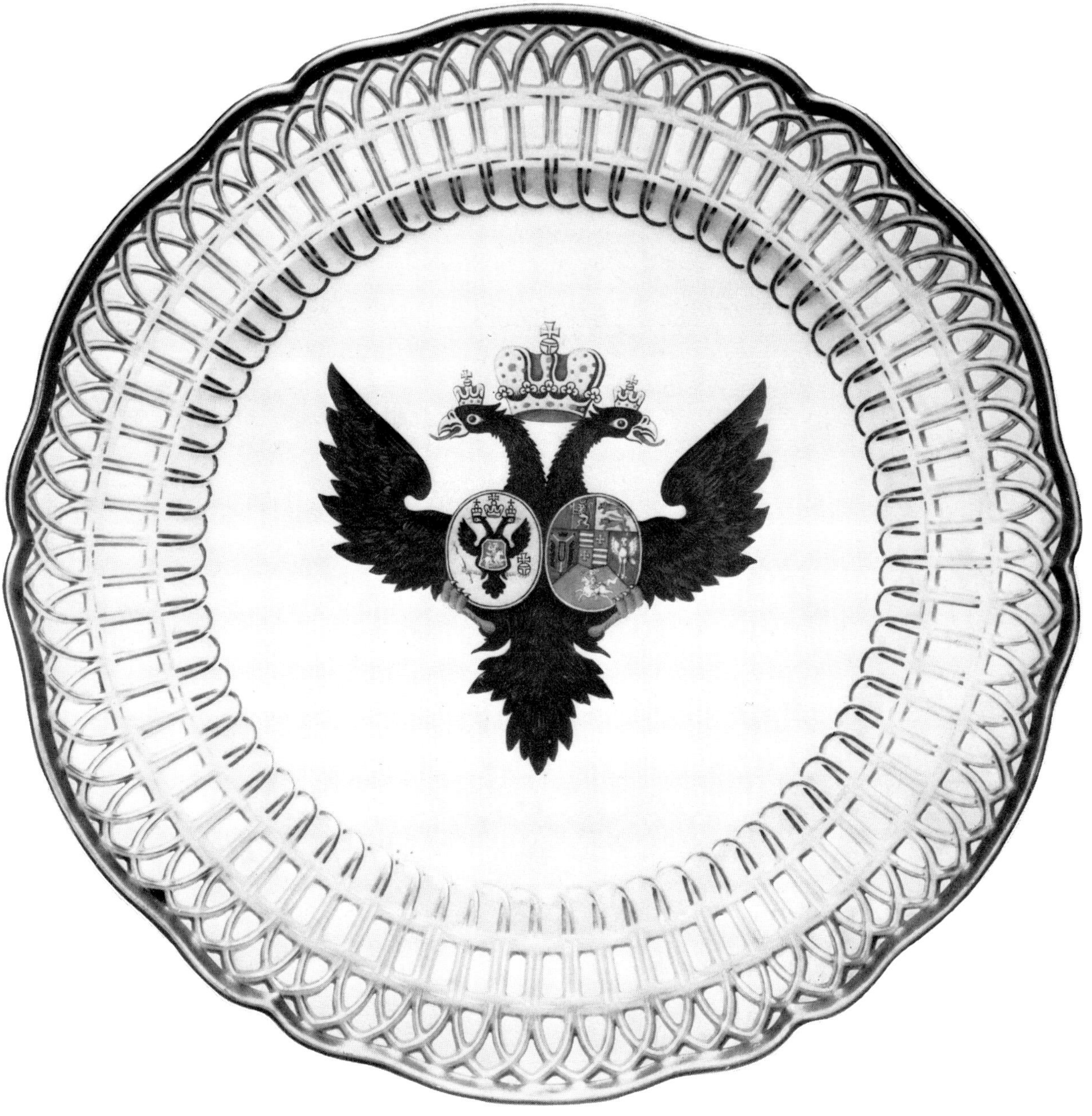

47
Dessertteller vom Service für den russischen Großfürsten Paul Petrowitsch, 1778

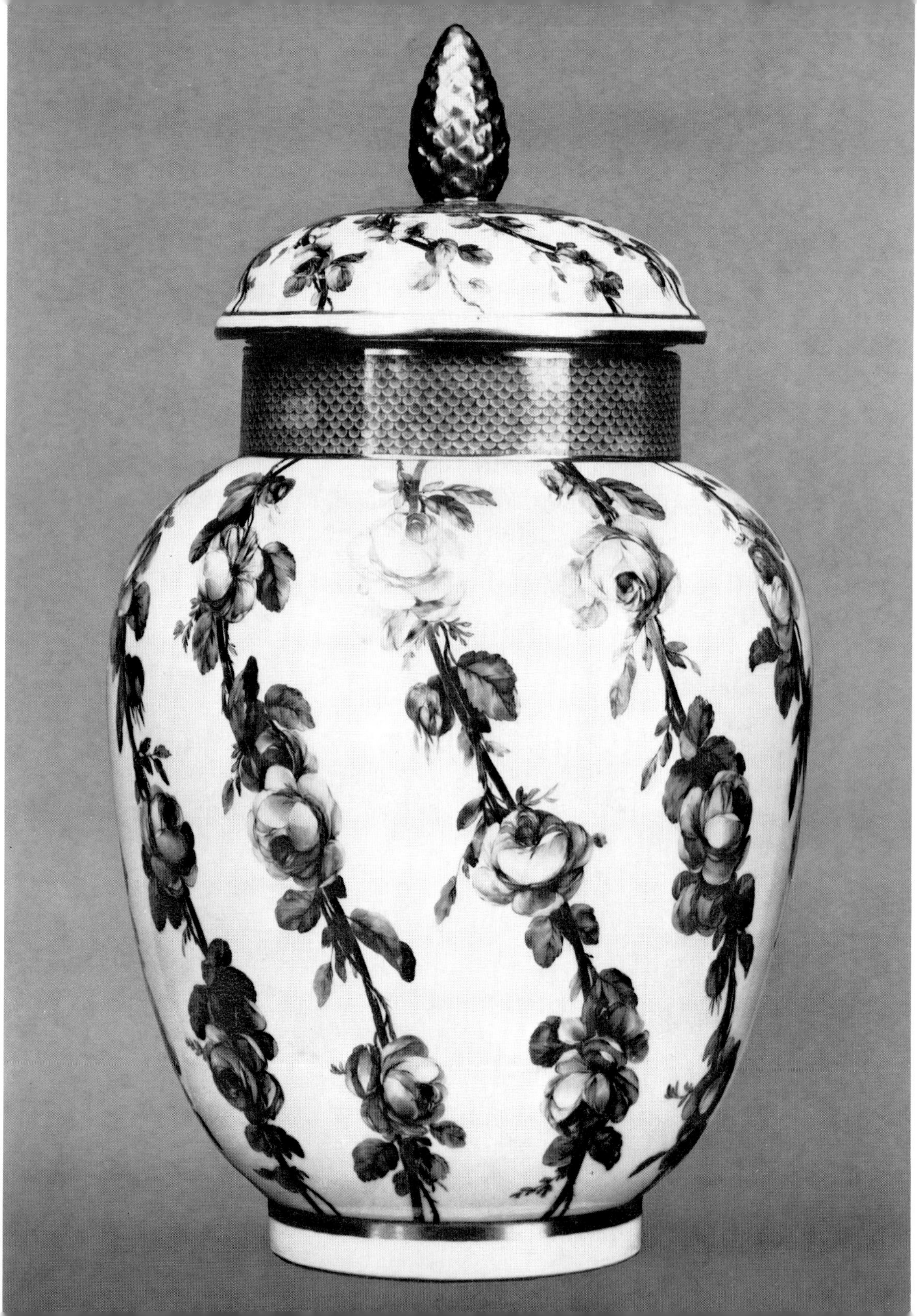

48
Große Deckelvase, sogenannte «Apothekerbüchse», 1775–1780

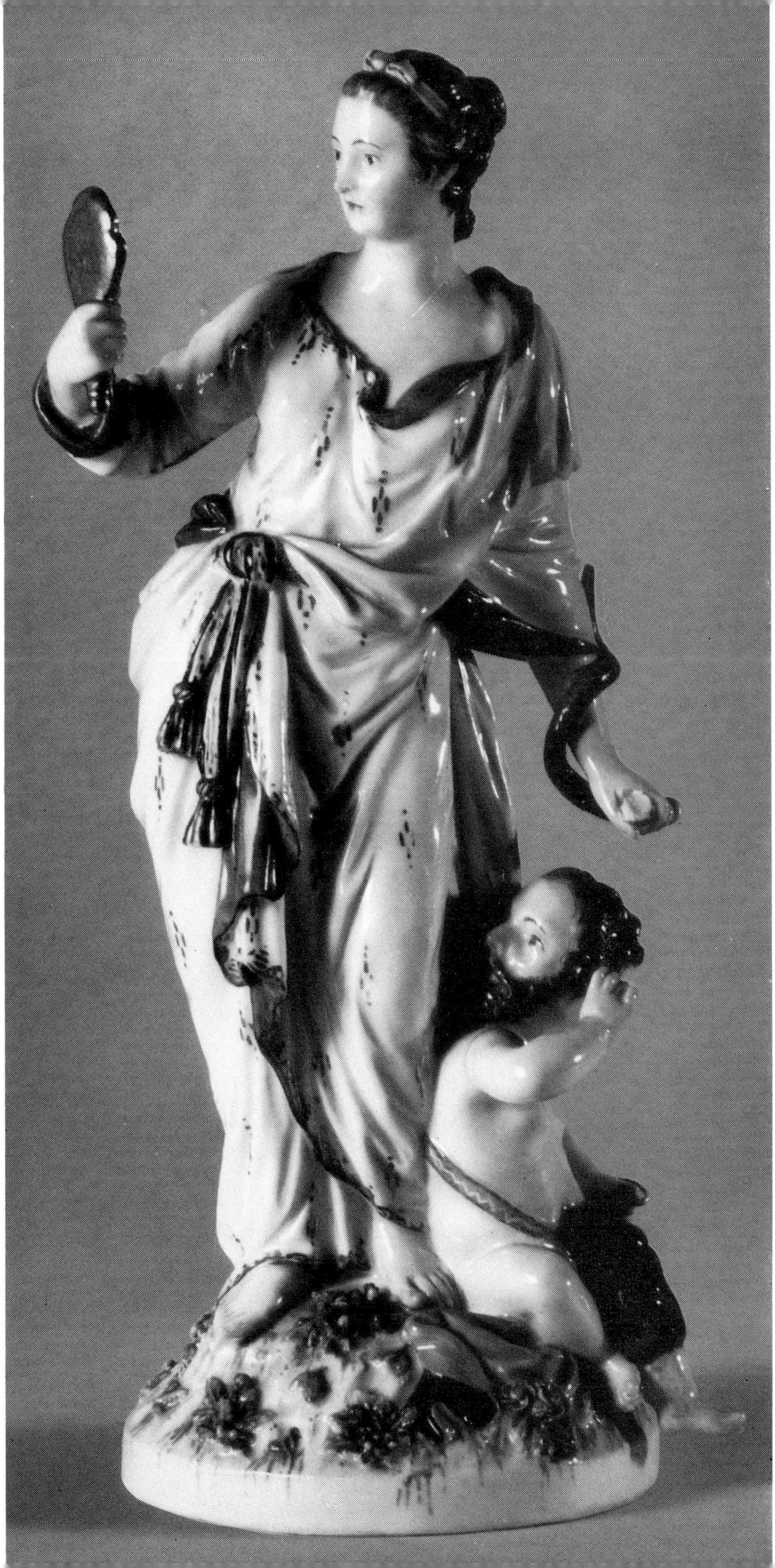

49
«Die Klugheit», aus einer Serie symbolischer Gruppen, Modell von Johann Georg Müller, um 1785

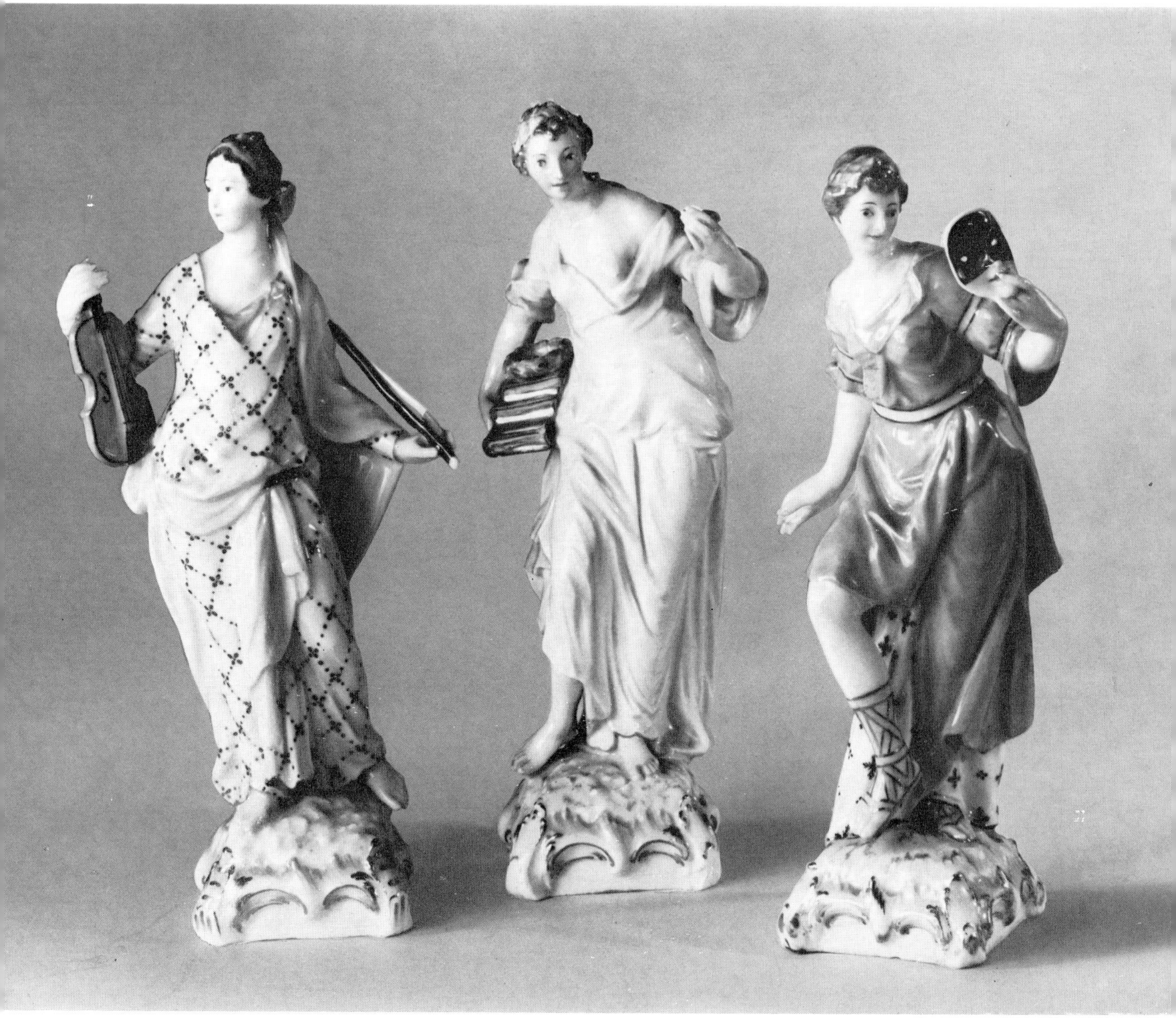

50
Erato, Kalliope und Thalia, aus der Serie «Apollo und die Musen», Modelle von Friedrich Elias Meyer, um 1769

Jupiter und Juno, aus einer Folge von vier Götterstatuetten, Modelle von Johann Georg Müller, um 1780

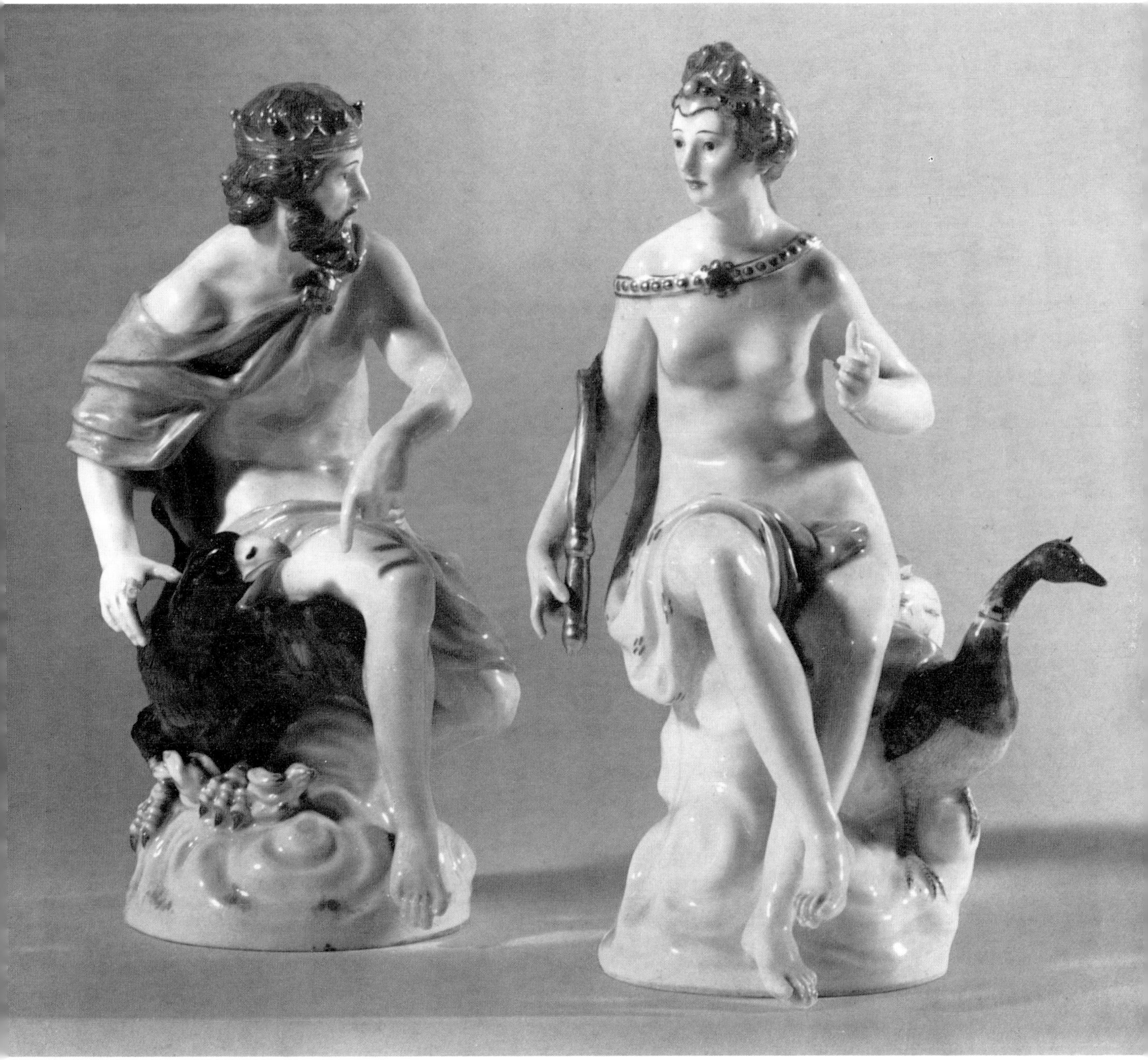

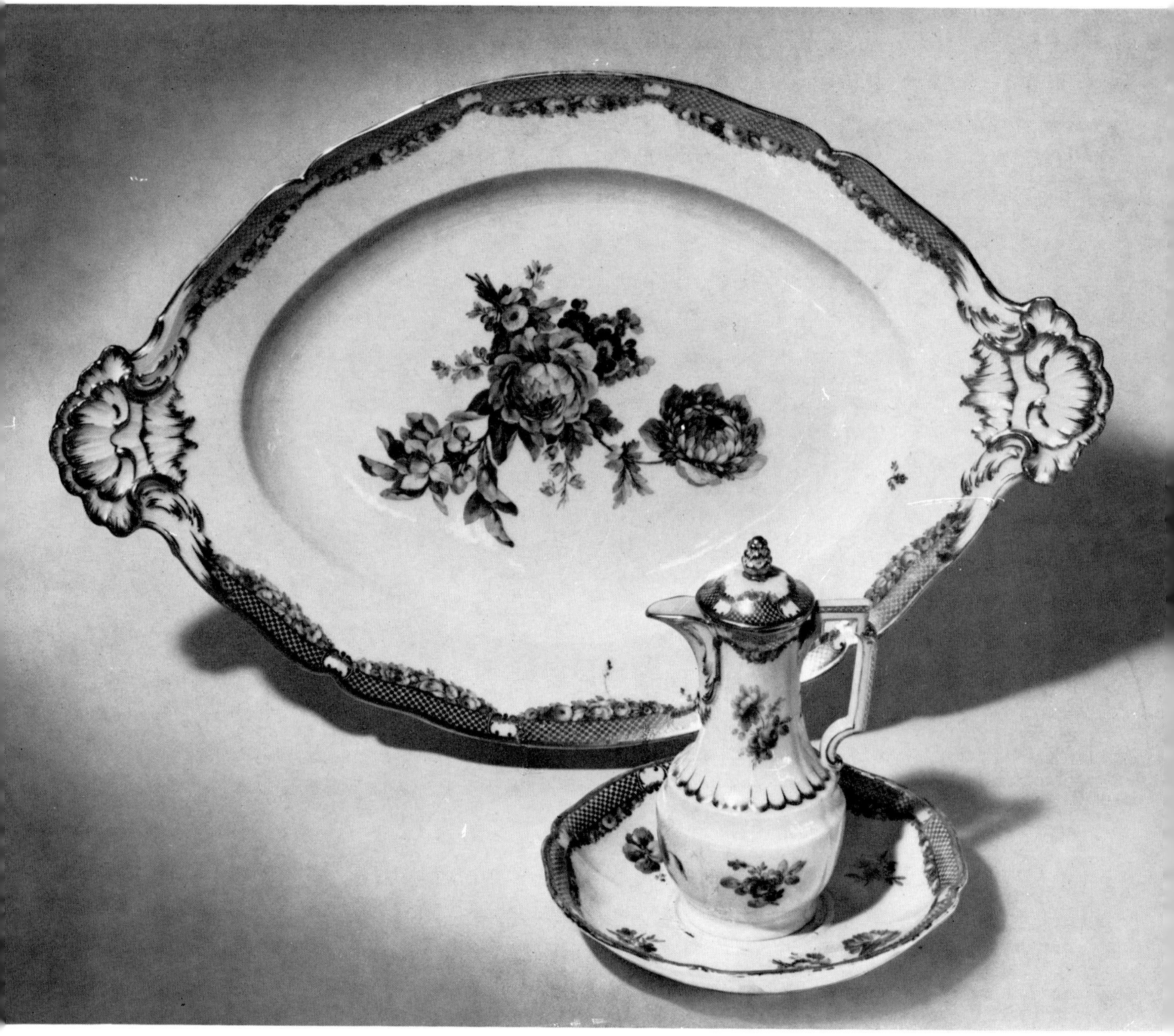

52
Ovale Platte und Kännchen
vom Tafelservice mit Purpurblumen, 1780/81

53
Teller und kleines Salzgefäß
vom Tafelservice mit «Mythologischen Historien», 1783

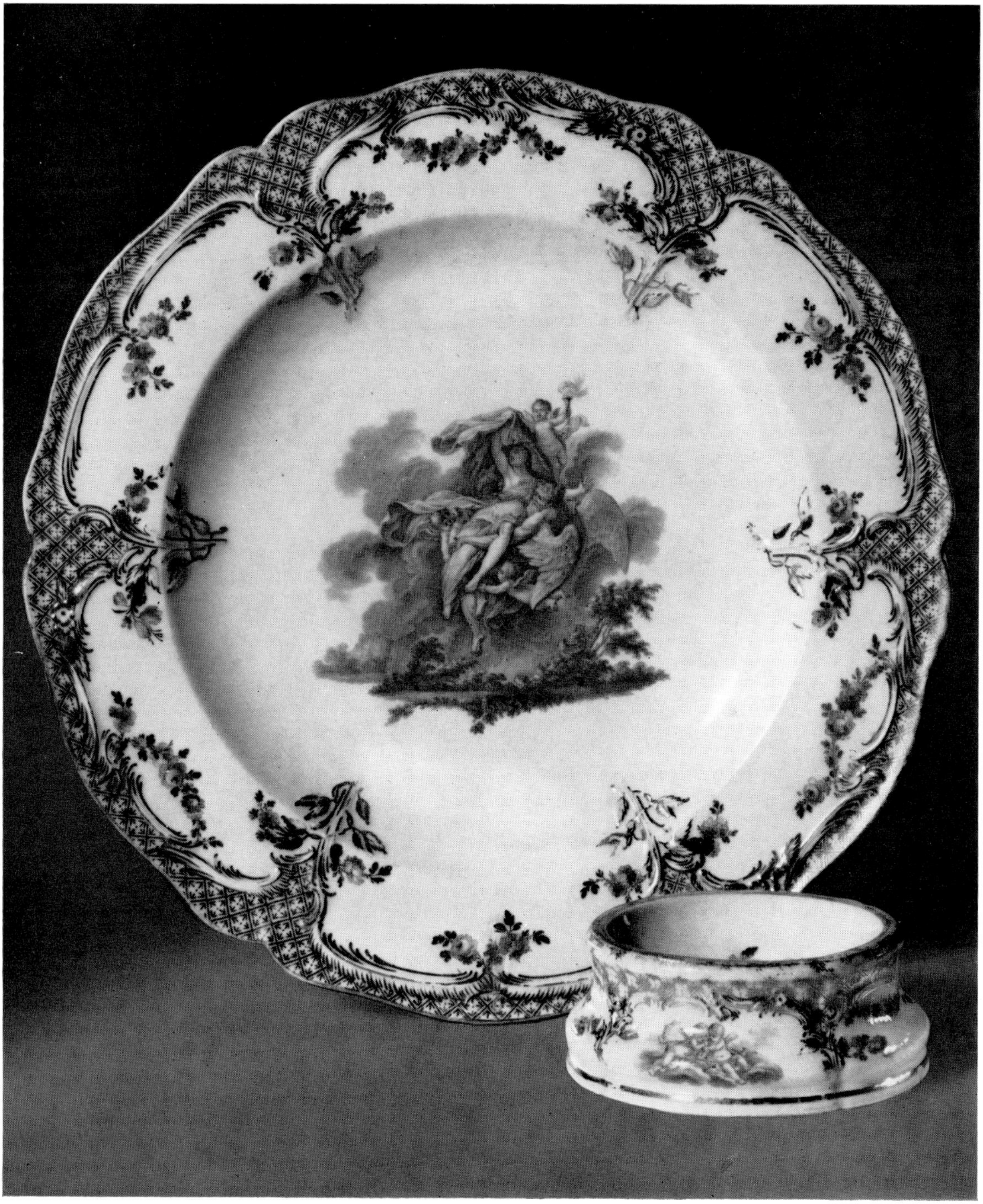

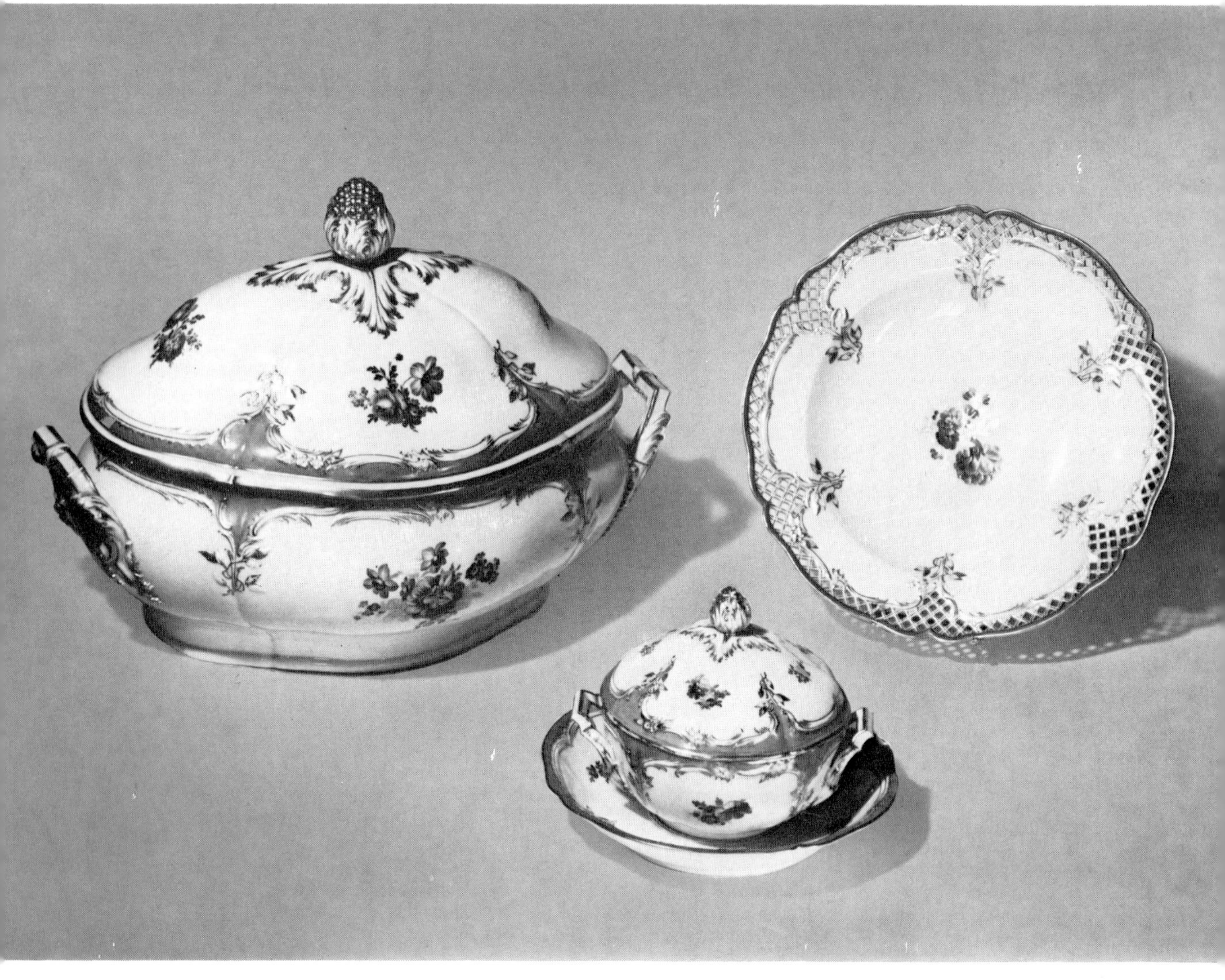

54
Terrine, Dessertteller und Soupiere vom «Bleu-morant-Service», 1784

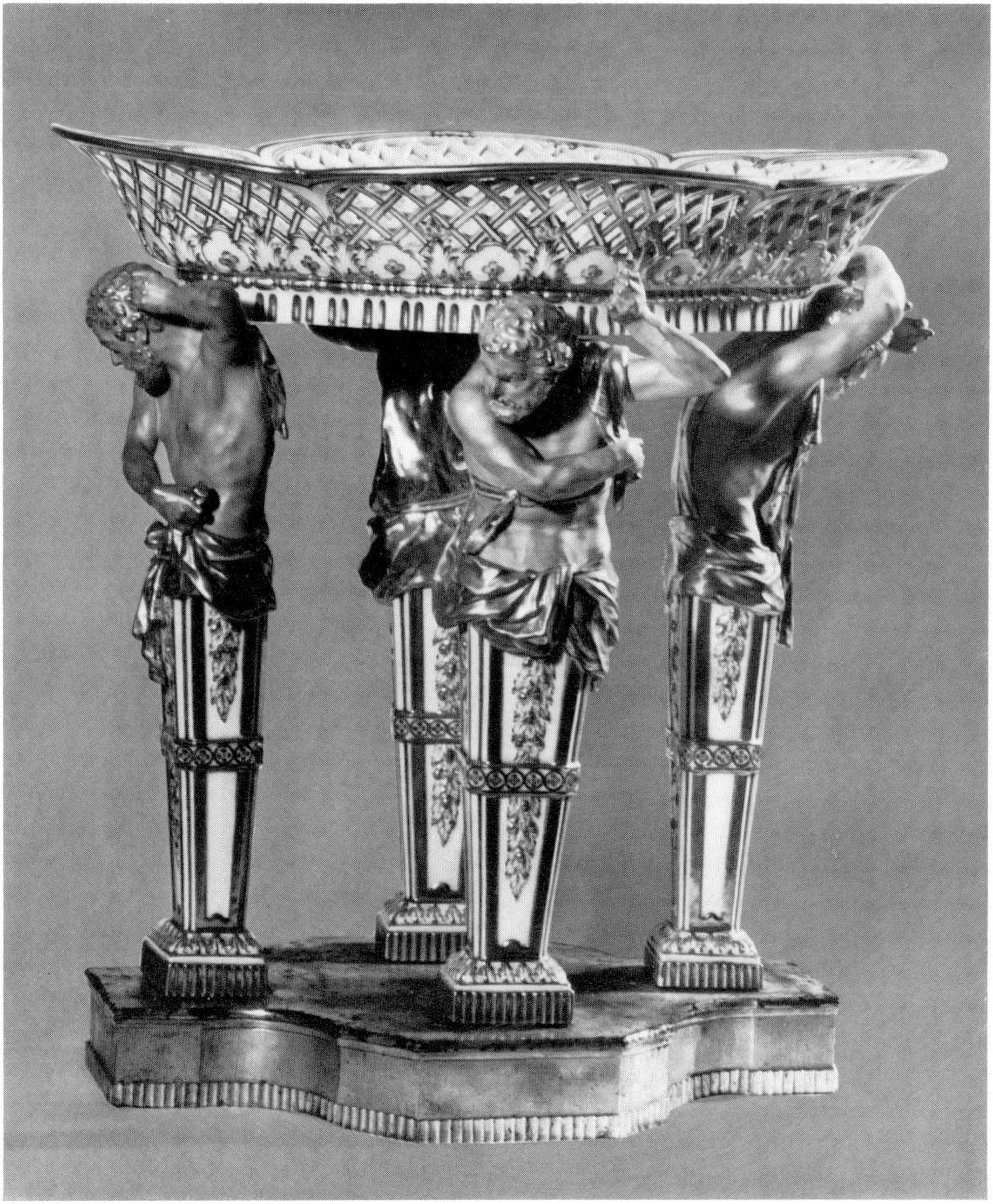

55
Fruchtkorb vom Plat de Menage des «Bleu-morant-Services», 1784

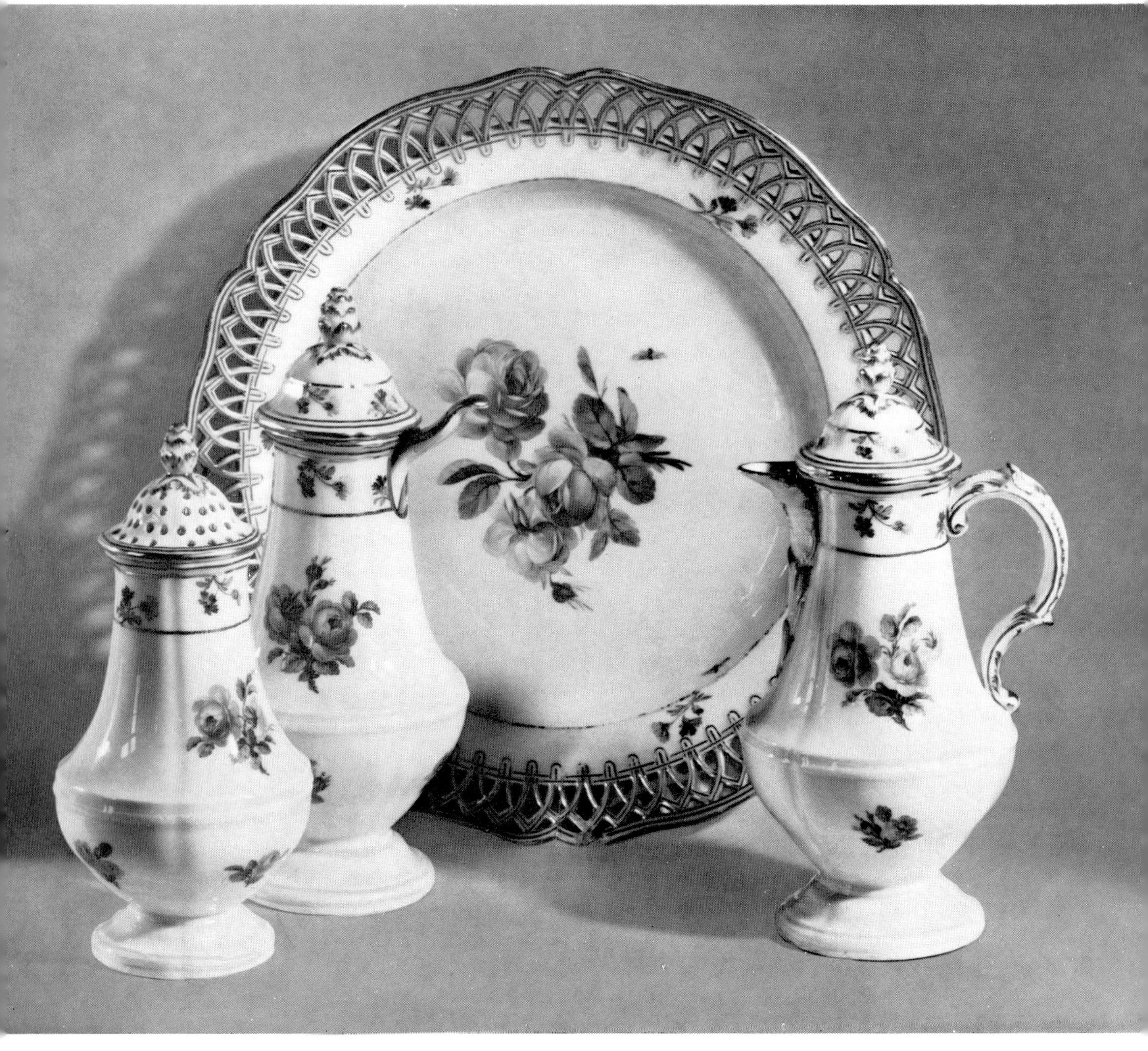

56
Desserteller, Zuckerstreuer, Öl- und Essigkännchen vom Tafelservice mit Rosenbuketts, 1786

ten Gebärdensprache, durch die zwischen den paarweise angeordneten Figuren nicht nur ein oberflächliches, auf das äußere Erscheinungsbild bezogenes Zusammenspiel zum Ausdruck kommt, sondern auch eine innere Beziehung sichtbar wird. *Tafel* 26

Durch die Übernahme der fertigen und halbfertigen Porzellane sowie der Modelle Gotzkowskis in den Bestand der Königlichen Manufaktur und die nahtlose Fortsetzung der Produktion ist bei den Porzellanen dieser Übergangszeit nicht immer eine ganz eindeutige Zuschreibung an Gotzkowski oder an die Königliche Manufaktur möglich, zumal es weder unter Gotzkowski noch in der Frühzeit der Königlichen Manufaktur üblich war, die figürlichen Porzellane mit Marken zu versehen. Als Fabrikzeichen tragen die unter Gotzkowski entstandenen Arbeiten entweder ein in Unterglasurblau oder ein in Braun, Rot oder Gold auf der Glasur geschriebenes G in Kursivschrift. Soweit es sich dabei um eine Marke auf der Glasur handelt, ist die Entstehung und Bemalung des Porzellans ganz sicher der Zeit Gotzkowskis zuzuschreiben. Bei den Stücken mit Unterglasursignaturen hingegen gibt es, wenn die Malerei nicht ganz eindeutig aus stilistischen Gründen der gleichen Zeit angehört, Porzellan, das zwar noch unter Gotzkowski gefertigt wurde, dessen Bemalung aber erst nach dem Verkauf der Manufaktur erfolgte. Nur bei wenigen Stücken konnte auch eine Doppelsignatur festgestellt werden, wobei sich dann das G auf den unbemalten Gegenstand bezieht, das Zepter aber auf die Malerei.

Als ein Beispiel für die Verwendung beider Marken können die noch erhaltenen Teile eines Kaffee- und Teeservices in den Kunstsammlungen zu Weimar gelten. *Tafel* 14 Die meisten Stücke dieses Services tragen bereits das Zepter der Königlichen Manufaktur, während einige noch das G der Gotzkowski-Zeit aufweisen. Bei diesem Service dürfte es sich deshalb um Arbeiten handeln, die bei der Übernahme der Manufaktur durch Friedrich II. im Jahre 1763 bereits halbfertig waren und weiterverarbeitet wurden. Auch der Stil der Malerei auf diesem Service entspricht ganz und gar der Übergangszeit, vor allem in der nur losen Zusammenfassung der Früchte- und Blumenarrangements sowie ihrer etwas großflächigen und stark farbigen Anlage, wie sie für die Gotzkowski-Porzellane charakteristisch war. Erst einige Zeit danach entwickelte sich die für die Frühzeit der Königlichen Manufaktur typische, in den Farben sehr zarte und nuanciert abgestufte Blumenmalerei, wie sie uns dann vollendet auf dem 1. Potsdamschen Service für das Neue Palais entgegentritt.

6 *Die wirtschaftliche und technische Entwicklung der Königlichen Porzellanmanufaktur im 18. und 19. Jahrhundert*

Der Ausbau der Manufaktur nach 1763

Im August 1763 waren mit der Übernahme der Gotzkowskischen Manufaktur durch den preußischen König Friedrich II. alle notwendigen Voraussetzungen gegeben, dieses Unternehmen so zu entwickeln, daß auch die nun entstehenden Porzellane den höchsten künstlerischen Ansprüchen genügen konnten.

Auf Grund seiner detaillierten Kenntnisse des Produktionsprozesses und der dem Porzellan eigenen künstlerischen Gesetzmäßigkeiten sowie der festen Absicht, die Manufaktur als ein ökonomisch rentables Unternehmen in das Wirtschaftsgefüge seines Landes einzubauen, nahm Friedrich II. vom Zeitpunkt der Übernahme an bis zu seinem Tode ständig Einfluß auf alle Vorgänge in der Manufaktur. Diese erstreckten sich auf die notwendigen Baumaßnahmen und technischen Einrichtungen, auf die Formgebung und Qualität der Erzeugnisse, auf die Ausbildung und Arbeitsleistung der Mitarbeiter ebenso wie auf die Fragen des Absatzes und der Ökonomie.

Auf der Basis einer streng durchorganisierten Betriebsführung und eines unnachsichtigen Betriebsreglements für die verschiedensten Berufsgruppen, in denen die Pflichten und Verhaltensregeln der einzelnen Arbeiter detailliert festgelegt waren, sollte die Manufaktur nur Porzellan von allerbester Qualität – den Meißener Erzeugnissen gleichwertig – produzieren.

Durch regelmäßig stattfindende Inspektionen und ein feststehendes Berichtssystem ließ sich Friedrich II. ständig über alle Angelegenheiten der Manufaktur informieren und konnte infolgedessen auch das Betriebsgeschehen in fast patriarchalischer Weise lenken und bestimmen, wobei die Qualität, die ökonomische Rentabilität und darüber hinaus der finanzielle Gewinn im Mittelpunkt seines Interesses standen.

Durch zahlreiche Kabinettsordern erhielt Grieninger genaueste Anweisungen, Befehle, Rügen und Verhaltensvorschriften, die letztlich darauf abzielten, «... so viel an Porcellaine brennen und fertigen zu lassen, um ein weit mehreres an Gelde davor zu lösen, als was zur Unterhaltung derer dabey nöthigen Leute und sonst zu der erforderlichen Ausgaben nöthig ist»[83].

Um das angestrebte Ziel einer gewinnbringenden Produktion so schnell wie möglich zu erreichen, wurde nach Übernahme der Manufaktur sofort mit der Erweiterung der produktionstechnischen Anlagen begonnen. Für die Finanzierung dieser auf königlichen Befehl erfolgten Ergänzungsbauten wurden 1763/64 aus der Staatskasse 33 400 Taler und aus der Generalpostkasse noch einmal 140 000 Taler als Kredit zur Verfügung gestellt. 1765 erfolgte eine weitere Anleihe von 70 000 Talern, und 1777 wurde noch einmal ein Kredit in Höhe von 17 642 Talern aus der Depositionsgelderkasse zur Bezahlung der in dieser Zeit laufenden Arbeiten aufgenommen.[84]

Zu den wichtigsten und ersten Maßnahmen gehörte der Neubau eines dreistöckigen Produktionsgebäudes, in dem sich die zur Steigerung der Produktion notwendigen neuen Mühlen und Stampfwerke, die Gar- und Verglühöfen sowie die Schlämmgewölbe befanden.

Nachdem dieser Bau bereits im Jahre 1765 vollendet war, folgte die Errichtung eines weiteren, aber nur zweistöckig angelegten Hauses, an dem auf königlichen Befehl in einer so übertriebenen Eile sogar während der winterlichen Frostperiode gear-

beitet wurde, daß es sofort nach seiner Fertigstellung im Frühjahr 1766 wieder zusammenfiel.
Entsprechend diesem großangelegten Ausbau sollte auch die bei der Übernahme der Manufaktur nur 146 Personen umfassende Belegschaft auf 500 Beschäftigte erweitert werden. Hier stellten sich jedoch den königlichen Vorstellungen größere, nicht lösbare Schwierigkeiten in den Weg, weil es zu dieser Zeit in Berlin eben an geeigneten Arbeitskräften fehlte. Im Gegensatz zu anderen Unternehmen waren für den Betrieb einer Porzellanmanufaktur hochqualifizierte Arbeitskräfte notwendig, von denen nicht nur ausgezeichnete handwerkliche Kenntnisse, sondern auch bestimmte künstlerische Fähigkeiten verlangt wurden.
Aber Grieninger als Manufakturdirektor war im Gegensatz zu Friedrich II. an einer solch starken Vergrößerung der Belegschaft zu diesem Zeitpunkt weniger interessiert, weil sich nämlich in der Manufaktur bereits ein hoher Lagerbestand unverkäuflicher Porzellane angesammelt hatte, der eine weitere Ausdehnung der Produktion als wenig ratsam erscheinen ließ. Im Jahre 1771 waren aber doch schon 400 Personen in der Porzellanmanufaktur beschäftigt und zehn Brennöfen in Betrieb. Auch der Ausbau ging zügig voran. So errichtete man 1776 weitere Mühlen und Brennöfen und ein Jahr darauf ein neues Gebäude für die Dreher, Former und Maler. 1781 schließlich erreichte die Produktion einen solchen Umfang, daß die Vergrößerung des Hauptwarenlagers durch Aufstockung zweier bereits vorhandener Nebengebäude notwendig geworden war.
Als Marke der «Königlichen Porzellanmanufaktur Berlin» bestimmte Friedrich II. das Zepter aus dem kurbrandenburgischen Wappen, das in Unterglasurblau ausgeführt wurde und in dieser Form eine deutliche Analogie zu den Kurschwertern der Meißener Manufaktur darstellt.

Zur Lage der Arbeiter in der Königlichen Porzellanmanufaktur im 18. Jahrhundert

Die Porzellanherstellung erforderte im Gegensatz zu anderen Industriezweigen des 18. Jahrhunderts besondere Maßnahmen hinsichtlich der Geheimhaltung des Arkanums und aller chemisch-technischen Details, von denen der Erfolg und auch die Überlegenheit gegenüber anderen Manufakturen abhing. Weiterhin war es für die Produktion sowohl in technischer als auch in künstlerischer Hinsicht notwendig, daß ein hoher Prozentsatz hochqualifizierter Arbeitskräfte, die man teilweise von auswärts abwarb, aber dann auch in der Manufaktur selbst ausbilden mußte, zur Verfügung stand.[85] Aus diesen Gründen ergaben sich auch wesentliche Abweichungen in der Stellung der Arbeitskräfte beispielsweise im Vergleich zur Textil- oder Metallindustrie dieser Zeit.
So wurden zum Beispiel in der Berliner Porzellanmanufaktur keine Kinder, Frauen und Anstaltsinsassen als billige Arbeitskräfte beschäftigt, wie das in anderen Zweigen der Industrie des 18. und 19. Jahrhunderts, vor allem in der Textilbranche, üblich war,[86] obwohl Friedrich II. bereits im September 1763, kurz nach Kauf der Manufaktur, befahl: «Wenn die Porcellain-Manufaktur zum Nutzen der Fabrik Kinder gebrauche, so solle sie sie aus dem Potsdamschen oder auch anderen teutschen oder französischen Waisenhäusern nehmen.»[87] Von dieser Möglichkeit wurde aber in der Manufaktur nur einmal Gebrauch gemacht, als man Lehrlinge zur Ausbildung als Porzellanmaler benötigte. Der Verzicht auf diese billige Arbeitskraft in der Manufaktur geschah aber nicht aus humanitären Gründen, sondern wohl mehr wegen der an nahezu allen Stellen benötigten hohen handwerklichen und künstlerischen Qualifikation, die bei Kindern ja in keinem Fall vorhanden war. Von den vierzig Potsdamer Waisen, die 1766 in die Manufaktur übernommen werden sollten, brachten auch nur vier Kinder die

künstlerischen Voraussetzungen mit, um ein Lehrlingsverhältnis mit der Porzellanfabrik einzugehen.

Alle in die Berliner Manufaktur eintretenden Mitarbeiter mußten vor Beginn ihrer Tätigkeit einen Eid auf den König schwören, in dem es hieß: «Hiernächst schwöre ich allen schuldigen Respekt und Gehorsam zu bezeigen, dasjenige was sie mir anbefehlen werden, willig zu befolgen, in meinen Verrichtungen allen Fleiß und Treue zu beobachten, noch viel weniger mich unterstehen, etwas zu entwenden, von meinen Verrichtungen und wie ich solche vollenziehe auch was ich arbeite, an Niemanden, er sey wer er wolle und unter was Vorwand es sey, etwas offenbaren, sondern solches alles bis in meine Grube verschwiegen halte, und mich übrigens als einen getreuen fleißigen und ehrlichen Arbeiter bey der Porcellaine Manufaktur aufführen. So wahr mir Gott zur Seligkeit helfe durch seynen Sohn Jesum Christum.»[88]

Darüber hinaus wurden die Pflichten der Mitarbeiter noch einmal durch bestimmte Betriebsreglements festgelegt, die ihnen von den leitenden Angestellten in bestimmten Zeitabschnitten immer wieder zur Kenntnis zu geben waren. In diesen Betriebsanordnungen fanden sich Ermahnungen zur Treue und Pflichterfüllung, zur Ordnung und Ehrlichkeit, Angaben und Vorschriften zur Arbeitszeit, Entlohnung und Bestrafung, die jeder zu erwarten hatte, der gegen diese Regeln verstieß.

Von auswärts angeworbenen Arbeitskräften wurden zum Beweis ihrer Kenntnisse und Fähigkeiten Probestücke verlangt; die Lehrlinge hatten eine dreimonatige unbezahlte Prüfungszeit zu absolvieren, ehe sie zur weiteren Ausbildung angenommen wurden. Besonders begabte und geeignete Lehrlinge erhielten aber bereits während ihrer Ausbildungszeit eine Vergütung, die bis zu 50 Prozent des normalen Lohnes betragen konnte. Für Bummelei, Zuspätkommen und Verstöße gegen die Arbeitsordnung konnten die Lehrlinge körperlich gezüchtigt werden. Auch Entlassungen waren als Strafe für besonders schwere Vergehen vorgesehen. So wurden 1784 «... nach Beschluß zwei Malerlehrlinge wegen ihrer Unfähigkeit, ein anderer wegen Unachtsamkeit und unordentliches Kommen, ein anderer wegen blöden Gesichts dimittiret».[89]

Die Arbeitszeit betrug für alle Mitarbeiter der Manufaktur von 1763 bis 1769 täglich 12 Stunden, wurde aber ab 1779 sogar auf 14 Stunden täglich heraufgesetzt, einschließlich sonnabends. Sie begann frühmorgens um 6 Uhr und endete abends um 20 Uhr, wobei eine Stunde Mittagszeit gewährt wurde. Für die angeordnete Verlängerung der Arbeitszeit erhielten die Zeitlohnempfänger eine entsprechende Vergütung, dafür mußten sie aber das in den Abendstunden benötigte Licht selbst bezahlen.

Verstöße gegen die Arbeitsdisziplin, wie Zuspätkommen, Bummeln, schlechte Arbeit oder zu niedrige Leistungen, wurden entsprechend den Festlegungen in den Reglements mit empfindlichen Geldstrafen geahndet oder führten gar zur Entlassung. Überhaupt wurden die Mitarbeiter durch ständige Ermahnungen des Königs zur Einhaltung der Arbeitsdisziplin, zur Erhöhung ihres Arbeitseifers und zur Verbesserung der Qualität ihrer Arbeit angehalten.

1775 wurde vom König angeordnet, daß über die Arbeitsleistungen, den Fleiß, die Geschicklichkeit und das Verhalten eines jeden Arbeiters monatlich in sogenannten «Conduitenlisten» Protokoll zu führen sei. Erst 1785 gelang es Grieninger, diese «Schwarzen Listen» wieder abzuschaffen, weil die Direktion und die Meister sowieso über den Fleiß und das Verhalten der einzelnen Arbeiter genauestens orientiert waren. Zu diesem System der strengen Kontrolle und gegenseitigen Beobachtung gehörte auch die 1780 an Meister und Vorgesetzte ergangene Verfügung, wonach sie jeden zu spät kommenden Arbeiter sofort zu melden hätten und dafür als Belohnung für ihre Wachsamkeit 2 Taler von dem Strafgeld bekommen sollten.

Überhaupt waren für alle Vergehen gegen die im Reglement festgelegten Vorschriften empfindliche Geldstrafen zu zahlen. Auch für nicht einwandfrei ausgeführte Arbeiten, die von Kontrolleuren begutachtet und herausgesucht wurden, gab es Lohnabzüge oder Strafen. Die so beanstandeten Arbeiten sammelte man im Verlaufe eines jeweiligen Monats und stellte sie in eine dafür eingerichtete «Strafstube», wo sie dann am Monatsende den davon betroffenen Arbeitern vorgeführt wurden und wo auch gleichzeitig der Lohnabzug erfolgte.

Für gröbere Verstöße gegen die Manufakturordnung, wie Diebstahl, Schulden oder Betrug, war ein manufaktureigenes Gericht verantwortlich, das bereits 1764 gegründet wurde und aus einem Justitiar und zwei Schöffen bestand. Die Übertragung der niederen Gerichtsbarkeit (iurisdictio domestica) an ein Industrieunternehmen stellte selbst in dieser Zeit eine besondere Maßnahme dar. Zur noch besseren Durchsetzung und Handhabung dieser Maßnahmen wurde 1771 der Vorschlag gemacht, alle Angestellten der Manufaktur ausschließlich – auch bei schweren Vergehen – dem Manufakturgericht zu unterstellen, weil sich dadurch keine Arbeitszeitverluste ergeben würden und die Betroffenen überdies für Schulden nicht mehr ins Gefängnis zu gehen brauchten.

Die strengen disziplinarischen Maßnahmen, meist auf königlichen Befehl zurückgehend, wurden aber nicht nur auf die unmittelbar in der Produktion Tätigen angewendet, sondern gleichermaßen waren auch die leitenden Angestellten davon betroffen; selbst der Manufakturdirektor Grieninger wurde des öfteren von Friedrich II. wegen schlechten Absatzes, zu geringer Einnahmen oder mangelhafter Produktion getadelt und mit Gehaltsabzug bedroht. So erfahren wir durch eine Kabinettsorder vom April 1767 an Grieninger wegen zu geringer Einnahmen: «... wenn selbige (die Vorgesetzten der Manufaktur) worunter nicht mehrere attention und Fleiß beweisen, sie sich gefallen lassen werden, und gewärtigen sollen, ihre Tractamente (Besoldung) ins künftige der Einnahmen proportionirt zu erhalten».

Über die Entlohnung der Mitarbeiter, die nach Zeitlohn und Stücklohn erfolgte, sind wir durch die erhaltenen Reglement- und Lohnlisten genauestens unterrichtet. Zeitlohn erhielten alle jene Mitarbeiter, deren tägliche Arbeitsleistung sich nicht nach Stückzahlen abrechnen ließ, während diejenigen, bei denen es möglich war, nach der von ihnen fertiggestellten Stückzahl in einer Art Akkord bezahlt wurden. Hierzu gehörten vor allem die Former, Dreher, Bildhauer, Gipser, Bossierer und Maler. Auch für diese Maßnahme hat Friedrich II. ganz deutlich den Grund in einer 1769 erlassenen Kabinettsorder genannt: «Es ist besser, deren ouvriers ihre Arbeiten stückweise zu bezahlen und sie dadurch zu mehreren Fleiß zu bringen, als sie auf Pensionen arbeiten zu lassen, worauf sie nur nachlässig und faul werden.» Er setzte die besten Arbeiter als Kontrolleure und Aufsichtspersonen für die anderen ein. Dafür wurde ihnen eine zusätzliche Entlohnung von zwei bis drei Talern pro Monat gezahlt, die man jedoch wiederum vom Lohn der einfachen Arbeiter abgezogen hatte.

Die leitenden Mitarbeiter erhielten ihre Besoldung in vierteljährlichen Abschlagszahlungen, während die übrigen Gehälter wöchentlich ausgezahlt wurden. Die Löhne betrugen bei der Manufaktur pro Jahr:[90]

Modellmeister	2000 Taler
Malereivorsteher	2000 Taler
Manufakturdirektor	1400 Taler
1. Arkanist	1200 Taler
2. Malereivorsteher	1100 Taler
Figurenmaler	1000 Taler
Rechnungsführer	800 Taler
Hauptkassierer	500 Taler
Gürtlermeister	500 Taler
Revisor	500 Taler
Ofenmeister	480 Taler

Verwaltungsinspektor	400 Taler
Geschirrschreiber	180 Taler

Der Jahresdurchschnitt der Zeitlohnempfänger:

Arbeiter am Gutbrandofen	etwa	174	Taler
Arbeiter am Verglühofen	zwischen	122 und 148	Taler
Glasierer	zwischen	130 und 173	Taler
Kapseldreher	zwischen	130 und 174	Taler
Arbeiter an der Mühle		104 bis 117	Taler
Schleifer	etwa	221	Taler
Modelleure/Bildhauer	etwa	228 bis 300	Taler
Formengießer	etwa	192 bis 216	Taler
Arbeiter im Laboratorium und Emailfeuer	etwa	144 bis 216	Taler
Farbenreiber	zwischen	120 und 130	Taler
Packer	etwa	144	Taler
Holzhauer, Wärter, Torhüter	etwa	104	Taler
Malerlehrlinge		48 bis 120	Taler
Modelleur-, Dreher- und Formerlehrlinge	etwa	52	Taler

Durchschnittlicher Jahresverdienst in Stücklohn:

Kapseldreher	etwa	180 Taler
Gipsgießer und -sieber	etwa	204 Taler
Geschirrdreher	etwa	984 Taler
Buntmaler		828 Taler
Blaumaler		240 Taler

Die von der Manufaktur gezahlten Löhne und Gehälter sind im Vergleich zum Einkommen anderer Industriearbeiter, Handwerker und Tagelöhner als sehr hoch zu bezeichnen, denn der wöchentliche Durchschnittslohn lag in Berlin bei den Hilfskräften in der Textilindustrie bei etwa einem Taler, bei den Fachkräften und Handwerkern zwischen zwei und drei Talern.

In einer zeitgenössischen Quelle heißt es: «Der arme Tagelöhner und Handwerker verdient kaum soviel, daß er seine physischen Bedürfnisse befriedigen kann; und wie viel gibt es nicht, die in den nahrlosen Jahreszeiten oder weil es überhaupt an Arbeit fehlt, gar nichts verdienen können.»[91]

Vergleicht man nun die Löhne der Beschäftigten in der Porzellanmanufaktur mit den Lebenshaltungskosten einer normalen Arbeiterfamilie, so ergibt sich, daß jene trotz der enorm hohen Kosten für Lebensmittel, Kleidung, Miete und Brennholz in dieser Zeit oftmals über dem notwendigen Existenzminimum lagen.

Eine von Horst Krüger zusammengestellte Tabelle der Lebenshaltungskosten für eine Berliner Arbeiterfamilie mit zwei Kindern in der zweiten Hälfte des 18. Jahrhunderts, in der jedoch noch nicht die Ausgaben für Beleuchtung, Haushaltsgegenstände, Arzneien und Genußmittel (Tabak) enthalten sind, weist folgende Ausgaben pro Jahr aus[92]:

1763 =	155 Taler	7 Groschen
1765 =	125 Taler	3 Groschen
1772 =	183 Taler	6 Groschen
1775 =	136 Taler	12 Groschen
1786 =	157 Taler	22 Groschen
1794 =	166 Taler	20 Groschen

In der hohen Entlohnung mancher Berufsgruppen in der Porzellanmanufaktur kommt eine gewisse Sonderstellung zum Ausdruck, die mit der Bedeutung der Manufaktur insgesamt, aber auch mit der hohen fachlichen Qualifikation der Mitarbeiter zusammenhängen dürfte.

Andererseits war der König aber auch auf Grund der hohen Preise, die das Porzellan als Luxusartikel einbrachte, in der Lage, diese Löhne zu zahlen. Gleichzeitig unterband er damit eine sich negativ auswirkende Fluktuation, die eine ständige Ausbildung der wieder neu hinzukommenden Beschäftigten zur Folge gehabt hätte, und jegliche Kritik an der nahezu militärischen Zucht und Ordnung innerhalb der Manufaktur, denn niemand wollte seine «gute Stellung» durch Aufbegehren oder «schlechtes Verhalten» verlieren.

Zu den relativ guten Lohnverhältnissen kamen in der Porzellanmanufaktur noch einige soziale Selbsthilfemaßnahmen der Mitarbeiter, die einmal ihre Bindung an das Unternehmen festigten, zum anderen ihnen und ihren Angehörigen aber auch eine spürbare Unterstützung bei plötzlich eintretenden Notfällen, wie Krankheit oder Tod, boten. Dazu gehörte eine bereits 1765 eingerichtete Sterbekasse, der alle Mitarbeiter angehörten und an die bei einem eingetretenen Todesfall jedes Mitglied vier Groschen zu zahlen hatte. Aus dieser Kasse wurden den Hinterbliebenen eines verstorbenen Mitgliedes eine Unterstützung und die Kosten der Beerdigung gezahlt. Lehrlinge traten dieser Kasse erst nach Beendigung der Lehrzeit bei.

Auch eine Krankenkasse, der anfangs nur die Maler angehörten, wurde 1784 für alle Mitarbeiter eingerichtet. Lehrlinge waren aber hiervon ausgeschlossen. Der Beitrag der Kasse richtete sich nach dem Verdienst des Mitgliedes, ebenso das bei Krankheit auszuzahlende Krankengeld, das drei Monate lang gewährt wurde. Als man 1775 vorschlug, einen Betriebsarzt für zweihundert Taler Jahresgehalt einzustellen, lehnte Friedrich II. diesen Vorschlag mit der Begründung ab: «die Ouvriers werden weit besser dran seyn, wenn ein jeder sich einen Medicus suche, zu dem er Vertrauen hat.» Die alten und arbeitsunfähigen Arbeiter der Manufaktur hatten die Möglichkeit, bis zu ihrem Lebensende in einem Hospital der Charité aufgenommen zu werden, wofür die Manufaktur wöchentlich 16 Groschen Unterhaltskosten für Verpflegung und Kleidung zahlte. Eine Neufassung und Verbesserung der Verpflegungs- und Versorgungskasse erfolgte 1789 auf Veranlassung des der Porzellanmanufaktur-Kommission vorstehenden Ministers von Heinitz, so daß seit dieser Zeit eine feste Regelung für die Unterstützung bei Krankheit, Invalidität sowie über die Geldzuwendungen an Witwen und Waisen ehemaliger Manufakturarbeiter bestand. Die Gelder dieser Kasse setzten sich weiterhin aus Beiträgen der Mitglieder, das heißt der Belegschaft, und aus einem feststehenden jährlichen Zuschuß der Manufaktur in Höhe von 1600 Talern zusammen.

Absatz und Preise des Porzellans

Da Friedrich II. die Manufaktur nicht allein zur Deckung seines eigenen Bedarfs an Porzellan übernommen und entwickelt hatte, sondern vor allem auch als Industrieunternehmen zur Erzielung eines finanziellen Gewinns, so mußte er auch den Fragen des Absatzes seiner Produkte große Aufmerksamkeit widmen.

Ganz im Sinne des von ihm streng verfochtenen Merkantilsystems stattete er die Porzellanmanufaktur mit für sie wirtschaftlich vorteilhaften Privilegien aus, die den Verkauf und den Absatz, das heißt den wirtschaftlichen Erfolg, sichern sollten. Hierzu gehörte einmal das Monopol, das der Manufaktur das Recht der alleinigen Produktion von Porzellan in Preußen gab, und die Zusicherung der Zoll- und Steuerfreiheit für alle Materialien und Fertigwaren, deren Preise dadurch günstig zu kalkulieren waren. Hinzu kam ferner die kostenlose Lieferung des Brennholzes aus den königlichen Forsten in Köpenick und Rüdersdorf. Durch diese Vergünstigungen erhielt das Unternehmen von Anfang an eine wirtschaftliche Ausgangsposition, die eine erfolgreiche Entwicklung gewährleistete. Zur Absicherung des Absatzes des Berliner Porzellans erließ der König des weiteren in einer Kabinettsorder vom 15. Dezember 1765 ein Einfuhrverbot für alle ausländischen Porzellane und keramischen Erzeugnisse, nachdem eine anfängliche hohe Besteuerung der Importe sich als nicht allzu wirksam erwiesen hatte. «Was aber die englische faiance anbetrifft, so haben Seyne Königliche Majestät Dero General Direktorio nunmehro befohlen, das letzteren schlechterdings verboten seyn soll.»[93] Trotz dieses Verbotes ließ sich der Schmuggel mit ausländischem, besonders wohl Meißener Porzellan nicht gänzlich unterbinden. Obwohl auch der Transithandel mit hohen Zollabgaben verbunden war, gelangten aus solchen Sendungen immer wieder illegal abgezweigte Kisten mit Porzellan nach Preußen, so daß noch «... viel fremdes Porcellain zu wohlfeylen Preisen in den königlichen Ländern abgesetzt ...» werden konnte, wie es in einer offiziellen Feststellung aus dem Jahre 1777 zum Ausdruck kommt.

Um den Verkauf des sehr teuren Porzellans in den Kreisen des Adels zu forcieren – denn nur diese Gesellschaftsschicht kam ja als potentieller Abnehmer dafür in Frage –, machte der König an verschiedene Fürsten und Persönlichkeiten des In- und Auslandes kleine und auch größere Geschenke, um damit die Leistungsfähigkeit seiner Manufaktur zu beweisen und die Beschenkten am Kauf seiner Porzellane zu interessieren. Außerdem wurden alle hohen Gäste des Königs in das Warenlager und die Produktionsräume der Manufaktur geführt, damit sie sich an Ort und Stelle von der Vielfalt und künstlerischen Vollkommenheit der Berliner Porzellane überzeugen und entsprechende Bestellungen aufgeben konnten. Über die wichtigsten Besucher sind wir durch die Berichte des Manufakturdirektors Grieninger unterrichtet. Besonderes Lob zollte die verwitwete Kurfürstin Maria Antonia von Sachsen den Erzeugnissen der Manufaktur, worauf der sie begleitende Direktor Grieninger auf das sächsische Unternehmen verwies: «Alles Nachahmungen der Meißener Manufaktur, die wir als unsere Lehrmeisterin verehren». Die Antwort der Kurfürstin: «... sie mögen wohl so manches von uns gelernt haben, aber mir kommt vor, als wenn die Schülerin damit umginge, wie sie ihre Lehrmeisterin übertreffen wolle ...» stellt eine authentische Würdigung des Berliner Porzellans dar.[94]

Im Hauptwarenlager waren zu dieser Zeit bereits ständig etwa 300000 Stück Porzellan mit einem Wert von 430679 Talern vorrätig, so daß die Kunden hier einen vollständigen Überblick über das Produktionsprogramm der Manufaktur gewinnen konnten. Auf Anweisung des Königs mußte das Lager von frühmorgens bis zum Einbruch der Dunkelheit geöffnet sein, und der dafür zuständige Verwalter sollte selbst an Sonn- und Feiertagen bei Bedarf den Besuchern und Kunden zur Verfügung stehen. Eingehende Aufträge, die nicht aus dem vorhandenen Bestand zu realisieren waren, wurden stets in großer Eile und unter Einhaltung der genannten Lieferfristen erledigt. Konnten diese einmal nicht gehalten werden, so mahnte der König den Manufakturdirektor und seine leitenden Angestellten immer wieder zur Eile, damit die Kunden sich nicht unzufrieden einer anderen Manufaktur zuwendeten.

Neben diesem Hauptwarenlager, das 75 Prozent des Gesamtumsatzes realisierte, gab es seit 1774 in Berlin eine auf privater Basis betriebene zweite Verkaufsstelle. Ebenso war Friedrich II. bemüht, den Absatz des Porzellans durch die Einrichtung von Niederlassungen, Verkaufsstellen und Faktoreien in anderen großen Städten des In- und Auslandes zu forcieren. Zwischen 1765 und 1766 entstanden Niederlassungen in Breslau, Königsberg, Stettin, Magdeburg, Halle, Minden, Emmerich, 1769 in Frankfurt (Oder), Spandau, Wriezen und Tangermünde. Auch im Ausland, in Danzig (Gdańsk) und Warschau, wurden im Jahre 1777 Verkaufsstellen eingerichtet, wobei die Manufaktur für den Absatz der Ware Rabatt und Provisionen an Händler und Zwischenhändler zahlte. Um den Verkauf auch im Ausland zu verstärken, sollte die Preußische Seehandelsgesellschaft den Vertrieb der Erzeugnisse in Spanien, Frankreich und Rußland übernehmen, was jedoch infolge der hohen Transportkosten und des Transportrisikos auf die Steigerung des Absatzes keine spürbaren Auswirkungen hatte. Auch gab es Beziehungen zu Paris, Petersburg und London, doch

57

Pendüle, um 1767

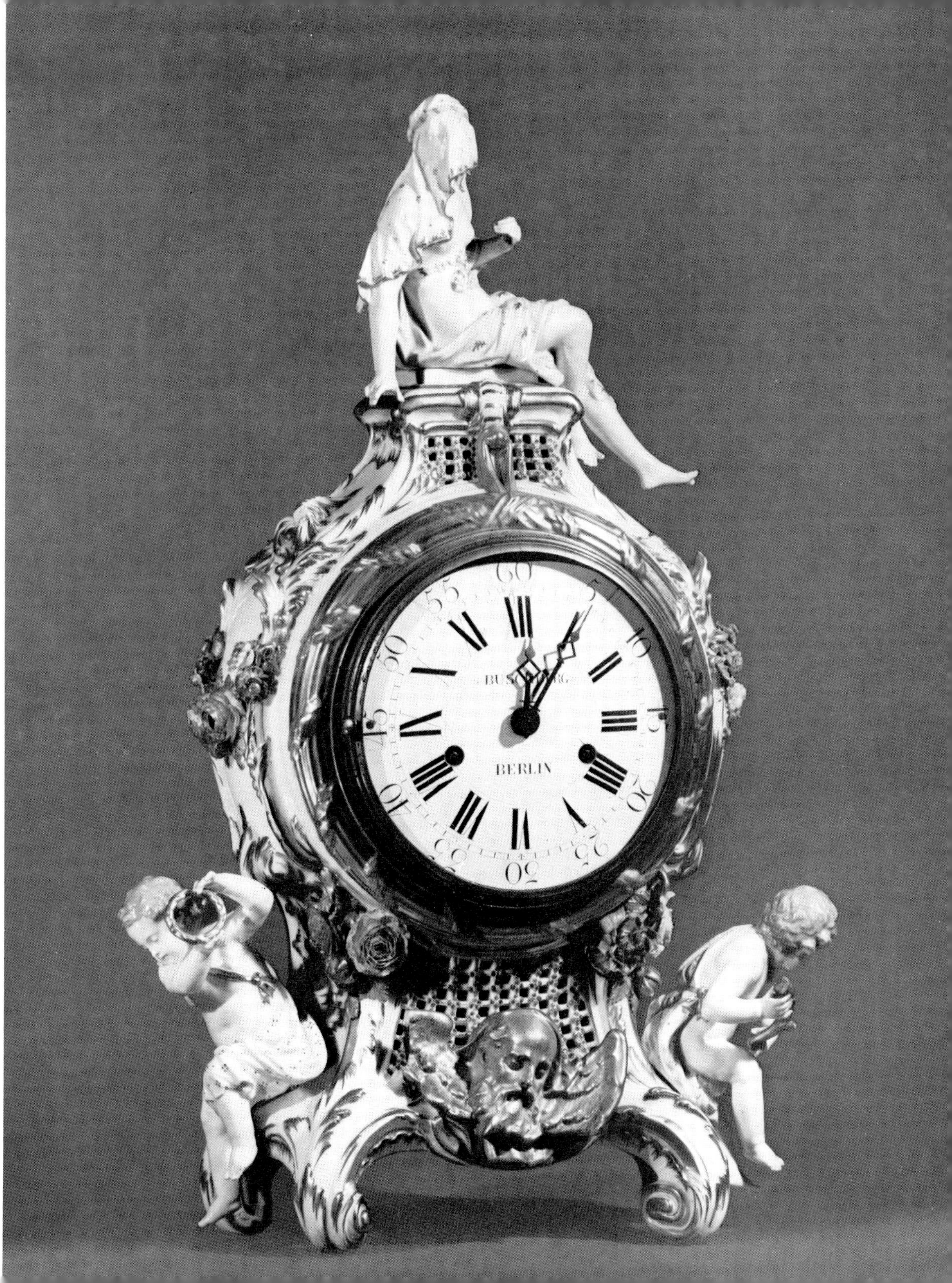
BERLIN

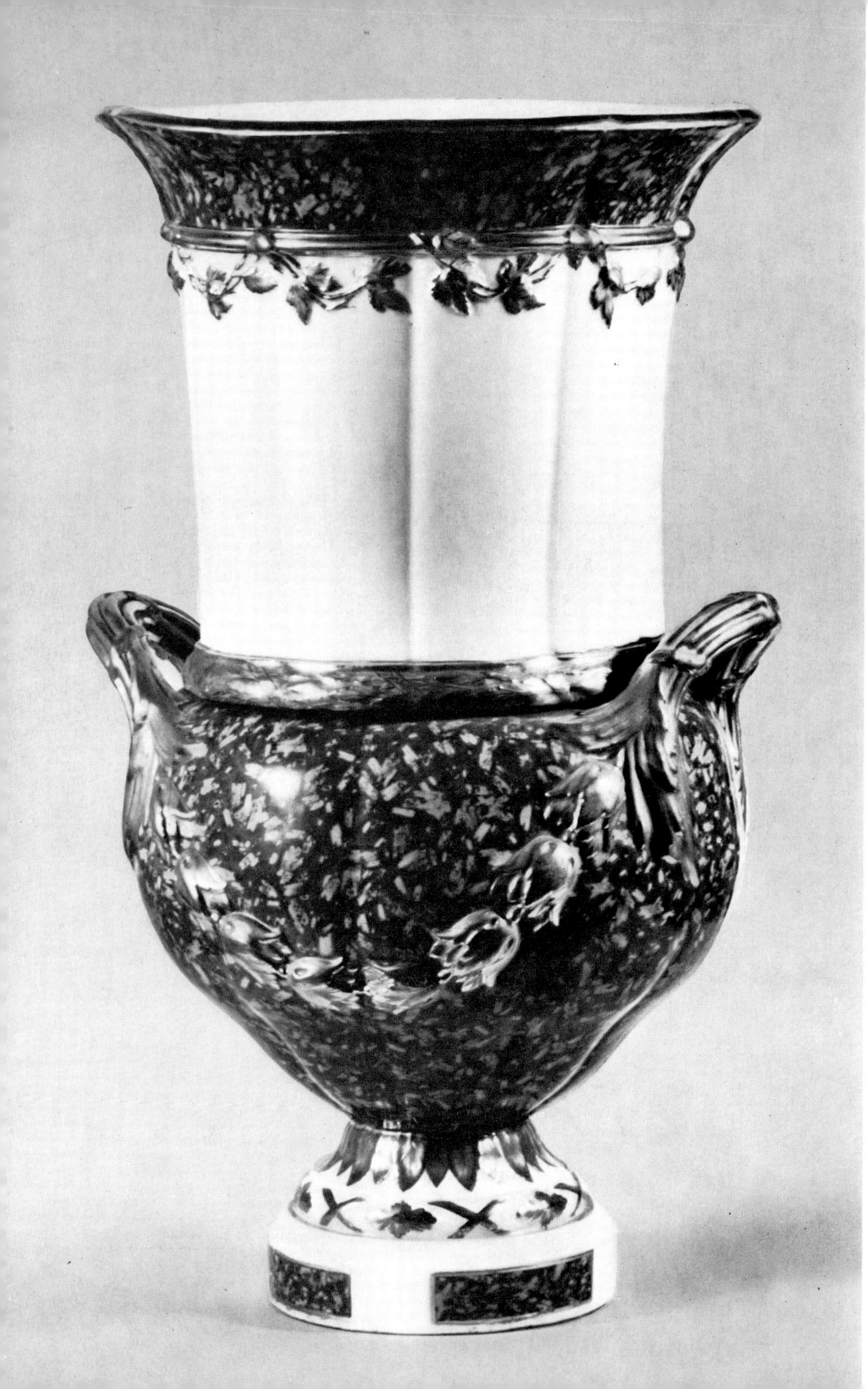

58
Kaminvase
mit Porphyrbemalung,
um 1774

59
Deckelvase
mit Profilbüste
Friedrichs II.,
um 1780

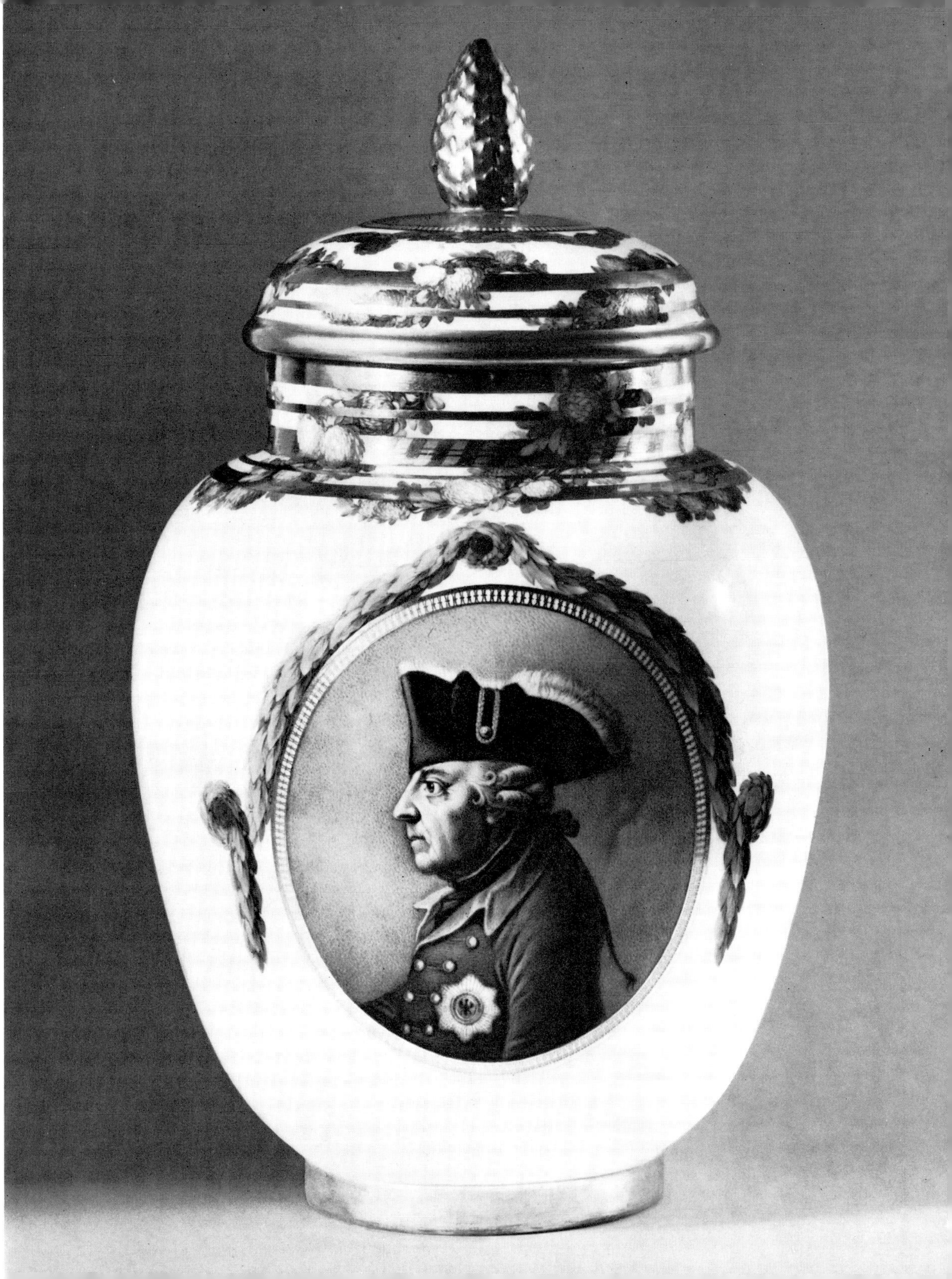

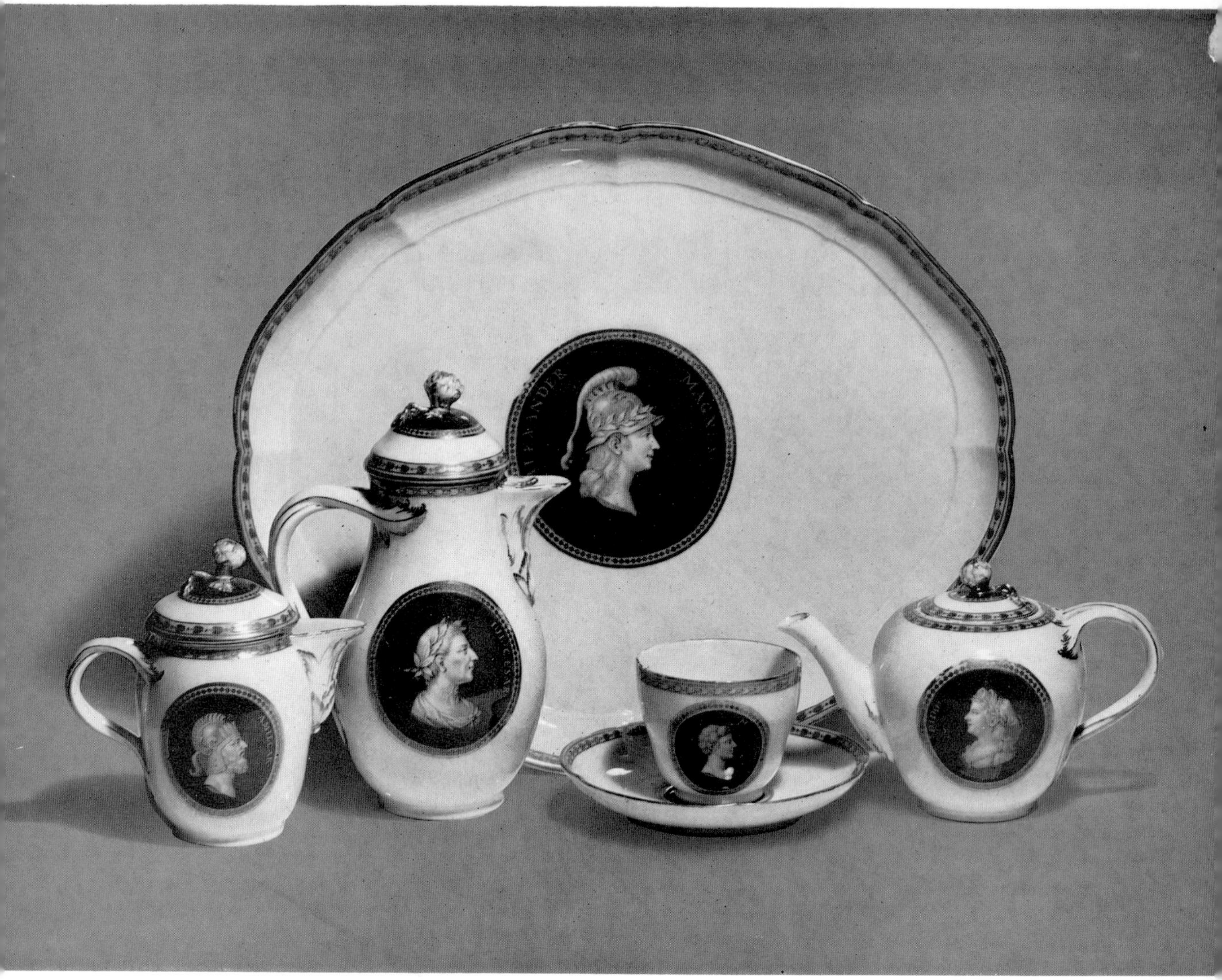

60

Teile eines Frühstücksservices mit antiken Porträtköpfen, um 1785

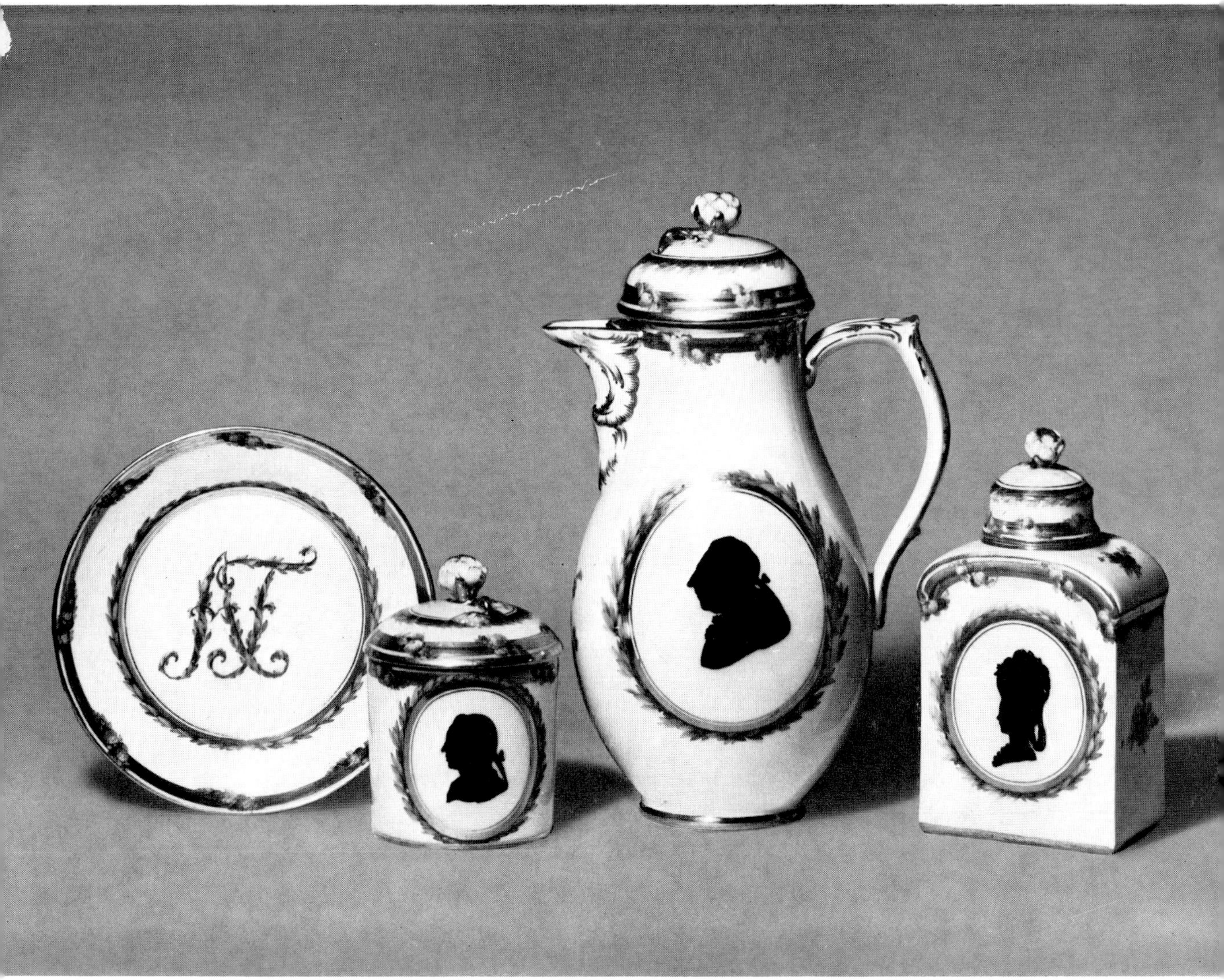

61
Teile eines Frühstücksservices mit Silhoutten und Namenszügen der königlichen Familie, um 1780

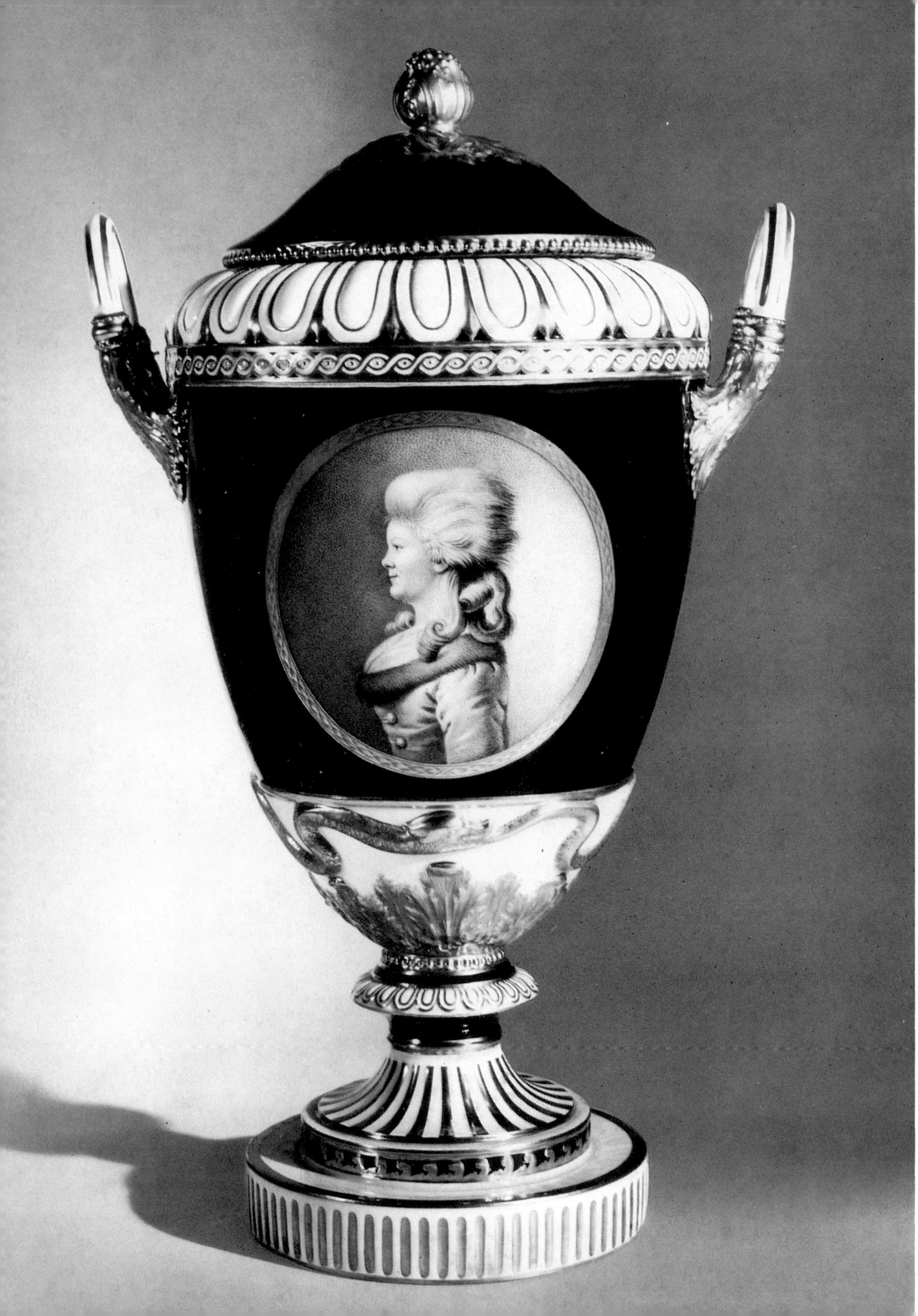

62
Deckelvase, sogenannte «Weimarvase», mit Profilbildnis Prinzessin Friederike Luises von Preußen, um 1785

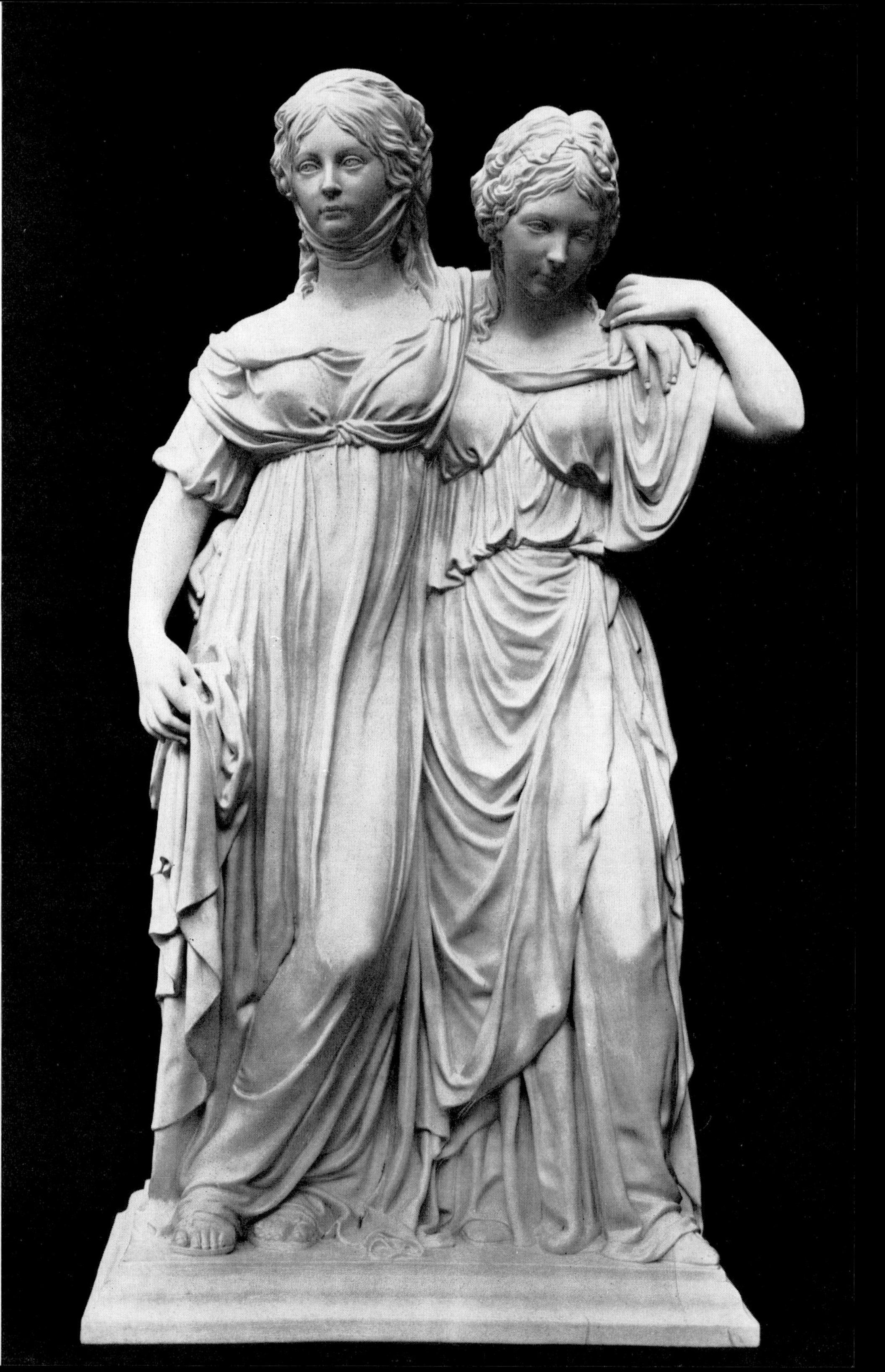

63
Prinzessinnengruppe, Modell von Gottfried Schadow, 1795

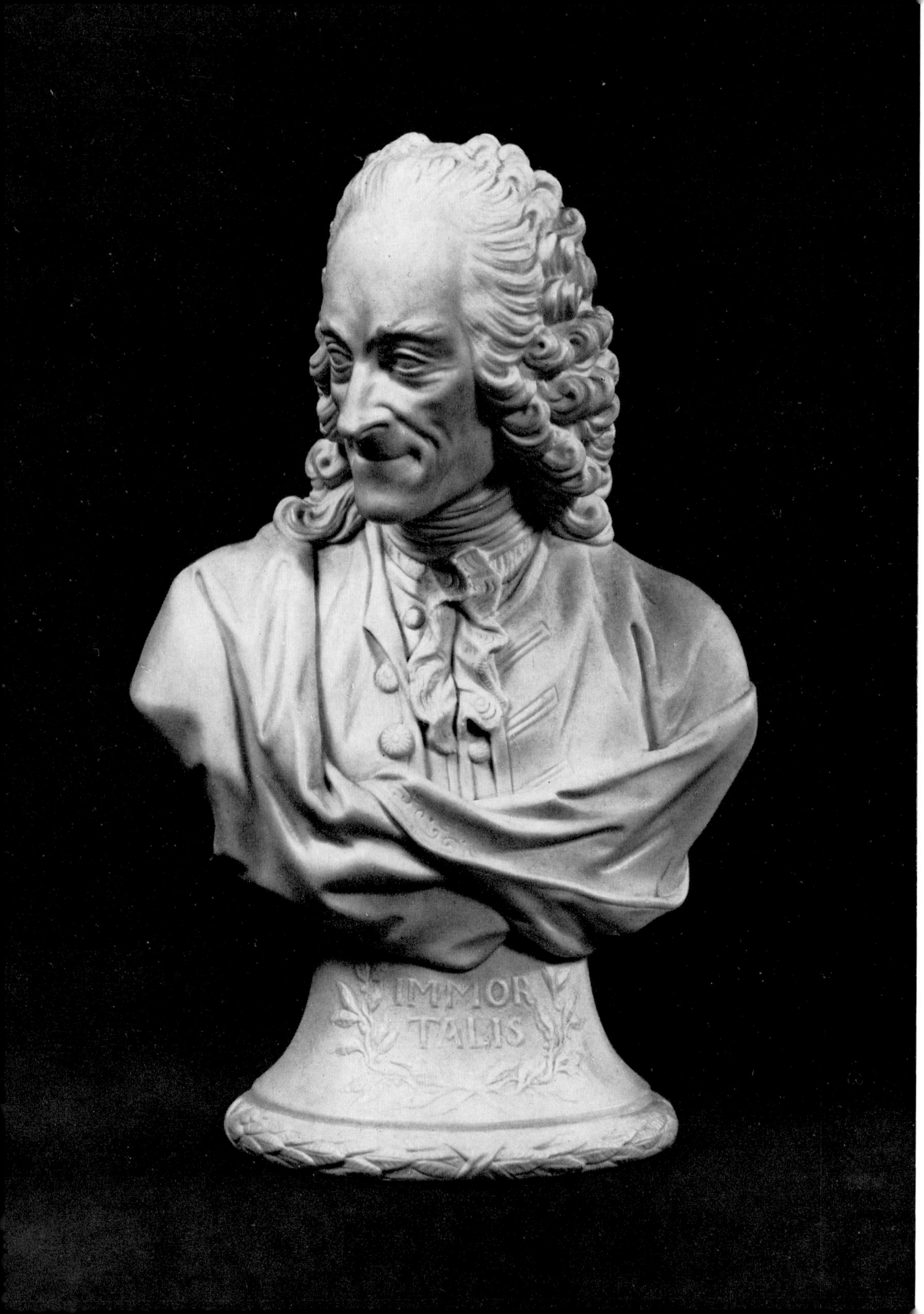
IMMOR
TALIS

blieben diese ebenfalls ohne größeren ökonomischen Erfolg.

Wie sehr Friedrich II. den Absatz des Porzellans mit allen ihm zur Verfügung stehenden Mitteln zu vergrößern versuchte, zeigen zwei von ihm erlassene Zwangsmaßnahmen gegenüber der preußischen Judenschaft und der Lotteriepachtsozietät. Aus der ersten, von 1769, erfahren wir:

«Zur Beförderung des Vertriebes der bey der Porcellain-Manufaktur verfertigten Porcellaine und umb solche mehr und mehr bekannt zu machen, habe der König beschlossen, daß die Juden bey ihrer jedesmahligen Anweisung, auch wenn sie die Erlaubnis erhalten, ein Haus zu acquiriren, ein für allemahl ein gewisses mäßiges Quantum Porcellain und zwar ein Jude, der auf ein Generalprivilegium angesetzt wird, oder ein solches verlangt, für 500 Reichsthaler ein ordinärer Schutzjude für 300 Reichsthaler und bey Erlangung einer Concession zum Hauss-Ankauf oder einer sonstigen Benificirung gleichfalls für 300 Reichsthaler zu entnehmen und außer Landes zu debitiren habe.»[95]

Der Manufaktur selbst brachte diese Maßnahme aber nicht den erhofften Erfolg, weil die Juden nämlich gezwungen waren, die erworbenen Porzellane weit unter ihrem normalen Preis zu verkaufen, wodurch diese für den Absatz der regulären Erzeugnisse besonders im Ausland eine empfindliche Konkurrenz bedeuteten.

Aus diesem Grund wurde die Anordnung auch nach dem Tode des Königs auf Betreiben des in dieser Zeit der Manufaktur vorstehenden Ministers von Heinitz nach Zahlung einer einmaligen Abfindungssumme von 40000 Talern durch den Vorsteher der Judenschaft an die Manufaktur im Jahre 1789 aufgehoben.

Eine gleiche Zwangsauflage erhielten auch die Pächter der preußischen Lotteriepachtsozietät, die ab 1769 jährlich von der Manufaktur für 6000 Taler Porzellan gegen Barbezahlung zum Vertrieb im Ausland erwerben mußten. 1783 wurde diese Summe sogar auf 9600 Taler erhöht. Auch dieses Kopplungsgeschäft konnte erst nach dem Tode Friedrichs II. annulliert werden. Durch die Zahlung einer von 1788 bis 1796 jährlich zu entrichtenden Abfindungssumme von anfänglich 1000 Talern und später von 1600 Talern wurden die Pächter von dieser Auflage entbunden.

Den Fragen des Absatzes wurde in allen Manufakturen des 18. und 19. Jahrhunderts große Bedeutung beigemessen, weil selbst für damalige Verhältnisse die Preise des Porzellans sehr hoch angesetzt waren und deshalb der Erwerb dieser ausgesprochenen Kunst- und Luxusartikel nur bestimmten, begüterten Schichten vorbehalten war.

Bei der Kalkulation der Preise spielte wie in jedem Unternehmen der dafür notwendige Aufwand an Arbeitskraft und Material die entscheidende Rolle, weshalb man diesen Anteil auch so niedrig wie möglich halten wollte. Zum anderen aber wurden die Verkaufspreise des Berliner Porzellans auch durch die Meißener Erzeugnisse mitbestimmt, deren Preisniveau man, um konkurrenzfähig zu bleiben, in keinem Falle überschreiten wollte. Der König selbst hat wiederholt darauf hingewiesen und in einer Kabinettsorder von 1769 festgelegt: «... was demnächst die Preise des Porcellains bey dem Verkauf anlanget, so lassen Seyne Königliche Majestät es dabey bewenden, wie dieselbe es vorhin schon disponiret haben, daß solches Porcellain bey der Fabrique 4 pro Cent wohlfeiler als wie das sächsische verkaufft werden soll.»[96]

Als 1777 der Absatz des Porzellans etwas in Stokken geriet, ließ man eine Preisliste drucken, in der die Berliner Erzeugnisse «um 2 Groschen pro Thaler billiger» angeboten wurden als die vergleichbaren Stücke der Meißener Manufaktur.

Für die Preise der Berliner Manufaktur mögen hier einige Beispiele angeführt werden.

64
Voltairebüste in Biskuitporzellan,
Modell von Friedrich Elias Meyer, 1774

Von den großen, für die Schlösser des Königs selbst angefertigten Service kosteten:[97]

das grüne Tafelservice für das Neue Palais von Potsdam von 1767	7646 Taler
das für das Breslauer Stadtschloß mit 36 Couverts von 1768	7040 Taler
das für das Schloß Charlottenburg mit 24 Couverts von 1768	1924 Taler
1 Kaffeeservice (1764)	280 Taler
1 Kaffeeservice einfach glatt-weiß (Mittelausschuß)	11 Taler
1 Dejeuner (1767)	100 Taler
1 Vase (1773)	38 Taler
1 Dessertteller (1767)	10 Taler
1 Schreibzeug (1763)	100 Taler
1 Tabakstopfer (1765)	1 Taler
1 Kronleuchter mit 15 Kerzen (1766)	1000 Taler
1 Tabatiere (1767)	100 Taler
1 Uhr mit vergoldetem Zifferblatt in Porzellangehäuse (1769)	285 Taler
1 Obstkorb (1769)	18 Taler
1 Salzfaß (1770)	6 Taler
1 Messerheft (1770)	3 Taler
1 flacher Teller	4 Taler und 12 Groschen
1 Tafelservice (72 Teile) (1786)	5011 Taler

Wurde die königliche Porzellanmanufaktur zuallererst auch unter einem wirtschaftlichen Gesichtspunkt gegründet und betrieben, so dienten ihre Erzeugnisse doch zugleich der Befriedigung der persönlichen Bedürfnisse und Wünsche des Königs und seines Hofes, wie aus der Vielzahl der Bestellungen für die preußischen Schlösser und für Geschenke ersichtlich ist. Friedrich II. schrieb 1770 nach Durchsicht der ihm vorgelegten Kassenberichte: «... Seyne Königliche Majestät haben den summarischen Kassenextrakt erhalten ... und dabei nichts als daß Allerhöchstdieselbe noch immer den stärksten Abnehmer von der Manufaktur abgeben, zu erinnern gefunden.»[98]

In dem Zeitraum von 1763 bis zu seinem Tode im Jahre 1786 wurden auf seine Rechnung allein für 200000 Taler Porzellan geliefert. In dieser Summe ist der Bedarf sowohl für die verschiedenen Schlösser als auch für die oft großzügigen Geschenke enthalten.

Die Bruttoeinnahmen der Manufaktur beliefen sich in diesem Zeitraum auf insgesamt 2 188 399 Taler. Nach Abzug der betrieblichen Aufwendungen ergab sich ein Reingewinn von 464050 Talern; auf das Jahr umgerechnet von 19 335 Talern.

Diese positive Bilanz setzte sich auch unter den Nachfolgern Friedrichs II. fort. So betrug der jährliche Reingewinn von 1787 bis 1807 durchschnittlich 40 839 Taler, eine Steigerung gegenüber der Zeit Friedrichs II. um jährlich 21 504 Taler.

Wie sein Vorgänger so bestellte auch Friedrich Wilhelm II. große Mengen Porzellan in der Manufaktur, jedoch nicht gegen Rechnung, sondern er ließ diese Summe von dem ihm zustehenden Reingewinn der Manufaktur abbuchen. Insgesamt wurden an ihn zwischen 1787 und 1797 für 185 760 Taler Porzellan geliefert, im Jahresdurchschnitt für 16 887 Taler.

Auch Friedrich Wilhelm III. schätzte die Erzeugnisse der Manufaktur. Er bezog von 1797 bis 1840 für insgesamt 608 256 Taler Porzellan und Friedrich Wilhelm IV. zwischen 1840 und 1860 für 250446 Taler.[99]

Die Entwicklung der Manufaktur von 1787 bis zum Ende des 19. Jahrhunderts

Mit dem Tode Friedrichs II. im Jahre 1786 änderte sich das bis dahin gültige Leitungsprinzip der Manufaktur. Friedrich Wilhelm II. war selbstverständlich am Fortbestehen der Berliner Manufaktur sehr stark interessiert, lieferte doch das Unternehmen das für den Hof und für repräsentative Geschenke benötigte Porzellan frei Haus und warf darüber hinaus einen nicht unbeträchtlichen finanziellen Gewinn an die Staatskasse ab. Hinsichtlich der Leitung und persönlichen Einflußnahme jedoch zeigte er keinerlei Ambitionen. Aus diesem Grunde übertrug er die Führung der Manufaktur ab 1787 einer «Königlichen Porcellanmanufacturs-Commission», an deren Spitze der mit den Erfordernissen der Industrie und Technik aufs beste vertraute Minister Friedrich Anton von Heinitz stand. Zu Mitgliedern der Kommission wurden der Manufakturdirektor Grieninger, der Maler Klipfel und der Oberbergrat Rosenstiel ernannt, wobei Klipfel ab 1787 und Rosenstiel ab 1796 als Mitdirektoren fungierten. Nachdem Grieninger 1798 verstorben und Klipfel 1801 aus Altersgründen zurückgetreten war, übernahm ab 1808 Rosenstiel die alleinige Leitung der Manufaktur, weil sich die Aufteilung in drei Direktionsbereiche als ungünstig erwiesen hatte und es häufig zu Mißverständnissen zwischen den Direktoren gekommen war.

Einen entscheidenden Einfluß auf die weitere Entwicklung der Manufaktur, vor allem der Produktionstechnik, ging unmittelbar von dem Kommissionsvorsitzenden von Heinitz aus. Unter seiner Leitung wurden die bereits 1782 begonnenen Versuche wieder aufgenommen, die billigere Steinkohle zur Beheizung der Brennöfen zu verwenden. Obwohl auch diese erneuten Versuche an den damit nicht zu erreichenden erforderlichen Temperaturen scheiterten, wurden jedoch als Ergebnis daraus neuartige Rundöfen mit mehreren übereinanderliegenden Brennkammern entwickelt, die eine immense Brennholzeinsparung erbrachten und die Effektivität der Brennvorgänge vergrößerten. Diese im Jahre 1796/97 von dem Steingutfabrikanten Ungerer konstruierten Öfen stellten in der Porzellanherstellung dieser Zeit eine absolute Neuerung dar, so daß die Berliner Manufaktur damit an der Spitze der technischen Entwicklung dieses Industriezweiges stand.

Die wichtigsten Anlagen und Maschinen wurden bis zu dieser Zeit durch von Pferden gezogene Göpelwerke in Bewegung gesetzt. Auch hier schlug von Heinitz eine wesentliche Verbesserung durch den Einsatz einer 10 PS starken Dampfmaschine vor, wie sie bis dahin nur in England gebräuchlich war. Wie von Heinitz in einem Bericht an den König Friedrich Wilhelm III. im Jahre 1793 schrieb, wurden durch diese Maschine 10 Pferde eingespart; sie trieb 12 Stampfen, 11 liegende Mühlsteine und einen stehenden, eine große kupferne Scheibe zum Schleifen des Porzellans sowie die Schöpfwerke des Brunnens an, der das Wasser für die Wasch- und Schlämmanlagen lieferte.

Mit der Einführung der neuen Brennöfen und einer Dampfmaschine hatte von Heinitz allein im produktionstechnischen Sektor der Manufaktur wesentliche Veränderungen herbeigeführt, die in Verbindung mit der gleichzeitigen Verbesserung der keramischen Massen, der Glasuren und der Farben der Manufaktur den technischen und künstlerischen Vorsprung verschafften, dessen sie zu ihrer weiteren Entwicklung bedurfte. Hierzu gehörte auch die 1788 mit der Akademie der Künste getroffene Vereinbarung, derzufolge jeweils ein Direktor der Manufaktur an den Sitzungen der Akademie teilnehmen konnte und den Lehrlingen der Malerei und Formerei der Besuch des akademischen Zeichenunterrichts kostenlos gestattet war. Gemäß dieser Vereinbarung unterstützte die Manufaktur die Akademie mit einer jährlichen Summe von 1500 Talern, die allerdings nur bis zum Jahre 1807 gezahlt wurde, obwohl die Vereinbarung von 1788 bis zur Mitte des 19. Jahrhunderts ihre Gültigkeit behielt.

Mit der Durchsetzung dieser Maßnahmen hatte sich von Heinitz als ein sehr kluger und weitsichtiger Verwalter seines Amtes erwiesen, der die anstehenden Probleme des heraufbrechenden Industriezeitalters erkannt und in der ihm unterstellten Porzellanmanufaktur die notwendig gewordenen Maßnahmen auch mit Konsequenz verwirklicht hatte.

Hierzu gehörte auch die auf seinen Vorschlag 1795 bei der Königlichen Manufaktur gegründete Abteilung für «Gesundheitsgeschirr», in der billige Gebrauchsgeschirre für den Bedarf der Bevölkerung hergestellt wurden. Die Einrichtung dieser neuen Produktion hatte verschiedene Ursachen. Einmal gab es in dieser Zeit in mehreren europäischen Ländern eine Kampagne gegen den Gebrauch einfacher Töpfergeschirre mit Bleiglasuren, die sich nach längerem Gebrauch für den Benutzer als gesundheitsschädlich erwiesen, zum anderen aber konnten aus brenntechnischen Gründen in den Öfen bestimmte Zonen nicht ausgiebig genutzt werden, weil die dort vorhandenen Temperaturen zum Brennen des normalen Porzellans nicht ausreichend waren. Um aber diese Reserven auszuschöpfen, entwickelte man eine keramische Masse, die auf diese niedrigeren Temperaturen abgestimmt war. Zwar besaßen die daraus gebrannten Geschirre nicht das schöne Aussehen und die Härte des Kunstporzellans, doch für einfache Gebrauchsgeschirre und für Geräte zur täglichen Benutzung war diese mindere Qualität noch immer gut genug, so daß damit der Bedarf an «Gesundheitsgeschirren» gedeckt, auch der vorhandene freie Brennraum vorteilhaft genutzt werden konnte.

Wie sich aber im Verlaufe der weiteren Entwicklung zeigte, wurde dieses billig zu erwerbende Gebrauchsporzellan sofort ein großer Verkaufserfolg, weil man damit eine vorhandene Bedarfslücke erschlossen hatte und bestehende Bedürfnisse besonders der bürgerlichen Bevölkerungsschichten befriedigte, die sich das teure Kunstporzellan nicht leisten konnten. Die Nachfrage und der Verkauf entwikkelten sich derart schnell, daß man nun extra für diesen Produktionszweig mehrere Öfen mit billigerer Torffeuerung erbaute und schließlich 1818 auf einem an der Spree gelegenen Grundstück in Charlottenburg dafür eine selbständige Manufaktur errichtete, die bis zum Jahre 1865 bestand.

Zu den wichtigsten Produktionen dieser Manufaktur gehörten nahezu alle Gebrauchsformen, wie Teller, Milch- und Reibesatten, Puddingformen, Einmachtöpfe, Wassereimer, Kochtöpfe, Tabakspfeifen und Puppenköpfe. Aber auch sogenannte «Sanitätsgeschirre», wie Apothekergeräte und Spucknäpfe, wurden hergestellt. Erst nachdem um die Mitte des 19. Jahrhunderts durch die Konkurrenz auswärtiger Manufakturen auch künstlerisch verziertes Porzellan zu niedrigen Preisen den Markt überschwemmte, stockte der Absatz der meist glatt weißen Geschirre, so daß 1865 die Schließung der Manufaktur notwendig wurde.

Von den vielen Erzeugnissen dieser Manufaktur, die wesentlich dazu beigetragen hatte, daß das Porzellan vom Luxusgegenstand zum Gebrauchsgegenstand werden konnte, hat sich heute jedoch nichts mehr erhalten, so daß wir überhaupt nicht in der Lage sind, gültige Aussagen über Formen und Qualität dieser Arbeiten zu machen.

Nach dem Tode von Heinitz' im Jahre 1802 übernahm der seit 1798 der Kommission angehörende Graf Reden das Amt des Vorsitzenden. Er wurde jedoch schon 1807 infolge der durch die napoleonischen Kriege ausgelösten Sparmaßnahmen Friedrich Wilhelms III., denen auch die gesamte Manufakturkommission zum Opfer fiel, entlassen. Das Direktorat der Porzellanmanufaktur wurde Friedrich Philipp Rosenstiel übertragen, der es bis 1831 innehatte. In den Anfangsjahren seines Amtes hatte die Manufaktur besonders während der Besatzung Berlins durch französische Truppen bereits größere Schwierigkeiten zu meistern, denn einmal wurde die Manufakturkasse beschlagnahmt, die Warenlager in Breslau und Warschau wurden zugunsten der französischen Besatzung versteigert, und außerdem versuchten sich die französischen Verwaltungsbehörden immer wieder in die inneren Angelegenheiten der Manufaktur einzumischen. So kam es während dieser Zeit zu größeren finanziellen Schwierigkeiten, so daß selbst für die zu zahlenden Lohngelder Kredite aufgenommen werden mußten.

Auch wurde von den französischen Besatzungsoffizieren für eigene Zwecke und Festlichkeiten aus dem Lager der Manufaktur Porzellan entnommen. Für

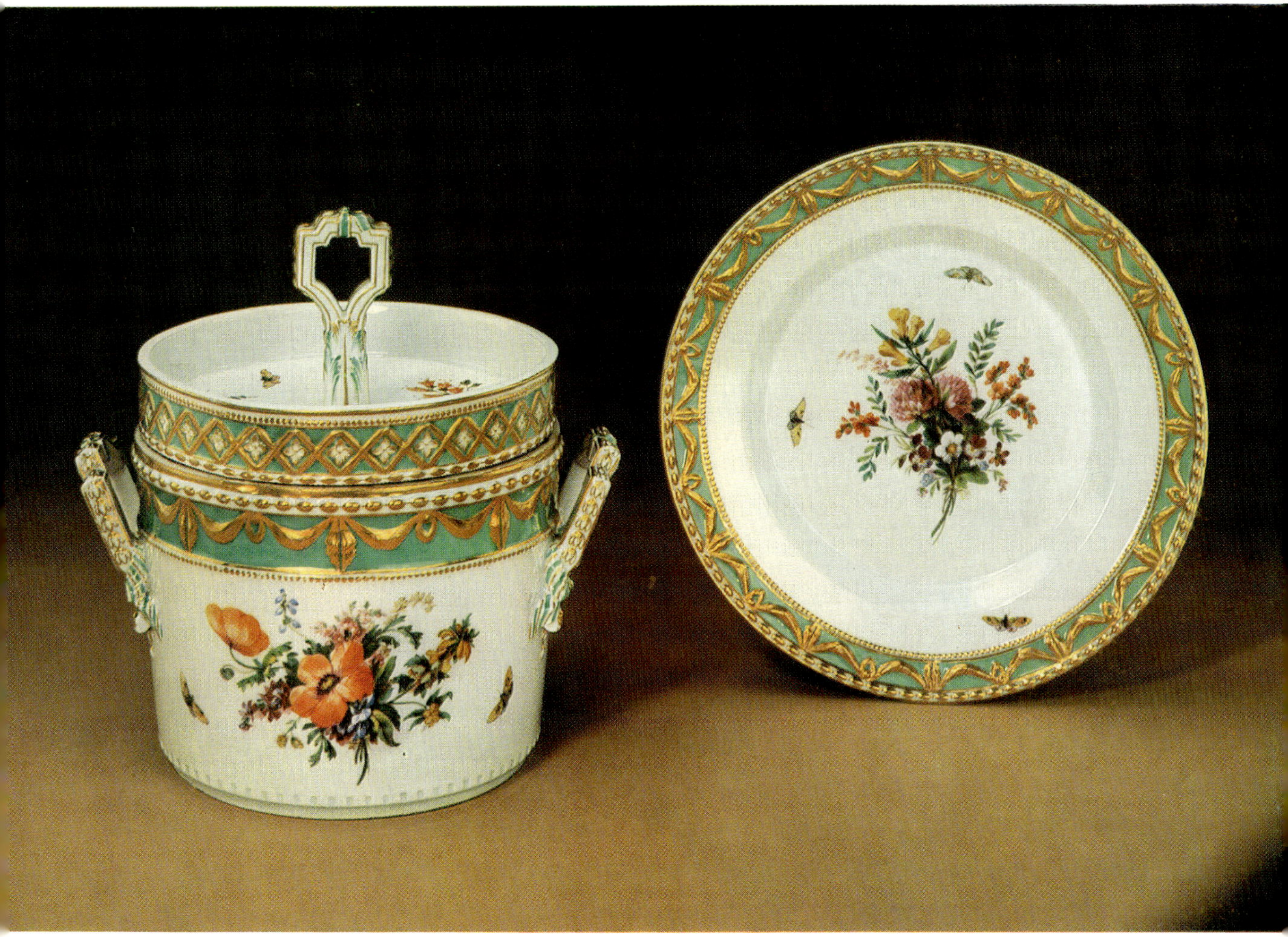

65

Eisgefäß und Teller vom Tafelservice im Kurländermuster, um 1794

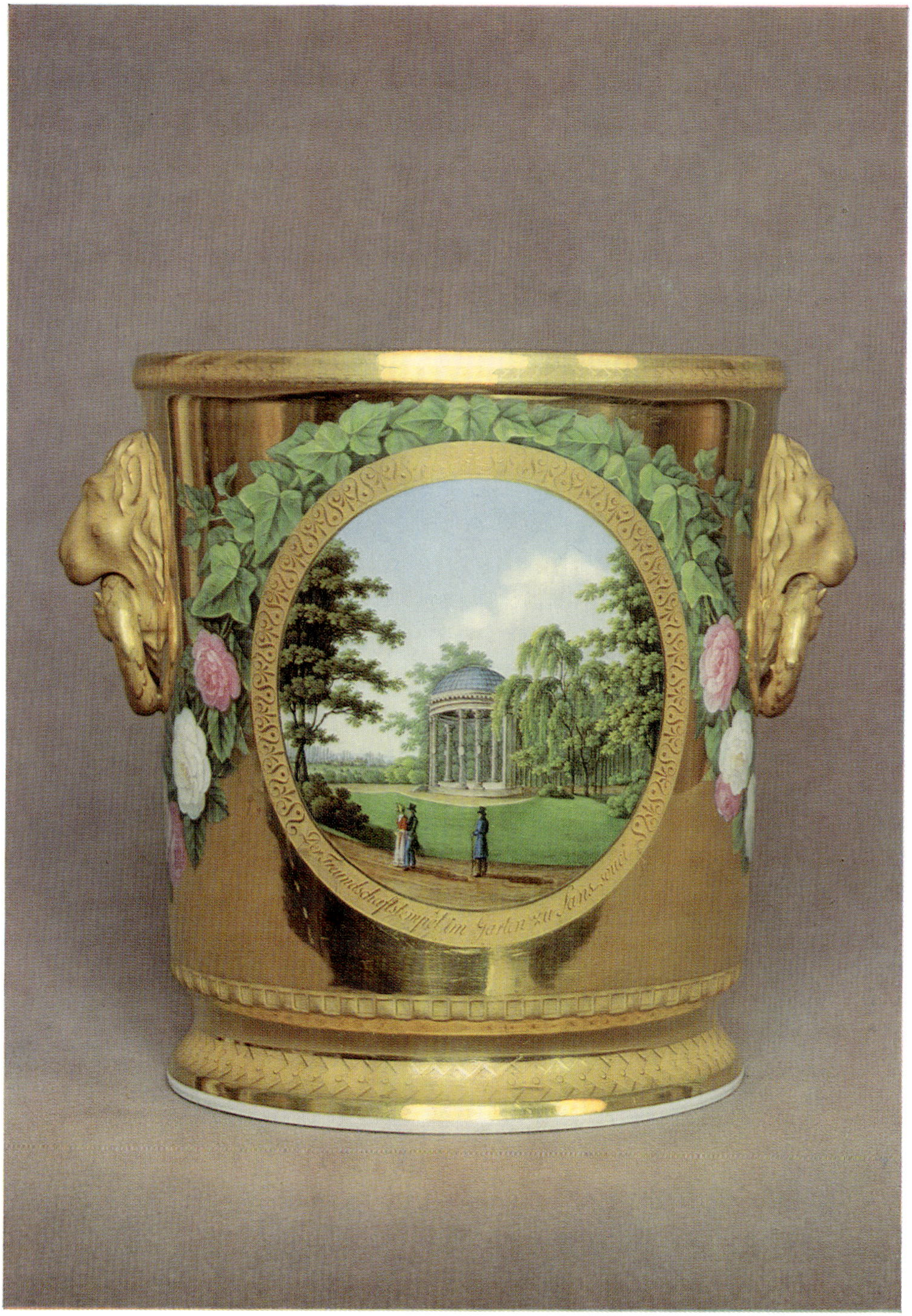

66
Kühlgefäß von einer Tafeldekoration für die Großherzogin Alexandrine von Mecklenburg-Schwerin, um 1822

67
Liqueuraufsatz mit 15 glockenförmigen Trinkbechern, um 1823–1832

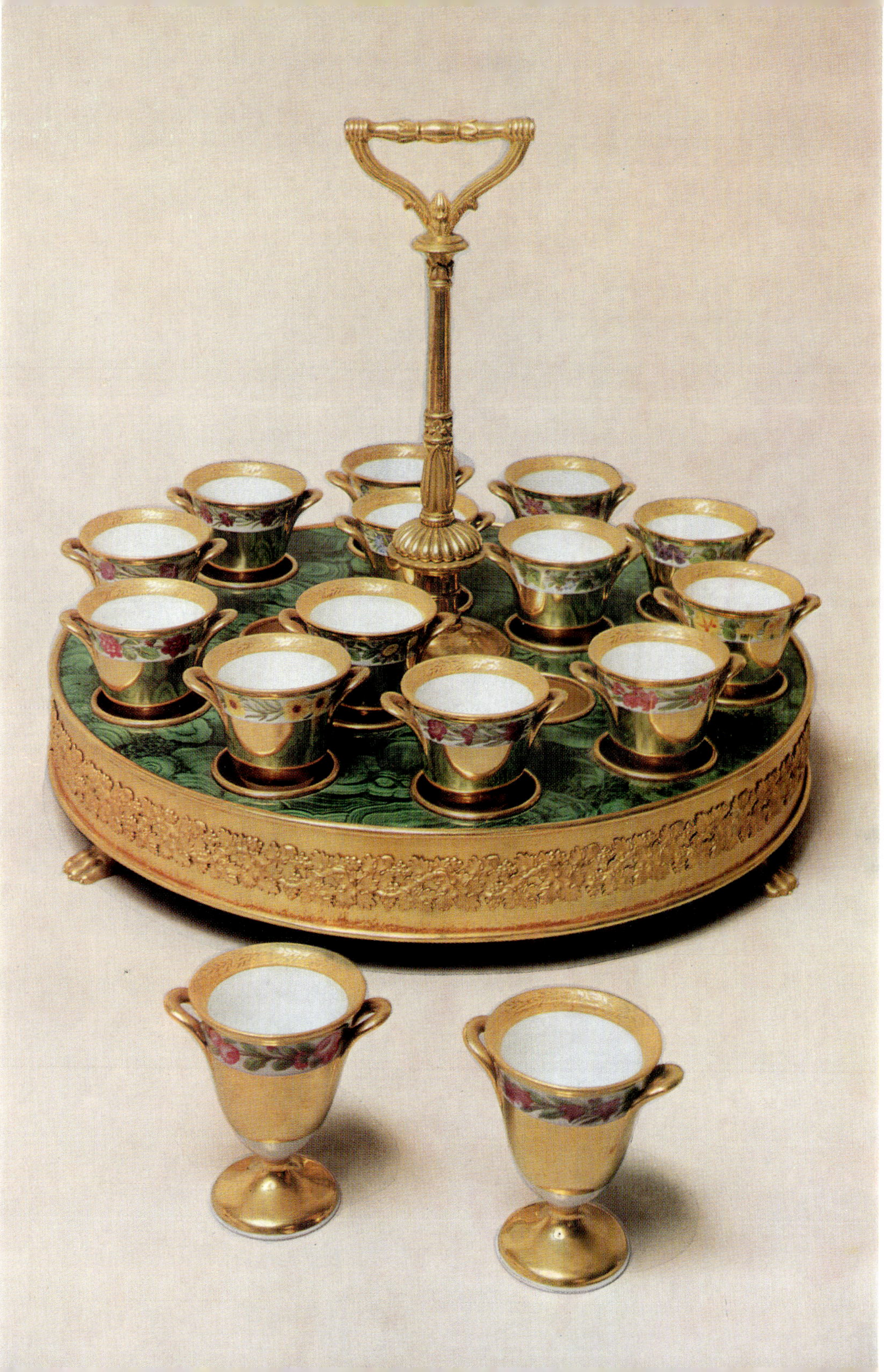

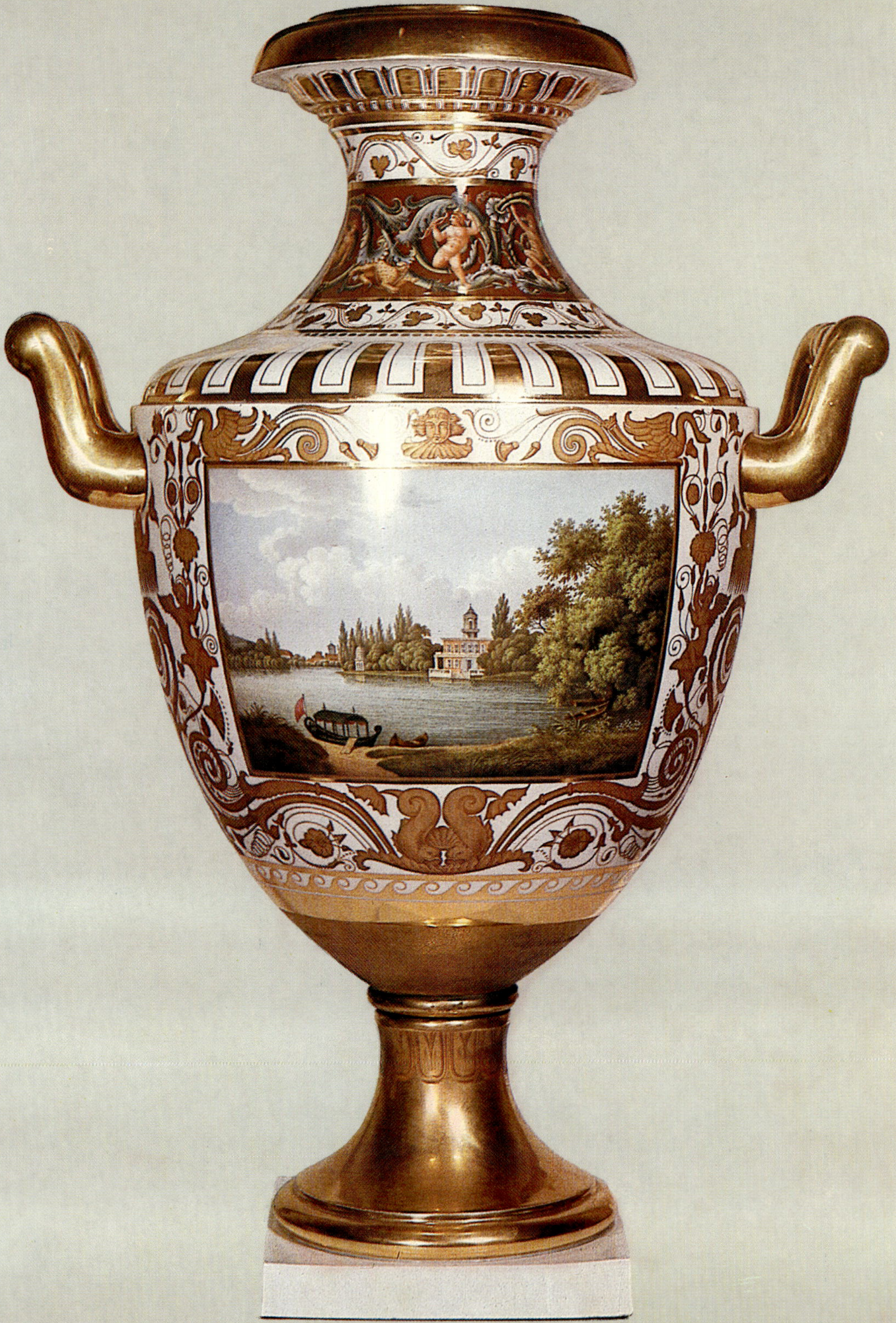

die Frau Napoleons, Kaiserin Josephine, mußte schnellstens und unentgeltlich ein Tafelservice mit schöner Blumenmalerei angefertigt und nach Paris geliefert werden. Der durch die Besatzung entstandene Gesamtverlust der Porzellanmanufaktur während der Jahre 1807/08 hielt sich aber trotzdem in Grenzen und wird mit 53000 Talern angegeben. Auch die darauffolgenden Jahre des Rußlandfeldzuges Napoleons und der Befreiungskriege 1813/15 stellten die Manufaktur noch einmal vor eine harte Belastungsprobe.

Trotz vieler Schwierigkeiten wurde während dieser Zeit dennoch an der technischen Vervollkommnung der Produktionsanlagen und des Porzellans selbst gearbeitet, wovon die Entwicklung der Gesundheitsgeschirr-Manufaktur nur ein Beispiel ist.

Seit 1797 hatte der als Arkanist tätige Christoph Georg Frick an der Verbesserung der keramischen Massen, Glasuren und Farben mit großem Erfolg gearbeitet, so daß sich auf der Grundlage seiner Erfindungen auch die technische Qualität des Porzellans sowie die Palette der Farben verbesserten. Besonderes Aufsehen erregte eine von Frick 1814 neuentwickelte Grünskala auf der Grundlage des Chromoxids sowie eine neue Schwarz-Grau-Zusammenstellung auf der Grundlage des Iridiums, womit gleichzeitig erreicht wurde, die Wirkung der Porzellanmalerei dem Charakter der Ölmalerei anzugleichen.

Das erfolgreiche Schaffen Fricks trug wesentlich dazu bei, daß die Erzeugnisse der Berliner Manufaktur zu Beginn des 19. Jahrhunderts in künstlerischer Hinsicht nur noch von denen der Manufakturen in Wien und Sèvres übertroffen wurden. Parallel mit diesen künstlerischen Entwicklungsarbeiten vollzog sich auch eine technische Verbesserung, die die Anlagen in der Schlämmerei, die Glasurmühlen und die Ausstattung der Mahlwerke betraf.

Auch die alte, noch unter von Heinitz eingeführte Dampfmaschine wurde 1822 durch ein wesentlich leistungsstärkeres Modell ersetzt. Für alle diese Rekonstruktionsmaßnahmen wurde eine Summe von etwa 75000 Talern investiert.

Mit dem Sieg über die Franzosen begann nach 1815 für die Manufaktur wieder eine Periode des wirtschaftlichen und künstlerischen Aufschwungs. Die Grundlage dieser Entwicklung ist vor allem in den großen Aufträgen des Königs zu sehen, der repräsentative Geschenke für seine im Befreiungskrieg erfolgreichen Generäle und Heerführer herstellen ließ. Aber auch von vielen anderen Bestellern gingen umfangreiche Aufträge ein, deren Realisierung die Mitarbeiter der Manufaktur noch einmal zu künstlerischen und technischen Spitzenleistungen anspornten und als deren Folge sich auch die allgemeine wirtschaftliche Lage der Manufaktur stabilisieren konnte.

Die kurzen Jahre des Aufschwungs nach 1815 sollten jedoch in künstlerischer und vor allem in wirtschaftlicher Hinsicht nicht von langer Dauer sein, denn durch die 1810 neu erlassene Gewerbeordnung entfiel das bis dahin noch gültige Monopol der alleinigen Herstellungsberechtigung für Porzellan und durch die Veränderung der Zollgesetze im Jahre 1818 auch das Einfuhrverbot auswärtigen Porzellans.

Die neuen Bedingungen wirkten sich jedoch erst in den zwanziger und dreißiger Jahren in vollem Umfang aus, so daß sich die Manufaktur seit dieser Zeit einer ernsthaften Konkurrenz durch die verstärkte Einfuhr ausländischer Porzellanerzeugnisse gegenübergestellt sah. Die sich daraus ergebenden Konsequenzen für die Manufaktur hat Georg Kolbe in seiner Manufakturgeschichte von 1863 ausführlich beschrieben und zusammenfassend in die prägnante Formel gekleidet: «Was Krieg und Invasion nicht vermocht hatten, die Grundlagen hiesiger Anstalt

68
Amphoraförmige Vase, sogenannte «Münchner Vase», mit Blick über den Heiligen See bei Potsdam auf das Marmorpalais, die neugotische Bibliothek und Häuser der Stadt, um 1835–1840

zu erschüttern, das begann jetzt die friedliche Konkurrenz zu bewirken.»[100] Zwischen 1822 und 1831 ging der Reingewinn der Manufaktur, verglichen mit den Jahren davor, rapide zurück. So betrug er in den Jahren zwischen 1822 und 1827 im Jahresdurchschnitt nur noch 4471 und von da ab bis 1831 nur noch 338 Taler.

Trotz dieser schwierigen wirtschaftlichen Lage konnte sich die Manufaktur dennoch durch eine große Anzahl repräsentativer Aufträge von seiten des preußischen Königshauses gegenüber der Konkurrenz behaupten. Vor allem waren es die repräsentativen Geschenke für den russischen Hof in St. Petersburg und für andere befreundete Fürsten, die der Manufaktur bedeutende künstlerische Aufträge sicherten.

Unter diesen Geschenken verdienen die in dieser Zeit entwickelten Monumentalvasen mit großen, gemäldeartigen Malereien besondere Beachtung, ebenso die auf den Akademie-Ausstellungen bewunderten großen Porzellantische. Anläßlich der Hochzeit der preußischen Prinzessin Charlotte mit dem russischen Großfürsten Nikolaus wurde zwischen 1817 und 1823 ein großes Tafelservice für insgesamt 17000 Taler in Auftrag gegeben. Außerdem bestellte der Hof viele bemalte Porzellane für den zu Ehren des russischen Großfürsten 1821 in Berlin veranstalteten Festzug «Lalla Rookh» nach Thomas Morus sowie für den großen Festzug «Der Zauber der weißen Rose», der 1829 in Potsdam zu Ehren des gleichen
Tafel 90, 91 Gastes durchgeführt wurde. Mit diesen bedeutenden Aufträgen gelang es der Manufaktur, über die wirtschaftlich schwierigen Jahre hinwegzukommen.

Auf Grund seiner überragenden Fähigkeiten und Verdienste um die Manufaktur wurde Christoph Georg Frick, einer der bedeutendsten Porzellantechniker der ersten Hälfte des 19. Jahrhunderts, 1832 mit der Leitung der Manufaktur als Nachfolger Rosenstiels beauftragt.

Nach Frick folgte im Amt des Direktors der Finanzfachmann Georg Kolbe, der die technische Vervollkommnung der Manufaktur zielstrebig weiterführte und sie den Erfordernissen des Industriezeitalters anpaßte. Unter seiner Leitung erhielt die Manufaktur drei neue Brennöfen, neue Mühlanlagen sowie eine neue Dampfmaschine. Ebenso erfolgte 1855 der Umbau des alten Warenlagers zu einer modernen Verkaufsstätte mit Schaufenstern. Für die stark angewachsenen Modellbestände von 4000 Formen und für den vorhandenen Vorrat von mehr als 1 Million Fertigwaren wurde ein Magazingebäude gebaut. Außerdem richtete Kolbe nach dem Vorbild der französischen Staatsmanufaktur in Sèvres eine Schau- und Lehrsammlung ein, in der die wichtigsten keramischen Erzeugnisse zu Studienzwecken zusammengestellt waren. Unter Kolbes Nachfolger, Gustav Ferdinand Möller, der die Geschäfte von 1867 bis 1881 führte, vollzog sich die Verlagerung der Fabrik von der Leipziger Straße nach Charlottenburg, wo sie auf dem Gelände der ehemaligen Gesundheitsgeschirr-Manufaktur neue Produktionsgebäude und Anlagen erhielt.

Die Ursachen für diesen Umzug und Neubau sind ganz allgemein in der wirtschaftlichen, politischen und städtebaulichen Entwicklung Berlins am Ende des 19. Jahrhunderts zu sehen, in deren Folge sich die Leipziger Straße zu einem der wichtigsten Geschäftszentren der seit 1871 zur Reichshauptstadt erhobenen preußischen Metropole entwickelt hatte und der Bau großer Geschäftshäuser, Regierungsbauten und anderer repräsentativer Institutionen dort geplant war. Insofern mußte eine mit starker Rauchentwicklung verbundene Fabrik gerade an dieser Stelle als besonders störend empfunden werden, zumal sie sich auch architektonisch unschön gegenüber den geplanten gründerzeitlichen Prunkbauten innerhalb des Stadtbildes ausgenommen hätte. Gustav Ferdinand Möller schrieb über diesen Umzug: «Im Sommer 1871 wurde, als ich in London zur Ausstellung abwesend war, der Beschluß gefaßt, das provisorische Reichstagsgebäude auf dem Grundstück der Porzellanmanufaktur zu erbauen.

Telegraphisch zurückberufen, fand ich die Sache soweit vorgeschritten, daß mir nur übrig blieb, zu retten, was zu retten war, auch selbst zu flüchten, da mir das Haus im buchstäblichen Sinne über dem Kopfe abgebrochen wurde. Jener Reichsbau, der zum ersten Mal in Berlin das Beispiel gab, daß bei einem öffentlichen Bau die Höhe der aufzuwendenden Kosten für absolut gleichgültig galt, gab auch das werthvolle Eigenthum, das der preußische Staat in der Porzellan-Manufaktur besaß, rücksichtslosester Zerstörung preis. Von einem geordneten Umzug konnte unter solchen Umständen nicht die Rede sein, um so weniger, da noch keines der Gebäude der neuen Fabrik völlig fertig war.
Zuerst wurde das Magazin translocirt, sehr bald folgte die Malerei, gegen den Winter ein Theil der Dreher, im Sommer 1872 das gesamte Dreherei- und Brennereipersonal, während erst weit später die Maschine und die Schlämmerei in Thätigkeit gesetzt werden konnten, das Kapselbrechwerk erst in diesem Jahre. Im November v. J. haben, da bis dahin noch alte Vorräthe wegzubrennen waren, die alten Oefen ihre historische Rauchwolke zum letzten Male über die Leipziger Straße ziehen lassen. Daß die Manufactur die Zerstörung und die Unbilden, die sie in den letzten Jahren erlitten, überhaupt bestehen konnte, ohne unterzugehen, mag immerhin als ein Zeichen der Lebensfähigkeit des alten Instituts gelten …

Berlin, den 8. Juni 1873 Möller.»[101]

An der Stelle, an der Gotzkowski 1761 den Grundstein zu der 1763 in königlichen Besitz übergegangenen Manufaktur gelegt hatte, errichtete man in den neunziger Jahren des 19. Jahrhunderts das prachtvolle Gebäude des preußischen Herrenhauses mit seiner Säulenfassade im Stile der Neorenaissance, in dem sich heute verschiedene Institute der Akademie der Wissenschaften der DDR befinden.
Der Neubau der Porzellanmanufaktur auf dem Gelände der alten Gesundheitsgeschirrfabrik am Rande des Tiergartens, der etwa um 1873 abgeschlossen war und rund 360 000 Taler gekostet hatte, brachte für die weitere Entwicklung verschiedene Vorteile mit sich, weil die dort vorbeifließende Spree für den Transport von Roh- und Brennstoffen sowie für den Versand der Fertigwaren genutzt werden konnte.
Im Zusammenhang mit der allgemeinen Entwicklung der Kunst und des Kunsthandwerks in der zweiten Hälfte des 19. Jahrhunderts, die vor allem durch einen historischen Stilpluralismus gekennzeichnet war, machten sich auch in der Gestaltung des Porzellans der Berliner Manufaktur Tendenzen bemerkbar, die dem Material und den ihm eigenen Möglichkeiten zuwiderliefen. Zur Überprüfung und Verbesserung des eingetretenen, nicht zufriedenstellenden Zustandes wurde deshalb im Jahre 1878 eine Untersuchungskommission eingesetzt, der sowohl namhafte Berliner Künstler als auch Kunstsachverständige angehörten. In ihrem Bericht an das Abgeordnetenhaus hieß es dazu: «Man könne sich nicht verhehlen, daß die Leistungen der Manufaktur leider nicht befriedigten. Dies gelte sowohl von den größeren, für Ausstellungen angefertigten Stücken und den reicheren dekorativen Arbeiten, als auch von den für weitere Kreise bestimmten Gegenständen. Die vorhandenen Mängel seien zum Teil darauf zurückzuführen, daß man dem Material Leistungen abnötigen wolle, welche dasselbe nicht hergeben könne.»[102]
Um diesen Mangel in der Gestaltung der Produkte abzustellen, wurde dem Manufakturdirektor seit 1881 ein für die künstlerischen Belange zuständiger «artistischer Leiter» zur Seite gestellt. Dieses Amt hatte zuerst der Berliner Bildhauer Louis Süßmann-Hellborn inne. 1887 folgte der Maler Alexander Kips. Diese Teilung der Verantwortung wurde an der Berliner Manufaktur bis ins 20. Jahrhundert hinein beibehalten und trug wesentlich dazu bei, daß sich vor allem seit dem Jugendstil um 1900 die neueren Forderungen der Kunst gegenüber dem von Hellborn und Kips vertretenen Historismus durch-

setzen konnten. Großen Anteil an dieser progressiven Entwicklung hatte der seit 1902 an der Manufaktur tätige Maler und Keramiker Theo Schmuz-Baudiss, der 1908 als Nachfolger von Kips die künstlerische Leitung der Manufaktur übernahm und den Stil des Porzellans mit den neuen Forderungen nach materialgerechter Gestaltung und eigener zeitgenössischer Formgebung in Einklang brachte. Schmuz-Baudiss und seine Mitarbeiter konnten sich dabei auf die hervorragenden Arbeitsergebnisse des seit 1878 als Leiter der chemisch-technischen Versuchsanstalt tätigen Chemikers Hermann Seeger stützen. Seeger hatte in Zusammenarbeit mit Albert Heinicken ein nach ihm benanntes Weichporzellan erfunden, neue Farben und Glasuren entwickelt, darunter die berühmten Ochsenblut-, Seladon-, Kristall- und Laufglasuren, die eine Anlehnung vor allem an chinesische Keramiken darstellten, um die Jahrhundertwende den Gestaltungsabsichten des Jugendstils weitestgehend entsprachen und der Berliner Manufaktur gegenüber anderen Unternehmen einen wissenschaftlich-technischen wie auch künstlerischen Vorsprung sicherten.[103]

7 *Die Entwicklung der Geschirrformen im 18. Jahrhundert*

Die Tafelservice für Friedrich II.

Zu den künstlerisch bedeutendsten Erzeugnissen der Berliner Manufaktur gehören die im Auftrage Friedrichs II. für die Ausstattung seiner verschiedenen preußischen Schlösser gelieferten Service, auf deren Herstellung der König vielfach durch genaue Angaben, Hinweise und Forderungen persönlichen Einfluß genommen hatte. Die anfangs für diese Hofservice entwickelten Modelle und Dekore wurden dann aber zum Allgemeingut der Manufaktur und sowohl für das Geschenkporzellan des Monarchen als auch für den Verkauf genutzt.

Bereits kurze Zeit nach der Übernahme der Manufaktur durch Friedrich II. erging im Jahre 1765 der erste große Auftrag an das neue Unternehmen: die Anfertigung eines repräsentativen Speiseservices für das im Bau befindliche Neue Palais in Potsdam *Tafel* 27 (1763 bis 1769). Diesem ersten Tafelgeschirr folgten bis zum Tode des Königs im Jahre 1786 noch weitere einundzwanzig Service für seinen persönlichen Bedarf.

Den Speiseservicen wurde während des 18. Jahrhunderts ganz besondere Bedeutung beigemessen, weil sie im Rahmen der zum höfischen Leben gehörenden Festveranstaltungen, Festessen und anderer Gesellschaften unentbehrlich waren.[104] Insofern gehören die vielteiligen Service mit ihren unterschiedlich großen Tellern, Terrinen, Schüsseln, Wärmeglocken, Saucieren, Soupieren und dekorativen Tafelaufsätzen zum unmittelbaren Bestandteil der barocken Innendekoration, mit der sie zusammen während der großangelegten Festlichkeiten – in deren Mittelpunkt die gedeckte Tafel stand – eine künstlerische Einheit bildeten.

In nahezu einmaliger Weise wurde diese Übereinstimmung zwischen Innenraum und Porzellan mit dem für das Neue Palais gefertigten «1ten Potsdamschen Service» erreicht, das sich in seiner künstlerischen Gestaltung in die allgemeine Dekoration der Räume harmonisch einfügte. Friedrich Elias Meyer, der als Modellmeister der Manufaktur wohl wesentlich am Entwurf des Services beteiligt war, hat aus der gleichen künstlerischen Quelle geschöpft wie die Baumeister und Innenarchitekten Knobelsdorff, Nahl und Hoppenhaupt, so daß sich im Dekorativen vielfach sogar bis in Einzelheiten gehende formale Übereinstimmungen ergaben.[105]

Der plastische Reliefdekor des ersten Potsdamschen Tafelservices, in den Modellbüchern der Manufaktur als «Reliefzierath» bezeichnet, wurde in seiner Grundform von Friedrich Elias Meyer bereits vor 1763 noch unter Gotzkowski für Kaffee- und Teegeschirre entwickelt, dann aber für das erste Potsdamsche wesentlich erweitert, künstlerisch bereichert und vollendet. *Tafel* 17

Das Grundmotiv dieses wohl schönsten Rokokodekors besteht aus flachreliefierten Rocaillen, die sich im doppelten C-Schwung vom Rand der Gefäße bis zur Mitte erstrecken und dort in zarten Abstufungen ausklingen. An den Kanten der Gefäße, Teller und Platten entstehen durch den Ansatz der Rocaillen kleine Zwickel und mehrfach gebogte Kartuschen, die abwechselnd frei, durchbrochen oder mit einem blumenberankten reliefierten Spalier geschmückt sind. Die eigentliche künstlerische Vollendung erhielt dieser Dekor jedoch erst durch das Zusammenklingen der farbigen Malerei mit der Goldstaffierung der Rocaillen sowie dem Goldschuppenmuster auf orangefarbenem Untergrund in den Zwickeln der Ränder. Künstlerisch bedeutender Akzent aber neben der mit rokokohafter Leichtigkeit modellierten Rocailleornamentik ist die in zarten Farben ausgeführte Blumenmalerei, die die freien Kartu-

schen der Terrinen, Wärmeglocken und Spiegel der Teller schmückt. In loser Zusammenstellung, nicht gebunden und scheinbar ungeordnet, sind die nach der Natur gemalten «deutschen Blumen» von einer impressionistischen Feinheit, die nicht so sehr die botanische Exaktheit, als vielmehr eine stimmungsvolle, heitere Beschwingtheit, den Duft und die Weichheit des Blumenarrangements wiedergibt. «Vielfach erscheinen die Blumen in dem Zustand dargestellt, der zwischen der vollendeten Blüte und dem Welken liegt, wenn die geschlossene Form der Blüte sich allmählich auflöst und die Blätter schon auseinanderzufallen beginnen», schrieb Adolf Brüning in seiner bis heute gültigen Interpretation des «schönsten deutschen Rokokoservices» überhaupt.[106]
Die in blassen Farben gehaltene Malerei bildet mit dem gelblich scheinenden Farbton des Porzellans sowie dem plastischen Dekor einen harmonischen Zusammenklang, wie er bei keinem anderen Service dieser Zeit zu finden ist.

Der warme und cremefarbene Ton des Porzellans ergab sich aus der Mischung des schlesischen und Passauer Kaolins, der jedoch zu damaliger Zeit als ein Mangel angesehen wurde, da man entsprechend dem Meißener Vorbild ein rein weißes Porzellan bevorzugte. So gelang es der Berliner Manufaktur auch schon 1767, wie im technischen Teil ausführlich dargelegt, Kaolin aus den Lagerstätten in Sennewitz bei Halle zu beziehen, das einen weißen Scherben ergab. Schon die 1768 vorgenommene Erweiterung des Services auf 36 Gedecke, die sogenannte zweite Lieferung zum «1ten Potsdamschen», ist aus diesem neuen Kaolin gebrannt; aber der erwünschte weiße Farbton wirkt der ersten Lieferung von 1765/67 gegenüber kühl und zurückhaltend.

Gleichzeitig hatte sich auch in dieser Zeit die Technologie der Porzellanmalerei weiterentwickelt, was nicht zuletzt dazu führte, daß die zartblassen Töne durch kräftig leuchtende Farben abgelöst wurden. Daraus ergab sich folgerichtig auch eine andere Gesamtwirkung der Malerei, die zudem stilistisch großflächiger und genauer in der Wiedergabe der Blumen war.

Nach Fertigstellung der ersten Lieferung 1767, an der man fast zweieinhalb Jahre gearbeitet hatte, bestellte der König für das gleiche Palais ein zweites Service, das sogenannte «2te Potsdamsche», das im gleichen Muster gearbeitet ist, nur anstelle der orangefarbenen Randzwickel eine grüne Bemalung aufweist, die zu der Bezeichnung «das grüne Tafelservice» führte. *Tafel* 18

Kurze Zeit nach Fertigstellung des ersten Potsdamschen Services wurden 1767 im königlichen Auftrag für weitere Schlösser Service angefertigt, für die ein neuer Dekor, das «Antique Zierathe», entwickelt wurde. Diese Form ist jedoch nicht mehr ganz so prachtvoll wie der ganz aus dem Geist des Rokokos entstandene Reliefzierat. Die gewellten Ränder der Gefäße und Teller wurden mit einem antikisierenden bandumwickelten Stabbündel eingefaßt. An diesem Stabbündel liegen nach innen zu vier schmale, von kleinen Rocaillen eingefaßte Flächen, die mit einem farbigen Schuppenmosaik geschmückt sind und im übertragenen Sinne noch an die Form der Rocaillenzwickel des Reliefzierats erinnern. Anstelle der geschwungenen, zur Mitte hin laufenden Rocaillen wird die Fläche der Geschirre beim Antikzierat nur noch durch gerade, schwach plastisch gewellte Rippen gegliedert, die jeweils von den Schuppenmosaikfeldern ausgehen. Insgesamt ergeben sich aber aus diesem Dekor dem Reliefzierat gegenüber größere Flächen für die Malerei, die wie bei diesem ebenfalls aus Blumenarrangements im Spiegel der Teller und Platten sowie aus gerissenen Blütengirlanden an den Rändern zwischen den Mosaikfeldern bestehen.

Nach diesem neuentwickelten Muster wurden 1768 drei Service gefertigt, die sich voneinander nur durch die Farbe des Schuppenmosaiks unterscheiden. Das wohl bedeutendste und heute noch in vielen Teilen im Kunstgewerbemuseum Berlin erhaltene war für das Stadtschloß in Breslau bestimmt. Es zeigt die *Tafel* 19, 30, 31

Berliner Blumenmalerei, die etwa bis 1770 den Hauptanteil der Porzellanmalerei ausmachte, auf dem Höhepunkt der Entwicklung. Als Grundfarbe des goldstaffierten Schuppenmosaiks wurde für dieses Service ein tief leuchtendes Blau gewählt, das die Farbtechniker der Manufaktur gerade erst entwickelt hatten. Die an einigen Stellen auftretenden Unzulänglichkeiten im Glanz der Farbe zeigen die Schwierigkeiten, die mit der Entwicklung einer neuen Farbpalette verbunden waren, machen zugleich aber auch den künstlerischen Anspruch der Manufaktur sichtbar, nicht nur im Herkömmlichen zu verharren, sondern von Anfang an auch durch Neuentwicklungen zu eigenständigen Leistungen zu gelangen.

Wie bei dem Service für das Neue Palais, so sind auch hier die Blumen zu einem losen Arrangement geordnet, jedoch sind sie diesem gegenüber großflächiger angelegt und von einer stärker hervortretenden frischen Farbigkeit. Dargestellt sind wieder die einheimischen Blumen: verschiedenartige Tulpen, gefüllter Mohn, Windblütler, Iris, Glockenblumen und Gräser, manchmal auch Schmetterlinge und Insekten. Unmittelbar nach Fertigstellung des Breslauer Services entstanden zusammen die beiden anderen Service im Muster «Antikzierat», wovon das
Tafel 33
eine ein rotes und das andere ein gelbes Schuppenmosaik erhielt. Beim «roten Service» wurden die bis dahin losen Blumenbuketts zum ersten Mal zu festen, gebundenen Sträußen gefaßt, eine formale Änderung, die in dieser Form weiterhin charakteristisch für die Blumendarstellung der Berliner Manufaktur werden sollte. Die purpurrote Farbe, die diesem Service seinen eigenen farblichen Charakter verlieh, war wie das Blau für das Breslauer Service eine Neuentwicklung der Manufaktur und wurde hier erstmals in den Schuppenfeldern und in der Porzellanmalerei überhaupt verwendet. Stilistisch ist die Malerei hier auf ihrem künstlerischen Höhepunkt, wobei sich eine immer engere Anlehnung an das Naturvorbild bemerkbar macht und die künstlerische Umsetzung nicht mehr so frei und unbekümmert ist wie etwa beim ersten Potsdamschen und noch auf verschiedenen Teilen des Breslauer Services. Dennoch gehört die Blumenmalerei dieses Services zum Besten überhaupt, was in der Porzellanmalerei der zweiten Hälfte des 18. Jahrhunderts geschaffen wurde.

Erst das «gelbe Service», 1770/71 entstanden, läßt dem blauen Breslauer und dem roten Service gegenüber eine weniger freie Umsetzung der Blumen erkennen. Hier wird dem Naturvorbild entsprechend eine exaktere und detailgetreuere Wiedergabe angestrebt, dabei beginnt aber die Malerei selbst schon etwas trockener und kraftloser zu werden, obwohl sie noch immer von einer imponierenden Farbigkeit und Leuchtkraft ist. Den künstlerischen Ruf, den sich die Malerei der Manufaktur in einer nur relativ kurzen Zeit von 1763 bis 1770 mit ihren großartigen Servicen und vielen bedeutenden Einzelarbeiten erworben hatte, veranlaßte Grieninger zu folgender Feststellung: «Die Blumenmalerei auf den Berliner Porzellanen, sagen alle Kenner, die Sachsen selbst, ist die schönste, die man jemals gesehen hat. Der Grund zu diesem Lob liegt wohl hauptsächlich darinnen, weil die Maler hauptsächlich angehalten werden, die schöne Natur auf das Genaueste zu kopieren. Drei derselben: (Johann Friedrich) Schulze, (Johann Baptist) Pfurzel und (Johann Friedrich) Raschke, die bei der Manufaktur das Malen unter Aufsicht des (Isaak) Clauce sen. und des Hofmalers (Karl Wilhelm) Böhme erlernt haben, zeichnen sich durch ihre Geschicklichkeit ganz besonders aus, und ihre Kopien sind ganz vortrefflich.» [107]

1769/70 entstanden für Schloß Sanssouci zwei Service, von denen sich aber nur noch wenige Teile erhalten haben, darunter der hier abgebildete Frucht- *Tafel* 38
korb mit ovaler Platte.

Das Modell folgt dem bekannten Meißener «Oziermuster», bei dem der Rand der Gefäße passig geschwungen ist und ein leicht reliefiertes Flechtmotiv zeigt. Der «geflochtene Rand», zartgelb bemalt,

wird entsprechend den Schwüngen durch goldstaffierte Blütenzweige unterteilt, an denen unterhalb des Randes ebenfalls goldene, gerissene Blütengirlanden hängen. In der Mitte der Schale befindet sich ein aus Bögen gebildeter Einsatz, in der der von einer Flora getragene, gitterartig durchbrochene Fruchtkorb mit gleichem Muster steht. In der von Friedrich Elias Meyer modellierten Figur, die auf einem hohen, grasbedeckten Sockel steht und von einem kleinen Knaben begleitet wird, kommt bereits ein stark klassizistischer Grundzug zum Ausdruck, der sich vor allem in der zurückhaltenden gelben und violetten Farbgebung und der schlanken, mit einem antikisierenden Gewand bekleideten Frühlingsgöttin und ihrer statuarischen Haltung zeigt.[108]
Tafel 39 Die Malerei beschränkt sich hier auf zwei in die Fläche der Platte gesetzte, in Wolken schwebende Puttengruppen nach Vorbildern des französischen Malers François Boucher, die in Berlin «Purpurfliegende Kinder» genannt wurden. Überhaupt macht sich nach 1770 ein Zurückgehen der Blumenmalerei bemerkbar. Statt dessen bevorzugte man die Boucherschen Putten sowie Darstellungen nach Motiven anderer berühmter Künstler.

So wurde zum Beispiel ein Frühstücksservice mit Szenen aus Lessings «Minna von Barnhelm» nach Stichen von Daniel Chodowiecki bemalt. Aber auch Schlachtenszenen, Vogeldarstellungen und Themen nach Gemälden der berühmten französischen Rokokomaler Watteau, Lancret und Boucher erfreuten sich größter Beliebtheit.

Die Anregungen für ihre Darstellungen entnahmen die Maler den vielfältigen Kupferstichvorlagen, die in dieser Zeit nach den bedeutendsten Werken der berühmtesten Meister des 17. und 18. Jahrhunderts angefertigt wurden und als Bücher, Serien oder Einzelblätter weit verbreitet waren. In der Manufaktur hatte man diese Stiche auf Pappen aufgezogen und den Malern als Vorbilder zum Übertragen auf das Porzellan zur Verfügung gestellt. «Man kann ohne Übertreibung behaupten, daß mit wenigen Ausnahmen alles, was in der Berliner Manufaktur an figürlicher Malerei produziert worden ist, auf Kupferstichvorlagen zurückgeht», hatte Charles Foerster in einer Studie zu diesem Problem geschrieben.[109] *Tafel* 22 Dabei wurden diese Vorbilder jedoch nicht in der vorgegebenen Form von den Malern einfach kopiert, sondern immer nur solche Gruppen, Einzelfiguren, Landschaften und Details, wie sie für den zur Verfügung stehenden Platz und entsprechend den Einzelheiten der Porzellanmalerei benötigt wurden. Auch Zusammenstellungen aus verschiedenen Vorlagen, manchmal geschickt, manchmal weniger qualitätvoll, wurden vorgenommen.

Neben der farbigen Malerei wurde an der Berliner Manufaktur auch die Camaieumalerei mit besonderer Vorliebe gepflegt, wobei die Farben Purpur, Eisenrot, Grau, Schwarz, Grün und Blau dominierten. *Tafel* 28

Für das zweite, zwischen 1769 und 1770 für Schloß Sanssouci gefertigte «Japanische Service» wurde das Muster «Neuglatt» entwickelt, das Köllmann «einen graziösen und liebenswürdigen Nachzügler des Rokoko» nannte, obwohl das bestimmende Ornament dieser Zeit, die Rocaille, nur noch an den vielfach gebogten Rändern der Geschirre in Ansätzen vorhanden ist.[110] Die sparsame Anwendung plastischer Gestaltungsornamente bei diesem Muster ließ aber der Malerei und Vergoldung einen besonders großen Spielraum, woraus sich wiederum eine große Vielfalt künstlerischer Gestaltungsmöglichkeiten gerade dieses Musters ergab. Das «Japanische Service», wohl ursprünglich für das Chinesische Teehaus im Park von Sanssouci gedacht, dann aber im Schloß benutzt, zeigt auf den hellgelb bemalten Fahnen der Teller einen aus vergoldeten Blattranken gebildeten Kranz von Ovalen, in denen sich in Eisenrot und Gold gemalte Blüten befinden. Seinen Namen erhielt aber das Service nach den anmutig gemalten Chinesenszenen in den Spiegeln der Teller und Platten, die in ihrer speziellen Form und Darstellung jedoch nicht auf ostasiatische Vorbilder zu-

rückgehen, sondern auf Stiche nach Gemälden von Boucher, vor allem auf die Folge «Suite de Figures
Tafel 36 Chinoises». Aber auch andere, teils von holländischen Meistern stammende Vorlagen, deren Figuren die Maler der Manufaktur in freier Phantasie verwandten und als Chinesen verkleideten, konnten als Anregung nachgewiesen werden. Die Bezeichnung «Japanisches Service» für die Darstellung chinesischer Motive findet ihre Erklärung in den noch ungenügenden geographischen Kenntnissen in dieser Zeit, in der man die Motive aus Japan und China noch nicht exakt zu unterscheiden wußte.

Zur Plat de Menage dieses Services gehört auch der hier abgebildete Fruchtkorb in Form eines Palmenstammes, um den eine in chinesischer Phantasietracht gekleidete Frauenfigur sowie ein Chinesenkind, das nach einem Papagei in der Hand der Frau
Tafel 37 greift, gruppiert sind. Vergleicht man diese von Friedrich Elias Meyer modellierte Gruppe, «eine chinesische Historie darstellend», mit denen des Teepavillons von Sanssouci, so kommt auch hier eine inhaltliche und sogar formale Übereinstimmung zwischen dem Porzellan und den Räumlichkeiten zum Ausdruck, wie sie für viele der friderizianischen Rokokoservice charakteristisch war.

Zwischen 1770 und 1772 entstand ein Service im gleichen Muster für Schloß Charlottenburg, das jedoch durch seine Malerei und Vergoldung eine andere künstlerische Auffassung widerspiegelt. Besonders die Betonung und die farbige Fortsetzung der reliefierten Rocaillenansätze an den Rändern sowie die daran befestigten Blüten trugen zu einer Auflockerung der Formen bei, die damit wieder viel leichter und dekorativer im Sinne des von Friedrich II. bevorzugten Rokokos geworden sind. Das Hauptmotiv der Malerei des Services ist ein umgestürzter Blumenkorb, der an einem auf einer Wiese stehenden Rosenstock lehnt. Vereinzelt sind auf den großen weißen Flächen zur Belebung der Szene
Tafel 40 prächtige Schmetterlinge und winzige Insekten hinzugefügt.

In dem profunden gestalterischen Unterschied zwischen beiden Servicen ein und desselben Musters wird die Variationsbreite dieser späten Rokokoform sichtbar, die sich auch in dem daraus entstandenen Muster «Königsglatt» zeigt, bei dem der zwölffach geschwungene Rand der Teller noch einmal durch einen Kranz herumgezogener Ovale bereichert wurde.

Eine weitere Variation des gleichen Musters ist das «Königsglatt mit Palmendurchbruch», bei dem der Bord des Desserttellers in der Art sich überkreuzender Palmenzweige durchbrochen ist.

In den Jahren 1780/1781 entstand im königlichen Auftrag ein Service im Muster «Englischglatt», das heute nur in ganz wenigen Stücken erhalten ist und bei dem sich bereits ein starker Einfluß des französischen Louis-seize im Henkel und am Knauf der Kanne bemerkbar macht. In der allgemeinen Ver- *Tafel* 52, 56 sachlichung der Formen dieses Services ist aber auch der vom englischen Kunsthandwerk dieser Zeit ausgehende Einfluß erkennbar, wie er auch im Namen des Musters seinen Niederschlag gefunden hat. Die nur sechsfach geschweiften Ränder der Teller, Platten und Gefäße sind mit einer feinen Netzwerkkante und einer daran dicht anliegenden Blütengirlande geschmückt, während der Spiegel der ovalen Platte ein gemaltes Blumenbukett in Purpurrot, einer gerade erst entwickelten Farbe, zeigt. Aus dem Zusammenklang des Purpurrots und des Goldes am Rand und an den Griffen der Platte ergibt sich die vornehm zurückhaltende Wirkung dieses Dekors, der damit im Gegensatz zu dem Überschwang der Formen und der Farbe des Rokokos deutlich den Wandel zum Klassizismus erkennen läßt.

In den achtziger Jahren gab der König noch einmal zwei Service in Auftrag, für die wieder ein prachtvoller Dekor im Stile des Rokokos entwickelt wurde, obwohl man sich auch in der Berliner Manufaktur ganz allgemein schon auf die Anwendung der klassizistischen Formen, Dekore und Farbtöne eingestellt hatte.

Bei dem neuen, etwa seit 1780 entstandenen Muster «Neuzierat», das zuvor nur für Kaffee- und Teegeschirre Verwendung fand, wurde der geschwungene Rand der «englischglatten» Form wieder mit stark reliefierten Rocaillen versehen, die wie beim «Reliefzierat» auf dem Rand der Teller sechs große Zwickel bildeten und wie dort auch auf die Spiegel und übrigen Flächen der Gefäße übergingen, jedoch nicht so weit und rokokohaft geschwungen, sondern in einer verkürzten blattstielähnlichen Form. Ganz im Sinne des Rokokos sind bei den 1781 für Schloß Charlottenburg bestellten Service mit «Mythologischen Historien» wieder die Ränder und Zwickel mit einer stark betonten Goldmosaikkante staffiert und mit Blumengehängen und Sträußen in Eisenrot *Tafel* 53 und Gold dekoriert. Die Spiegel der Teller und die Flächen der Gefäße jedoch blieben der Malerei vorbehalten, für die sich der König Darstellungen aus den «Ovidischen Verwandlungen» wünschte. Eigens zur Absprache der Malereien wurde ein Mitarbeiter der Manufaktur nach Schloß Sanssouci bestellt, um dort vom König genaue Anweisung für die Wahl der entsprechenden Szenen entgegenzunehmen. Dieser Mitarbeiter hatte jedoch die Angaben des Königs nicht richtig verstanden und deshalb Schwierigkeiten bei der Weiterleitung an die Maler. Da man es jedoch nicht wagte, den König noch einmal in dieser Angelegenheit zu konsultieren, wurde das gemalt, was man glaubte verstanden zu haben. Jedoch riefen die in eisenroter Camaieumalerei ausgeführten mythologischen Historien nach der Ovidschen Dichtung das Mißfallen des Königs hervor, weil zum Verständnis und zur Illustration der von ihm gewünschten Szenen oftmals entscheidende Figuren und Darstellungen fehlten oder zur künstlerischen Abrundung der Malerei einfach Figuren hinzugefügt wurden.[111]

Als Vorlage für diese mythologischen Historien dienten eine zwischen 1761 und 1771 in Paris herausgegebene illustrierte vierbändige Ausgabe der «Metamorphoses d'Ovide» und Stiche nach Gemälden von Boucher, aus dem die Motive entnommen und zusammengestellt wurden.[112]

Ebenfalls auf Anregung des Königs geht das 1784 gefertigte «hellblaue Service» zurück, das anstelle des Goldmosaiks an den Rändern und in den Zwikkeln der Rocaille zartblau bemalt ist. Das helle *Tafel* 54, 55 Blau war die Lieblingsfarbe des Königs und wurde verschiedentlich auch in seinen Wohnräumen verwandt. Als Porzellanfarbe jedoch existierte es bis dahin noch nicht, obwohl sich der König schon lange ein Service in dieser Farbe wünschte. Deshalb erteilte er bereits 1779 den Auftrag, «... das bleu morant, das der Manufaktur noch fehlet, hervorzubringen». Bis zum Jahre 1782 sollte es dann aber noch dauern, ehe den Farbchemikern die Herstellung des «sterbenden Blau» gelang.[113] Gegenüber dem ersten Service mit «Mythologischen Historien» ist das blaue Service durch die zarte, verhaltene Farbe anstelle des Goldmosaiks sowie durch das Fehlen der Blumengirlanden und Gebinde auf den Rändern schon einfacher und ruhiger im Sinne einer sich durchsetzenden klassizistischen Haltung. Auch in den Formen des antikisierenden, viereckig gebrochenen Henkels und des Pinienzapfens der Deckelknäufe macht sich der Einfluß des Klassizismus an diesem noch rokokohaft gedachten Service bemerkbar. Die Blumenmalerei auf den freien Flächen der Teller und Gefäße ist betont zurückhaltend, zart in der Farbe, auch kleinformatig angelegt, so daß die weiße Fläche des Porzellans gegenüber der Malerei ein größeres Gewicht erhält.

Die Geschenkporzellane Friedrichs II. · Das Dessertservice für Katharina II.

Seit Bestehen der Manufaktur wurden vom König außer den einundzwanzig Servicen für die Ausstattung seiner eigenen Schlösser auch immer wieder Aufträge für mehr oder weniger aufwendige Geschenke erteilt, die an verwandte Fürsten, verdiente

Persönlichkeiten oder an politische Freunde gingen, entweder als Dank für erwiesene Leistungen oder aber auch zur Erhaltung oder Schaffung guter politischer Verhältnisse zwischen Preußen und den entsprechenden Staaten.

So wurde schon 1766 ein dem zweiten Potsdamschen Service entsprechendes Tafelgeschirr mit grünen Zwickeln für den Markgrafen Karl Wilhelm Friedrich von Ansbach, den Schwager Friedrichs II., Tafel 18 geliefert. Im gleichen Jahr folgten ein Tafelservice für den Fürsten Joseph Wenzel von Lichtenstein in Wien und ein Tête-à-tête für den General de la Motte Fouqué. 1767 erhielt der Prinz von Oranien anläßlich seiner Hochzeit mit der Nichte des Königs, der Prinzessin Friederike Sophie Wilhelmine von Preußen, ein Tafelgeschirr und später noch ein Dessertservice zum Geschenk.

1772 bekam der russische Thronfolger Großfürst Paul einen vielteiligen aus Porzellan gefertigten Kronleuchter geschenkt und im Jahre 1776 anläßlich eines Besuches in Berlin und Potsdam ein großes Speiseservice vom Muster «Antikzierat», das mit Festungsplänen und geographischen Karten aus dem Russisch-Türkischen Krieg bemalt war. Der hier abgebildete Dessertteller mit seinem reich staffierten und dem Breslauer Service entsprechenden gitterartig durchbrochenen Rand zeigt in sehr feiner Malerei die Seeschlacht im Hafen von Tschesme, wo die türkische Flotte 1770 vernichtend geschlagen Tafel 45, 46, 47 wurde.

Die Malerei dieser Teller könnte von dem Maler Carl Wilhelm Böhme stammen, der bereits 1761 von Meißen zu Gotzkowski übergewechselt war und sich als Radierer von Seeprospekten und Landschaften einen besonders guten Ruf erworben hatte. Von 1763 bis 1789 war Böhme, der den Titel eines königlichen Hofmalers trug, Vorgesetzter der Malerei an der Porzellanmanufaktur. In dieser Eigenschaft lieferte er auch Entwürfe und Vorlagen, von denen sich fünf Landschaftsradierungen bis heute erhalten haben.

Das wohl aufwendigste und künstlerisch bedeutendste Geschenk, ein umfangreiches Dessertservice mit einem großen, aus vielen figürlichen Teilen bestehenden Tafelaufsatz, erhielt im Jahre 1772 die russische Zarin Katharina II.[114] Die Ursachen für Tafel 41 dieses wahrhaft «königliche» Geschenk liegen bereits in den politischen Ereignissen am Ende des Siebenjährigen Krieges begründet. Als die russische Kaiserin 1762 die Einstellung des Krieges gegen Preußen beschloß und Friedrich II. deshalb seine militärischen Operationen nur noch gegen Österreich und dessen andere Verbündete zu richten brauchte, waren die entscheidenden Voraussetzungen für einen preußischen Sieg gegeben. Ein nach dem Hubertusburger Frieden von 1763 zwischen Rußland und Preußen geschlossenes Verteidigungsbündnis stärkte politisch und militärisch die Stellung Friedrichs II. gegen eine erneute Übermacht Österreichs so, daß es sogar als Eckpfeiler der preußischen Politik angesehen wurde und deshalb möglichst lange erhalten bleiben sollte. Zur Festigung dieses politischen Bündnisses wurden zwischen beiden Monarchen wiederholt Geschenke zwischen St. Petersburg und Berlin ausgetauscht. 1770 erhielt Friedrich nach dem Austausch von mehreren Gemälden von Katharina II. einen kostbaren Pelz, so daß es verständlich war, daß der preußische König ihr wiederum ein dementsprechend wertvolles Präsent dedizieren wollte. Recherchen des preußischen Gesandten in der russischen Residenz, von Solms, ergaben, daß zum Beispiel auch Porzellan willkommen sei.

Darauf erteilte Friedrich II. am 8. April 1770 in einer Kabinettsorder der Manufaktur den Auftrag zur Herstellung eines Dessertservices mit Tafelaufsatz, das aber «nicht über Sieben Tausend und einigen Hundert Reichsthaler zu stehen» kommen sollte.

Den Mittelpunkt des Services stellt ein aus vielen Einzelfiguren und Gruppen bestehender Aufsatz dar, der die Verherrlichung der Taten der Kaiserin im Frieden und im Kriege – der Russisch-Türkische Krieg war gerade gewonnen – zum Inhalt hat. Mit der Ausführung des Tafelaufsatzes, der, wie Grieninger berichtete, vom König selbst konzipiert war, beauftragte man Friedrich Elias Meyer sowie seinen Bruder Wilhelm Christian. Das Zentrum des Aufsatzes bildet ein durch Stufen erhöhtes Podest mit einem von Säulen getragenen Baldachin, unter dem die Kaiserin, begleitet von den Göttern Mars und Bellona, Herkules und Minerva, den Sinnbildern ihrer Macht und Stärke, thront. Rechts und links neben der mit Krone und Reichsapfel ausgestatteten Kaiserin stehen die mit verbundenen Augen dargestellte Justitia und die Göttin Themis als Symbole der Gerechtigkeit. Neben diesem künstlerisch herausragenden Mittelteil sind zu beiden Seiten zwei Gruppen mit Vertretern russischer Völkerschaften postiert, die in devoter, ehrfürchtiger Haltung der Kaiserin ihre Verehrung und Huldigung entgegenbringen. Bezogen auf den russischen Sieg über die Türken, folgen gefesselte türkische Krieger mit Trophäen. Zwölf weitere Einzelfiguren von Angehörigen russischer Volksgruppen sowie die Allegorien der Sieben Freien Künste, von denen hier die von Wilhelm Christian Meyer modellierte Malerei und Astronomie abgebildet sind, vollenden die Huldigung der russischen Zarin in harmonischer Weise.

Tafel 41

Tafel 42, 43

Zur Betonung und künstlerischen Bedeutungssteigerung der Hauptgruppe des Aufsatzes blieben der Thron, die Kaiserin und die auf den Podesten des Thrones sitzenden Götterfiguren im Gegensatz zu den sich rechts und links anschließenden Gruppen und Einzelfiguren unbemalt, so daß sich durch das hervorstechende Weiß eine nahezu denkmalhafte Überhöhung ergab.

Den Hauptanteil der plastischen Gestaltung hatte der Berliner Bildhauer Wilhelm Christian Meyer übernommen, der zwar nicht fest bei der Manufaktur angestellt war, aber auf Grund seiner hervorragenden Fähigkeiten viele Modelle für Porzellanplastiken entworfen hatte. Sein Bruder Friedrich Elias wird indessen als Modellmeister die künstlerische Gesamtverantwortung für diesen Aufsatz getragen haben, obwohl von seiner Hand nur die Zarin, die sie begleitenden Justitia und Themis sowie die zwölf Figuren russischer Völkerschaften stammen. Die Herkunft aller anderen Plastiken hingegen ist durch Rechnungsbelege für Wilhelm Christian Meyer gesichert.

Für die Modellierung und Bemalung der russischen Volkstypen standen der Manufaktur Zeichnungen zur Verfügung, die der 1766 von Berlin nach St. Petersburg übergesiedelte Mathematiker Leonhard Euler beschafft hatte, sowie einige andere illustrierte Trachtenwerke des 18. Jahrhunderts. Trotz dieser Vorlagen wurde eine getreue Wiedergabe dieser Figuren im ethnographischen Sinne jedoch nicht erreicht.

Zu diesem umfangreichen Tafelaufsatz gehörten weiterhin einhundertzwanzig bemalte Teller, einhundertzwanzig vergoldete Silberbestecke mit bemalten Porzellangriffen, Blumenschalen, Konfektschalen, Cremetöpfchen, Leuchter sowie die unterschiedlichsten Schüsseln und Platten, so daß sich die Fertigstellung des Auftrages bis zum Frühjahr 1772 hinzog. Besondere Schwierigkeiten ergaben sich bei der Herstellung der Figur der Kaiserin, die sechsmal beim Brennen mißlang und erst beim siebenten Mal zur Zufriedenheit ausfiel.

Die Dessertteller des Services entsprachen dem Muster «Königsglatt mit Palmendurchbruch», wobei der durchbrochene Rand jedoch an vier sich jeweils gegenüberliegenden Stellen mit dem durch eine Zarenkrone geschmückten Monogramm der Kaiserin bereichert wurde. Wie die türkischen Kriegerfiguren, so nimmt auch die Malerei im Spiegel der Teller des Services auf den Russisch-Türkischen Krieg Bezug. Vor allem sind es Kriegs- und Lagerszenen – der hier abgebildete Teller zeigt das Beschlagen eines Pferdes in einem russischen Feldlager –, von Johann Balthasar Borrmann gemalt. Borrmann war bereits 1761 von Meißen, wo er als einer der besten

Tafel 44

Prospekt- und Landschaftsmaler galt, an die Berliner Manufaktur Johann Ernst Gotzkowskis übergewechselt.

Nach Fertigstellung der umfangreichen Arbeit im April 1772 stellte man das Service in Berlin vierzehn Tage zur Besichtigung durch die interessierte Öffentlichkeit zur Verfügung, die von dieser Möglichkeit dann auch in einem solchen Umfang Gebrauch machte, daß «... das unordentliche Zudringen kaum durch die Soldaten, Wachen, welche alle Zugänge besetzet hatten, konnte abgehalten werden», wie Manufakturdirektor Grieninger 1772 in seinem Bericht schrieb.

Mitte Juli, als alles sorgfältig verpackt war, erfolgte der Transport des Kunstwerkes nach St. Petersburg und die Übergabe an die Zarin.

Weitere Erzeugnisse aus dem Fertigungsprogramm · Tee-, Kaffee- und Toilettenservice, Vasen, Uhren

Neben den großen, prachtvollen Tafelgeschirren, die jeweils die künstlerischen Glanzleistungen der Manufaktur darstellten, entstanden eine Vielzahl von Kaffee-, Tee- und Schokoladenservicen, die sowohl auf königliche Bestellung als auch und vor allem für den Verkauf in den unterschiedlichsten Formen produziert wurden. Im Zusammenhang mit den erst seit dem ausgehenden 17. Jahrhundert in Europa bekannt gewordenen exotischen Getränken hatten sich diese Service als eine besondere Geschirrform herausgebildet, die durch kein anderes Material, etwa Silber, Zinn oder Fayence, ersetzt werden konnte.

Zu einem vollständigen Kaffee- oder Teegeschirr gehörten im allgemeinen eine Kaffeekanne, eine Teekanne, ein Milchkännchen, eine Zuckerdose, eine Teebüchse, zwölf oder sechs hohe und ebenso viele schalenförmige, flache Tassen. Für Schokolade entstand in der ersten Hälfte des 18. Jahrhunderts eine zylindrische Kannenform mit einem röhrenförmigen Tüllenausguß und einem langen, meist hölzernen Stielhenkel.

Je nach Umfang und Zweck trugen die Service besondere Bezeichnungen wie Dejeuner oder Tête-à-tête als Frühstücksservice für zwei Personen oder Solitär für nur eine Person, wobei fast immer zu diesen kleineren Servicen eine ovale oder rechteckige Platte zum Servieren oder Abstellen der Tassen und Kannen gehörte. *Tafel* 21

Im plastischen Dekor und in der Malerei bestand zwischen den großen Tafelservicen und den Kaffee- und Teegeschirren stets ein enger Zusammenhang, wobei die Muster sowohl zuerst bei den Kaffeegeschirren als auch bei den Tafelservicen auftraten, ehe sie dann zum Allgemeingut wurden. Aus der Vielfalt der von der Manufaktur im 18. Jahrhundert entwickelten Formen sollen hier nur einige der wichtigsten herausgenommen werden.

Eine für die sechziger Jahre typische Form des Kaffeegeschirrs stellt das sogenannte «Radierte Dessin» dar, ein Muster, das bereits unter Gotzkowski entstanden war und aus dem sich durch die Übertragung auf das für das Neue Palais gefertigte erste Potsdamsche Tafelservice der «Reliefzierat» entwickelt hatte. Während die Rocaillen beim «Radierten Dessin» noch unterhalb der Ränder ansetzten und eine breitere Randzone freiließen, wurden sie beim «Reliefzierat» bis an die Kante gezogen und bildeten so die für diesen Dekor typischen Zwickel und Kartuschen.

Das hier abgebildete Kaffee- und Teeservice mit blau «emaillierten Blumen» dürfte entsprechend seiner Form ebenfalls noch unter Gotzkowski entstanden sein, denn die Kanne zeigt den für diese Periode typischen Asthenkel und den Maskaronausguß, obwohl das Geschirr bereits die Zeptermarke der königlichen Manufaktur trägt, die sich aber nur auf die Malerei mit Goldstaffierung bezieht. *Tafel* 17

Durch die nahtlose Fortsetzung der Produktion sowie durch die Übernahme der Modelle Gotzkowskis in die königliche Manufaktur wurde dieses Muster in seiner ursprünglichen Form noch weiterhin beibehalten, bis sich der «Reliefzierat» beim ersten Potsdamschen Tafelservice in seiner klassischen Form herausgebildet hatte. Eine Abwandlung dieses wohl schönsten Musters der Berliner Manufaktur stellt der «Reliefzierat mit Kartuschen» dar, mit dem die hier wiedergegebene Kanne und Teebüchse eines Services aus der Zeit um 1765 verziert sind. *Tafel* 20, 28 Bei dieser Kanne sind die konservativ anmutenden Ast- und Maskaronhenkel durch Rocailleformen ersetzt. Unterhalb der durch eine Goldspitzenkante und ein Schuppenmosaik betonten Ränder befinden sich zu beiden Seiten durch goldstaffierte Rocaillen eingefaßte Kartuschen mit in Purpur-Camaieu gemalten Szenen nach Watteauschen Vorlagen. Die übrigen Flächen der Gefäße dieses Musters sind dann mit senkrechten purpurfarbenen Spalierstäben geschmückt, auf denen goldene Blütenranken liegen, ein Motiv, das ebenfalls auf den Randkartuschen der Teller und Platten des ersten Potsdamschen Tafelservices zu finden ist.

Die Kaffee- und Teegeschirre wurden aber nicht nur in den von der Manufaktur selbst entwickelten Mustern hergestellt, sondern man übernahm auch bewährte Formen und Dekore anderer Manufakturen. Besonders gefiel das Meißener «Ozier», ein plastischer Randdekor, der einem Korbflechtmuster nachgebildet ist. Bereits unter Gotzkowski wurde ein solches Muster «mit Kobergeflochtenem Rand» hergestellt und blieb seit dieser Zeit auch im Programm der königlichen Manufaktur. Selbst Friedrich II. hatte sich für Schloß Sanssouci um 1770 ein Tafelservice dieser Art anfertigen lassen, das mit «Purpurfliegenden Kindern» nach Boucher in Purpur-Camaieu bemalt war. Diesem Service entsprechend entstand um 1770 auch ein Kaffeegeschirr, bei dem der Ozierrand in gleicher Weise zartgelb staffiert und mit dünnen vergoldeten Laubwerkranken geschmückt war. Auf den Flächen der Kanne und Tassen sowie den Spiegeln der Teller tummeln sich in duftigen Wolken die vergnügt spielenden Boucherschen Putten, die in nahezu pointillistischer Weise in Purpur wie hingetupft erscheinen. *Tafel* 38

Während dieses Service mit seinem Dekor und seiner Malerei noch ganz den heiteren, anmutigen Formen des späten Rokokos entspricht, beginnt sich in den siebziger Jahren bereits eine strenge, klassizistische Formenauffassung durchzusetzen, wie bei dem Dejeuner im Muster «Neuglatt» mit antikisierenden Köpfen in Grisaillemalerei. Das Muster selbst ist durch Verzicht auf plastischen Reliefdekor wesentlich einfacher geworden, nur eine schmale gemalte Abschlußbordüre betont die Ränder der Gefäße, Teller und Platten. In der Darstellung antiker Porträtköpfe «en medaillon», die seit etwa 1773 an der Manufaktur nachzuweisen sind, kommt bereits die immer deutlicher in Erscheinung tretende Ablösung des Rokokos durch antikisierende Formen und Dekore zum Ausdruck, wobei die Anregung zur Darstellung antiker Porträts im Zusammenhang mit der in dieser Zeit weitverbreiteten Mode des Sammelns von Abgüssen antiker geschnittener Steine und Münzen zu sehen ist. Als Vorlagen dieser Art der Malerei, die immer in Camaieutechnik ausgeführt ist, dienten zeitgenössische Kupferstichwerke mit Abbildungen antiker Porträts, die sich in der Vorlagensammlung der Manufaktur befanden.

Das hier abgebildete Dejeuner zeigt auf einem rotbraunen Grund die in Grisailletechnik gemalten Köpfe römischer Kaiser und Feldherren, unter anderem Alexanders des Großen, Julius Cäsars, Hannibals und Marcellus'. Außer dem hier verwendeten rotbraunen Fond wurde diese Art der Malerei, *Tafel* 60 auf die sich der Maler Franz Tittelbach spezialisiert hatte, auch in Eisenrot auf Goldgrund oder Grau auf rosa Grund ausgeführt.

Um 1780 ist ein Dejeuner mit Schattenrissen und Namenszügen der königlichen Familie entstanden, dessen Malerei der in dieser Zeit allgemein verbreiteten Silhouettenmode folgt, für die in der Manufaktur der Maler Friedrich Wilhelm Dittmar zuständig war. Die ihrem Charakter nach den Scherenschnitten ähnliche Malerei wurde in schwarzer Farbe auf grauem, weißem oder zartgelbem Grund ausgeführt, wobei die Darstellungen immer von einem meist von Lorbeerranken umkränzten Medaillon umgeben werden.

Tafel 61

Die glatten Untertassen des Services sind am Rand mit einem goldgravierten Band geschmückt, das mit roten Immortellenblüten besetzt ist. Im Spiegel befindet sich in goldener Kursivschrift das Monogramm des auf der zylindrischen Tasse Dargestellten; auf der Kanne und Teebüchse ist das Monogramm auf der dem Porträt gegenüberliegenden Seite angebracht.

Neben den Kaffee- und Teegeschirren nahm aber auch die Herstellung von Vasen einen bedeutenden Platz im Produktionsprogramm der Manufaktur ein. Durch die Einfuhr monumentaler Vasen aus China und Japan sowie durch Nachbildungen in holländischer und deutscher Fayence hatten sie sich bereits seit dem Ende des 17. Jahrhunderts zu wichtigen Attributen der barocken Innendekoration entwickelt. In Gruppen oder Sätzen zu drei oder fünf Stück, der Größe und der Form nach unterschiedlich gearbeitet, bildeten sie auf Kaminsimsen, Schränken, Konsoltischchen und Podesten Glanzpunkte der dekorativen Ausgestaltung der Wohn- und Festräume des 18. Jahrhunderts.

Diesem Bedürfnis Rechnung tragend, entwarfen bedeutende Künstler für die königliche Manufaktur Vasen mit reichen plastischen Dekoren und schönen Malereien, so auch Michael Hoppenhaupt der Jüngere. Aus der Vielzahl der vorhandenen Vasenmodelle sollen hier nur zwei Beispiele ausgewählt werden, die in ihrer Form und Dekoration bereits deutlicher als die Service den Einfluß des Klassizismus erkennen lassen. Großer Beliebtheit erfreute sich eine in drei Größen gefertigte und als «Apothekertopf» bezeichnete Vasenform, deren eiförmiger, glatter Körper mit reichen Malereien, wie Blumenbuketts, Rosenranken und Porträts, geschmückt wurde. Das Porträt des Königs auf dieser um 1780 entstandenen Vase ist in einem von Lorbeergirlanden geschmückten Medaillon in Grisaillemalerei ausgeführt, die, wie die glatte und in ihrem Umriß geschlossene Form der Vase selbst, bereits den strengen Stil des Klassizismus vertritt.

Tafel 59, 62

Auch das der gleichen Zeit angehörende Beispiel einer Kaminvase in «Flötenform» mit «Porphyrgrund» ist ganz im Sinne der neuen klassizistischen Formenauffassung gestaltet, die vor allem in dem streng gegliederten und durch antikisierende Dekorationsmotive unterteilten Aufbau sichtbar wird.

Tafel 58

Entsprechend dieser streng tektonischen Gliederungsabsicht sind der runde Fuß vom Gefäßkörper durch einen Palmettenfries, der Unterteil des Vasenkörpers von der Mittelzone durch einen bänderumwickelten Lorbeerkranz und der Rand durch ein von Blattranken umwundenes Stabmotiv klar voneinander abgesetzt. Auch die Imitation des Porphyrs stellt im Gegensatz zu der noch ganz dem Rokoko entsprechenden Blumenmalerei auf den Servicen bereits ein neues, auf Schlichtheit, Strenge und Kühle ausgerichtetes Gestaltungsmerkmal dar, das zu Beginn des 19. Jahrhunderts in der naturalistischen Kopie von Jaspis, Lapislazuli, Achat und Granit erst seinen eigentlichen Höhepunkt erreichen sollte.

Außer Vasen wurden in der Manufaktur auch große architekturbezogene Spiegel, Kronleuchter und Uhren hergestellt, die unmittelbar zur Ausstattung der repräsentativen Wohnräume, zum Beispiel im Neuen Palais in Potsdam, dienten.

Tafel 25

Daneben entstanden aber gleichzeitig auch kleine Galanterie- und Gebrauchsgegenstände, die von kostbaren vielteiligen Toilettenservicen bis zu einfachsten, in Form von Damenbeinen gefertigten Pfeifenstopfern zum Preis von einem Taler reichten.

Aus der Vielzahl dieser Gerätschaften sollen hier Teile eines repräsentativen Toilettenservices im Muster «Glatt passig» mit Goldspitzenkante, Purpurschuppenmuster und Rosenmalerei in Purpur und

Grün abgebildet werden, das um 1770 entstanden
Tafel 23 ist. Zu den wichtigsten Teilen eines solchen Services gehörten ein Spiegel, ein Becken mit Kanne, Dosen für Seifen und Creme, Flakons, Schalen, Kästchen, Bürsten und Leuchter, die – obwohl zum persönlichen Gebrauch bestimmt – in ihrer Bemalung genauso repräsentativ gestaltet waren wie die Tafel- und Kaffeegeschirre. Aber nicht alle Toilettenservice wurden mit so kostbaren Malereien geschmückt, sie konnten je nach Wunsch des Bestellers auch mit weniger Teilen und einfacherem Dekor bis zur glattweißen Ausführung bezogen werden.

Unter den Uhrgehäusen und Uhren der Manufaktur war ein von dem Bildhauer Stutz «in Thon poussirtes Uhrgehause mit Zierathen» aus der Zeit um 1767 besonders gefragt, wie mehrere noch heute erhal-
Tafel 57 tene Exemplare dieses Modells beweisen. Auf dem auf kräftigen Rocaillefüßen ruhenden, reich mit plastischen Blumen und Ranken geschmückten Gehäuse thront eine mit verbundenen Augen dargestellte «Ewigkeit» des Bildhauers Wilhelm Christian Meyer, die in symbolischer Form auf die Unendlichkeit der Zeit Bezug nimmt. Von gleichem Symbolgehalt ist die Darstellung des geflügelten Chronoskopfes unterhalb des Zifferblattes vor einem gitterförmig durchbrochenen Hintergrund, der von zwei Putten flankiert wird. Das Zifferblatt wird von einem vergoldeten, lorbeerblattumrankten Bündelstabkranz eingefaßt, der an einem Haken unterhalb des Postaments der Ewigkeit befestigt ist. Obwohl die Form des Gehäuses, der Rocaillesockel sowie die plastischen Blüten und Rocaillen noch ganz in der Vorstellungswelt des Rokokos verwurzelt sind, macht sich jedoch schon in den blassen Farben, dem Bündelstabmotiv, der kräftigen Vergoldung und nicht zuletzt auch in der strengen Haltung und Kleidung der Meyerschen Plastik ein stark klassizistischer Einfluß bemerkbar.

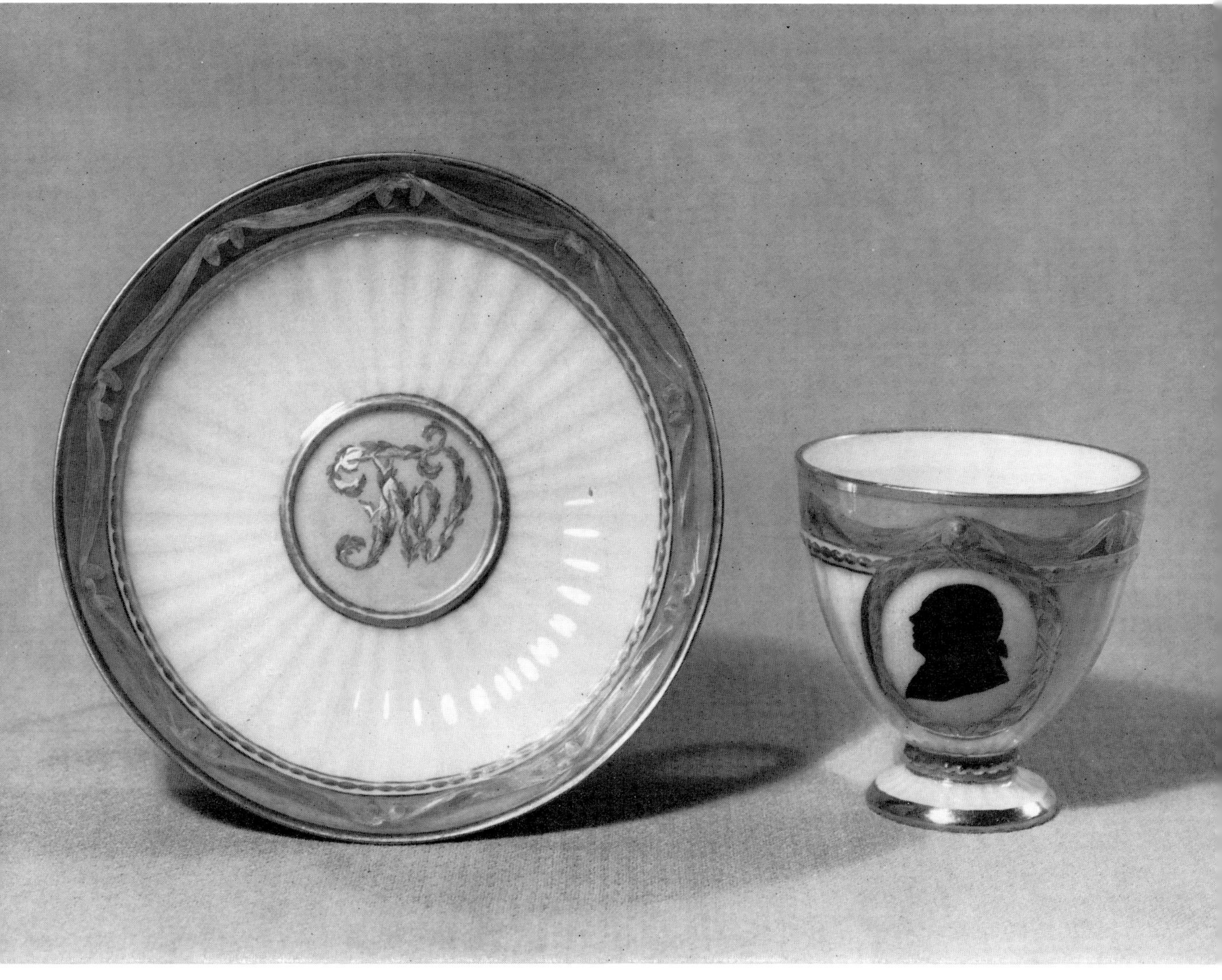

69
Tasse mit Silhouette Friedrich Wilhelms II., um 1785

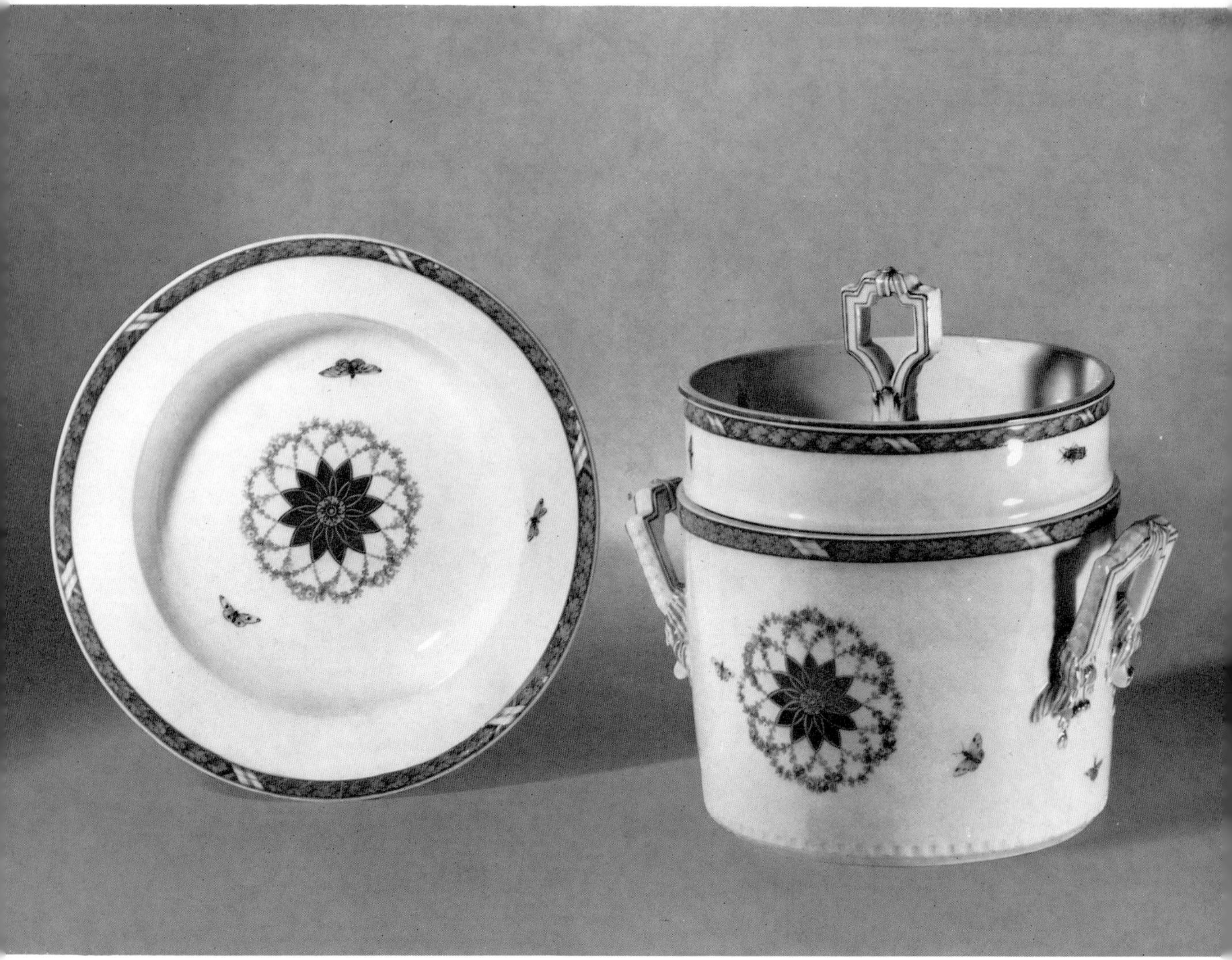

70
Kühlgefäß und Teller von einem Service mit Rosettenstern, um 1780–1785

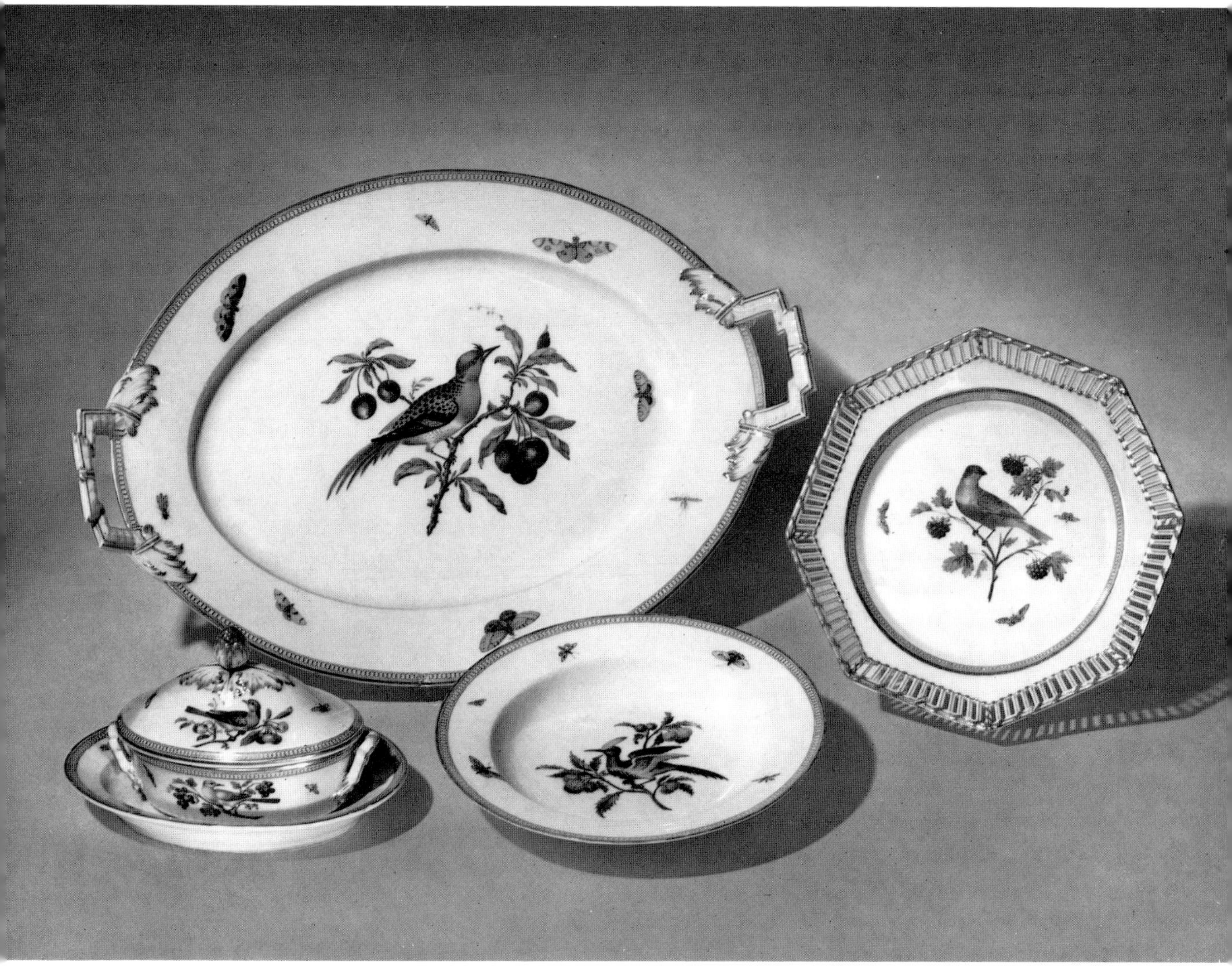

71
Teile vom Service für Schloß Pfaueninsel, um 1790

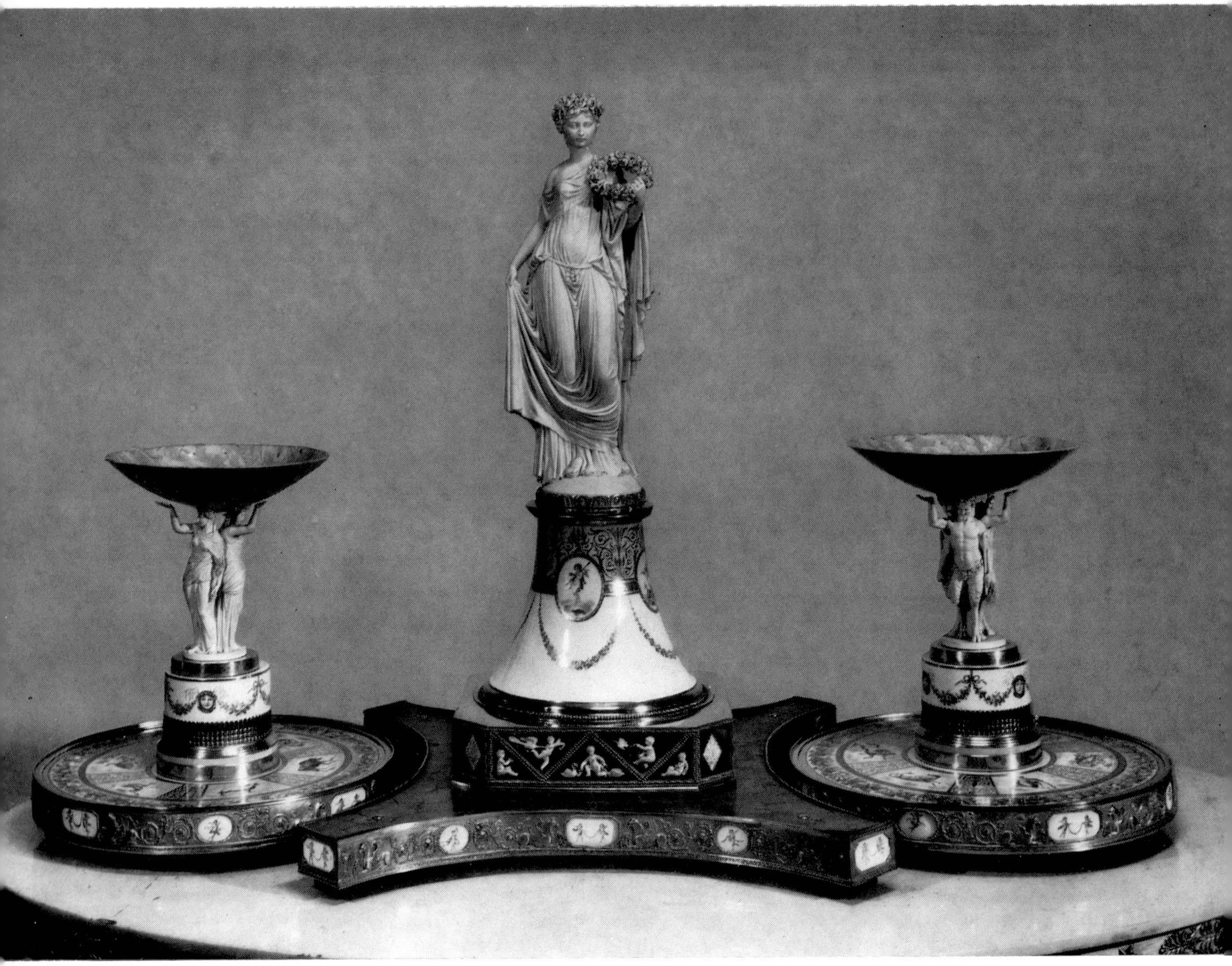

72
Tafelaufsatz mit antiker Flora, Mittelfigur nach antiker Vorlage, Modelle von Johann Christian Friedrich Riese, Entwurf der Figuren der Fruchtschalen von Hans Christian Genelli, um 1800

73
Fruchtschale vom Tafelaufsatz «Berg des Olympos», Entwurf von Hans Christian Genelli, Modell von Johann Christian Friedrich Riese, um 1800

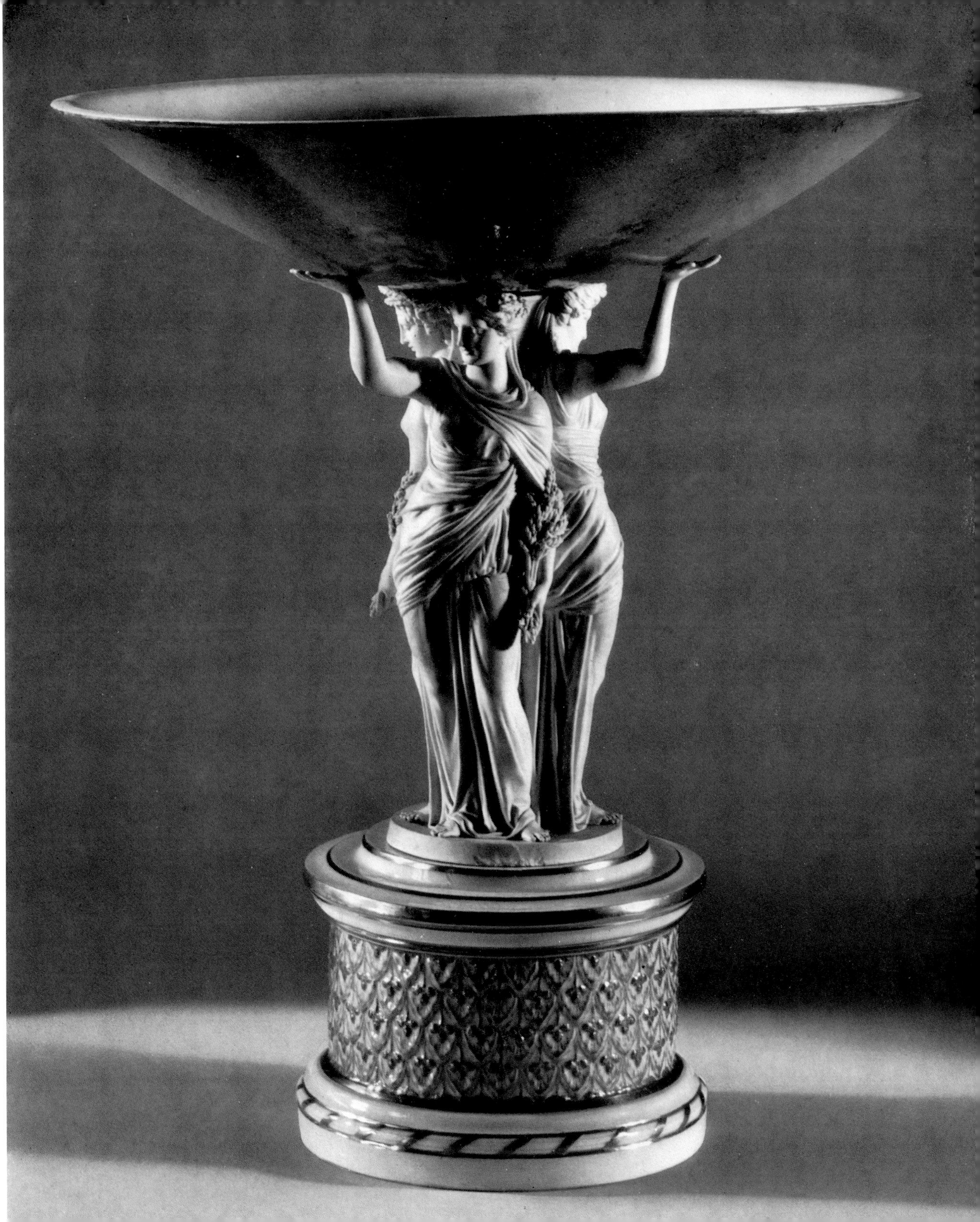

74

Teller und Terrine von einem Service mit Blumenmalerei «en terrasse», 1790–1800

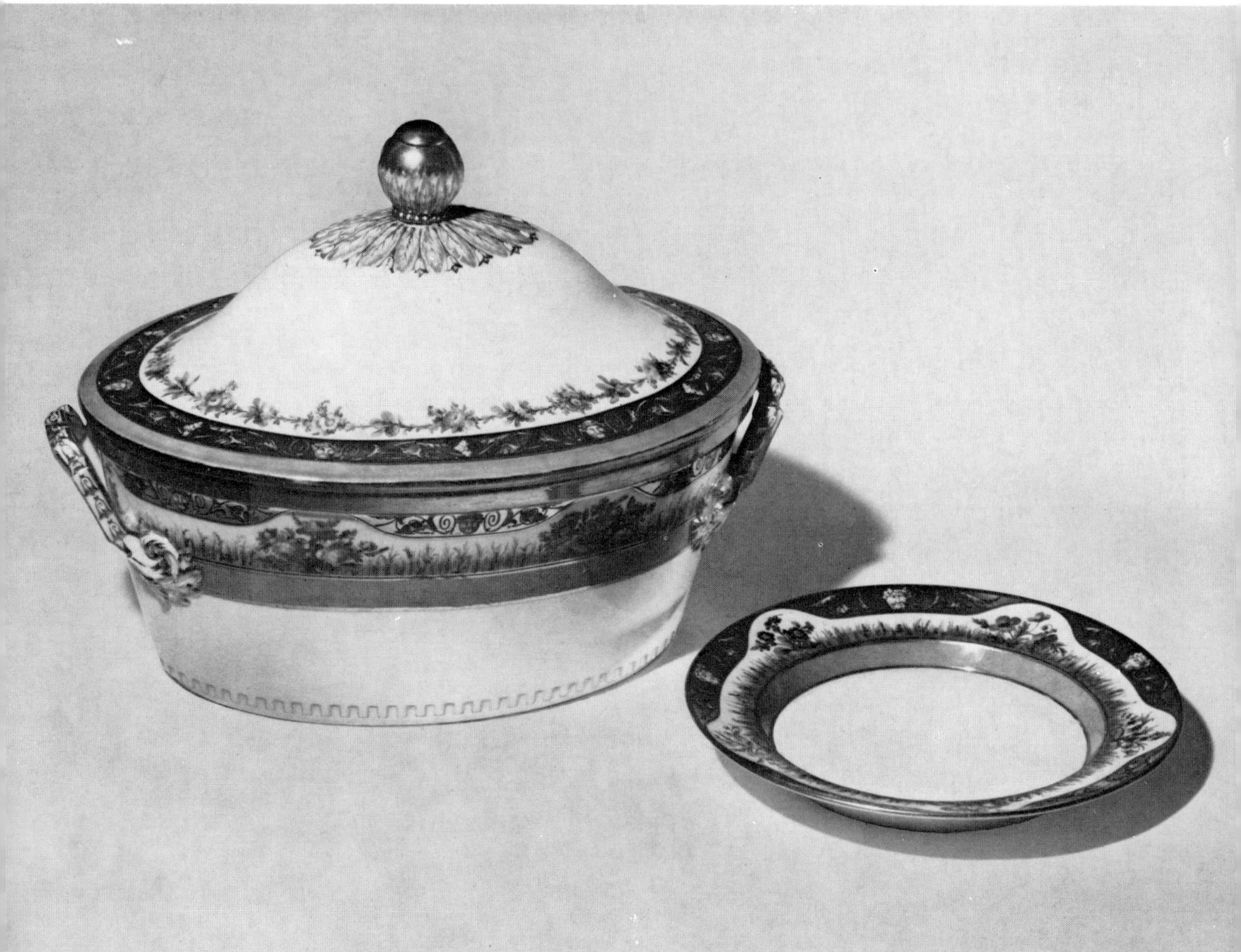

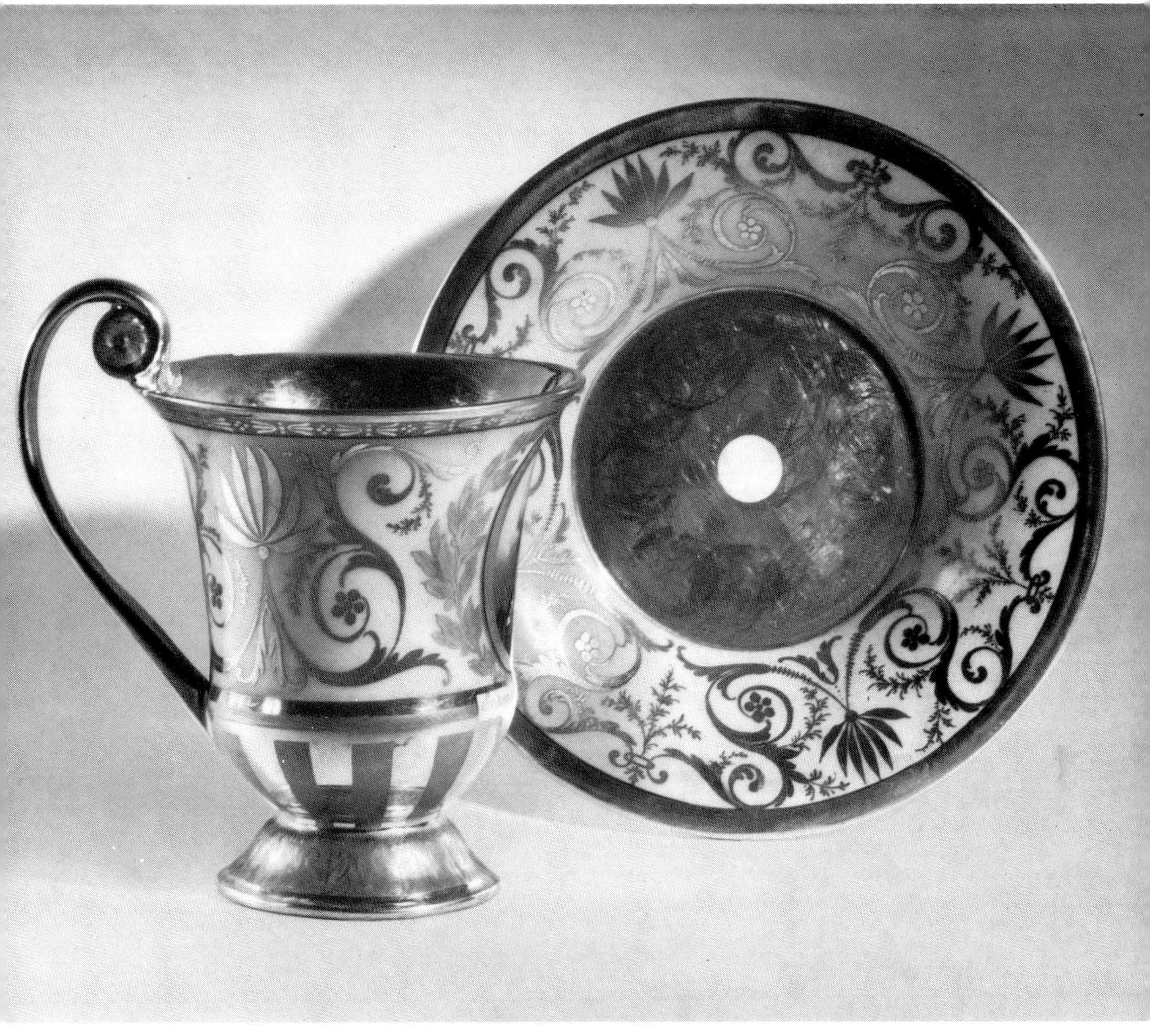

75

Tasse in «Glockenbecherform» mit Rosettenhenkel, um 1814

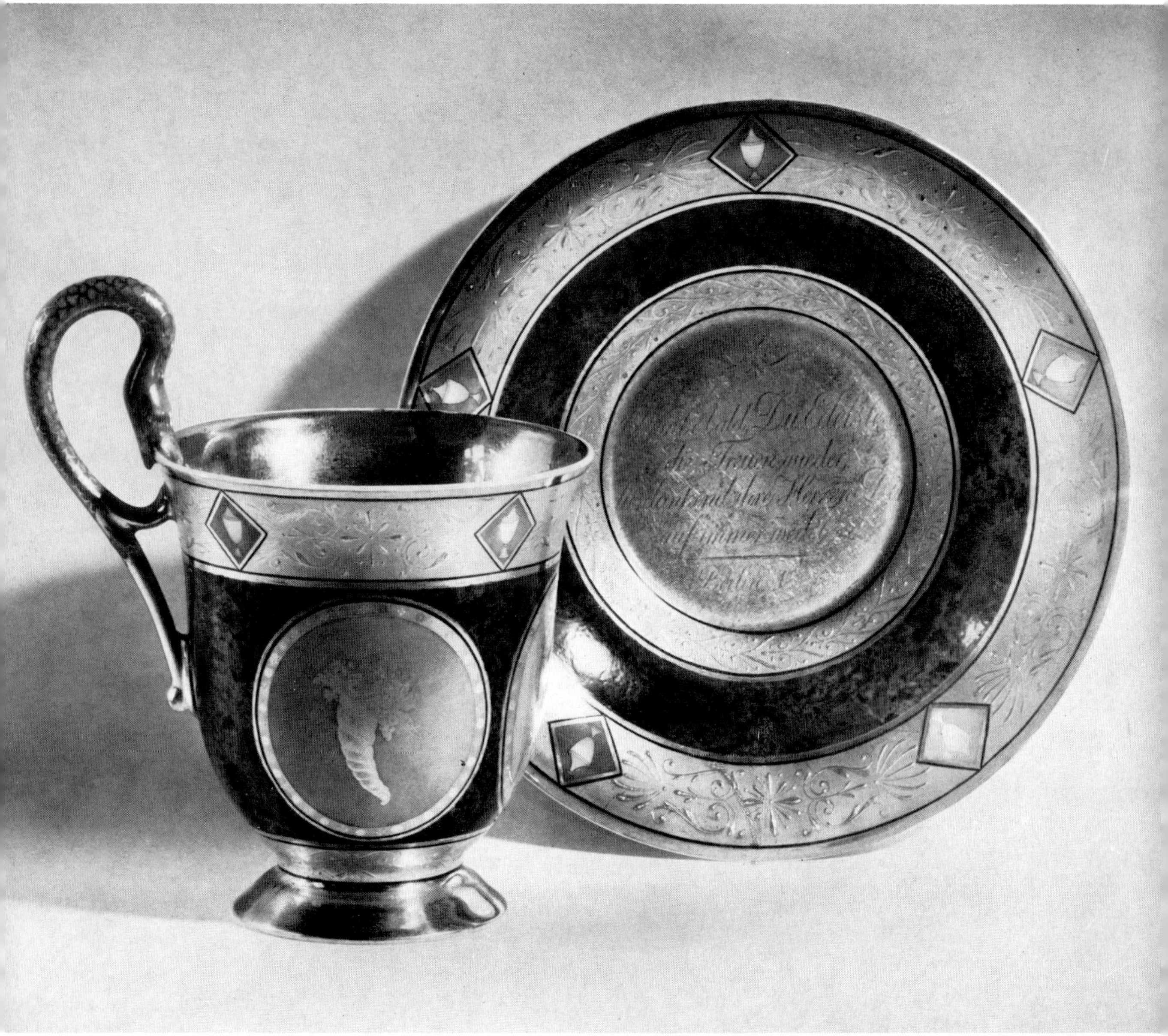

76
Tasse in «Glockenbecherform» mit Schlangenhenkel, um 1807

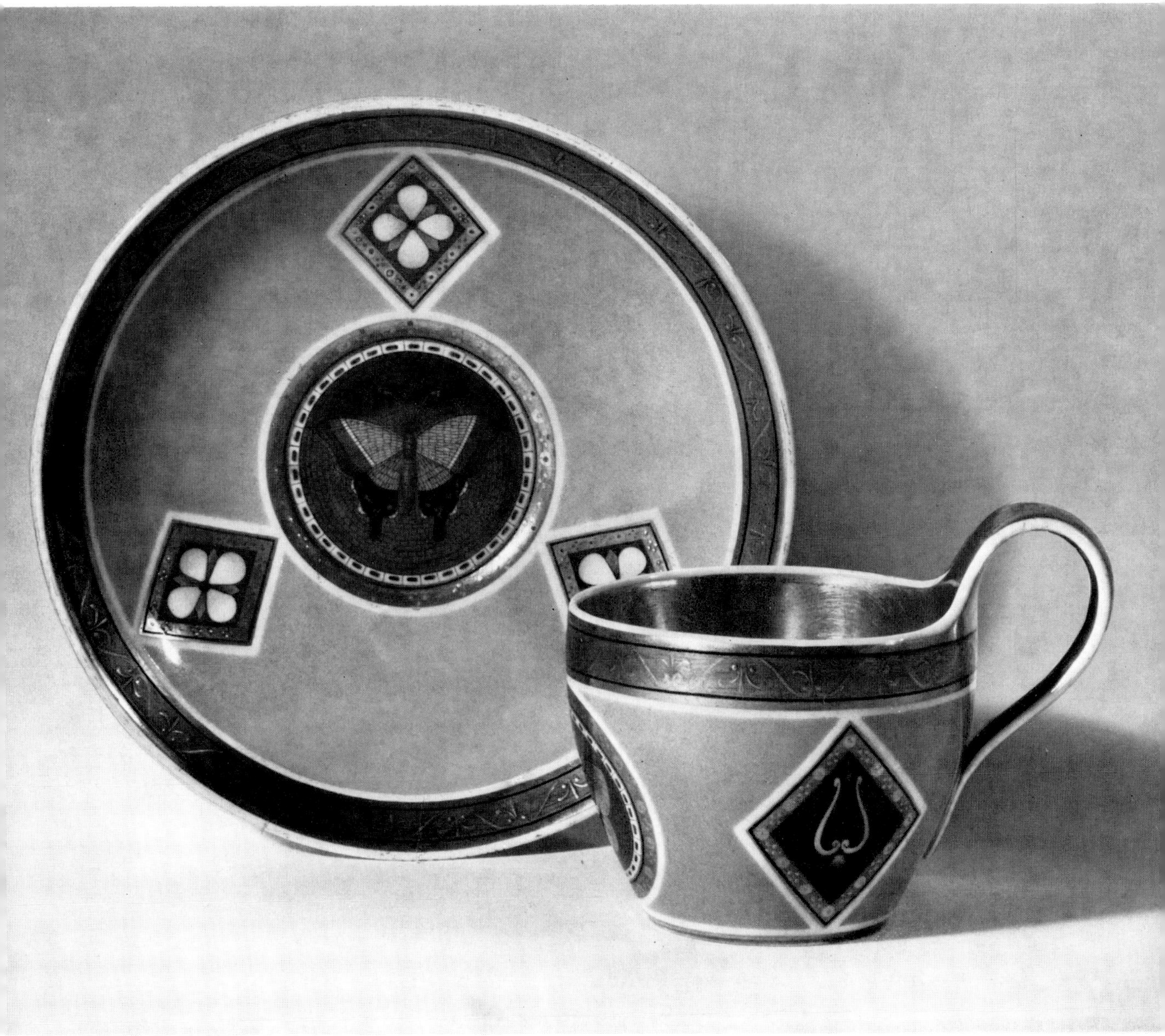

77
Tasse in «Campanerform», 1803–1813

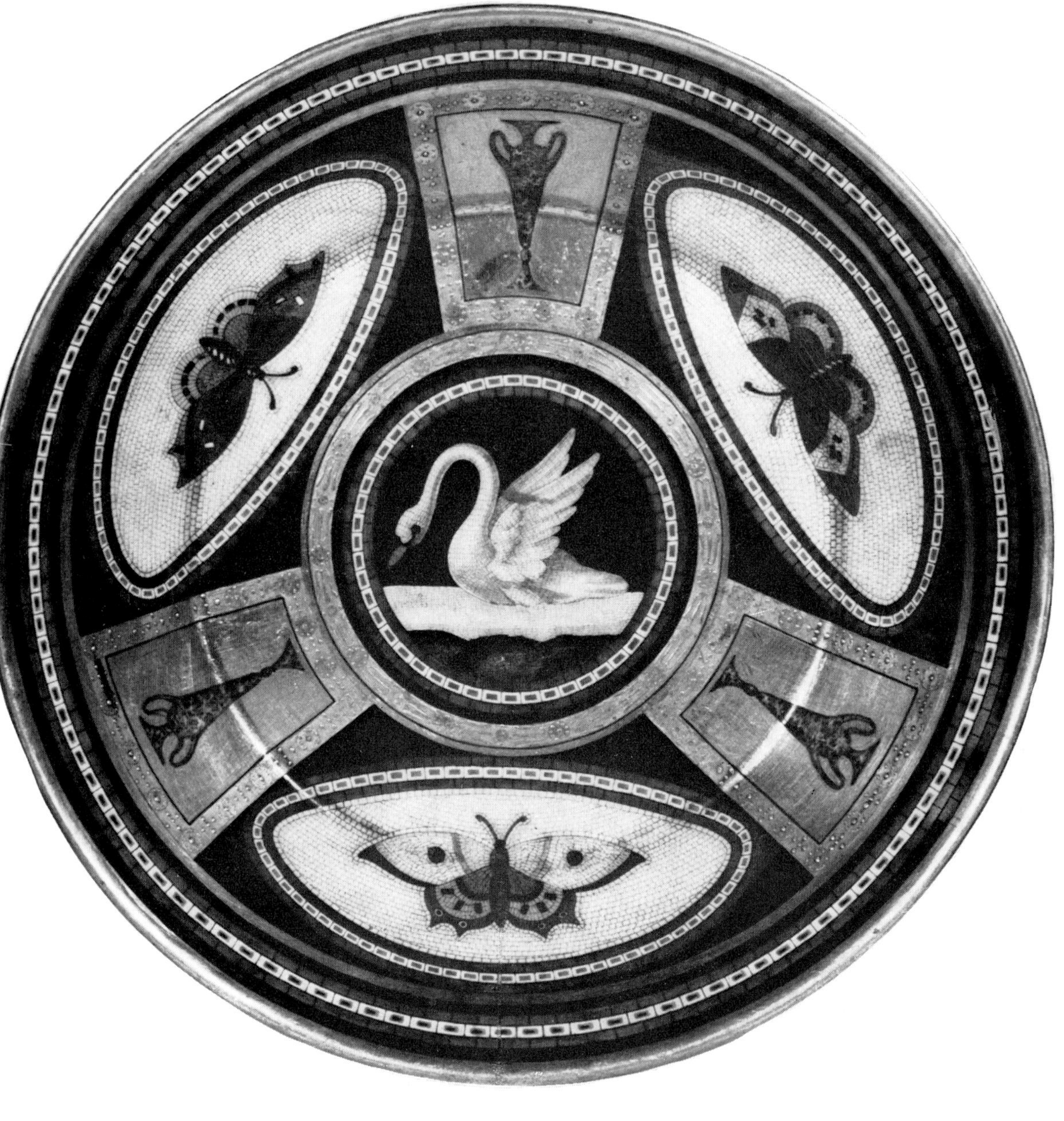

78
Untertasse, bemalt in der Art des römischen Mosaiks, 1803–1813

Flache Schale in Kraterform, 1803–1813

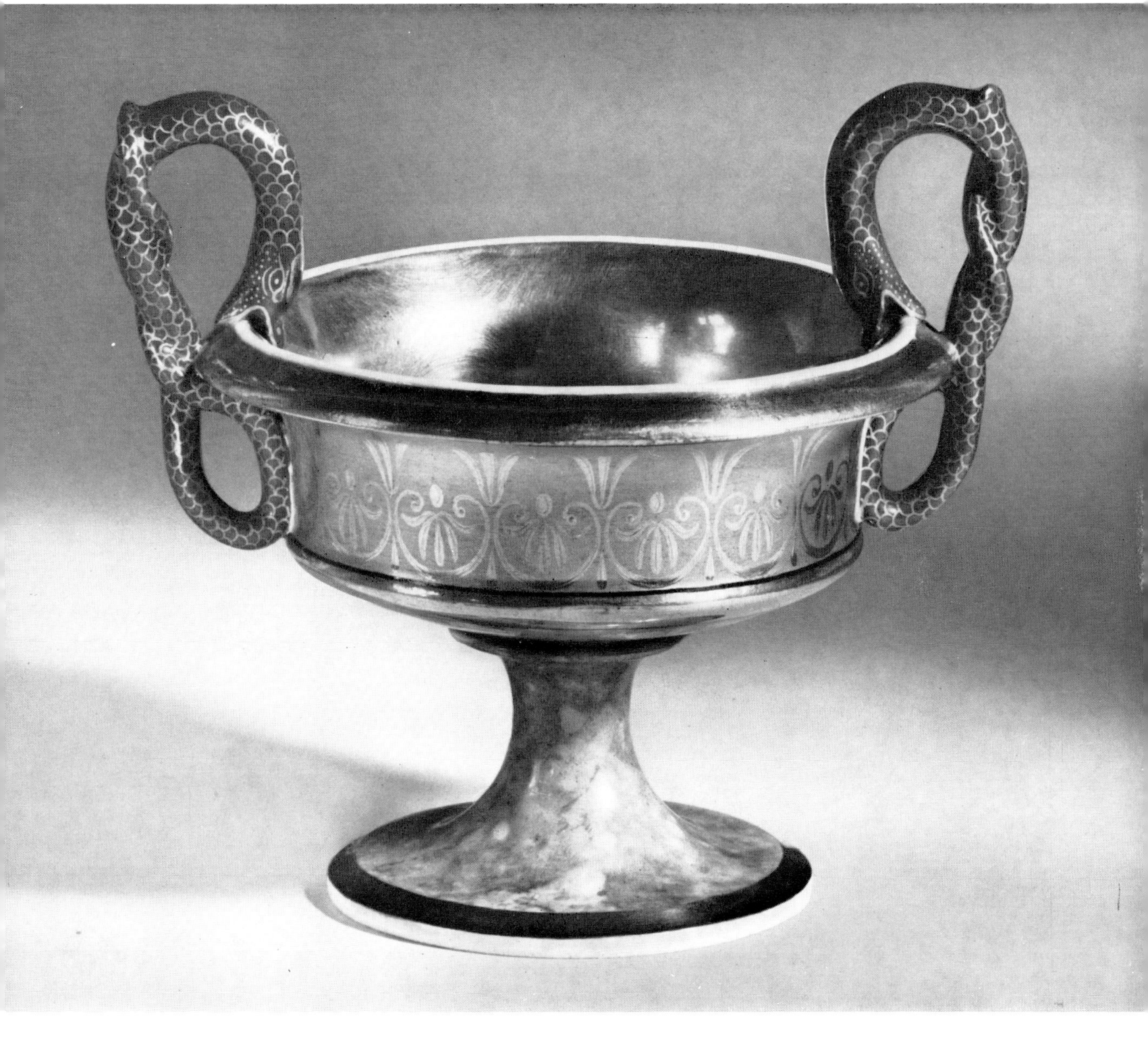

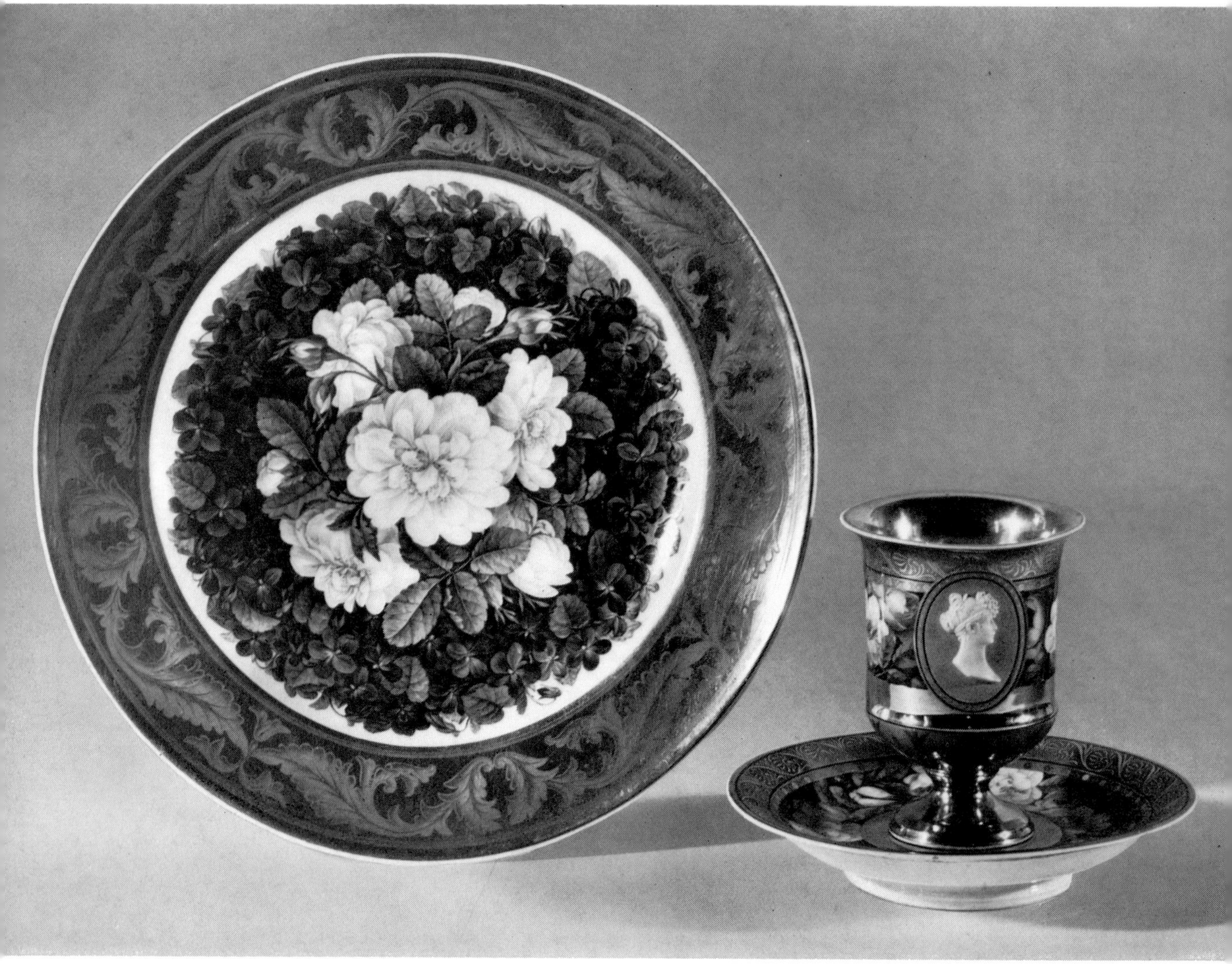

80
Teller mit Blumenmalerei und Tasse mit Porträtmedaillon der Königin Luise, Teller um 1817–1823, Tasse um 1820–1830

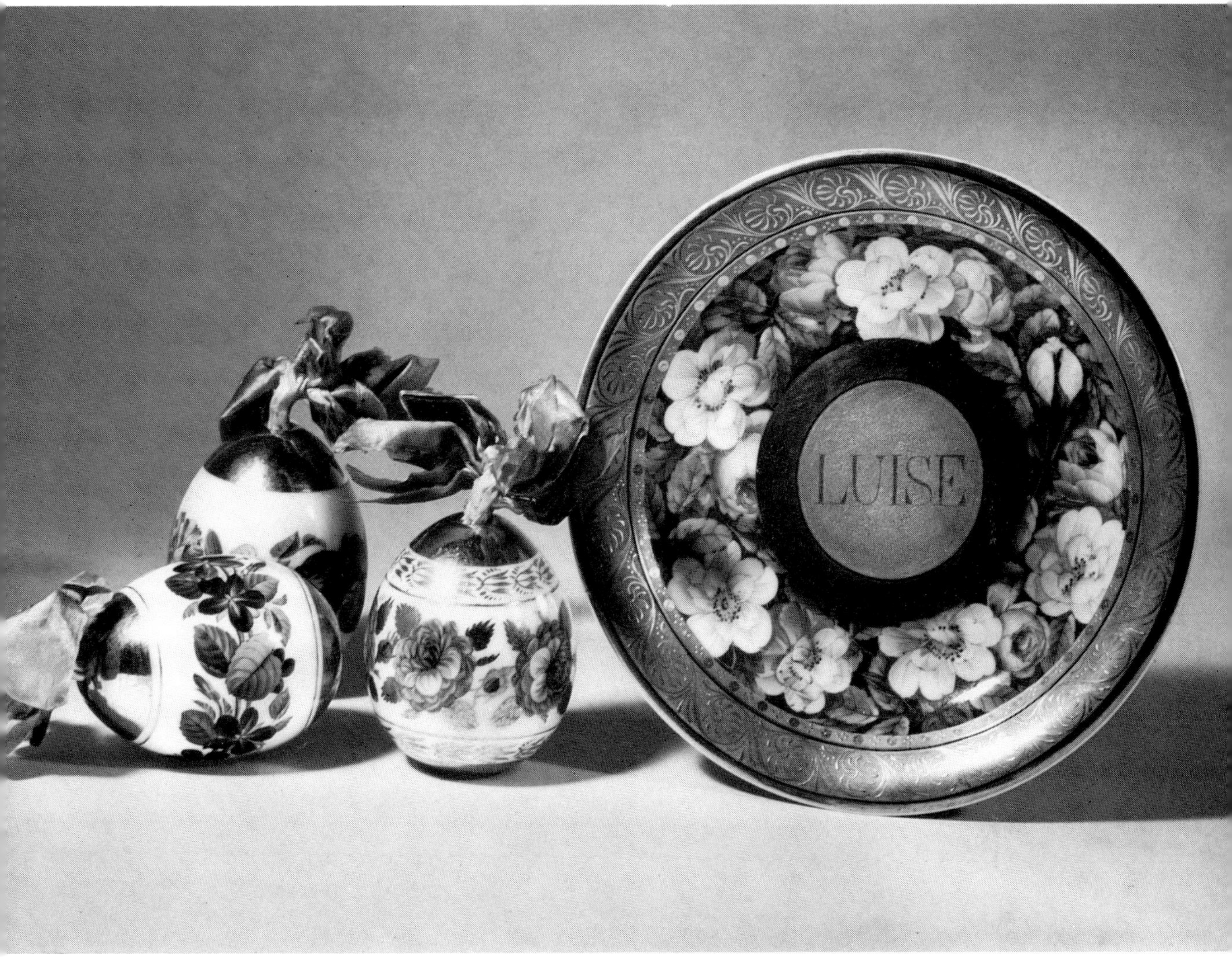

81

Porzellanostereier mit Blumenmalerei und Untertasse mit der Inschrift «Luise», um 1820–1830

82
Teller vom Soldatenservice für die Großherzogin Alexandrine von Mecklenburg-Schwerin, um 1820

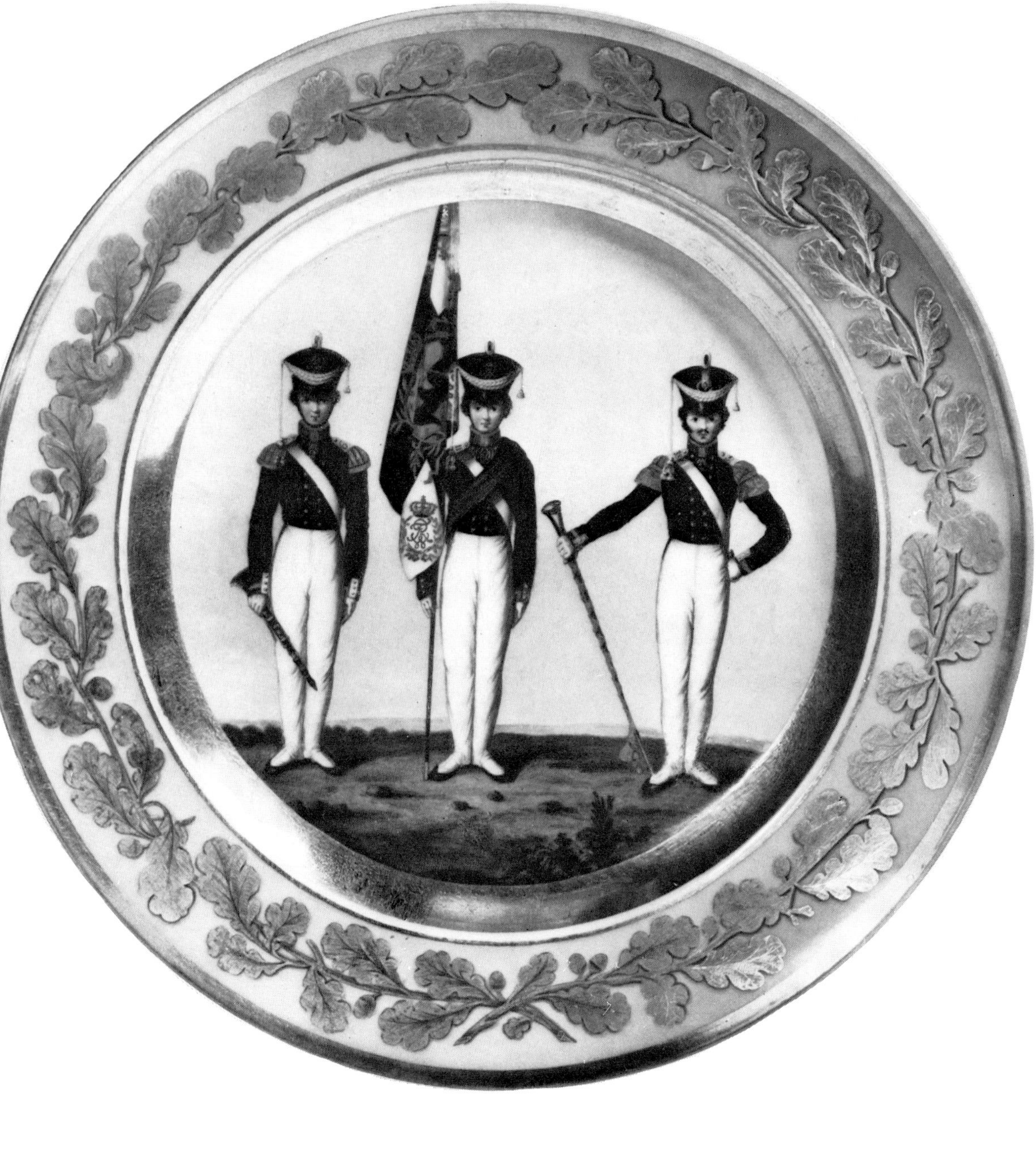

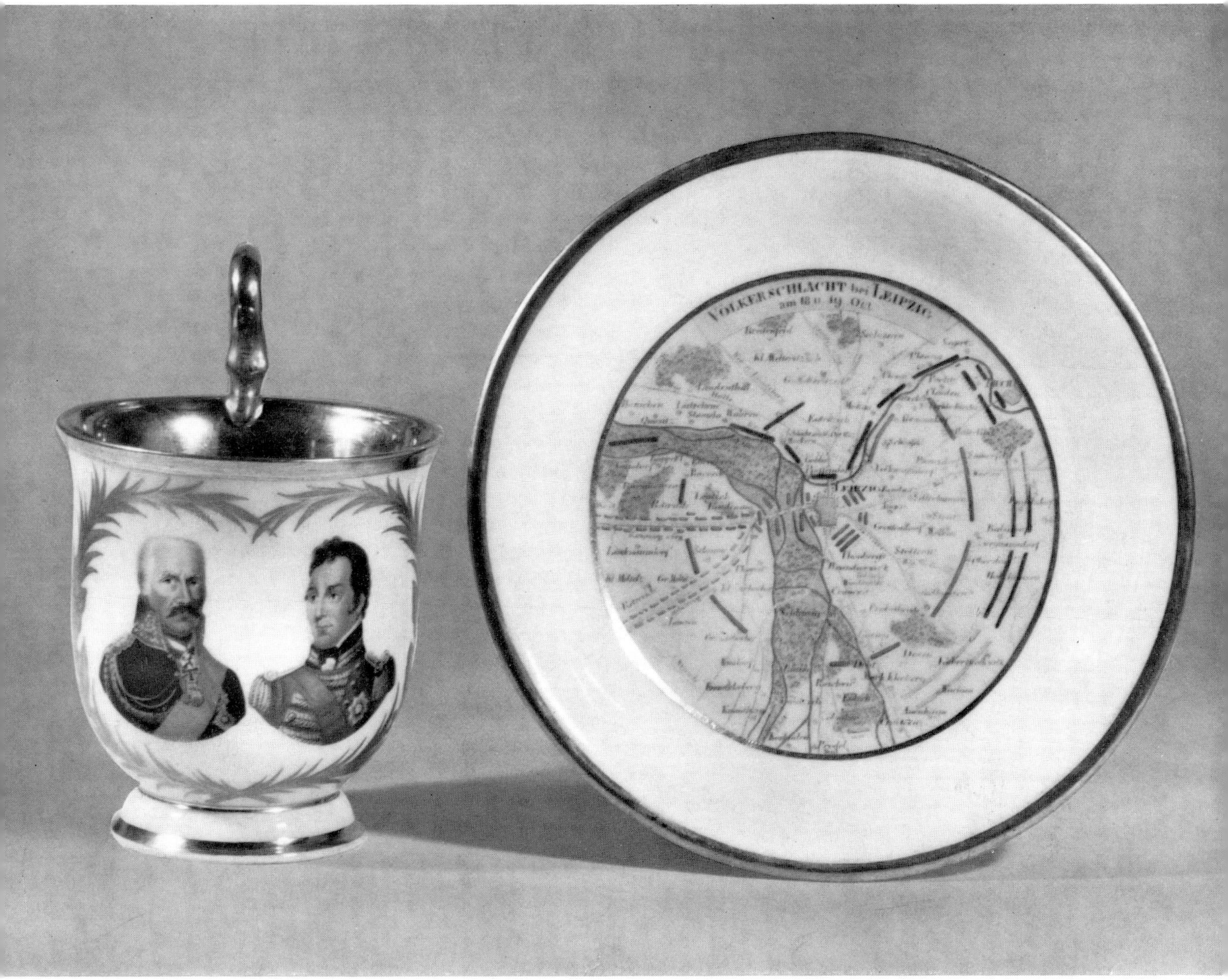

83

Tasse mit den Porträts
der Feldmarschälle Blücher und Schwarzenberg und Untertasse mit dem Plan der Völkerschlacht bei Leipzig, um 1815

84

Runde Tischplatte mit Ansichten des Neuen Palais und des Marmorpalais in Potsdam, des Schlosses Weimar und des Palais des Prinzen Wilhelm in Berlin, um 1832

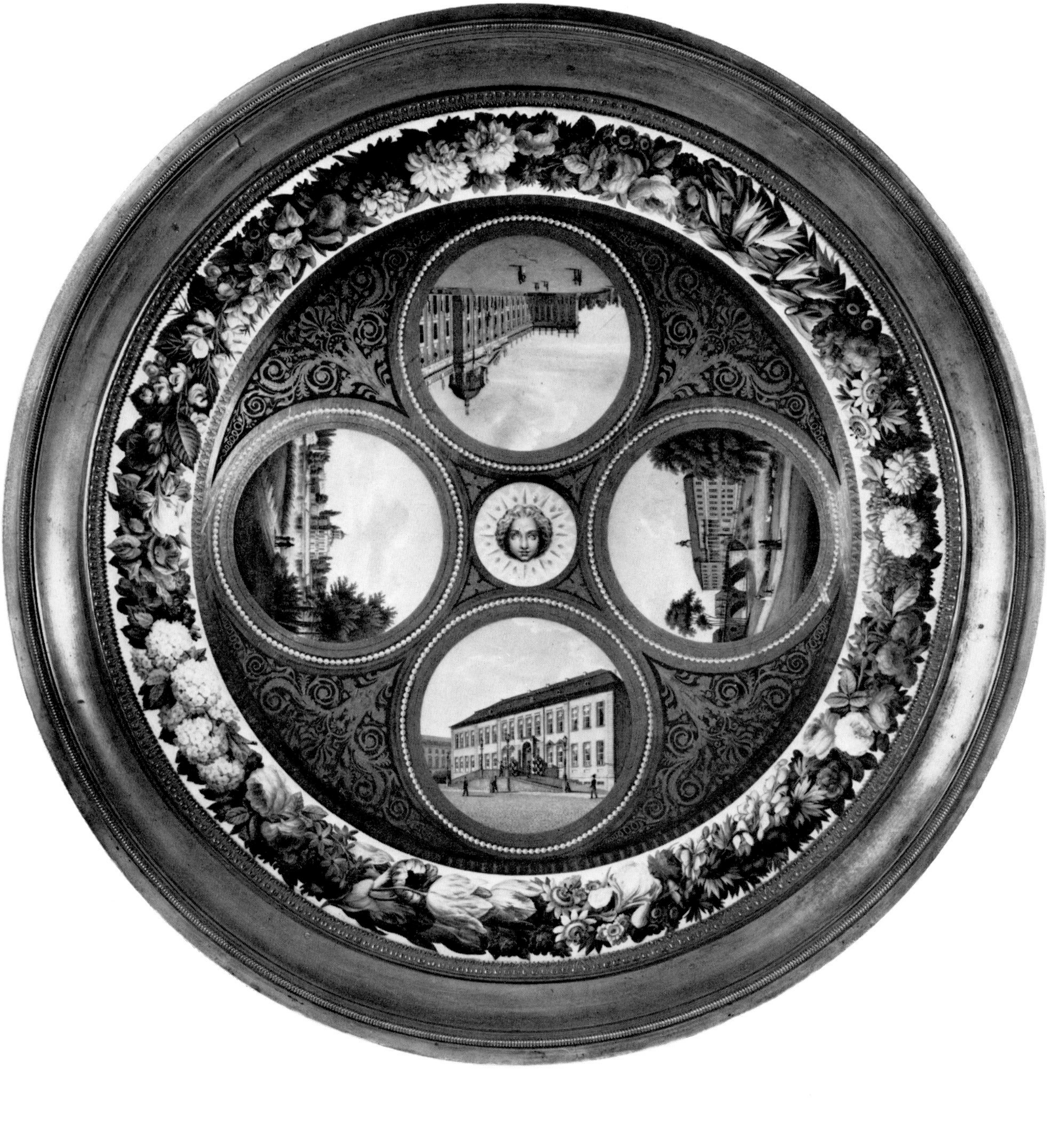

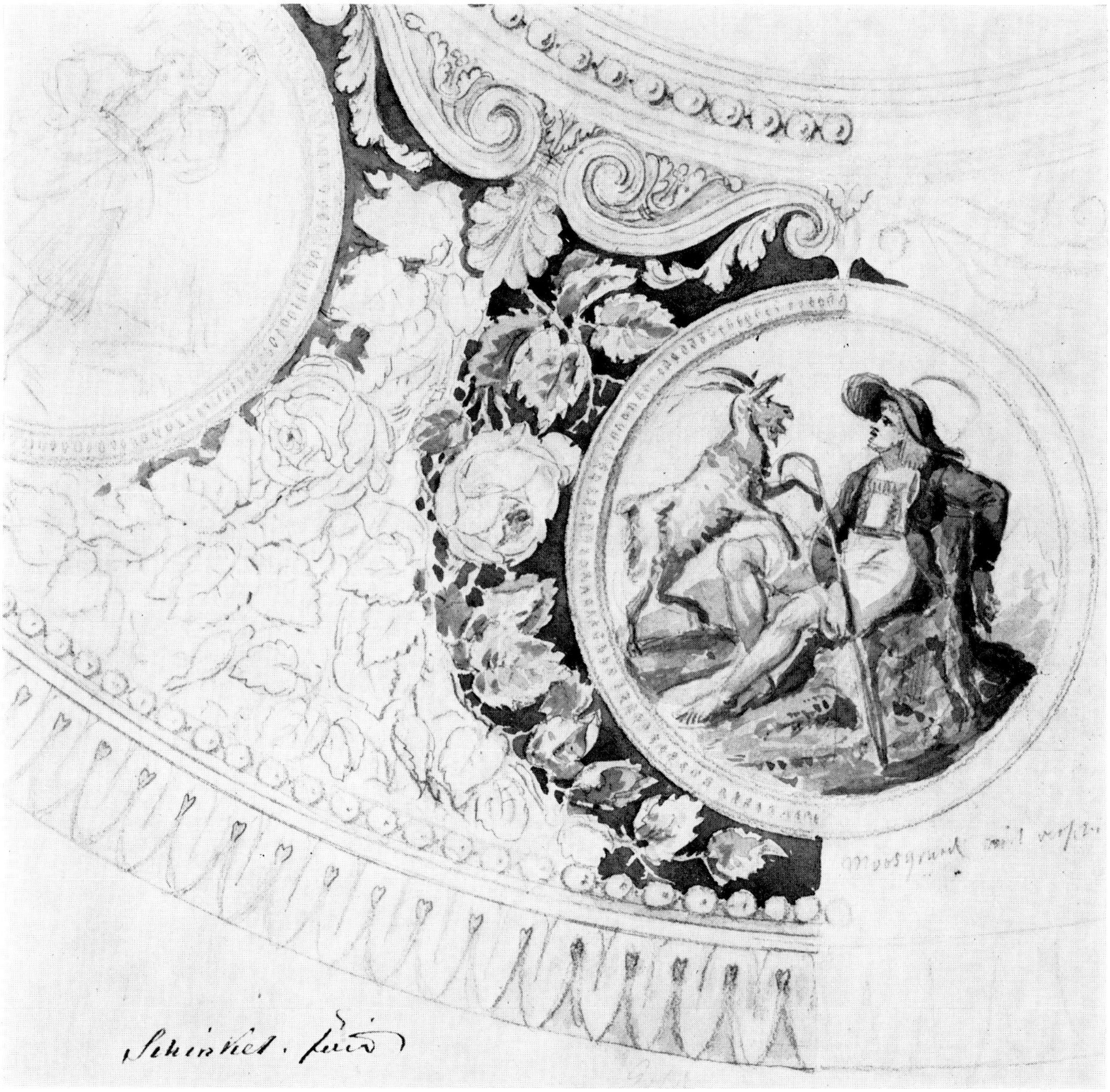

Entwurfszeichnung zu einer runden Porzellantischplatte von Karl Friedrich Schinkel, um 1812–1818

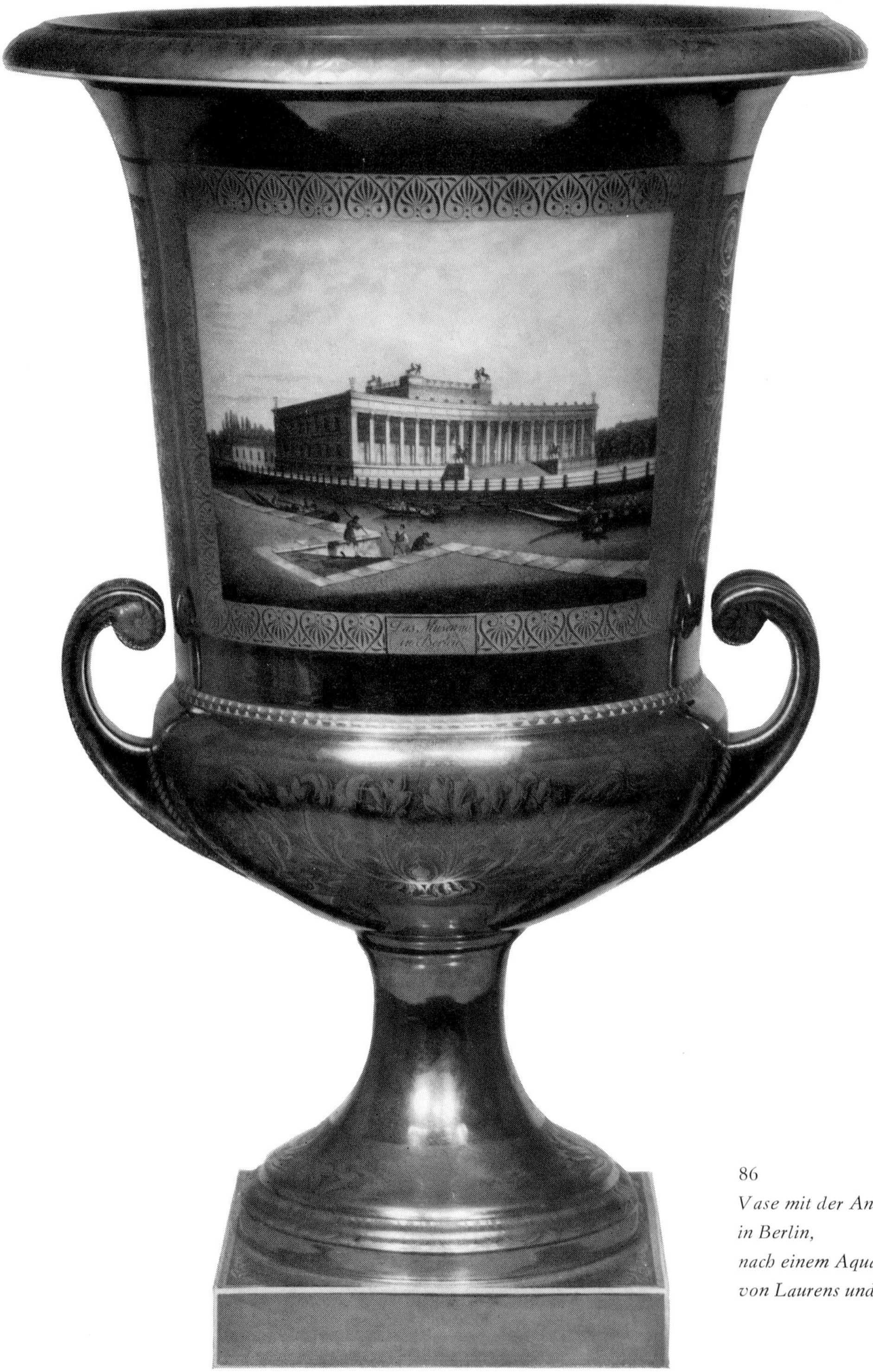

86
Vase mit der Ansicht des Alten Museums in Berlin, nach einem Aquatintablatt von Laurens und Thiele, um 1829

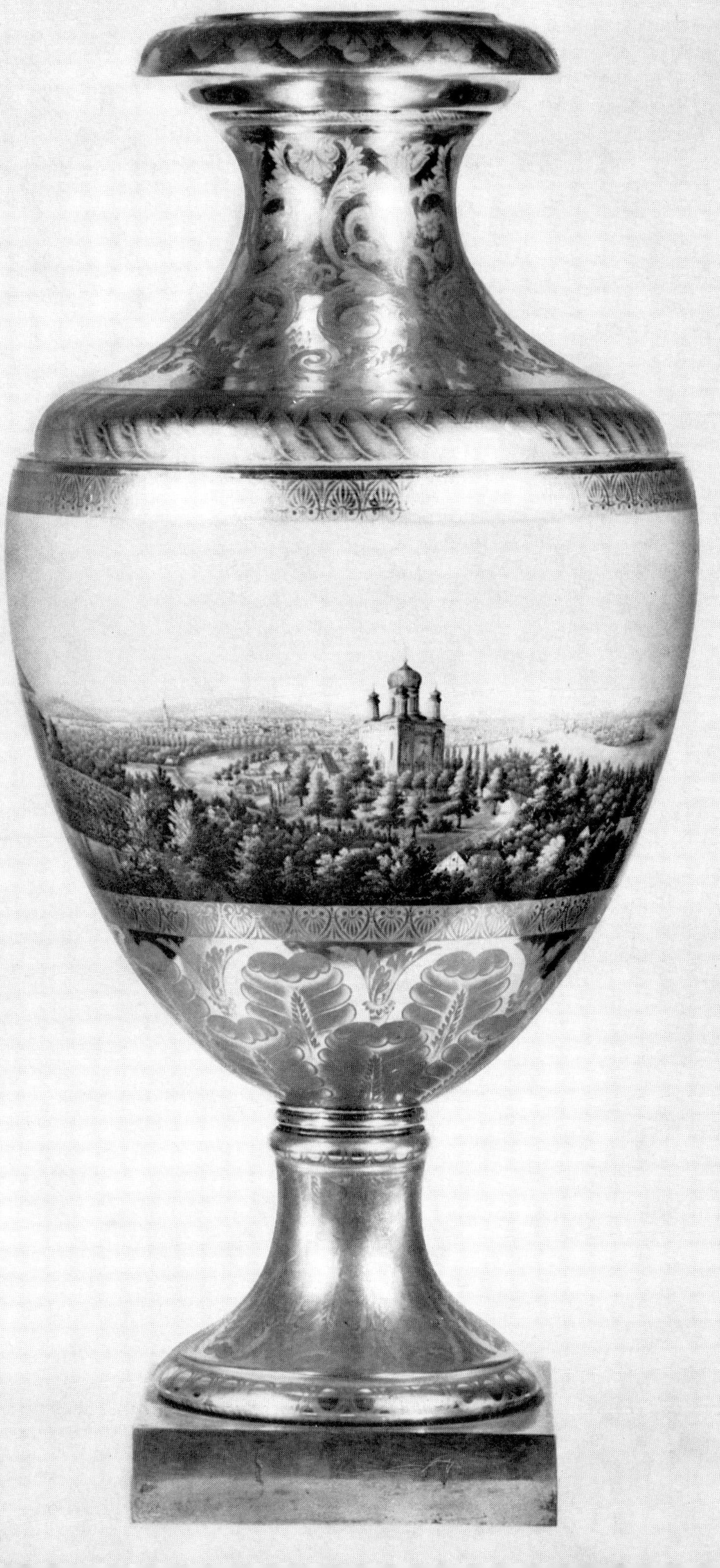

87
Amphoravase mit umlaufendem Panorama von Potsdam, vom Pfingstberg aus gesehen, Malerei J. E. A. Forst. d. J. zugeschrieben, um 1830–1832

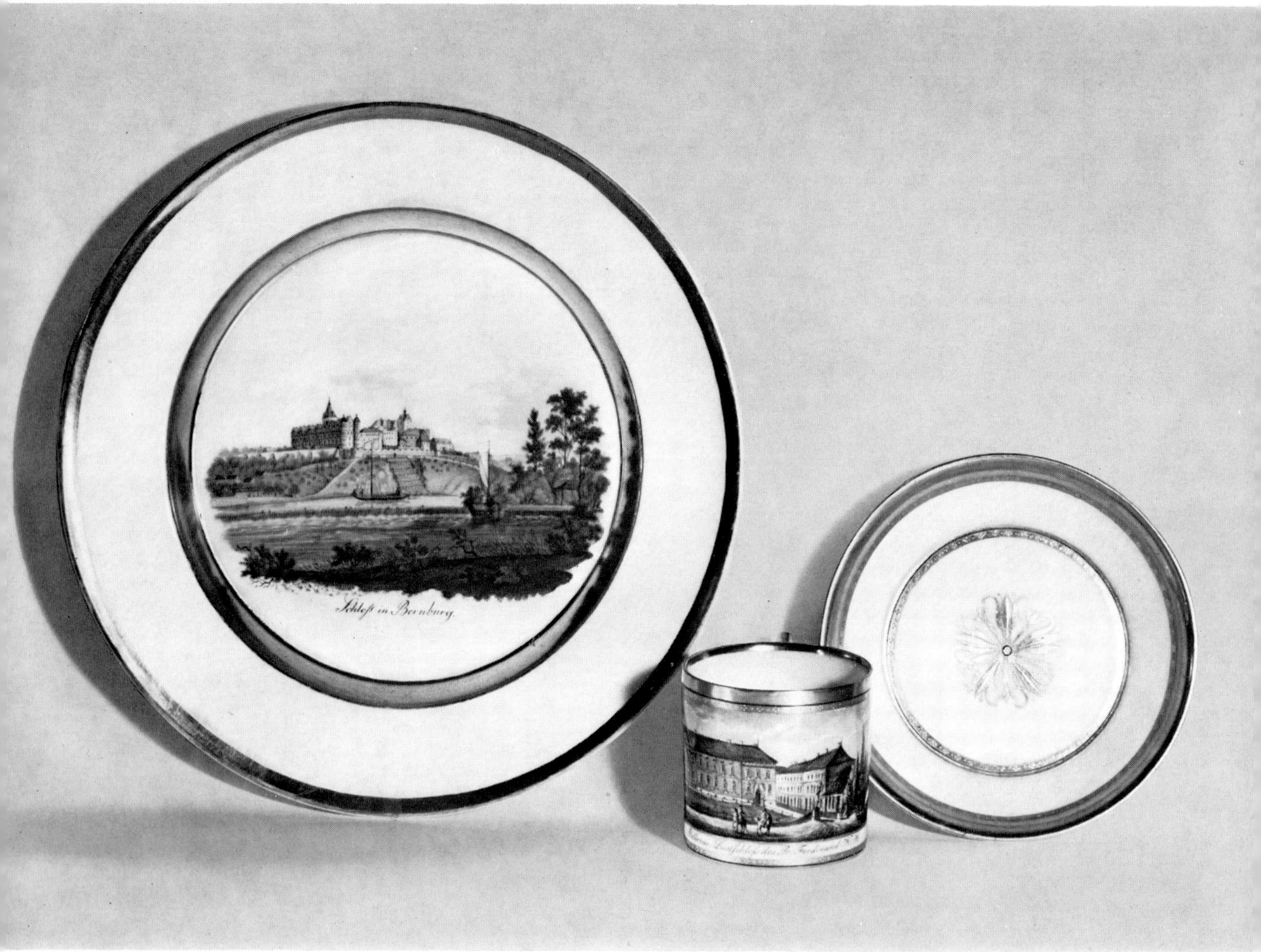

88

Teller mit der Ansicht von Schloß Bernburg, um 1830–1835,
Tasse und Untertasse mit der Ansicht des Lustschlosses Bellevue, 1803–1813

8 *Die Entwicklung der Porzellangeschirre vom Klassizismus bis zum Biedermeier*

Die klassizistischen Service

Obwohl Friedrich II. für seine Service ausschließlich die reichen und üppigen Formen des Rokokos bevorzugte, setzten sich schon seit den achtziger Jahren, vor allem bei dem Verkaufsporzellan, im Umriß der Geschirre eine vereinfachte Linienführung und vereinzelt auch klassizistische Gestaltungsmotive durch. Mit dem 1779 entwickelten Muster «Vasenförmig mit Stäben» entstand aber schon eine Serviceform, die unter dem Einfluß englischer Silbergeschirre und der Jasperware von Wedgwood erstmals ganz den neuen Formen und Dekoren der schlichteren bürgerlichen Kunst des Klassizismus verpflichtet waren.

Tafel 69

Aus diesem noch zu Lebzeiten Friedrichs II. hergestellten Service entstand gegen 1790 das wohl bedeutendste Berliner Service des Klassizismus, das sogenannte «Kurländer Muster», nach dem Besteller, dem Herzog von Kurland, benannt. Bei dieser Form sind von allen Teilen des Services zum ersten Mal die gebogenen und gewellten Formen zugunsten einer strengen und gradlinigen Gestaltung aufgehoben. Auch der Reliefdekor, für das Barock- und Rokokoporzellan von eminenter Bedeutung, wurde weitestgehend zurückgedrängt. Lediglich die Lippenränder haben noch eine reliefierte Perlenranke und antikisierende Tuchgehänge; die Griffe wurden «à la grecque» rechteckig gebogen und die Knäufe der Terrinen als Pinienzapfen ausgebildet. Damit hatte sich gegenüber den Porzellanen der vergangenen Jahrzehnte auch der klassizistische Stil in der Berliner Manufaktur vollends durchgesetzt und den Reichtum an Formen und Dekoren der sechziger und siebziger Jahre durch eine streng sachliche Linie auch in der Gestaltung der Geschirre abgelöst.

Tafel 65

Bestand die uns heute noch faszinierende Schönheit des Porzellans des Barocks und Rokokos vor allem in der vollendeten Harmonie von Form, plastischem Dekor, Malerei und Goldstaffierung, so verzichtete man seit der Mitte der achtziger Jahre weitestgehend auf diese den Porzellanstil des 18. Jahrhunderts bestimmenden Elemente und Grundgedanken. Zuerst einmal wurden die geschwungenen Linien der Gefäße und der durch Ornamente verschliffene Übergang zwischen den einzelnen Gliederungsteilen durch einen streng tektonischen Aufbau und eine sichtbare Trennung aller Teile durch Friese und Profile abgelöst. Gleichzeitig reduzierte man den Reliefdekor sowie die Malerei, so daß die gradlinigen Formen, ihr tektonischer Aufbau und die kühle Wirkung des weißen, nur mit wenig Gold staffierten Porzellans mehr und mehr zum bestimmenden Ausdruck klassizistischer Porzellangestaltung werden konnten. Anstelle der farbigen Malereien, der goldstaffierten Mosaik- und Schuppenkanten sowie der staffierten plastischen Ornamente traten die aus der antiken Kunst übernommenen Motive, wie Palmettenfriese, Stabbündel, Akanthusblätter, Rosetten, Pinienzapfen, Schlangenhenkel und scharfkantige Profile, die zusammen mit den blassen, zurückhaltenden Farben der Malerei – bevorzugt wurden Apfelgrün, Braun, Grau, Rosa – das Geschirr des Klassizismus insgesamt sachlicher und nüchterner erscheinen ließen.

Aus dem «Kurländer Muster» mit seiner noch sparsamen antikisierenden Reliefverzierung entwickelten sich im Verlaufe der neunziger Jahre die noch strengeren und betont einfacheren Formen «Glatt», «Konisch glatt» und «Antique glatt», die sich oftmals sehr schwer voneinander unterscheiden lassen. Den engen Zusammenhang aller dieser Formen veranschaulichen die hier abgebildeten Beispiele, von denen sich der Eiskühler des Musters «Glatt» allein durch das Fehlen des plastischen Reliefdekors unterhalb des Lippenrandes vom klassischen «Kurländer Muster» unterscheidet. *Tafel* 66, 70 Lippenrand und Schulteransatz sowie die Ränder der Teller werden bei den Geschirren dieses Services nur durch eine gemalte Laubranke in ihrer Sachlichkeit und Schlichtheit betont. Die Malerei beschränkt sich auf eine mit dem Zirkel konstruierte abstrakte Blüte, deren Mittelpunkt eine Rosette bildet. Von den Spitzen dieser dunkelrot staffierten geometrischen Figur spannen sich, einander bogenförmig überschneidend, kleine Blütenranken, und auf den freien weißen Flächen der Teller und Gefäße findet man vereinzelt gemalte Insekten.

Auch bei dem 1790 im Auftrage Friedrich Wilhelms II. für das Schloß auf der Pfaueninsel hergestellten Service im Muster «Antique glatt» mit bunter Vogel- und Insektenmalerei dominiert die gleiche Nüchternheit der sachlichen Form. *Tafel* 71 Nur die Farbigkeit der dargestellten Insekten, Vögel und Früchte belebt die Kühle der glatten Flächen der Teller und Terrinen. Im Gegensatz zu den friderizianischen Servicen steht hier die Malerei frei auf der Fläche ohne innere Verbindung zur Form der Geschirre. Trotz der Verschiedenheit der Motive auf den einzelnen Stücken erscheint die Malerei aber wie erstarrt, ist akademisch trocken und wirkt wie die Darstellung oder Kopie aus einem Lehrbuch der Vogel- und Pflanzenkunde. Die Maler haben hier nicht mehr den für das Rokokoporzellan harmonischen Zusammenklang von Form und Malerei erreicht, sondern die Form, das Porzellan, nur als Träger für die exakte Übertragung und biologisch richtige Wiedergabe der Vorlagen betrachtet.

Trotz der allgemeinen künstlerischen Verflachung der Porzellanmalerei am Ende des 18. Jahrhunderts konnte der seit 1787 amtierende Malereivorsteher Johann Friedrich Schulze dennoch eine den glatten Formen entsprechende neue, reizvolle Art der Blumenmalerei entwickeln, die Blumen «en terrasse». Auf einem waagerechten, meist am Rand der Geschirre ansetzenden grünen Fond sind, dicht aneinandergereiht, zarte Blumen und Gräser vor einen schmalen, zartgefärbten Horizont gestellt und bilden in geschlossener Folge, oftmals von größeren Blumendarstellungen unterbrochen, einen sich um die Gefäße herumziehenden Fries. Bei der Malerei «en terrasse» beruht die ästhetische Wirkung nicht mehr auf der prachtvollen farbigen Darstellung der einzelnen Blüten und Blätter, sondern allein auf der Gesamtwirkung der nahezu graphischen Aneinanderreihung filigranhaft feiner Gräser, Blütenstiele und Stauden in betont zurückhaltenden Farben. *Tafel* 74

Die hervorragende Qualität der Blumenmalerei konnte an der Königlichen Porzellanmanufaktur Berlin noch bis in das dritte Jahrzehnt des 19. Jahrhunderts gehalten werden. Sie zeichnete sich auf der Grundlage der in dieser Zeit weiter verbesserten Farb- und Brenntechnologie vor allem durch eine exakte botanische Wiedergabe der Pflanzen und Blumen aus, wobei die Malerei jedoch nicht trokken und gekünstelt wirkt, sondern immer noch *Tafel* 67, 80, 81 durch eine leuchtende Farbigkeit und Frische gekennzeichnet ist.

Die hohe Qualität dieses Genres ist vor allem auf den Einfluß des seit 1787 für dieses Fach verantwortlichen Malers Johann Friedrich Schulze und seines Schülers und Nachfolgers im Amt des Malereivorstehers für die Blumenmalerei, Gottfried Wilhelm Völker, zurückzuführen. Beide Künstler sowie die Blumenmaler C. Rötling und F. Gimpel hatten sich neben ihrer Tätigkeit in der Manufaktur auch im Auftrag des Königlichen Botanischen Gartens mit wissenschaftlichen Blumen- und Pflanzendarstellungen sowie mit Illustrationen von botanischen Werken beschäftigt, so daß die dabei gewonnenen botanischen Kenntnisse und die notwendige Exaktheit der Wiedergabe, verbunden mit der Beherrschung der neuesten keramischen Maltechnologie, auf den Malstil an der Manufaktur übertragen werden konnte.[115] Als ein Hauptwerk der rein botanisch orientierten Blumenmalerei der Berliner Manufaktur – wie sie in dieser Zeit auch an anderen Manufakturen ausgeübt wurde – gilt das am 25. Oktober 1806 für die französische Kaiserin Joséphine in Auftrag gegebene, mit exotischen Pflanzen bemalte Tafelservice. Von den wenigen, bis heute bekannt gewordenen Teilen dieses Services tragen die meisten Stücke das Malerzeichen von Johann Gottfried Schulze.

Des weiteren entstanden bis etwa 1810 noch andere Geschirre mit botanischen Pflanzendarstellungen, die auf der Rückseite, wie auch das Service für die Kaiserin Joséphine, den botanischen Namen der auf der Vorderseite abgebildeten Pflanze oder Blüte zeigen.

Klassizistische Tassen und Ansichtsporzellane

Während sowohl bei den Tafelservicen als auch bei den Tee- und Kaffeegeschirren seit dem Ausklang des Rokokos, der in der Berliner Manufaktur etwa mit dem Tode Friedrichs II. 1786 zusammenfiel, mit der Vereinfachung der Geschirrformen gleichzeitig auch eine künstlerische Verarmung der dekorativen Gestaltung einherging, entstanden seit etwa 1790 dennoch viele reizvolle und interessante Tassenformen, auf deren Gestaltung sich bis zu den Befreiungskriegen 1813/15 vornehmlich das Interesse der Modelleure und Maler konzentrierte.

In dieser sich mit dem Klassizismus vollziehenden Entwicklung des Porzellans, in seinen veränderten Formen und Dekoren, spiegeln sich nicht zuletzt die veränderten gesellschaftlichen Verhältnisse dieser durch das Bürgertum bestimmten Zeit wider. Spätestens mit der Französischen Revolution von 1789 stand in Europa die Ablösung der Herrschaft des Absolutismus durch eine bürgerlich-demokratische Staatsordnung sichtbar auf der Tagesordnung. So wie sich das Rokoko als bestimmende Ausdrucksform der höfischen Kunst des 18. Jahrhunderts überlebt hatte und durch den im wesentlichen vom Bürgertum getragenen Klassizismus abgelöst wurde, so bildeten sich unter diesen veränderten gesellschaftlichen Verhältnissen auch neue Anforderungen an die Kunst im allgemeinen und an das Porzellan im besonderen heraus.

Das heitere und verschwenderische Leben an den Höfen des europäischen Adels mit seinen großen, aufwendigen Festen gehörte gegen Ende des 18. Jahrhunderts weitestgehend der Vergangenheit an, so daß die Bestellungen der großen Service durch den König und den Adel nicht mehr im Mittelpunkt des künstlerischen Schaffens der Manufakturen standen.

Das Bürgertum mit seiner ganz anderen Lebensweise und seinen weniger aufwendigen Wohnbedingungen brauchte das Porzellan nicht als Mittel der Gestaltung festlicher Räume oder zur persönlichen Repräsentation wie der Adel des 18. Jahrhunderts. Die Ansprüche an das Porzellan waren deshalb wesentlich bescheidener und unter dem Einfluß des englischen Kunsthandwerks vornehmlich auf die praktische Verwendbarkeit gerichtet. Allein die Tassen, vereinzelt auch Kaffee- und Teegeschirre, gehörten mit der Vielfalt ihrer Formen und Dekore sowie mit ihren meist der bürgerlichen Vorstellungswelt entsprechenden Sinnsprüchen, bezogen auf Freundschaft, Treue und Liebe, zur Erinnerung an Begegnungen, besondere Ereignisse und Reisen, zu den beliebtesten Gegenständen aus Porzellan.

Aber auch wegen der von England übernommenen besonderen Zeremonie des Kaffeetrinkens dieser Zeit, derzufolge jeder Gast eine anders geformte und dekorierte Tasse bekommen mußte, war das Interesse für einzelne Tassen gegenüber einheitlichen Geschirren besonders groß.[116] Waren die klassizistischen Tassen in den neunziger Jahren den Speiseservicen entsprechend meist zylindrisch glatt oder konisch glatt geformt und nur mit einer sparsamen und in den Farben zurückhaltenden Malerei geschmückt, so entwickelten sich seit etwa 1800 Form und Dekor unter dem Einfluß des wieder auf Repräsentation bedachten französischen Empire in einer prunkvolleren, dieser Modeströmung Rechnung tragenden Weise. Zu den Formen «Glatt», «Antique glatt» und «Konisch glatt» kamen jetzt so klangvolle und ganz der Antike angepaßte Muster hinzu wie «Etrurische Form», «Kalathos» (Wollkorbform), «Kyathos» (Schöpfbecherform), «Campanerform», *Tafel* 75–79 «Glockenbecherform» und viele andere.

Bereits in den neunziger Jahren waren die Tassen und dazugehörenden Untertassen mit den unterschiedlichsten Malereien versehen, darunter vor allem mit antiken mythologischen Szenen, Porträts in Camaieu, Landschaften, Soldatenszenen sowie auch Blumen und Vögeln.

Mit der Ausbildung neuer, aufwendigerer Formen um 1800 entwickelte sich zugleich aber wieder eine reichere Art der Bemalung und Dekoration, wobei das Weiß des Porzellans oftmals gänzlich von breiten goldenen Borten und Flächen, von Blattfriesen und farbigen Malereien überzogen wurde. Entsprechend dieser veränderten, vom Empire geprägten Anschauung gewann auch die bereits seit der Mitte der siebziger Jahre bei den monumentalen Kaminvasen vorkommende Imitation von Steinen eine große Bedeutung. Nach 1800 waren es vor allem die kostbaren Halbedelsteine Achat, Lapislazuli und Malachit, mit denen man den Grund der Tassen und Geschirre in geschickter Nachbildung dekorierte, wobei auch hierbei das Porzellan unter der Malerei fast vollständig verschwand. Außerdem überzog man die Henkel und Innenflächen der Gefäße vollständig mit poliertem Gold, um so den Eindruck des Kostbaren, Wertvollen und wohl auch *Tafel* 76 des Künstlerischen noch zu verstärken.

Neben dieser besonders an der Berliner Manufaktur zur künstlerischen Perfektion entwickelten Steinimitation entstand zur gleichen Zeit auch die gemalte Nachbildung des antikisierenden, in der italienischen Renaissance des 16. Jahrhunderts weitverbreiteten Pietra-dura-Mosaiks auf schwarzem Grund, dessen Wiedergabe von den Malern ein hohes artistisches Können verlangte. *Tafel* 77

Dieser sich in den ersten beiden Jahrzehnten des 19. Jahrhunderts vollziehende Wandel in der dekorativen Bemalung der Geschirre, bei dem das Weiß des Scherbens nahezu vollständig vom Dekor überdeckt wurde und die Geschirre dadurch das Aussehen eines anderen Materials erhielten, sollte zum bestimmenden Grundzug der Gestaltung der besonders wertvollen Porzellane der Manufaktur während der ganzen ersten Hälfte des 19. Jahrhunderts werden.

Neben den kostbar bemalten antikisierenden Geschirren entstanden seit etwa 1810 an der Manufaktur auch die sogenannten «Ansichtsporzellane». Vasen, Tassen, Kannen und auch ganze Service wurden in feinster Malerei mit Abbildungen von berühmten Gebäuden, Plätzen und Landschaften, vor allem denen der königlichen Residenzstädte Berlin und Potsdam, geschmückt.[117] In ihrer deko- *Tafel* 86 rativ-beschaulichen Farbigkeit entsprachen gerade diese Porzellane in hervorragender Weise der Vorstellungswelt des Bürgertums und erfreuten sich deshalb auch als Sammlungs- und Geschenkartikel großer Beliebtheit. Aber auch die Monumentalvasen dieser Zeit, die als königliche Geschenke an nahezu alle Fürstenhöfe Europas gingen, wurden vielfach mit Ansichten der königlichen Schlösser, mit Veduten und Landschaften geschmückt. Wie bei den an- *Tafel* 68, 87 tikisierenden Darstellungen auf den Tassen so sind auch diese Porzellane außerhalb des gerahmten Bildfeldes häufig noch mit Gold oder anderen, die freien Flächen bedeckenden Ornamenten überzogen.

Wie beliebt das Ansichtsporzellan war, zeigt auch ein repräsentatives Tafelservice, bestehend aus 1680 Teilen, das 1819 für den Kurprinzen von Hessen-Cassel gefertigt wurde und ebenfalls mit vielen Berlinansichten, einschließlich der von Köpenick, bemalt war.

Auch kleinere Kaffeeservice mit der Darstellung von Berliner Gebäuden und Plätzen gehörten während des Biedermeiers zum Programm der Manufaktur. Jedoch waren sie wohl nicht mehr in erster Linie zum Kaffeetrinken bestimmt, sondern vielmehr zur Ausstellung in den verglasten Vitrinen, die nun zur Standardausstattung eines jeden biedermeierlichen Wohnraums gehörten.

Neben den dominierenden Berlinansichten entstanden auch gleichzeitig viele Porzellane, Tassen, Teller, Vasen und Tischplatten mit Abbildungen von Schlössern, Landschaften und Gebäuden anderer bekannter Städte, die als Sammelobjekt sehr gefragt waren.

Tafel 88

Die Vorlagen für die Darstellung der Architektur entnahmen die Maler größtenteils der zur Vorlagensammlung der Manufaktur gehörenden, zwanzig Blätter umfassenden kolorierten Kupferstichfolge Berliner Ansichten von J. Rosenberg aus den Jahren 1773 bis 1785 sowie in späterer Zeit dem zwischen 1832 und 1836 von H. S. Spiker herausgegebenen Werk «Berlin und seine Umgebung im 19. Jahrhundert». Außerdem wurden im Auftrage der Manufaktur zwischen 1822 und 1824 von Wilhelm Schirmer 25 Blätter mit Ansichten von Potsdam und seiner Umgebung angefertigt, die sich teilweise auch heute noch auf Porzellanen nachweisen lassen. Anfang der vierziger Jahre des 19. Jahrhunderts schuf dann auch Carl Daniel Freydanck etwa 78 naturgetreue Ölskizzen von den Sehenswürdigkeiten in Berlin, Potsdam und anderen preußischen Städten als Vorlagen für die Manufaktur. Aber auch Veduten anderer bedeutender Maler des frühen 19. Jahrhunderts, wie Eduard Gaertners, Heinrich Hintzes und Wilhelm Barths, dürften als Malvorlagen gedient haben, zumal gerade diese Vedutenmaler ihre künstlerische Laufbahn als Lehrlinge in den Malsälen der Königlichen Porzellanmanufaktur begonnen hatten.[118]

Der Befreiungskrieg im Spiegel des Berliner Porzellans

Ein weiteres wichtiges Thema der Berliner Porzellanmalerei steht in unmittelbarem Zusammenhang mit dem Befreiungskrieg von 1813/15 als Ausdruck einer weite Bevölkerungskreise erfassenden patriotischen Gesinnung.

Bereits am 5. Oktober 1815 veranlaßte König Friedrich Wilhelm III. durch eine Order die Anfertigung von mehreren repräsentativen Porzellanservicen als Geschenke für die erfolgreichen Heerführer des Krieges.[119] In dieser heißt es: «... Des Königs Majestät haben die Absicht, dem Prinzen August von Preußen, dem Prinzen Wilhelm von Preußen (Bruder Seiner Majestät), dem Prinzen von Hessen-Homburg und den Generälen Grafen York von Wartenburg, Grafen Tauentzien und Grafen Kleist von Nollendorf, jedem ein porzellanenes Tafelgeschirr zum Präsent zu machen. Alle diese Service würden des Gebers und der Empfänger würdig und von einer solchen Beschaffenheit sein müssen, daß der Allerhöchsten Absicht, den gedachten Prinzen und Generälen Allerhöchst Dero Erkenntlichkeit zu beweisen auf eine angemessene Weise entsprächen; das vorzüglichste aber unter allen würde das für den Prinzen August von Preußen sein, auf dem Seine Majestät die Festungen, welche der Prinz im letzten Kriege erobert, angedeutet wissen wollen ...»

Das in dieser Order nicht erwähnte, jedoch umfangreichste und repräsentativste Geschenk dieser Art stellte ein Tafel- und Dessertservice mit einem figürlichen Tafelaufsatz für den englischen Herzog und Heerführer Wellington dar, der als Bezwinger Napoleons und des französischen Heeres in der Schlacht bei Waterloo im Jahre 1815 Berühmtheit erlangt hatte.[120] Das Service, über das Georg Kolbe in seiner Manufakturgeschichte ausführlich berichtet, wurde im Jahre 1819 vollendet und bestand aus etwa 470 Teilen, darunter Tellern, Schüsseln, Terrinen, Eiskühlern, Saucieren, Platten, Vasen und einem Tafelaufsatz mit zahlreichen figürlichen Darstellungen, von denen einige auf Entwürfe von Gottfried Schadow zurückgehen. «... Den Aufsatz bildeten elf auf broncenen Plateaus aufgestellte Hauptgruppen, deren Mittelpunkt ein Obelisk von Porcellan von 4 Fuß 2 Zoll Höhe einnahm, auf dessen Postament die Wappen Preussens, Englands, Schottlands und das des Herzogs in Relief angebracht, während zwei Seitenflächen der Stele mit den Namen seiner bedeutendsten Schlachten, die beiden anderen aber mit den ihm verliehenen Orden in Relief, zwanzig an der Zahl, geziert waren. Um den Obelisk gruppirten sich Flussgottheiten in halbliegender Stellung, die Themse, Kaitna, den Duero, Tajo, Ebro, die Garonne, Seine und Sambre darstellend, die Zeugen der Grossthaten des Feldherrn, und zwischen diesen zwei 16 Zoll hohe Biscuitfiguren, Borussia und Brittannia, jene mit dem Schwert in der rechten und einen Stab mit dem eisernen Kreuz oben in der linken Hand haltend, zu den Füssen den Adler; die Brittannia mit dem Dreizack, Schilfkranz, zu Füßen den Leoparden. Seitwärts von dem Obelisk waren die übrigen zehn Gruppen, auf jeder Seite fünf, aufgestellt, von denen je zwei gleich waren ...»[121]

Die Geschirre des «Wellington-Services» und auch die der anderen folgten den bekannten Modellformen «Antique glatt» und «Konisch», wobei jedoch ganz im Stil dieser Zeit eine prachtvollere Gestaltung der Deckelknäufe, der Griffe und Standflächen vorgenommen wurde. Besonders die großen Terrinen erfuhren eine dekorative Bereicherung, indem die bescheidene Form des klassizistischen Pinienzapfens als Deckelknauf durch einen vergoldeten Adler – ein bevorzugtes Motiv des Empire – ersetzt wurde und der Gefäßkörper selbst von vier ebenfalls vergoldeten Löwen getragen wird, die auf einer Sockelplatte mit geschwungenen Seiten liegen. Die große Vorliebe dieser Zeit für effektvolle Vergoldung zeigt sich auch in den breiten, antikisierenden Bordüren sowie in der goldenen Rahmung der Malerei, die neben Blumen, Waffen, Wappen, Uniformen vor allem die Schlachten des Generals, den Einzug in eroberte Städte sowie Siegesfeiern zum Inhalt hat. Durch die Rahmung verselbständigt sich die Malerei auf diesem Service und nimmt den Charakter eines vom Porzellan unabhängigen Gemäldes an.

In ähnlicher Weise wurden auch die Service für die deutschen Heerführer – obwohl vom Umfang her bescheidener – geschmückt. Nur finden sich hier anstelle der Palmetten, Akanthus- und Mäanderfriese farbige Lorbeerfriese und Eichengirlanden als Schmuck, die aber in gleicher Weise die Flächen der Gefäße nahezu vollständig bedecken.

Neben diesen großen, in königlichem Auftrag entstandenen Servicen fand der Befreiungskrieg aber auch in zahlreichen Einzeldarstellungen auf Tassen und Untertassen seinen Niederschlag. Sehr häufig *Tafel* 82 wurden die drei siegreichen Potentaten Friedrich Wilhelm III., Alexander I. und Franz I., die populären Heerführer Blücher, Gneisenau, Schwarzenberg und Scharnhorst oder auch nur die aus Blüten gebildete Jahreszahl 1813 dargestellt, wobei auf den dazugehörenden Untertassen nahezu immer der Plan der Völkerschlacht bei Leipzig mit eingezeichneter Markierung der Truppenbewegungen abgebildet wurde. Diese Kartendarstellungen waren im *Tafel* 83 Gegensatz zu den Porträts in einem Umdruckverfahren hergestellt, das um 1810 von England übernommen worden war und das verschiedentlich auch zur billigeren Vervielfältigung gemalter Dekore Anwendung fand.

Dieserart geschmückte Porzellane fanden aber bei den Käufern nur einen sehr geringen Zuspruch, so daß man von dieser Methode bald wieder abkam und aus künstlerischen Gründen der Malerei den Vorzug gab.

Auch die Rückkehr der Schadowschen Quadriga vom Brandenburger Tor, die Napoleon 1806 nach Paris entführen ließ, fand im Porzellanbild der Manufaktur ihren Widerhall. Auf Erinnerungstassen wurde die Quadriga, meist in Sepiamalerei, mit der Überschrift «Willkommen wieder in Berlin 1814» abgebildet.

Die Vasen der ersten Hälfte des 19. Jahrhunderts

Neben den Feldherrenservicen, Kaffeegeschirren und Tassen gehörten während der ersten Hälfte des 19. Jahrhunderts vor allem verschiedene Arten großer Vasen zu den künstlerischen Haupterzeugnissen der Manufaktur. Auch ihre Formen sind – wie die Berliner Kunst dieser Zeit ganz allgemein – vom Geist der Antike geprägt. So dominierte in den zwanziger Jahren des 19. Jahrhunderts der griechische «Krater», eine Vasenform mit sich nach oben zu leicht verbreiterndem zylindrischem Mittelteil und weit ausladendem Lippenrand. Das Unterteil des Körpers ist dabei wulstartig oder halbkugelförmig ausgeweitet, der meist konisch eingezogene Fuß ruht auf einer quadratischen Plinthe. Die Henkelgestaltung dieses in verschiedenen Größen und Formen gefertigten «Kraters» bot den Modelleuren weiterhin vielfältige Möglichkeiten, die Grundform der Vase zu variieren. Von dem wulstartig ausladenden Unterteil des Körpers entwickeln sich spiralförmige und gekrümmte Henkel, Voluten-, Adler- oder Weinrankenhenkel und auch solche in Form von Satyrköpfen, die jeder Vase ihr eigenes künstlerisches Gepräge gaben. Dieser Vasentyp wurde bereits in seiner Grundform mit bogenförmigen Henkeln im Jahre 1799 durch Karl Friedrich Riese im Auftrage des Grafen Rheden, des Vorsitzenden der Manufakturkommission, modelliert und unter der Bezeichnung «Rhedensche oder Mediceische Vase» bekannt. Vorbild für diesen kraterförmigen Vasentyp soll eine Vase aus der Sammlung des schwedischen Gesandten Baron von Ergeström gewesen sein.[122]

In den dreißiger und vierziger Jahren wurde aber der «Krater» durch die «Amphora» weitestgehend zurückgedrängt, die vor allem in zwei Grundformen als «Münchner Vase» und «Französische Vase» in relativ hohen Stückzahlen hergestellt wurde.

Die «Münchner Vase» in antiker «Urnenform» hat einen gedrungenen, eiförmigen Körper, an dessen Schulter zwei eckig geformte Henkel ansetzen. Aber *Tafel* 68, 89 auch ohne Henkel wurde diese Form hergestellt. Im Gegensatz dazu ist der Körper der «Französischen Form» langgestreckt mit hohem zylindrischem Hals und mit hochgezogenen, ornamental verzierten Henkeln versehen. Die «Münchner Vase», die zweifelsohne den vorherrschenden und beliebtesten Vasentyp in den dreißiger und vierziger Jahren des 19. Jahrhunderts bildete, geht auf einen Prototyp aus der Nymphenburger Porzellanmanufaktur zurück, der 1823 anläßlich der Hochzeit des Kronprinzen Friedrich Wilhelm von Preußen und der Prinzessin Elisabeth von Bayern, geschmückt mit den Porträts der beiden Herrscher, nach Berlin gekommen war. Als ihr Schöpfer gilt der seit 1822 an der Nymphenburger Manufaktur als künstlerischer Leiter tätige Architekt Friedrich von Gärtner.

Dieser in seiner Form vollendete Vasentyp mit seinen großen Flächen für Vergoldung und Malerei bot den Mitarbeitern der Berliner Manufaktur die Möglichkeit, ihr technisches Können und künstlerisches Vermögen und damit auch die Konkurrenzfähigkeit der Berliner Manufaktur gegenüber den führenden Manufakturen in Wien, St. Petersburg und Sèvres anschaulich unter Beweis zu stellen, denn die technisch einwandfreie Herstellung so großer Vasen und die Wiedergabe aller auch für die klassische Malerei zur Verfügung stehenden Farbnuancen auf den Porzellanen stellte allerhöchste Anforderungen an das gesamte Personal.

Hinzu kamen das Bedürfnis und die Forderung des Königs nach repräsentativen Geschenken, die mit diesem Vasentyp in einer hervorragenden Weise erfüllt werden konnten. Diese formvollendeten Vasen im antikisierenden Stil dieser Zeit, geschmückt mit phantasievollen goldenen Ornamenten und repräsentativen Architektur- und Landschaftsveduten, waren überzeugende Botschafter der sich zu Beginn des 19. Jahrhunderts ständig weiterentwickelnden Residenzstädte Berlin und Potsdam, waren Botschafter einer hohen künstlerischen Meisterschaft der Berliner Königlichen Porzellanmanufaktur.

Die hohe künstlerische Wertschätzung, die die «Münchner Vase» in dieser Zeit genoß, geht auch aus dem «Conto-Buch Sr. Majestät» hervor, das von 1829 bis 1850 allein 137 Vasen dieses Typs als Geschenke an befreundete Herrscher und Persönlichkeiten verzeichnet.[123]

Die «Münchner Vase», die häufig auch ohne Henkel hergestellt wurde und in dieser reduzierten Form einen mehr geschlossenen, in sich ruhenden Eindruck macht, ist von der Manufaktur in vier verTafel 87 schiedenen Größen produziert worden. Die Höhen betragen 50,5, 60, 79 und 110 Zentimeter. Sie wurden – je nach Bedeutung des Geschenks – ähnlich den Kaminvasen und Vasensätzen des Barocks nicht nur als Einzelstücke, sondern auch paarweise, zu dritt oder zu fünft konzipiert, verschenkt und aufgestellt.

Der eiförmige, glatte Körper dieser antiken Form bot den Malern der Manufaktur hervorragend große Flächen für Malerei, Vergoldung und Dekor. Vielfach wurde die «Münchner Vase» mit umlaufenden Landschaften oder Städteansichten geschmückt, wobei Schulter, Hals und Lippenrand sowie Unterteil und Fuß gänzlich mit Gold, das in sich wiederum mit radierten und modellierten antikisierenden Ornamenten gemustert war, überzogen wurden. Außer den sehr häufig vorkommenden Städteansichten, oft als umlaufendes Panorama gegeben, wurden in goldener Rahmung Ansichten von Truppenparaden, Schlachten, Landschaften, Schlössern und auch allegorische Szenen und Blumen dargestellt, die ihrer künstlerischen Auffassung nach wie Ölgemälde angelegt sind. Die Vorlagen für diese großformatigen Darstellungen und den ornamentalen Dekor auf den großformatigen Vasen oder Tischplatten lieferten die Malereivorsteher, außenstehende Maler und Architekten Berlins. Georg Kolbe hat in seiner Ma- Tafel 85, 89 nufakturgeschichte besonders auf die Mitwirkung von Karl Friedrich Schinkel hingewiesen, der durch sein praktisches und theoretisches Wirken nicht nur einen starken Einfluß auf das gesamte kunstgewerbliche Schaffen in Berlin und Preußen dieser Zeit ausübte, sondern durch eigene Entwürfe auch Formen und Dekore der Manufaktur beeinflußte.[124] Als ein hervorragendes Beispiel seiner Entwurfsfähigkeit sei hier die «Persische Vase» von 1823 genannt, die zur Erinnerung an das am 27. Januar 1821 im Weißen Saal des Berliner Schlosses veranstaltete Hoffest «Lalla Rookh» nach Thomas Morus in Auftrag gegeben wurde. Tafel 90, 91

Wie neuere Untersuchungen auf der Grundlage der im Archiv der Manufaktur erhaltenen Vorlagen in bezug auf die Dekorationen und Formen vor allem der monumentalen Arbeiten ergeben haben, fanden die «Schinkelschen Ideen» aber vor allem über seine Schüler Eingang in die Manufaktur. Zu nennen wären hier der Geschichtsmaler August von Kloeber, die Architekten Carl August Menzel, Johann Heinrich Strack und Friedrich August Stüler sowie die Maler Friedrich Wilhelm Ludwig Stier und Friedrich Gustav Alexander Stier der Jüngere.[125]

Nach diesen von den hervorragendsten Künstlern Berlins geschaffenen Vorlagen hatten die ausführenden Formenmacher, Dreher, Maler und Vergolder die einzelnen Arbeiten zu gestalten und sie der Porzellantechnologie anzupassen.

Die Porzellaneier

Eine Besonderheit der Berliner Manufaktur stellen die seit 1819 hergestellten «Ostereier» dar, die in gleicher Weise wie die Tassen und Vasen mit Architekturansichten, Blumen und reicher Vergoldung geschmückt wurden.[126] Den historischen Hinter- Tafel 81 grund für die Entwicklung bemalter Porzellaneier bildeten außer der allgemeinen, jahrhundertealten

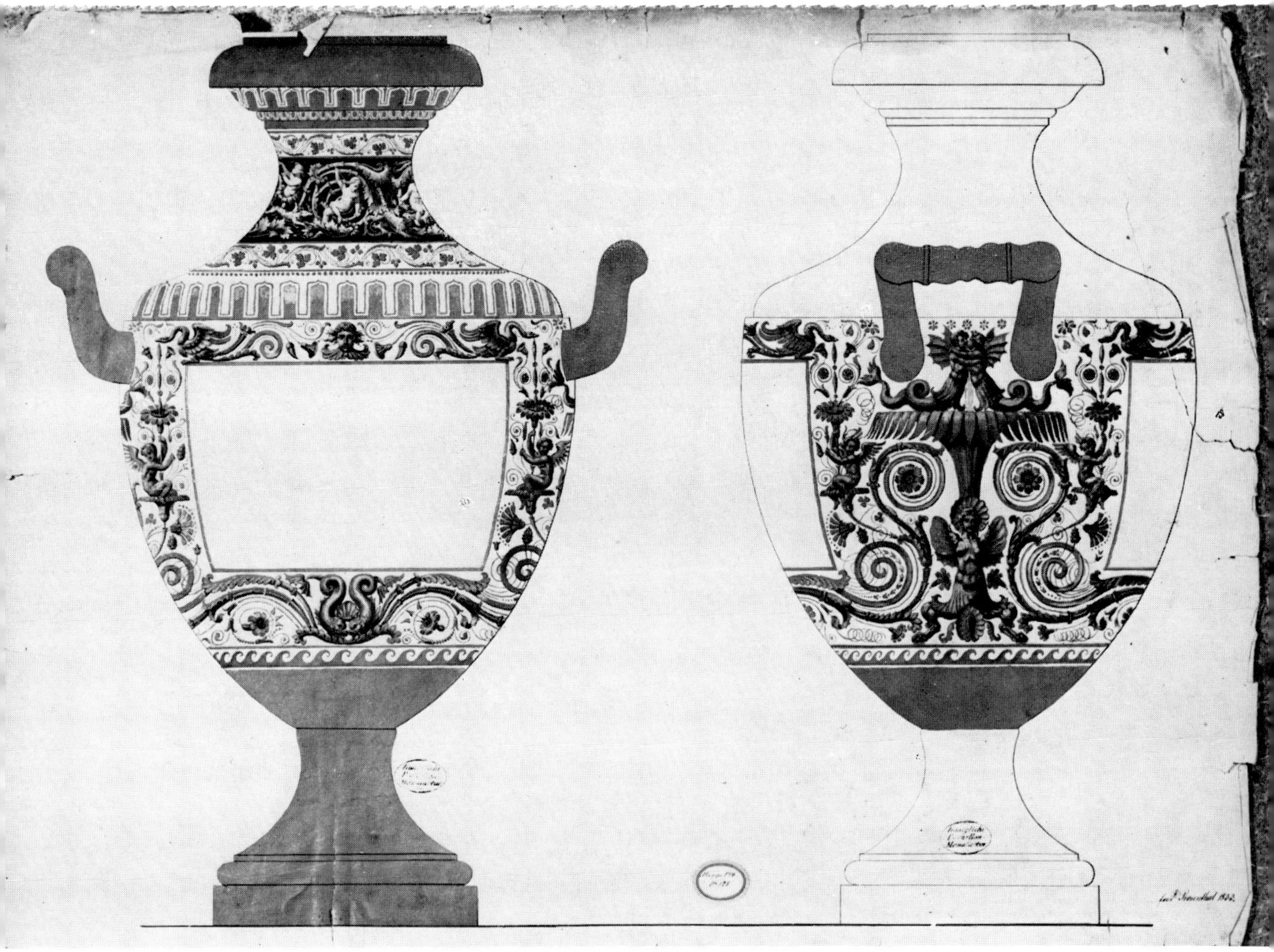

Entwurfsaquarell zur großen amphoraförmigen Vase, einer sogenannten «Münchner Vase» (Tafel 68), von Rosenthal, 1833

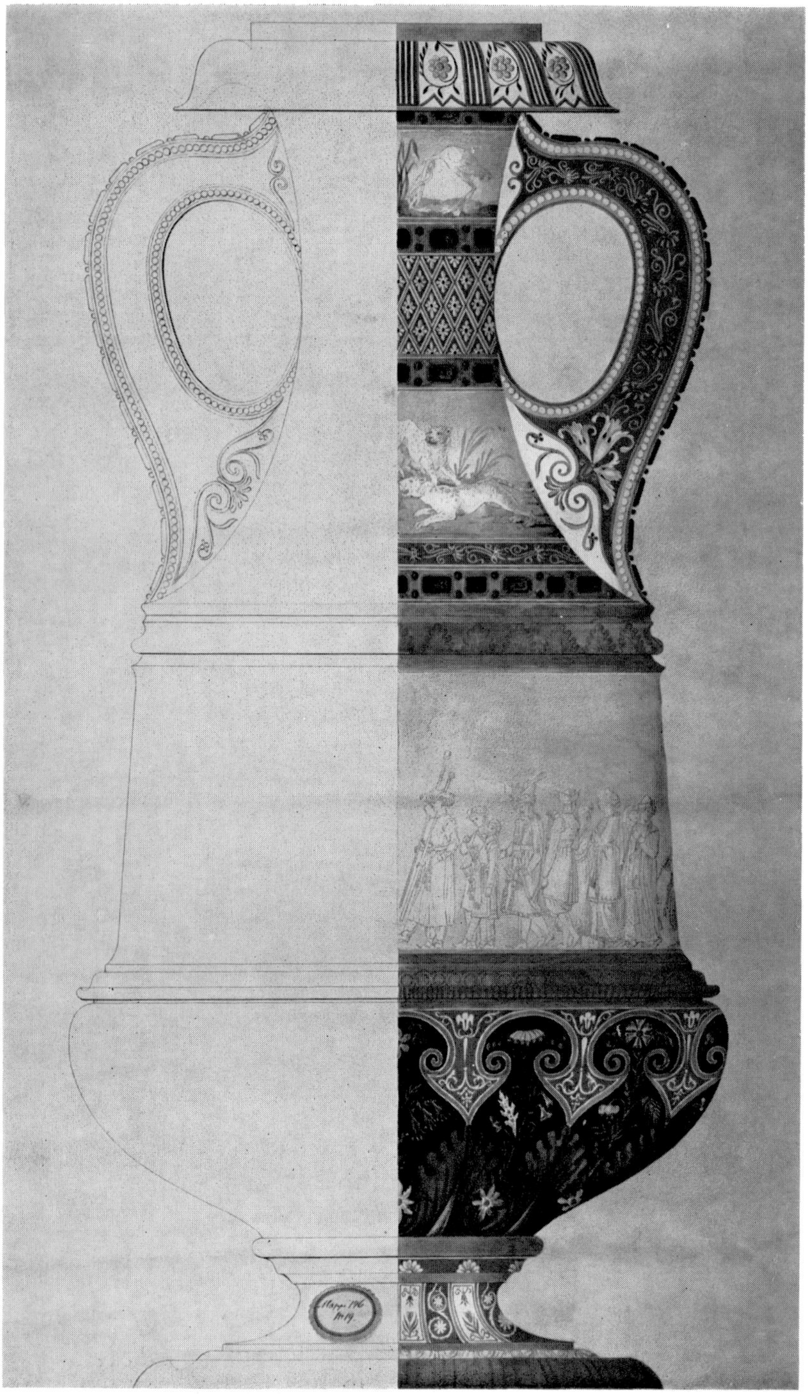

90
Entwurf zur sogenannten «Persischen Vase» (Tafel 91) von Karl Friedrich Schinkel, farbig aquarelliert, 1823

91
Persische Vasen mit Darstellungen zum Hoffest «Lalla Rookh», Entwürfe von Karl Friedrich Schinkel, 1823, Festszenen nach Vorlagen von A. von Kloeber und Wilhelm Henschel, 1824

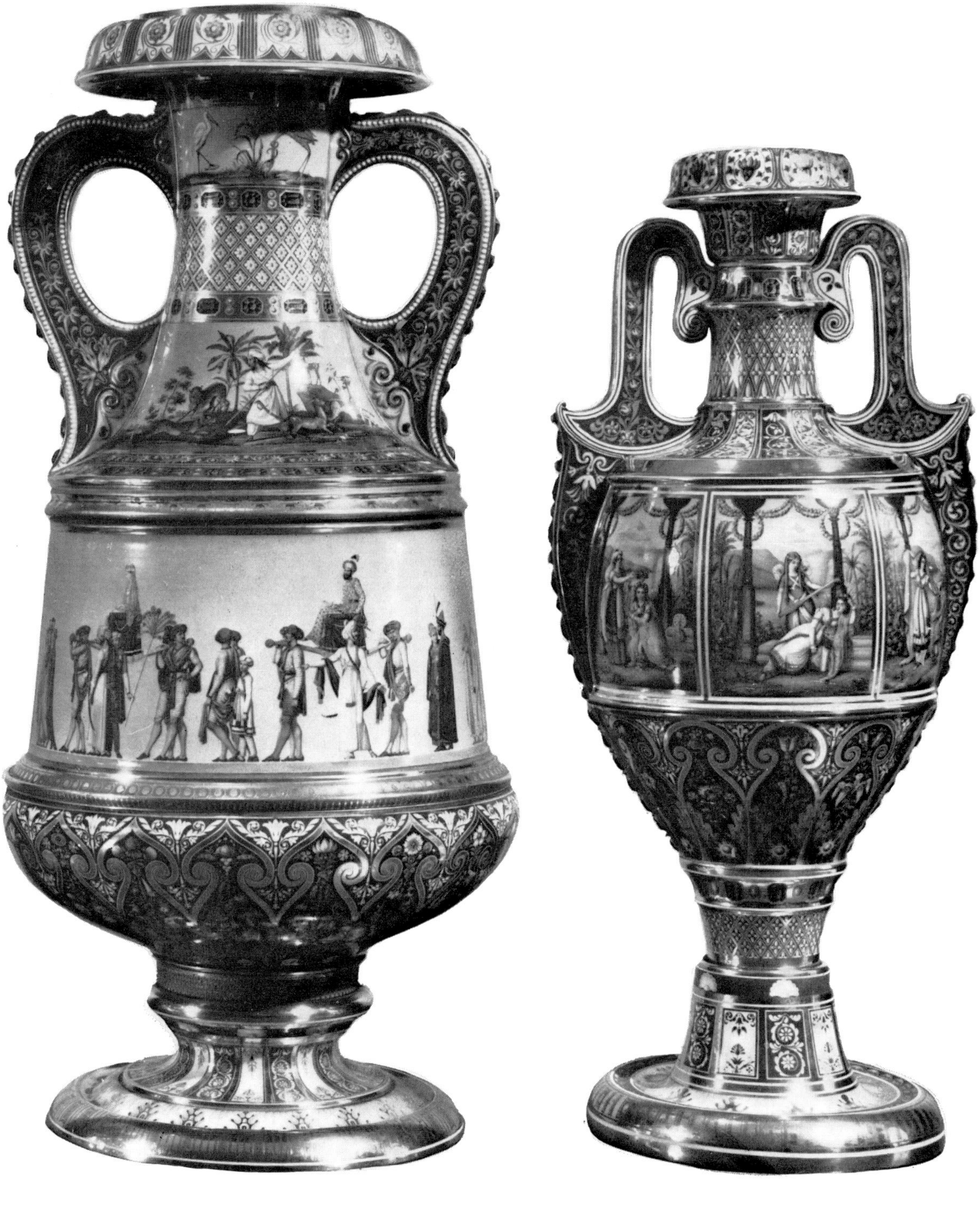

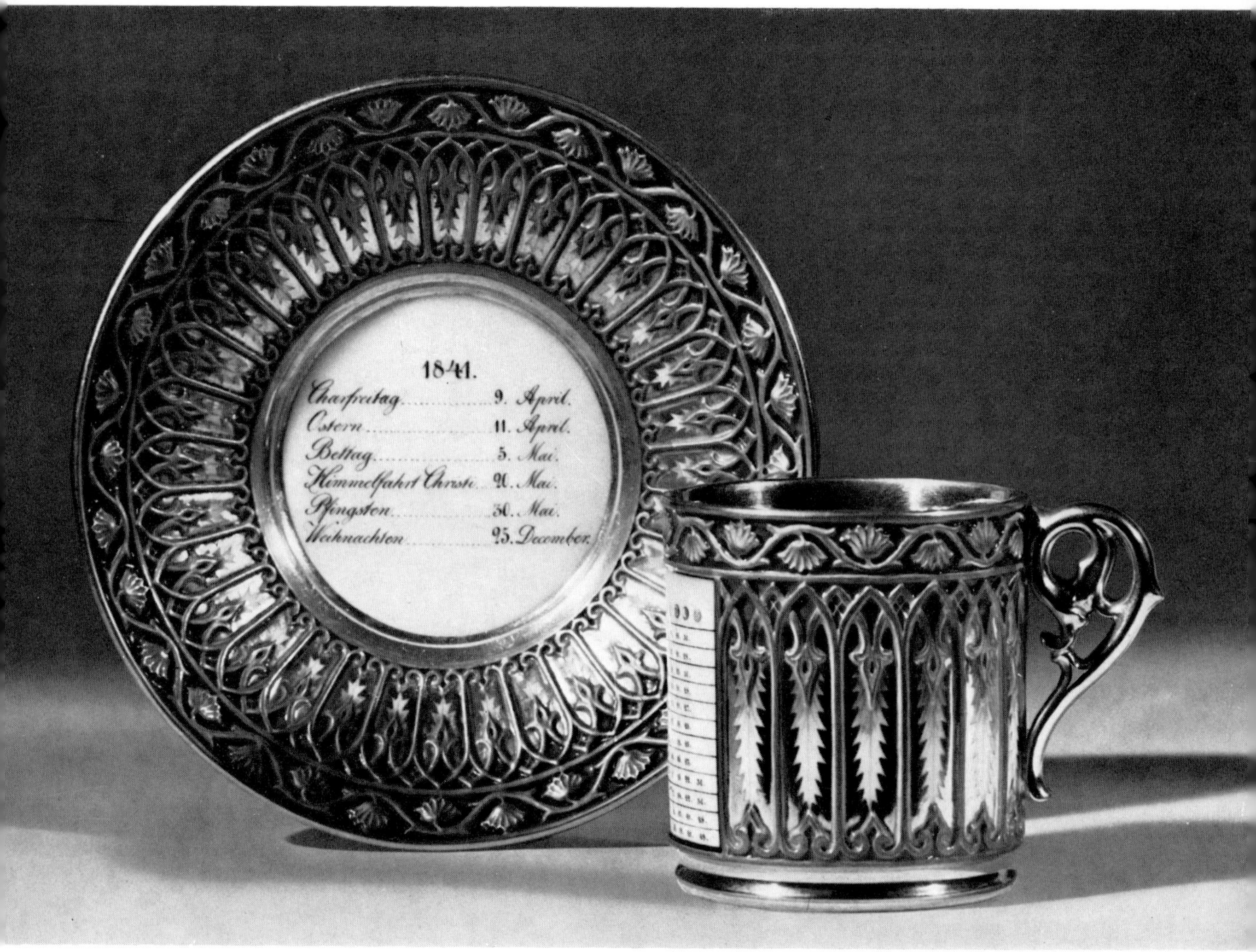

92
Kalendertasse von 1841 mit neogotischen Ornamenten

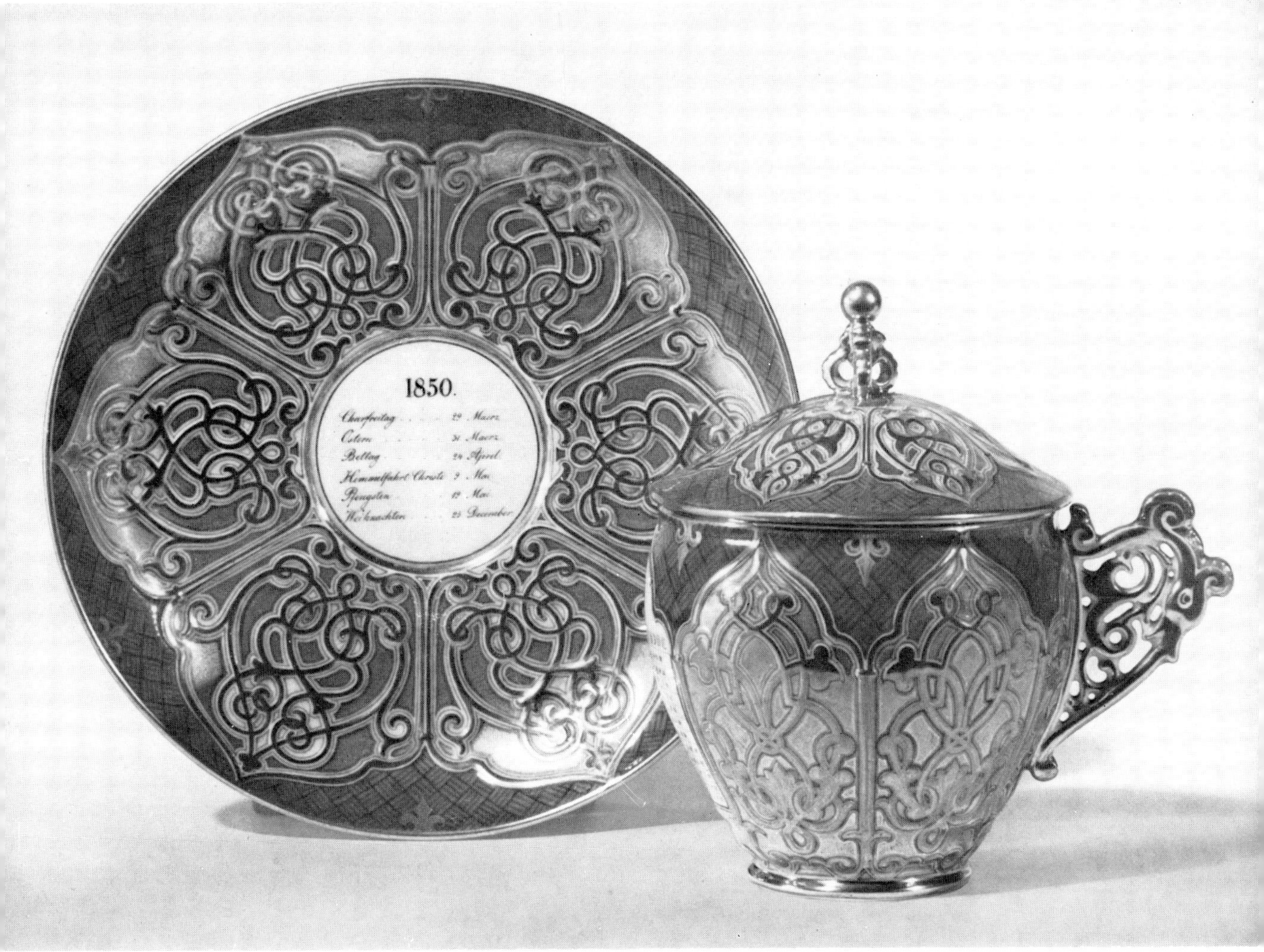

93

Kalendertasse von 1850 mit maurischen Ornamenten

94
Bonbonniere mit Emaildekor, um 1895–1900

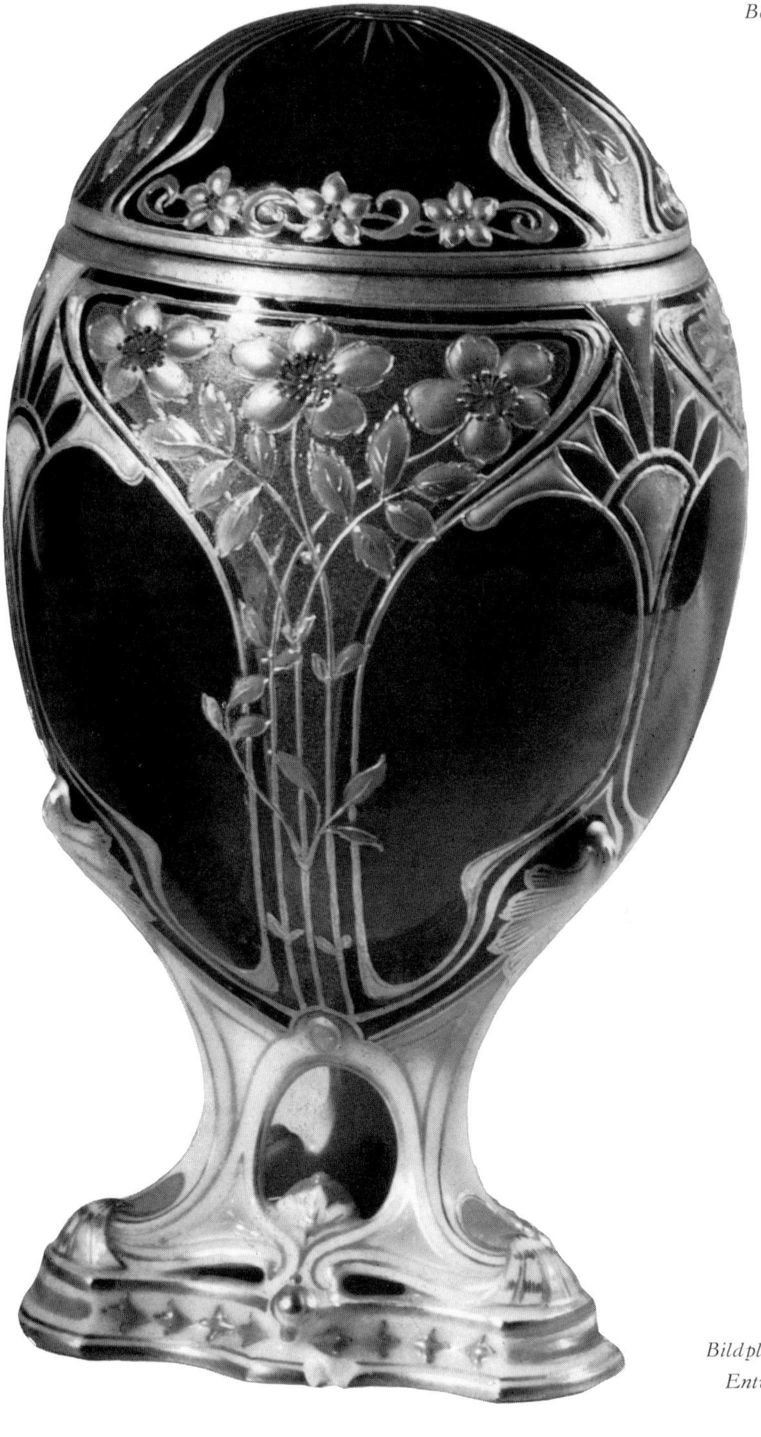

95
Bildplatte, «Dreitorspitz mit Baum im Vordergrund»,
Entwurf von Theo Schmuz-Baudiss, um 1918–1922

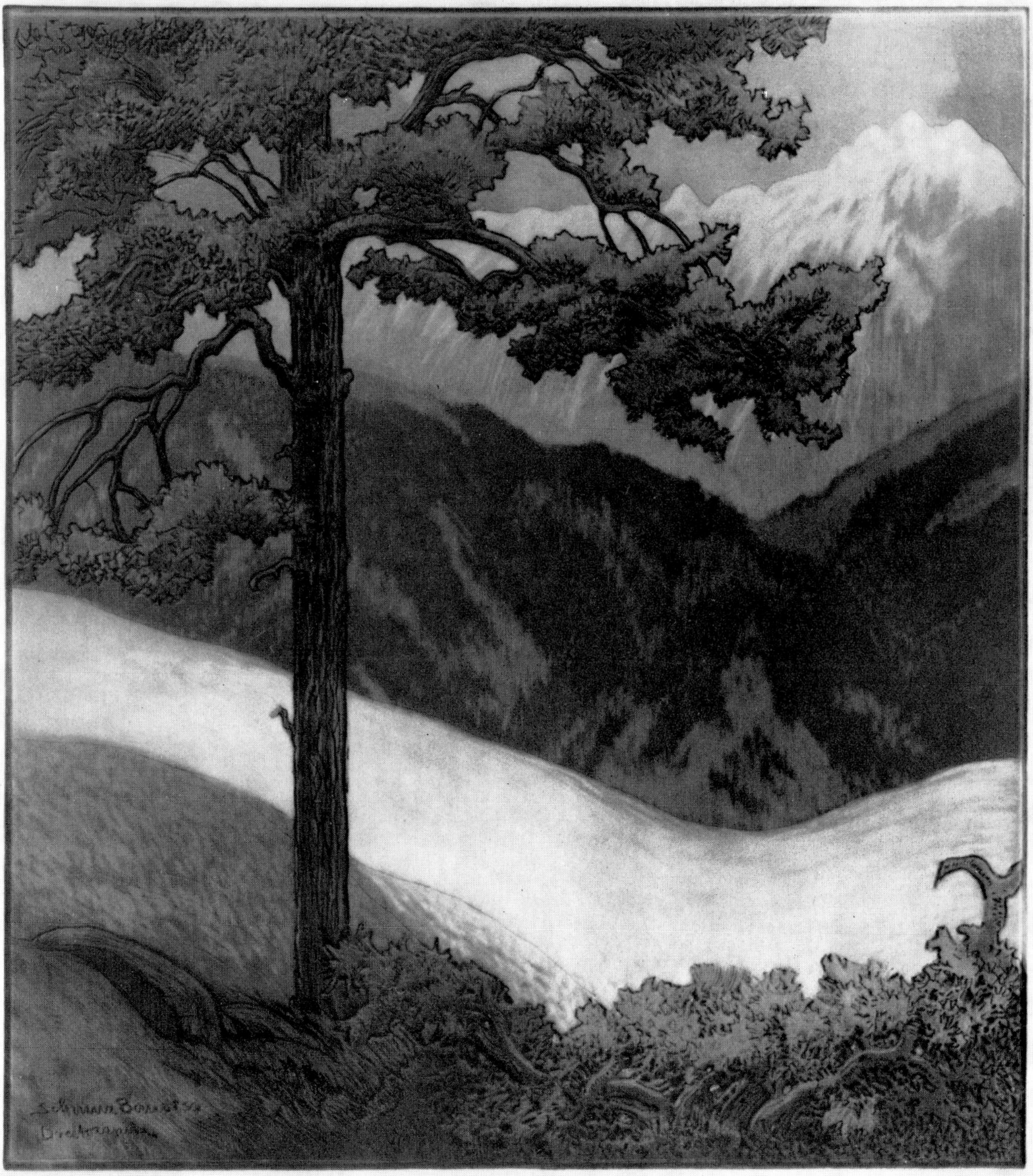

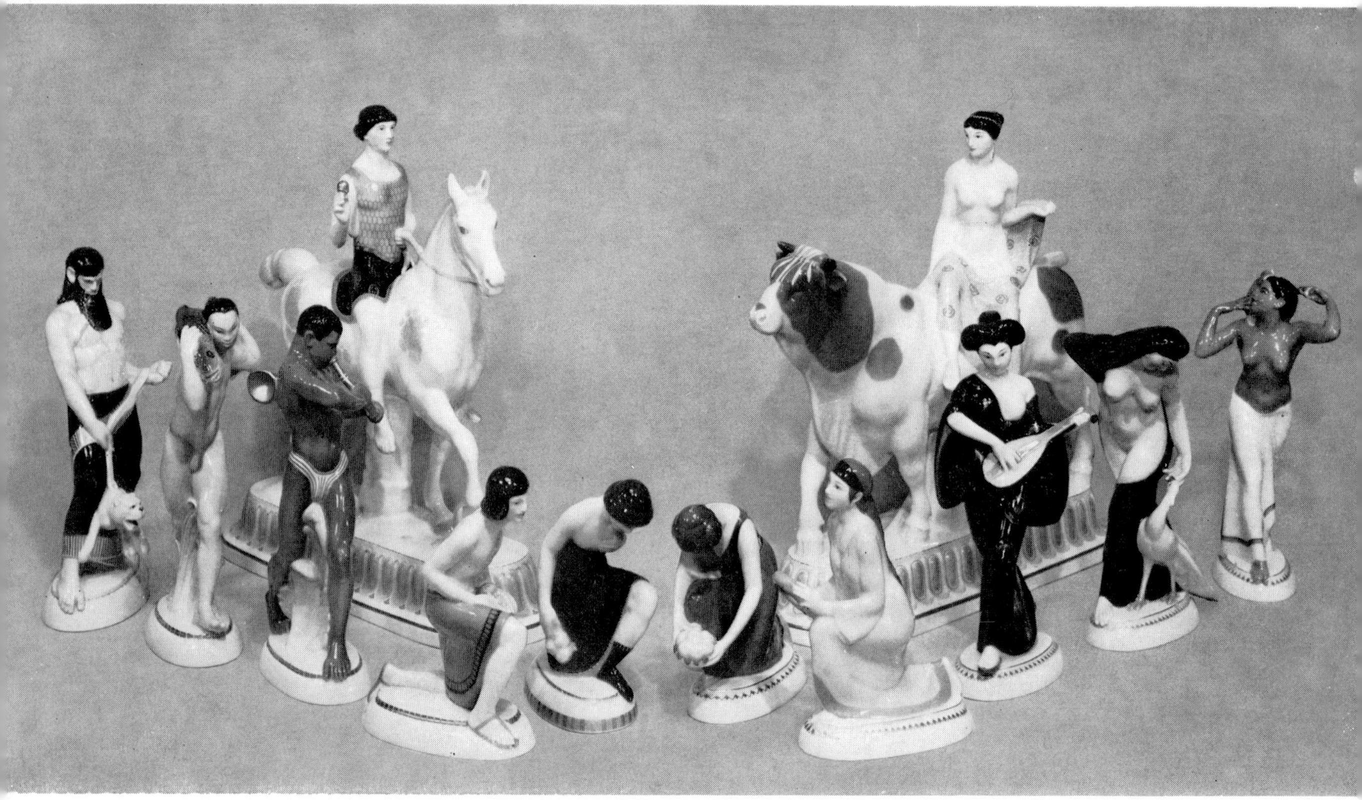

96
Teile aus dem Tafelaufsatz «Hochzeitszug» von Adolf Amberg, Entwurf 1904, Ausformung 1913

97
Araber mit Dudelsack und Neger mit Waldhorn, Teile aus dem Tafelaufsatz «Hochzeitszug» von Adolf Amberg, Entwurf 1904, Ausformung 1913

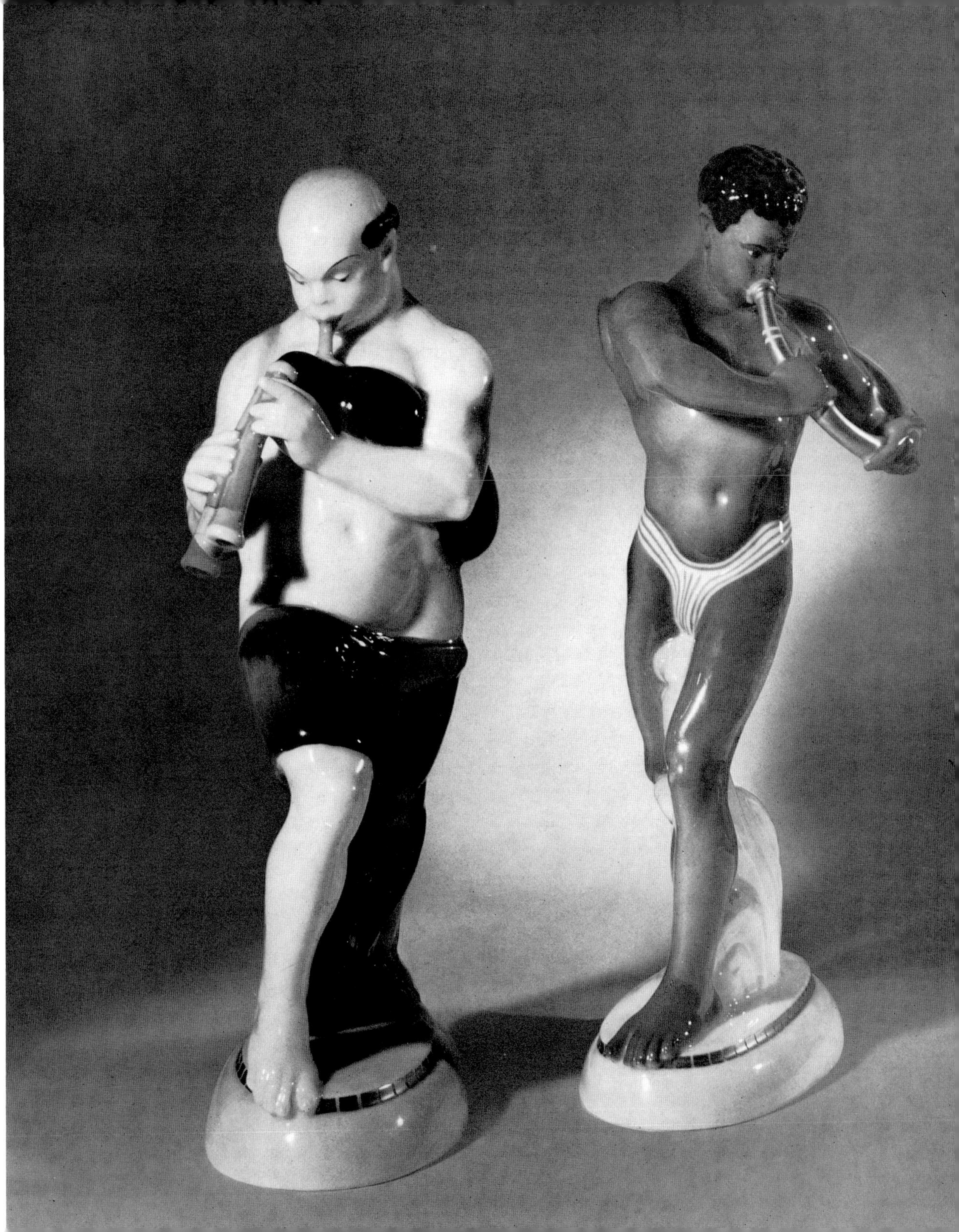

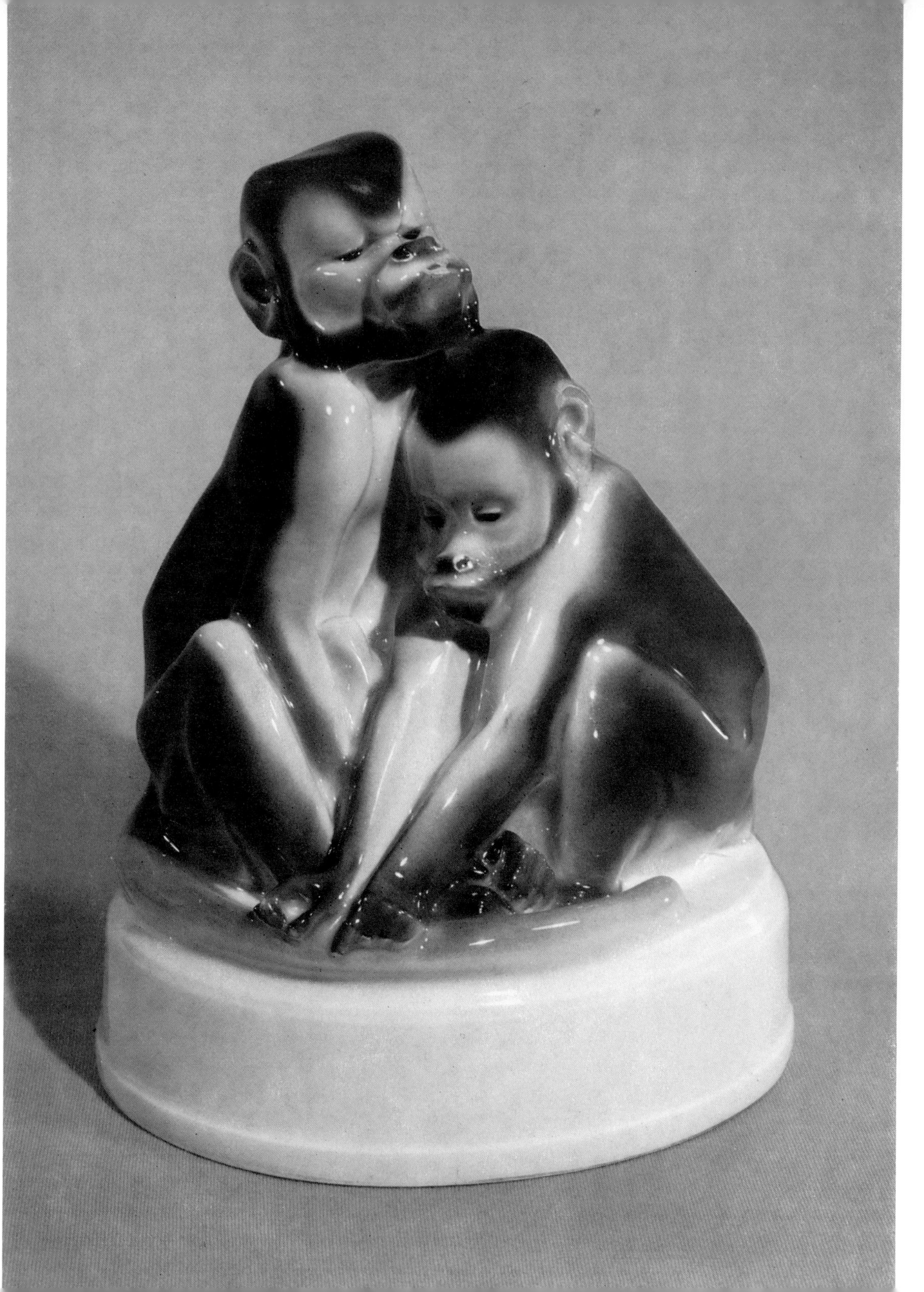

98
Affengruppe,
Entwurf
von Anton Puchegger,
1909, Ausführung
1910

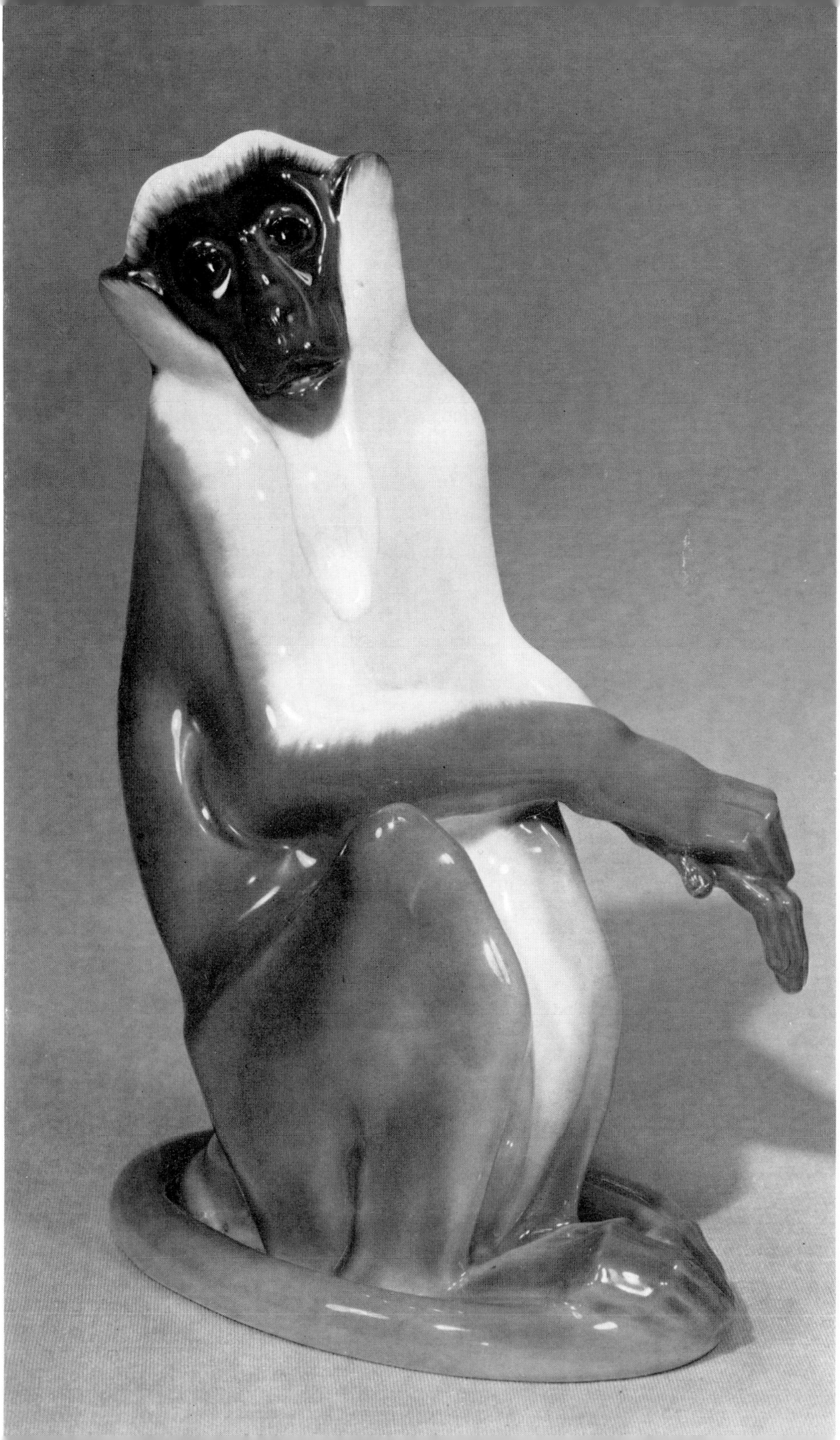

99
Diana-Meerkatze,
Entwurf
von Anton Puchegger,
1910, Ausführung
1920

100
Diana die Liegende,
Entwurf von Paul Scheurich, 1918

101
Galante Dame und galanter Herr,
Entwurf von Hermann Hubatsch, 1920, Dekor von Gertrud Kant (?)

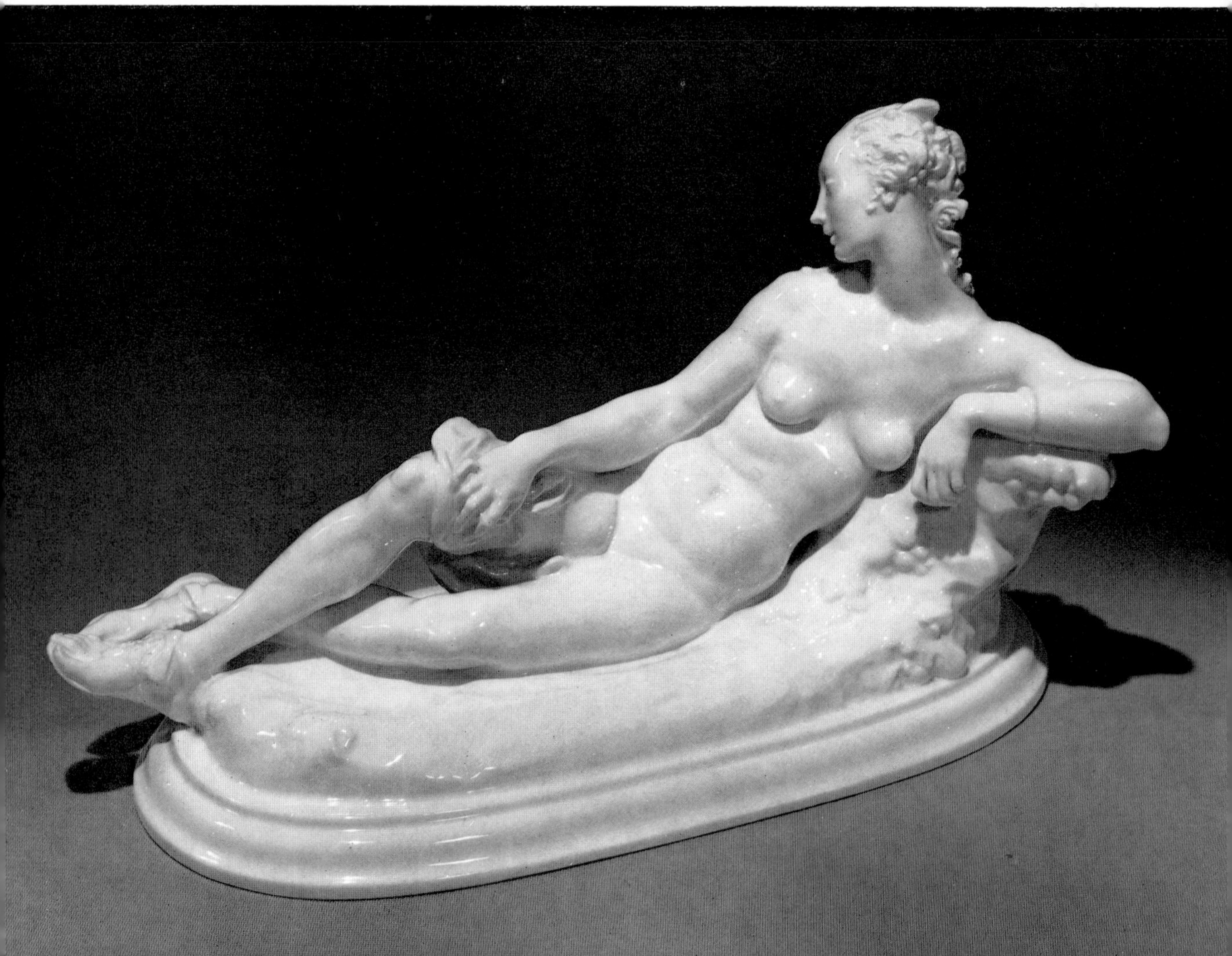

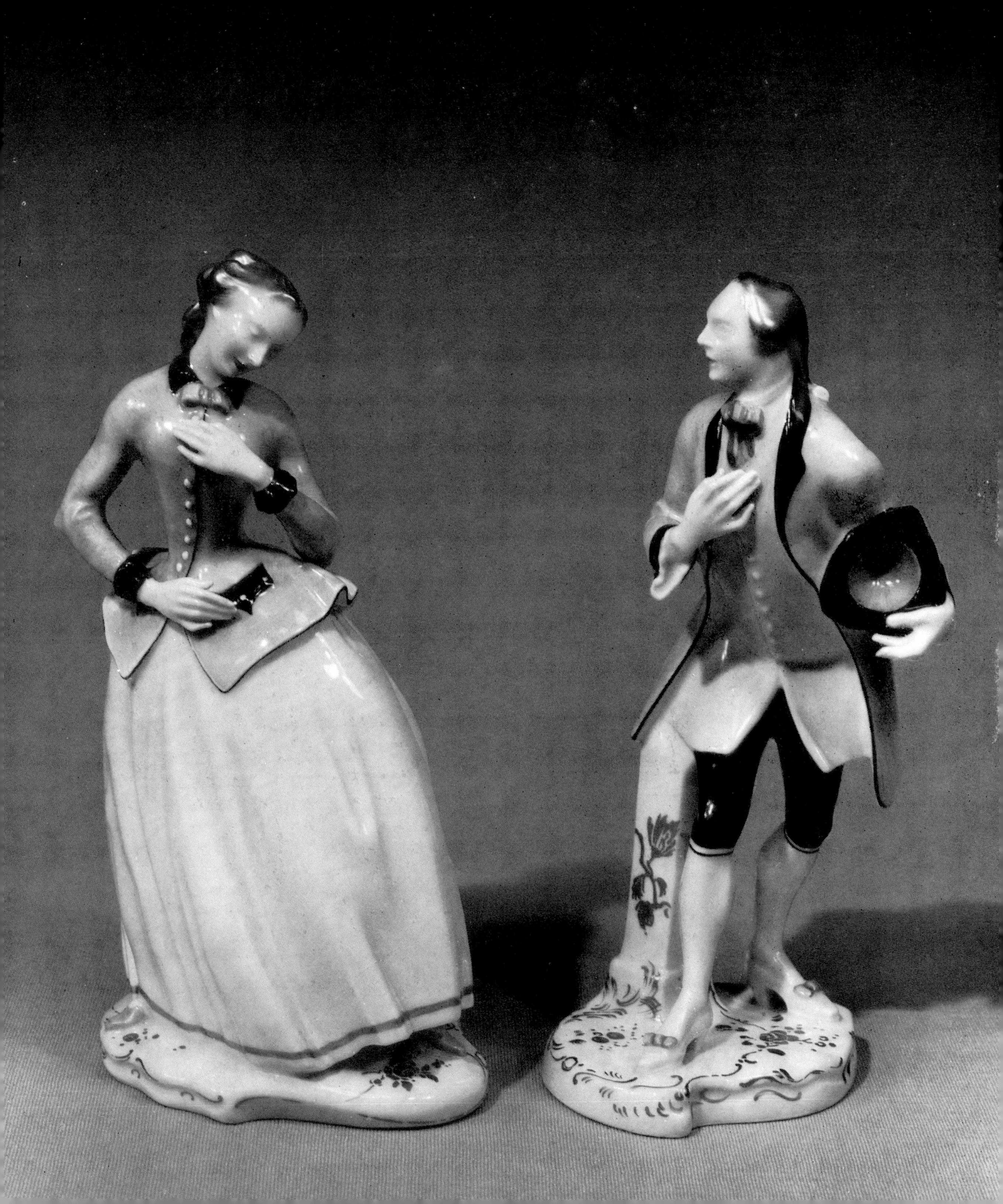

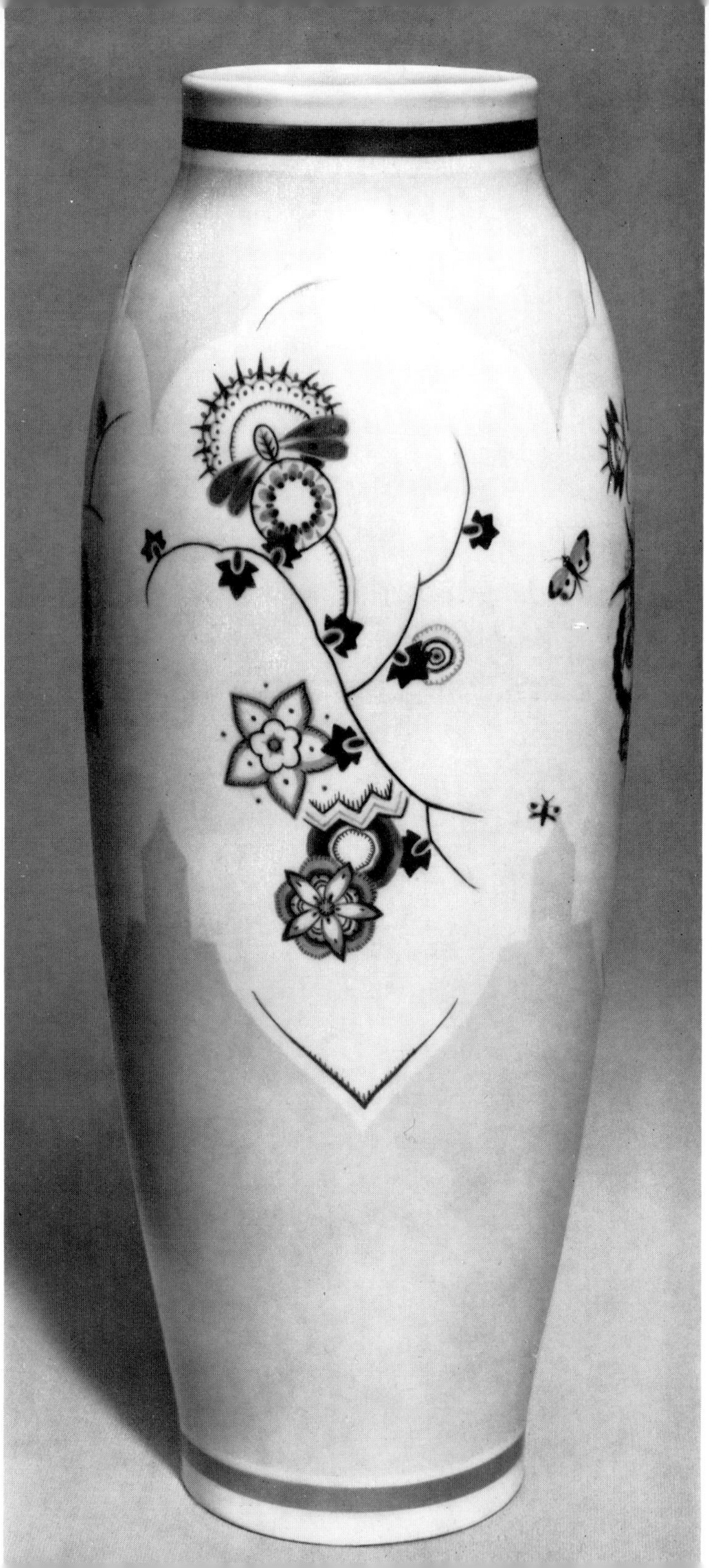

102
Hohe schlanke Vase
mit stilisiertem Blütendekor,
Bemalung von Gertrud Kant (?), um 1925

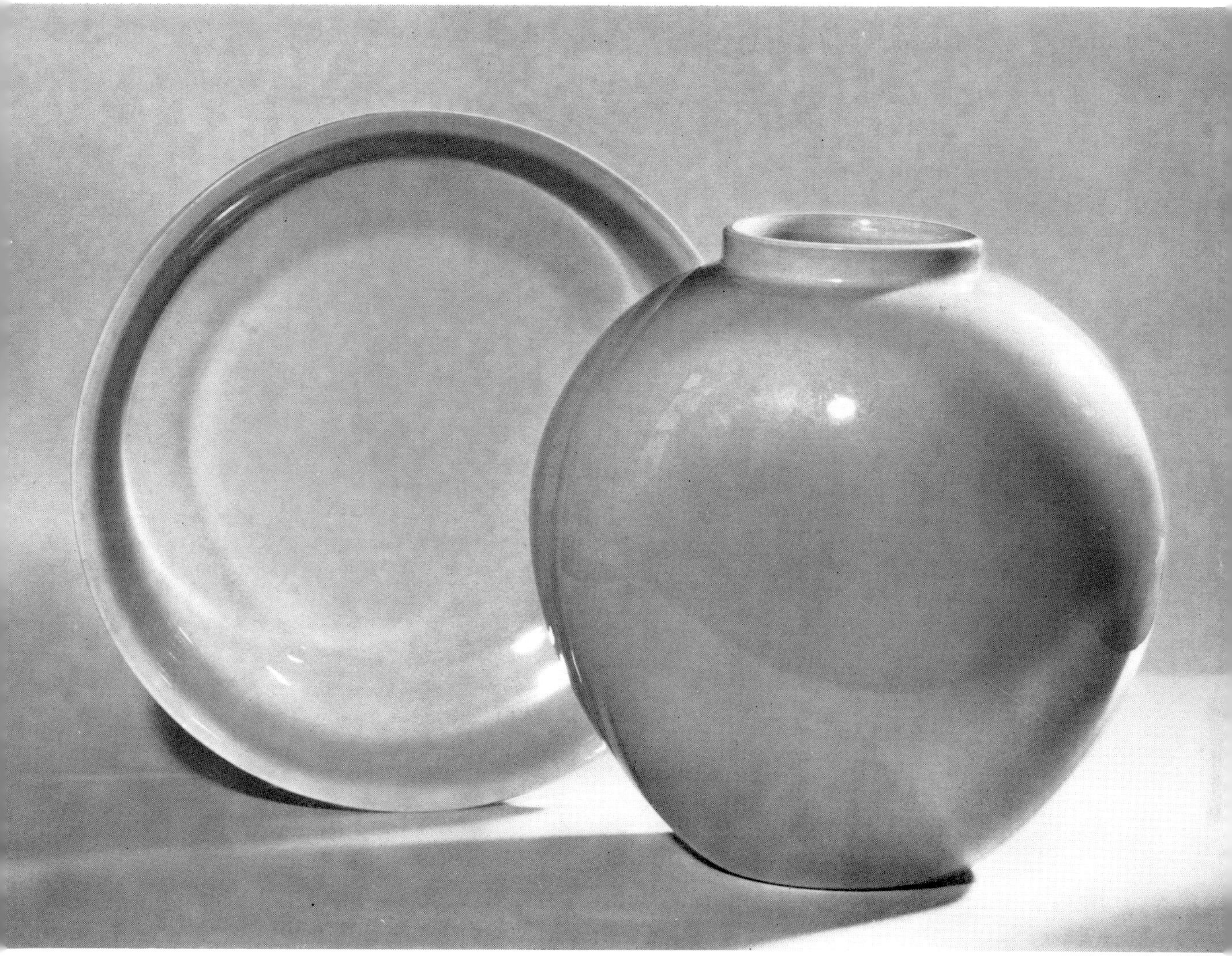

103

Teller und Vase, sogenannte «Halleform», Entwurf von Marguerite Friedländer-Wildenhain, um 1930

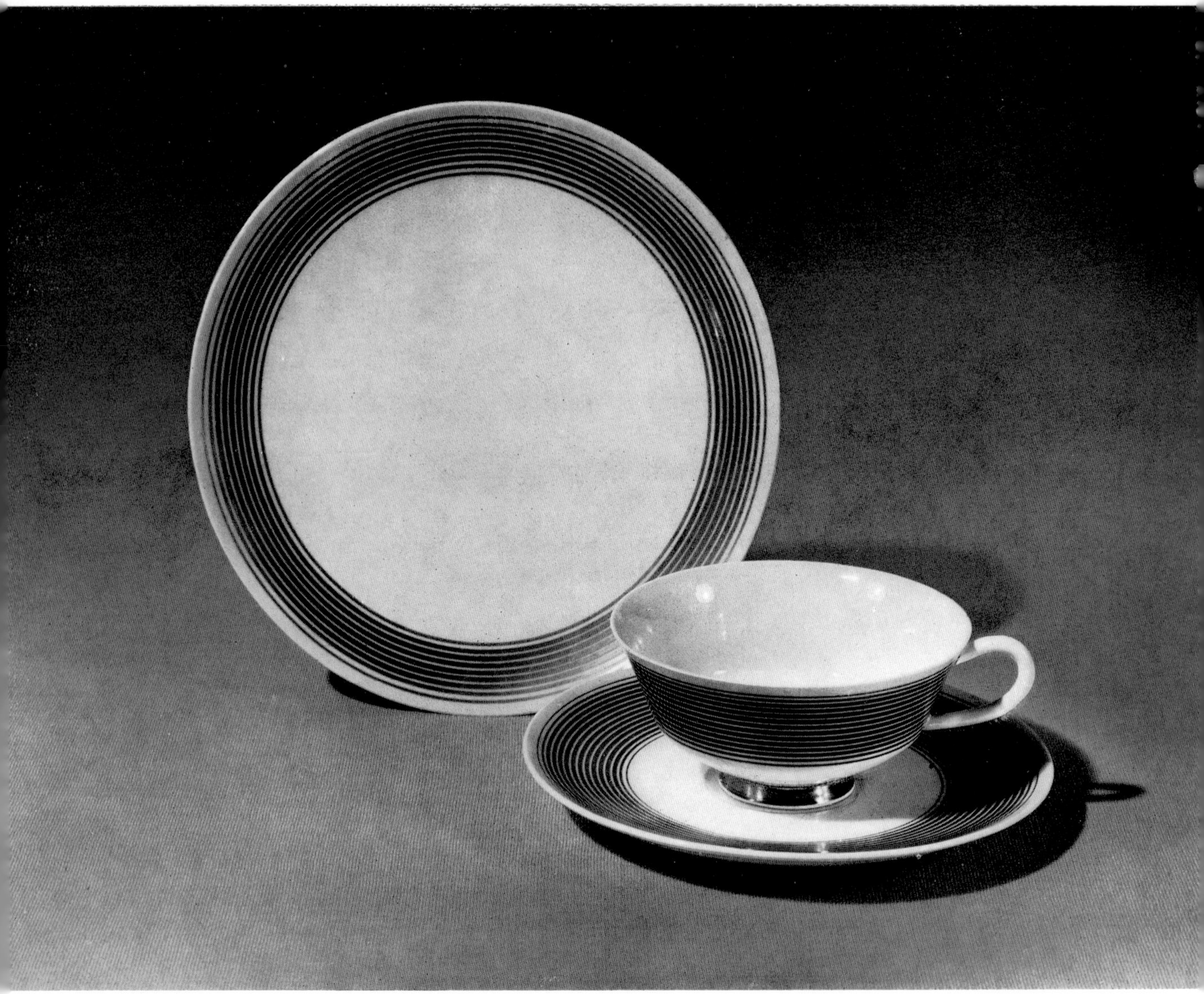

104
Kanne, Tasse und Untertasse vom Teeservice «Halle», Entwurf von Marguerite Friedländer-Wildenhain, 1930, Dekor von Trude Petri

Tradition des Eierschenkens zu Ostern die besonders engen dynastischen Beziehungen zwischen Preußen und Rußland zu Beginn des 19. Jahrhunderts, wie sie sich durch die Heirat der preußischen Prinzessin Charlotte mit dem russischen Thronfolger Nikolaus im Jahre 1817 ergeben hatten. Den Gebräuchen entsprechend wurden zum Osterfest auch über die weite Entfernung zwischen Berlin und St. Petersburg Eier ausgetauscht. Während die von Petersburg kommenden Eier der russischen Sitte entsprechend aus Holz gefertigt und mit Lackmalereien verziert waren, ließ Friedrich Wilhelm III. als Gegengabe «nach Petersburger Vorbild», wie es in einem Brief heißt, in Berlin Porzellaneier fertigen. Die bemalten und vergoldeten, oft mit farbigen Seidenbändern geschmückten Eier, die in drei Größen produziert wurden, fanden aber bald überall solchen Anklang, daß sie noch bis zu Beginn unseres Jahrhunderts zum Fertigungsprogramm der Manufaktur gehörten und darüber hinaus sogar als Flakons und Bonbonnieren umgebildet worden sind.

Die Tischplatten

Eine weitere Spezialität der Manufaktur stellten die seit dem ersten Jahrzehnt des 19. Jahrhunderts hergestellten Tischplatten mit Vedutenmalereien dar, von denen hier ein bedeutendes Exemplar aus dem ehemaligen Kaiser-Wilhelm-Palais in Berlin abgebildet werden kann. Hierbei handelte es sich um ein Geschenk König Friedrich Wilhelms III. an Prinzessin Augusta von Preußen, geborene Prinzessin von Sachsen-Weimar.

Tafel 84

Ganz im Sinne der Ansichtenporzellane zeigt die runde, in einem feuervergoldeten Bronzerahmen gefaßte Porzellanplatte, die mit einer umlaufenden Blumenborte und radierten Goldornamenten auf blauem Grund geschmückt ist, die Ansichten des Neuen Palais und des Marmorpalais in Potsdam, des Schlosses in Weimar und die des Palais des Prinzen Wilhelm in Berlin, jener vier Schlösser, zu denen die Prinzessin Augusta eine persönliche Beziehung hatte.

Die künstlerische Vorlage zu dem vergoldeten, mit drei Adlern geschmückten Fuß und zur Platte konnten aufgrund von Entwürfen in der Vorlagensammlung der Manufaktur Ludwig Hesse zugeschrieben, die Ansichten jedoch mit J. C. D. A. Walter in Verbindung gebracht werden.[127]

Die Porzellantische der Königlichen Porzellanmanufaktur Berlin mit ihren bis zu 68 Zentimeter Durchmesser aufweisenden Platten gehörten – wie die monumentalen Vasen – zu den technisch wie auch künstlerisch bedeutendsten Erzeugnissen der Manufaktur in der ersten Hälfte des 19. Jahrhunderts. Sie ruhten meist auf ornamental geschmückten Bronze- oder Porzellanfüßen, die vielfach in Form eines Palmenstammes gearbeitet waren. Für die königlichen Geschenktische wurden jedoch individuell gestaltete Untergestelle angefertigt, für die auch Karl Friedrich Schinkel Entwürfe geliefert hatte.

Tafel 85

Die Herstellung der großen Platten bedurfte, wie Georg Kolbe in seiner Manufakturgeschichte berichtete, «... mancher kostspieligen Versuche, langer Übung der Dreharbeiter auf dergleichen kolossale Stücke, nicht minder der Überwindung mannigfacher Schwierigkeiten beim Brennen derselben»[128]. Nicht zuletzt deshalb wurden diese Meisterwerke der Porzellankunst des frühen 19. Jahrhunderts immer wieder als herausragende Zeugnisse des Berliner Kunsthandwerks auf den Berliner Akademieausstellungen gezeigt und auch vom König bis in die dreißiger Jahre hinein als kostbare Geschenke bevorzugt.

9 *Die Entwicklung des figürlichen Porzellans bis zum Klassizismus*

Neben den glanzvollen Rokokogeschirren der Berliner Manufaktur, die zu den schönsten deutschen Porzellanen der zweiten Hälfte des 18. Jahrhunderts gehören, nehmen sich die Gruppen und Figuren wesentlich bescheidener aus. Auf diesem Gebiet ist es den Künstlern unter Leitung des Modellmeisters Friedrich Elias Meyer nicht gelungen, die gleichen künstlerisch imponierenden Leistungen zu erreichen, die sie bei der Gestaltung der Geschirre vorweisen konnten. In der Vergangenheit wurde die Berliner Porzellanplastik häufig als zweitrangig bezeichnet, denn im Vergleich zu den Arbeiten Johann Joachim Kändlers in Meißen und denen Franz Anton Bustellis in Nymphenburg ergab sich ein deutlicher Abfall der künstlerischen Qualität.[129] Ein solcher Vergleich jedoch – wenn er überhaupt sachlich richtig ist – läßt außer acht, daß die Arbeiten Kändlers und auch Bustellis als absolute Spitzenleistungen der Porzellanplastik des 18. Jahrhunderts zu betrachten und die bedeutenden Arbeiten Kändlers bereits in den dreißiger und vierziger Jahren entstanden sind, in der dem Porzellan und der Porzellanplastik noch eine andere Bedeutung zukam als zur Zeit des beginnenden Klassizismus, in der die Berliner Arbeiten entstanden sind.

Auf diese Problematik hat Erich Köllmann als einer der besten Kenner des Berliner Porzellans wiederholt aufmerksam gemacht und die Berliner Plastik in ihrer Zeit, der Zeit des Übergangs vom Rokoko zum Klassizismus, als eine durchaus selbständige Leistung gewertet, die gegenüber den Arbeiten anderer Manufakturen – auch denen Meißens – durchaus bestehen kann.[130]

Friedrich Elias Meyer, der in Meißen als einer der begabtesten Mitarbeiter Kändlers galt, begann 1761 seine Tätigkeit in Berlin zu einer Zeit, als sich das Rokoko unter dem Einfluß des von Frankreich nach Deutschland übergreifenden Klassizismus bereits aufzulösen begann und die Porzellanplastik in ihrer ganz der Welt des Barocks und Rokokos angehörenden Heiterkeit und Unbeschwertheit auch in Meißen viel von ihrer imponierenden Kraft verloren hatte.[131] Seine frühesten Berliner Arbeiten, ein Schreibservice mit der Figur des Merkur und ein noch unter Gotzkowski in wesentlichen Teilen modellierter Tafelaufsatz, für den um 1765 als Teil des Services für das Neue Palais weitere Figuren – die vier Jahreszeiten darstellend – geschaffen wurden, haben noch ganz die grazile, lockere und lebendige Modellierung des Rokokos, wie sie Friedrich Elias Meyer, aus der Meißener Tradition kommend, auch in Berlin auf hohem künstlerischem Niveau fortzusetzen begann. Auch die Serie der vier Putten als Elemente, die um 1767 entstanden ist, ist noch ganz der Tradition barocker Porzellangestaltung verpflichtet. Die liebenswert munteren Kinderfiguren, die in ihren Bewegungsabläufen und Körperhaltungen verbindend aufeinander bezogen sind, entsprechen in ihrer kindlichen Unbefangenheit noch ganz der Welt des unbeschwerten Rokokos und lassen die große gestalterische Begabung Friedrich Elias Meyers erkennen. Von dem Können und der starken Persönlichkeit Meyers als Modellmeister zeugt auch die künstlerische Geschlossenheit der figürlichen Berliner Porzellanplastik dieser Zeit, an deren Herstellung ja die verschiedensten Modelleure beteiligt waren, deren unterschiedliche Handschriften Meyer aber durch Korrekturen und persönliche Einflußnahme im Interesse eines einheitlichen Stils zu verschmelzen wußte.

Tafel 26

Tafel 29

Tafel 50

Bereits im Jahre 1766 lieferte auch der seit 1761 in Berlin als Bildhauer ansässige Bruder Friedrich Elias Meyers, Wilhelm Christian, verschiedene Modellvorlagen für die Manufaktur. Der Stil seiner

Plastiken ist jedoch gegenüber dem seines Bruders – unbelastet von der Meißener Tradition – bereits wesentlich strenger und ernsthaft-pathetischer. Wilhelm Christian Meyer, der in Berlin vor allem als Bildhauer mit seinen großen Sandsteinplastiken für die 1816 abgetragene Opernbrücke, für die Hedwigskathedrale und die Königliche Bibliothek an den Bauaufgaben dieser Zeit wesentlich beteiligt war, übte durch die enge Zusammenarbeit mit seinem Bruder einen zum Klassizismus drängenden Einfluß auf die Berliner Porzellanplastik aus, so daß die anfangs noch ganz im Sinne des Rokokos von Friedrich Elias Meyer geschaffenen Figuren schon bald den eleganten Schwung und die unbe- *Tafel* 24 schwerte Frische ihrer Bewegung verloren.

Bereits das von Friedrich Elias Meyer 1768 modellierte Chinesenpaar steht nicht mehr auf einem Rocaillesockel, sondern auf einer quadratischen Plinthe, die den statuarischen Charakter der Figuren betont. Trotz der noch anmutigen Haltung des Paares und seiner gegenseitigen Bezugnahme in der Körperhaltung ist die Gesamtbewegung doch schon sehr zurückhaltend und auch steifer geworden, ein Ausdruck des Übergangs vom lebendigen Stil des Rokokos zu einer kühleren, sachlicheren Haltung des *Tafel* 35 Klassizismus.[132]

Deutlicher als bei Friedrich Elias Meyer sind die neuen Gestaltungstendenzen aber bei den Figuren Wilhelm Christian Meyers selbst zu erkennen. Aus einer Serie von fünf allegorischen Gruppen, um 1766 modelliert, stammt die hier abgebildete Plastik «Mars und die Geschichte», an der das Grundprin- *Tafel* 34 zip vieler Arbeiten Meyers zu erkennen ist. Dazu gehört als das hervorstechendste Merkmal die häufige Zusammenstellung einer stehenden und einer sitzenden Figur, wobei die Bewegungsabläufe immer von der sitzenden auf die stehende übergehen und die Gruppe als Kompositionsschema ein klassisches Dreieck ergibt.[133] Durch diese Art der Konzeption erhalten die Meyerschen Plastiken einen monumentalen, beinahe heroischen Ausdruck, wobei die Figuren dem neuen klassizistischen Schönheitsideal entsprechend eine schlanke und langgestreckte Gestalt annehmen.

Auch die Figuren des Tafelaufsatzes für Katharina II. von 1770 bis 1772 folgen diesem für Meyer *Tafel* 42, 43 typischen Schema, wenn ihnen auch das auffällig Pathetische der allegorischen Gruppen fehlt.

In der Haltung der hier abgebildeten Personifikation der «Malerei», einer schlanken, nur wenig bekleideten Frauengestalt mit den Attributen dieser Kunst, ist der spannungsvolle Kontrapost der Barock- und Rokokofiguren einer manieriert wirkenden, französischen Einfluß verratenden, kühlen Eleganz gewichen.

Von der Hand Wilhelm Christian Meyers stammen auch verschiedene Serien kleiner Kinderfiguren wie auch die 1769/70 nach Vorlagen von Boucher modellierten Sieben Freien Künste, dann Kinder als Symbole der fünf Sinne und Putten als Götter. Besonders reizvoll ist aber die Folge von zwölf Kindern als «Gewerbetreibende» in liebenswert realistischer Gestaltung und zeitgenössischer Kleidung, die als ein Spiegelbild des volkstümlichen Berliner Straßenlebens dieser Zeit anzusehen sind und im deutlichen Gegensatz zu seinen allegorischen Gruppen stehen.

Ähnliche Serien kleiner Kinder haben auch Friedrich Elias Meyer und andere Modelleure der Manufaktur in dieser Zeit geschaffen, die sich ihrem Charakter nach aber kaum von denen Wilhelm Christians unterscheiden. *Tafel* 32

Nach der Vollendung der Arbeiten am Katharinenaufsatz im Jahre 1772 ist die Mitarbeit Wilhelm Christian Meyers an der Manufaktur nicht mehr zu belegen. Der von ihm hineingetragene akademisch-trockene Stil setzte sich indessen immer deutlicher durch.

Besonders nach dem Tode Friedrich Elias Meyers im Jahre 1785, als der ebenfalls seit Gotzkowski an der Manufaktur tätige Bildhauer und Modelleur Johann Georg Müller das Amt des Modellmeisters übernommen hatte, verloren die Rokokoformen mehr und mehr die ihnen immanente Frische und Lebendigkeit des Ausdrucks.

Müller fiel die schwere Aufgabe zu, in einer Zeit des Umbruchs, als die Geschirre bereits weitestgehend klassizistische Formen angenommen hatten, den Stil der Plastik gleichermaßen zu verändern.[134] Wie schwer diese Aufgabe für einen Künstler war, der sich noch ganz in der von Friedrich Elias Meyer geprägten Tradition des Rokokos entwickelt und sich als dessen Mitarbeiter auch seinem Stil und Wollen bis dahin stets unterzuordnen hatte, zeigt die von Müller um 1780 modellierte Serie von vier sitzenden Götterfiguren. Die Komposition für Merkur und Venus übernahm er von den Gartenplastiken des französischen Bildhauers Pigalle am Fuße der großen Treppe zum Schloß Sanssouci; Jupiter und Juno wurden in Anlehnung daran in einer sehr schwerfälligen und auch langweilig behäbigen Hal-
Tafel 51 tung von ihm entworfen und modelliert. Obwohl der Stil Müllers noch deutlich vom Rokoko beeinflußt ist, lassen diese Arbeiten, wie auch seine vielen anderen Götterfiguren, die Lebendigkeit und Grazie der Plastiken gerade dieser Zeit vollständig vermissen. Deshalb kam Adolf Brüning bereits 1912 zu der Feststellung: «Charakteristisch an den Figuren Müllers sind die ausdruckslosen Stellungen, die nichtssagenden Gebärden und die puppenhaften Gesichter», eine Einschätzung, die ganz allgemein auf nahezu alle Arbeiten des Künstlers zutrifft und
Tafel 49 auch an der hier abgebildeten «Klugheit» aus einer Serie symbolischer Figuren sichtbar wird.[135]

Über den künstlerischen Mangel der Müllerschen Figuren sowie der gesamten plastischen Produktion war sich die Leitung der Manufaktur dann auch im klaren, denn nachdem Müller 1789 verstorben war und Johann Carl Friedrich Riese das Amt des Modellmeisters übernommen hatte, wurden im großen Umfang neue Vorlagen, Graphiken, Gemälde und Gipse nach antiken Plastiken angeschafft, um den Anschluß an diese neue Kunstrichtung so schnell wie möglich zu gewinnen.[136] Da eine solche radikale Änderung des Stils aber nicht allein von den an der Manufaktur tätigen Kräften zu schaffen war, wurden unter Riese im größeren Maße außenstehende Künstler mit Entwurfsarbeiten für bedeutende Arbeiten beauftragt, so die Maler Heininger und Roesel, der Architekt Hans Christian Genelli und der bedeutende Bildhauer des Berliner Klassizismus, Johann Gottfried Schadow.[137]

Einen besonders nachhaltigen Einfluß auf die Produktion der Manufaktur sollte aber Genelli gewinnen, der zwischen 1791 und 1820 als Architekt die Bauarbeiten der Manufaktur leitete und als Entwerfer für Plastik und Dekoration tätig war. Das wohl bedeutendste plastische Werk dieser Zeit war Genellis Tafelaufsatz «Das Reich der Natur» von 1791, der von Riese modelliert wurde und für den auch Johann Gottfried Schadow einzelne Figuren entworfen hatte, sowie ein Tafelaufsatz «Berg des Olympos» von 1801, der im Katalog der Berliner Kunstausstellung wie folgt beschrieben wurde: «Ein Tafelaufsatz oval, 3 Fuß 10 Zoll lang, 2 Fuß 11 Zoll breit, 3 Fuß 6 Zoll hoch. Biscuit-Porzellan, Zeus der Richter über Götter und Menschen, sitzt auf einem Throne, dessen Armlehnen von Sphinxen gebildet sind. In seiner Rechten hat er den Blitz und in seiner Linken hält er den Herrscherstab. Zu seinen Füßen stehen die Urnen des Schicksals. Vor dem Thron stehen Zelos und Nike, hinter ihm Kratos und Bia. Das Fußgestell Jupiters stellt einen Fels vor, in dessen oberster kahler Spitze in Höhlungen vorgestellt sind: auf der Vorderseite der Olympos, auf der Rückseite Gäa. Auf dem Absatz, dessen Rand wie Schneeflocken und Eiszapfen gebildet sind, als Scheidelinie zwischen der Wohnung der Götter und dem Aufenthalte der sterblichen Geschöpfe, tanzen die Musen den Reigen, angeführt von Apoll. Unter der Grenzlinie des Schnees gaukeln Nymphen

105

Vasen aus Seegerporzellan mit farbigen Glasuren, 1902, um 1906, um 1890

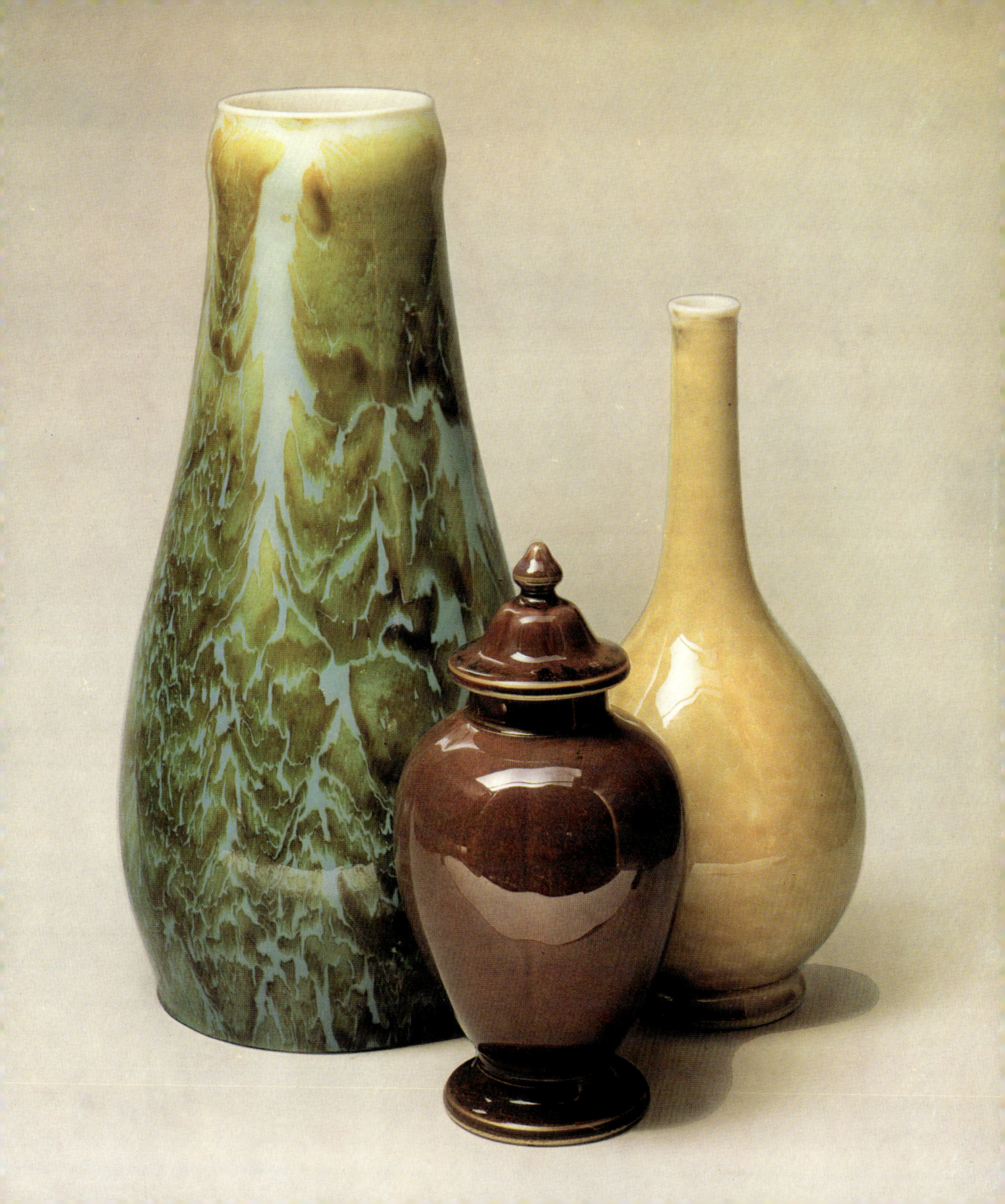

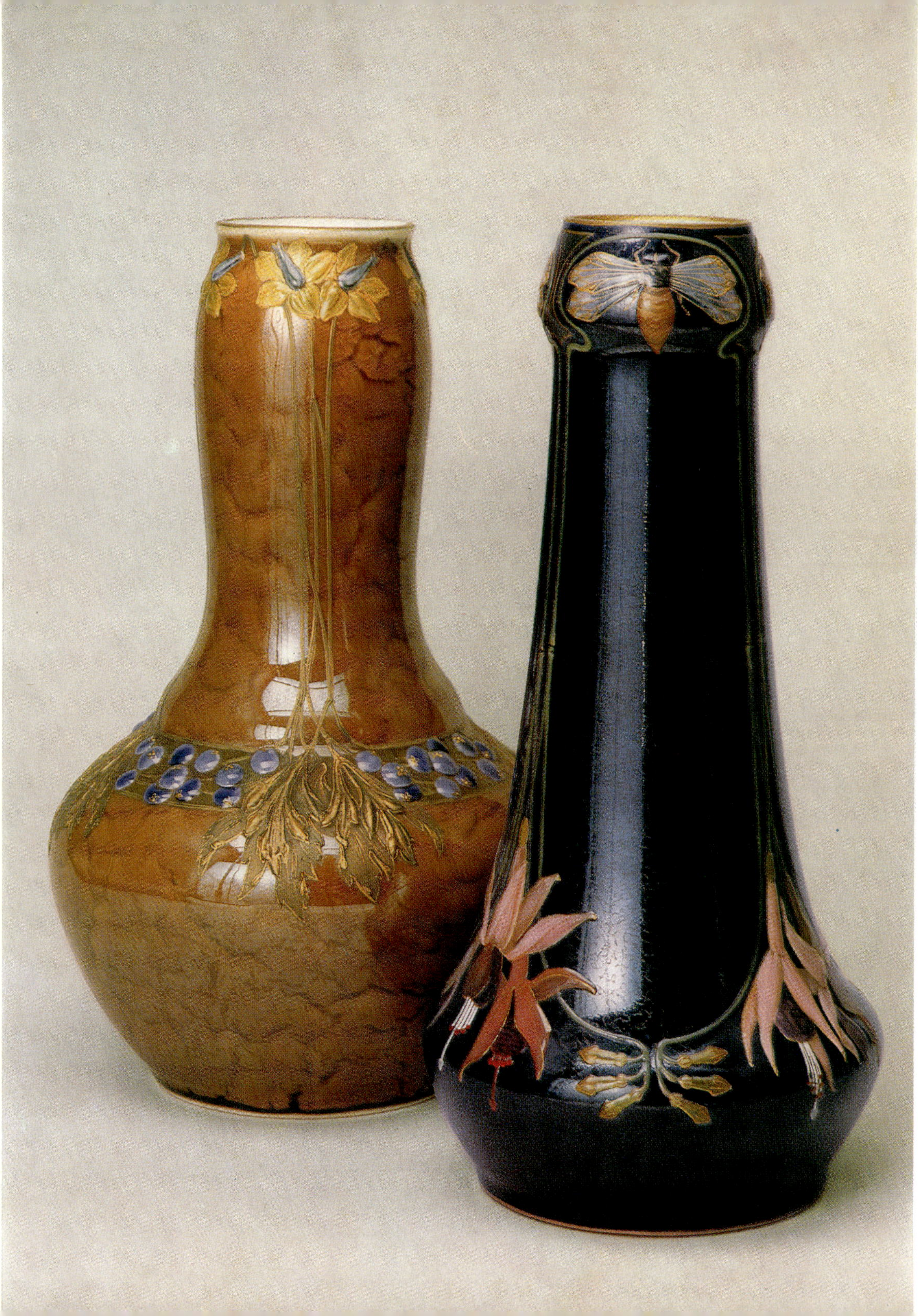

106
Vasen mit farbigen Glasuren und Reliefemaildekor, nach 1900, 1904

107
Teile vom «Ceres-Service», Entwurf von Theo Schmuz-Baudiss, um 1912, Ausführung 1920

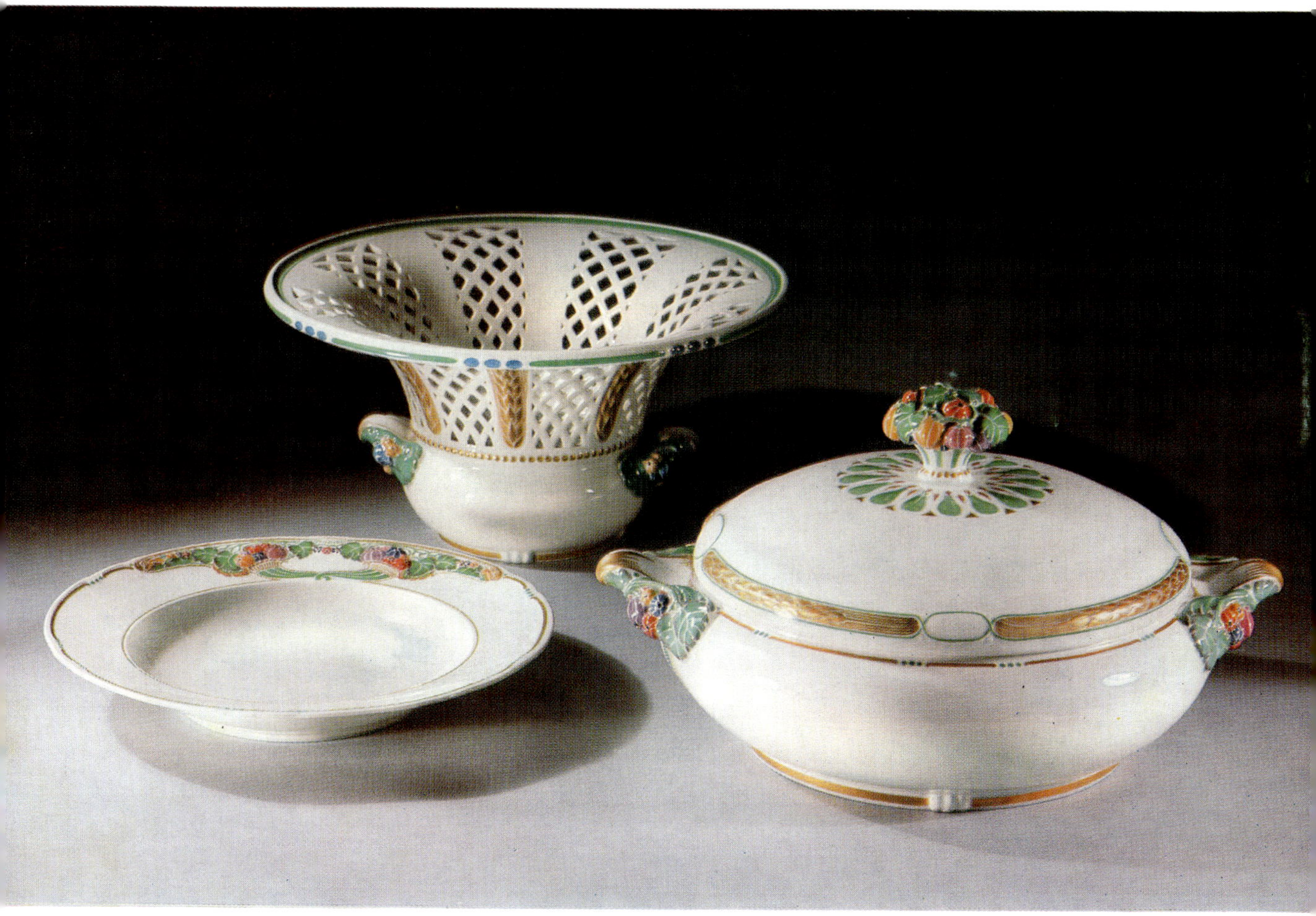

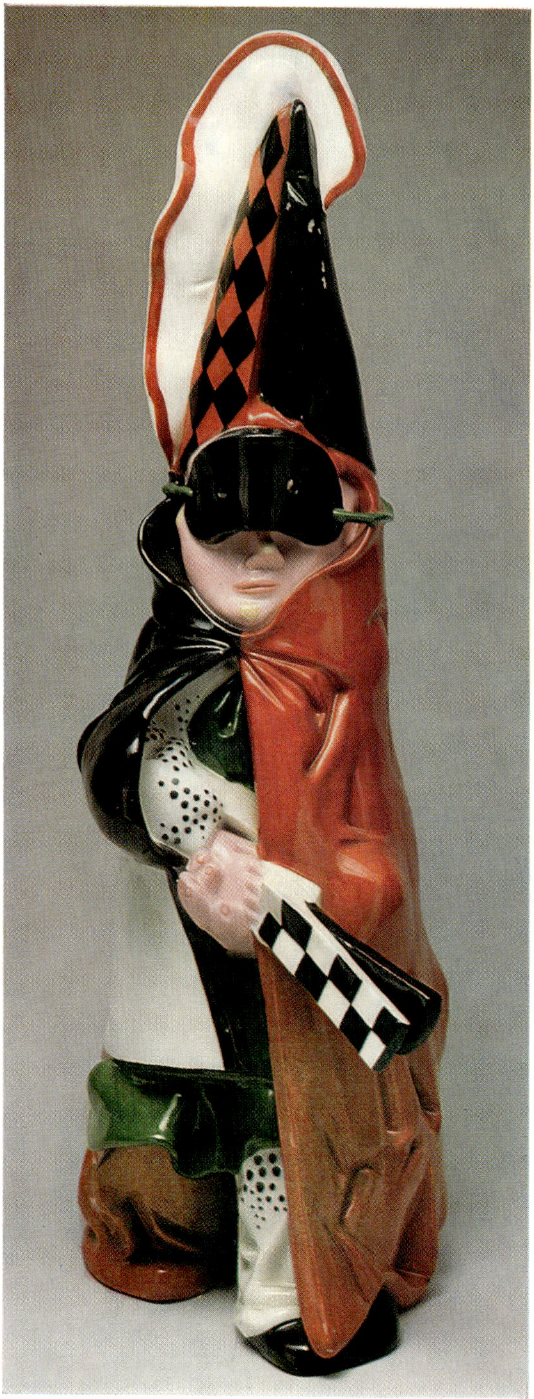

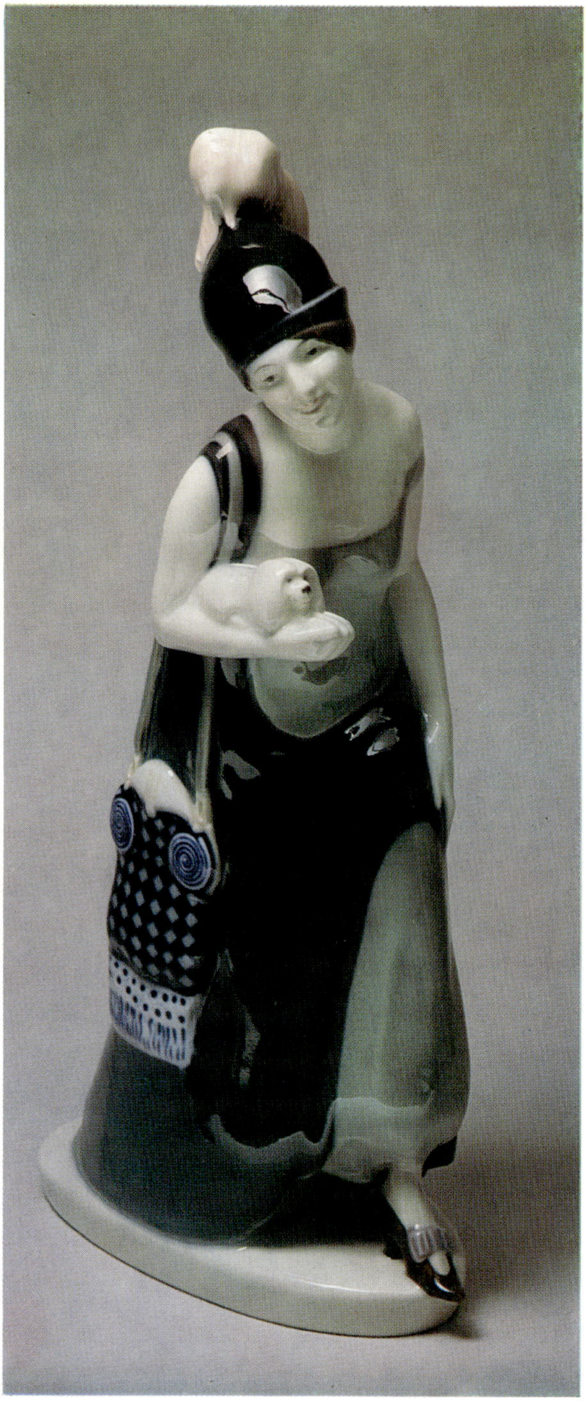

mit Faunen und Satyrn. Auf dem untersten Sockel ist zur Bezeichnung der untersten Stufe des organischen Lebens allerhand Wild mit Gewächsen in bunter Abwechslung gebildet. Ganz im Vordergrunde, vom Berge getrennt, spielen Genien mit einer gewundenen Blumenkette. Die Angabe dieses Tafel 73 Tafelaufsatzes ist von Architekt Genelli, die Ausführung von Modellmeister Riese.»[138]

Unter Rieses Leitung wurde die farbige Bemalung der Porzellanfiguren gänzlich aufgegeben. Die weißen, unglasierten Figuren in Biskuitporzellan entsprachen in ihrer statuarischen Haltung und antikisierenden Kleidung ganz dem neuen Schönheitsideal des nun vollends ausgereiften Klassizismus. Die einmal geschaffenen Modelle dieser Aufsätze hat man zu Beginn des 19. Jahrhunderts noch mehrfach ausgeformt und in verschiedenartiger Zusammenstellung als Geschenke des Königs an befreundete Fürstenhäuser verwandt.

Ein Beispiel für die freie Verwendung der verschiedensten Modelle ist der hier abgebildete Tafelaufsatz aus der Leningrader Ermitage, der zu Anfang des 19. Jahrhunderts entstanden ist und ein Geschenk Friedrich Wilhelms III. an Alexander I. gewesen sein könnte. Der Aufsatz besteht aus drei mit vergoldeter Bronzemontierung geschmückten Untersätzen, auf denen in der Mitte auf einem hochgezogenen Porzellansockel eine von Johann Carl Friedrich Riese nach der Antike modellierte Flora mit Blütenkranz steht. Auf den runden, mit bemalten Porzellaneinlagen geschmückten Seitenteilen des Aufsatzes sind auf flachen, zylinderförmigen Podesten jeweils von drei Grazien und drei Satyrn getragene Fruchtschalen gestellt. Die linke Schale entspricht dem von Hans Christian Genelli um 1800 für den Aufsatz «Der Berg des Olympos» entworfenen und von Riese ausgeführten Modell, das hier noch einmal verwendet wurde und auch noch als Einzelstück in verschiedenen anderen Sammlungen vorhanden ist. Tafel 72

Auch die Mitarbeit Johann Gottfried Schadows an den Aufgaben der Manufaktur war vielfältigster Art. Bereits 1791 hatte er einige Figuren für den Tafelaufsatz «Reich der Natur» und um 1820 auch für den Tafelaufsatz des bereits besprochenen Wellington-Services geschaffen. Dazwischen aber liegen Entwürfe und Modelle verschiedenster Art. Zu den wichtigsten Arbeiten Schadows für die Porzellanmanufaktur gehörte die Umsetzung seiner großen Marmorstatuen des «Alten Dessauers» und «Ziethens» in Porzellan sowie im Jahre 1795 die Herstellung einer verkleinerten Vorlage nach dem großen Gipsmodell der später in Marmor ausgeführten Gruppe der beiden Prinzessinnen Louise und Friederike von Mecklenburg-Strelitz, die als eine der schönsten Plastiken des 19. Jahrhunderts gilt und dessen Original heute der Berliner Nationalgalerie gehört. Aber auch die Verkleinerung der Ausformung dieser Gruppe in Biskuitporzellan ist von einer beeindruckenden künstlerischen Geschlossenheit, Klarheit der Umrisse und intimen Stimmung, als hätte Schadow diese Gruppe von vornherein nur in dieser Größe und nur für dieses Material konzipiert. Tafel 63

Auch andere Verkleinerungen von Großplastiken, wie die von Christian Daniel Rauch geschaffenen Denkmäler von Scharnhorst und Bülow sowie die Nachbildungen von Reiterstandbildern und vieler Porträtbüsten, wurden von und unter Carl Friedrich Riese hergestellt. Unter seiner Leitung und durch seine persönlichen Leistungen sowie durch die Mitarbeit so bedeutender Künstler des Berliner Klassizismus wie Schinkel, Schadow, Genelli, Rauch, Posch und anderer konnte die Manufaktur ihr künstlerisches Tief auf dem Gebiet der Plastik während der achtziger Jahre überwinden, so daß auch die figürlichen Arbeiten genau wie die Geschirre dieser Zeit zu den Spitzenleistungen der deutschen Porzellankunst des Klassizismus überhaupt gehörten.

108

Harlekin «Maske», Entwurf von Ludwig Gies, 1926, und moderne Pallas Athene, Entwurf von Hermann Hubatsch, 1911

10 *Historismus und Jugendstil*

Nach den großartigen Leistungen der Manufaktur in den ersten Jahrzehnten des 19. Jahrhunderts, die sowohl in der klassizistischen Biskuitplastik als auch in den vielfältigen Formen der Gefäße und ihrer Dekorationen zum Ausdruck kamen, machte sich seit etwa den vierziger Jahren unter dem Einfluß des Historismus in der Kunst auch im Porzellan der Berliner Manufaktur ein Nachlassen der künstlerischen Qualität in der Gestaltung der Formen und der Dekore bemerkbar.

Die klaren, der Antike nachgebildeten Gefäße, sowohl die großen Vasen als auch die Tassen, erfuhren selbst in den Entwürfen so bedeutender Künstler wie Karl Friedrich Schinkel eine dem historistischen Stilempfinden entsprechende Bereicherung durch eine Fülle von prachtvollen Ornamenten fremder Kulturen oder historischer Stile, die die Klarheit der Formen des Klassizismus und Biedermeiers ins Prunkhafteste übersteigerten. Bereits im Jahre 1823 hatte Schinkel den Entwurf der «Persischen Vase» geliefert, der diese Tendenzen schon deutlich erkennen läßt. *Tafel 90, 91* Entsprechend der allgemeinen Forderung dieser Zeit aber, sich wieder mehr den künstlerischen Formen der eigenen Vergangenheit zuzuwenden, worunter man vor allem die gotische Kunst und die des Barocks verstand, wurden auch die Porzellane vielfach mit Ornamenten dieser Kunstepoche geschmückt, wobei aber das Gefühl für ausgewogene Proportionen und für ein harmonisches Verhältnis zwischen Form und Dekor größtenteils verlorengegangen war. Üppige, die ganze Form der Gefäße überziehende Ornamente im gotischen, barocken oder auch maurischen Stil, wie bei den zwei hier abgebildeten Kalendertassen von 1841 und 1850, sowie eine überladene Vergoldung und eine großflächige Malerei gehörten nun zu den bestimmenden Dekoren des Berliner Porzellans. *Tafel 92, 93*

Aber auch in der Imitation fremder Werkstoffe, wie Steine und Glas, sah man eine dieser Zeit entsprechende künstlerische Ausdrucksmöglichkeit des Porzellans.

Die seit 1851 stattfindenden Weltausstellungen, auf denen die sich entwickelnden kapitalistischen Länder mit ihren industriellen und künstlerischen Erzeugnissen gegenseitig wetteiferten, spornten auch die Porzellanmanufakturen zu gewaltigen Leistungen an, jedoch in einer Weise, bei der das Technisch-Bombastische auf Kosten des Künstlerischen immer mehr in den Vordergrund trat. Mit der damit eingeschlagenen Entwicklungsrichtung, die bis zum Ende des 19. Jahrhunderts bestimmend bleiben sollte, wurden aber die dem Porzellan entsprechenden Möglichkeiten der künstlerischen Gestaltung vielfach überschritten, so daß bereits die Jury der Allgemeinen Pariser Weltausstellung von 1855 zu einer kritischen Einschätzung der dort von der Berliner Manufaktur ausgestellten Porzellane kam. In dieser auch aus heutiger Sicht sehr fundierten Beurteilung heißt es: «Von der Jury-Majorität wollte die Geschmacksrichtung, soweit sie der Antike angehört, nicht hinreichend rein und fortgeschritten, soweit sie in den Formen der modernen Kunst beruht, nicht elegant genug befunden werden. Es fehle das Hervortreten eines selbständigen Prinzips, welches jene Formen mit dem Material und dem Gebrauchszweck in harmonische Übereinstimmung versetze. Nicht alles, was in der Zeichnung schön und vollkommen sei, erscheine gleich vollendet, wenn es als fertiges Porzellan dastehe. Ebenso werde die Malerei und Vergoldung zu sehr als Hauptsache behandelt. Der dekorative Zweck derselben gehe in der Masse und Reichhaltigkeit der Ausführung verloren, das Auge irre unruhig über dem Gegenstande und wisse nicht, ob es die Form oder die Malerei oder aber die Vergoldung als das Wesentliche und Hervortretende zu betrachten habe.»[139]

Wenn sich diese Kritik auch vornehmlich auf den künstlerischen Stil der Porzellane bezog, so wurde ihr hohes handwerklich-technisches Niveau dennoch auf allen diesen Ausstellungen mit Medaillen und Ehrenpreisen ausgezeichnet. Eine grundlegende Änderung des künstlerischen Stils auf Grund dieser Einschätzung konnte aber von der Manufaktur nicht erwartet werden, weil er – wie das gesamte Kunsthandwerk dieser Zeit – weitestgehend dem Geschmack und den Ansprüchen der Käufer entsprach.

Diese aber kamen zum überwiegenden Teil aus den Kreisen des Adels und des Großbürgertums, das diesen prunkhaften Stil, entsprechend der gleichermaßen gestalteten Architektur und Raumdekoration, zur Repräsentation ihrer sozialen Stellung benötigte. Das Kleinbürgertum aber konnte in dieser Zeit seine Bedürfnisse an Porzellan längst durch die viel billigeren Produkte der zahlreichen kleineren Manufakturen in Böhmen und Thüringen befriedigen. Selbst in Berlin war mit dem Unternehmen von Schumann in Moabit eine Manufaktur entstanden, die zwar weniger qualitätvolles, aber dafür billiges Porzellan für diesen Verbraucherkreis produzierte.

Georg Kolbe, der seit 1850 die Leitung der Manufaktur übertragen bekommen hatte, bestätigte in seiner anläßlich des hundertjährigen Bestehens der Manufaktur 1863 erschienenen Manufakturgeschichte, daß die Leitung der Manufaktur in ästhetischer Hinsicht auf Grund bestehender Nachfrage Konzessionen machen mußte. «Somit sind die Rokokoformen des vorigen Jahrhunderts, denen überdies aus dem oben erörterten Gesichtspunkt eine gewisse Berechtigung auf dem Gebiete unserer Kleinkunst nicht abzusprechen ist, in der Neuzeit hier vielfach wieder in Anwendung gekommen, ohne daß man dann die einfachen Formen der Antike ganz aufgegeben hatte, um in beiden Richtungen dem wechselnden Wunsch des Publikums gerecht zu werden.»[140]

Besonders in der zweiten Jahrhunderthälfte kamen zu den Formen der Antike und des Rokokos auch die nach Vorbildern der deutschen Renaissance, weil man darin einen nationalen deutschen Kunststil zu erkennen glaubte, der als Ausdruck der neuen Kunstrichtung dieser Zeit gegenüber dem Rokoko und der Gotik als das erstrebenswerte Ziel auch im Sinne der Semperschen Kunsttheorien anzusehen war.

Kolbe schreibt über diese neuen Beziehungen seit etwa der Mitte des 19. Jahrhunderts: «Das jetzige Streben der Anstalt ist darauf gerichtet, insonderheit bei den der Kunstsphäre angehörigen größeren Ausführungen, den Character der Renaissance in seiner naturalistischen Durchführung und seinem künstlerischen Inhalt zu erreichen, die vielfach bedeutsamen decorativen Elemente dieses Styls für sich nutzbar zu machen: für die grossen Ornamentalvasen konnte dies geschehen bei Anordnung der Reliefverzierungen, vornämlich aber durch Anfügung reicher, effectvoller Henkelbildungen; für den Schmuck der Tafel durch Verwendung plastischer Gruppen als Träger der Gefäße, oder als zierendes Beiwerk derselben, wie die Meister der Renaissance uns solche in oft so glücklichen Compositionen überliefert haben. Auch für sonstige Geschirre zur Zierde wie zum Nutzen des Hauses, Kannen, Krüge, Schalen, haben die Formen des cinque cento hier vielfach Muster gegeben, sei es zur unmittelbaren Nachbildung, sei es zur Benutzung der Motive ihrer architectonischen Disposition oder ihres Ornaments mit seinen eingeflochtenen Blumen, Masken, menschlichen und Thierköpfen.»[141]

Die Übernahme von Formen und Dekoren der Renaissance, wie sie sich seit den sechziger Jahren in der Architektur und in noch größerem Maße im Kunsthandwerk vollzogen hatte, führte aber gerade im Porzellan zu den größten Mißverständnissen, weil die Nachbildung «Rheinischer Steinzeugkrüge» und «Italienischer Majoliken» in einem völlig artfremden Material wie dem Porzellan einen sichtbaren Widerspruch darstellte und selbst von den Zeitgenossen als eine Stilverirrung angesehen wurde. So sah sich das Preußische Abgeordnetenhaus 1878 schließlich auch veranlaßt, eine Kommission einzusetzen, die ein Gutachten über den künstlerischen Leistungsstand der Manufaktur erarbeiten sollte. Dieser Kommission gehörten so namhafte Künstler, Wissenschaftler und Vertreter der Berliner Öffentlichkeit an wie der Bildhauer Reinhold Begas, der Direktor der Nationalgalerie Max Jordan, der Direktor des Deutschen Gewerbemuseums Grunow und als Abgeordnete der berühmte Mediziner Rudolf Virchow und Eduard Lasker.

In dem Bericht, den diese Kommission dann dem Abgeordnetenhaus nach einer eingehender Untersuchung und Besichtigung der Manufaktur vorlegte, wurde eine scharfe Kritik an der Produktion der Manufaktur geübt. Unter anderem heißt es darin: «Man könne sich nicht verhehlen, daß die Leistungen der Manufaktur, die jetzt und unter den gegenwärtigen Verhältnissen an sie zu stellenden Ansprüche leider nicht befriedigen. Dies gelte sowohl von den größeren, für Ausstellungen angefertigten Stükken und den reicheren dekorierten Arbeiten, welche von wohlhabenden Privaten gekauft werden, als auch von den für weitere Kreise bestimmten Gegenständen. Die vorhandenen Mängel seien zum Teil darauf zurückzuführen, daß man dem Material Leistungen abnöthigen wolle, welche dasselbe nicht hergeben könne.» – «Als Beispiel der Verirrungen, welche die Porzellan-Manufaktur sich hat zu Schulden kommen lassen und welche, wenn sie auch nicht neuerdings zuerst angefertigt sind, doch in der Verkaufsniederlage vorgefunden wurden und unter der Leitung der jetzigen Abtheilungsvorstände modellirt, beziehungsweise bemalt worden sind, wurden hervorgehoben unglasirte Krüge und Vasen von schwarzer Farbe mit Gold oder farbiger Bemalung welche durchaus das Ansehen hatten, als ob sie aus gebrannter schwarzer Erde beständen, Rauchservice mit rother Decoration, welche an egyptische Hieroglyphen erinnern sollen, auf schwarzem Grunde; Gefäße aus unglasiertem Material, welche aus Gips zu bestehen scheinen. Besonders ausgedehnt ist die Fabrikation von Kannen und Krügen, deren Form und Bemalung zum Theil an die Steinzeugkrüge erinnern, welche im 16. und 17. Jahrhundert am Niederrhein verfertigt wurden und heute besonders im Nassauischen imitiert werden.»[142]

Als Ergebnis ihrer Untersuchung schlug die Kommission dann vor, «... das Interesse des Publikums und die Tätigkeit der Manufaktur dadurch neu zu beleben, daß den in derselben beschäftigten Kreisen neue Aufgaben gestellt würden. Sie billigte es durchaus, daß die Direktion wiederholt aufgefordert worden sei, der Malerei unter der Glasur, welche durch ihre Haltbarkeit besonders für Gebrauchsgeschirr geeignet ist, ihre besondere Aufmerksamkeit zu schenken und für dieselbe einfache, geschmackvolle und billig auszuführende Muster entwerfen zu lassen.»

Als eine weitere Schlußfolgerung des sehr umfangreichen, sachkundigen und ausführlichen Berichtes wurde auch die Leitung der Manufaktur reorganisiert und dem Direktor ein sogenannter «Artistischer Direktor» zur Seite gestellt, der für den künstlerischen Bereich des Unternehmens verantwortlich war.

Erster künstlerischer Direktor wurde 1881 der damals angesehene Berliner Bildhauer Louis Süssmann-Hellborn, der dieses Amt jedoch aus Krankheitsgründen bereits 1888 wieder niederlegte, so daß sein Einfluß auf die Produktion der Manufaktur nur von geringer Bedeutung sein konnte.

Wesentlich bedeutsamer für die Manufaktur sollte jedoch das Wirken seines Nachfolgers, des Malers Alexander Kips, werden, der 1888 zum künstlerischen Direktor berufen wurde und dieses Amt bis zum Jahre 1908 ausübte. Unter Kips' Leitung konnte die Nachbildung der fremdartigen Renaissanceprodukte im wesentlichen überwunden werden,

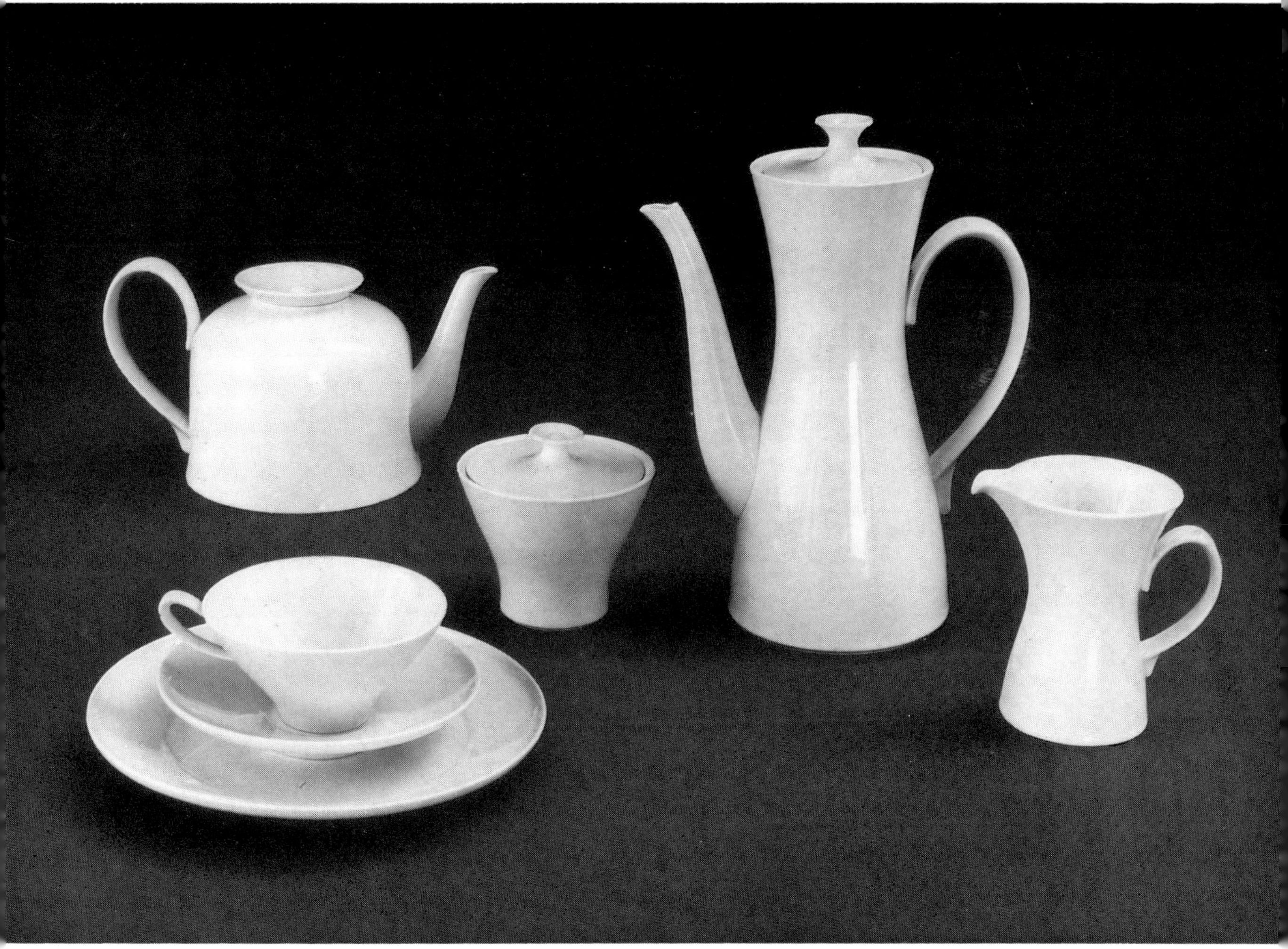

109
Teile vom Kaffee- und Teeservice «Krokus», Entwurf von Hubert Griemert, 1956, Ausführung 1956–1972

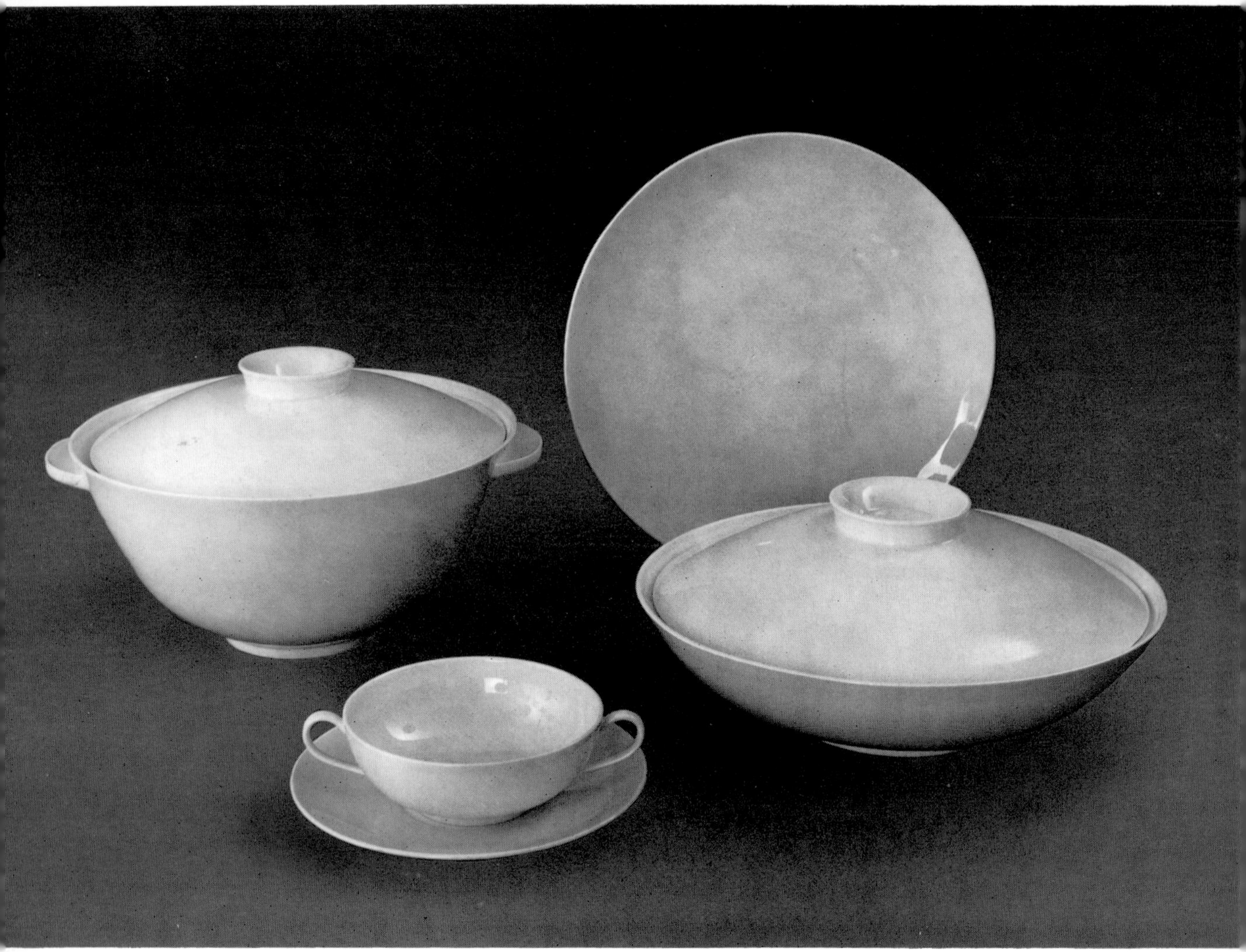

110
Teile vom Speiseservice «Urbino», Entwurf von Trude Petri, 1930–1932

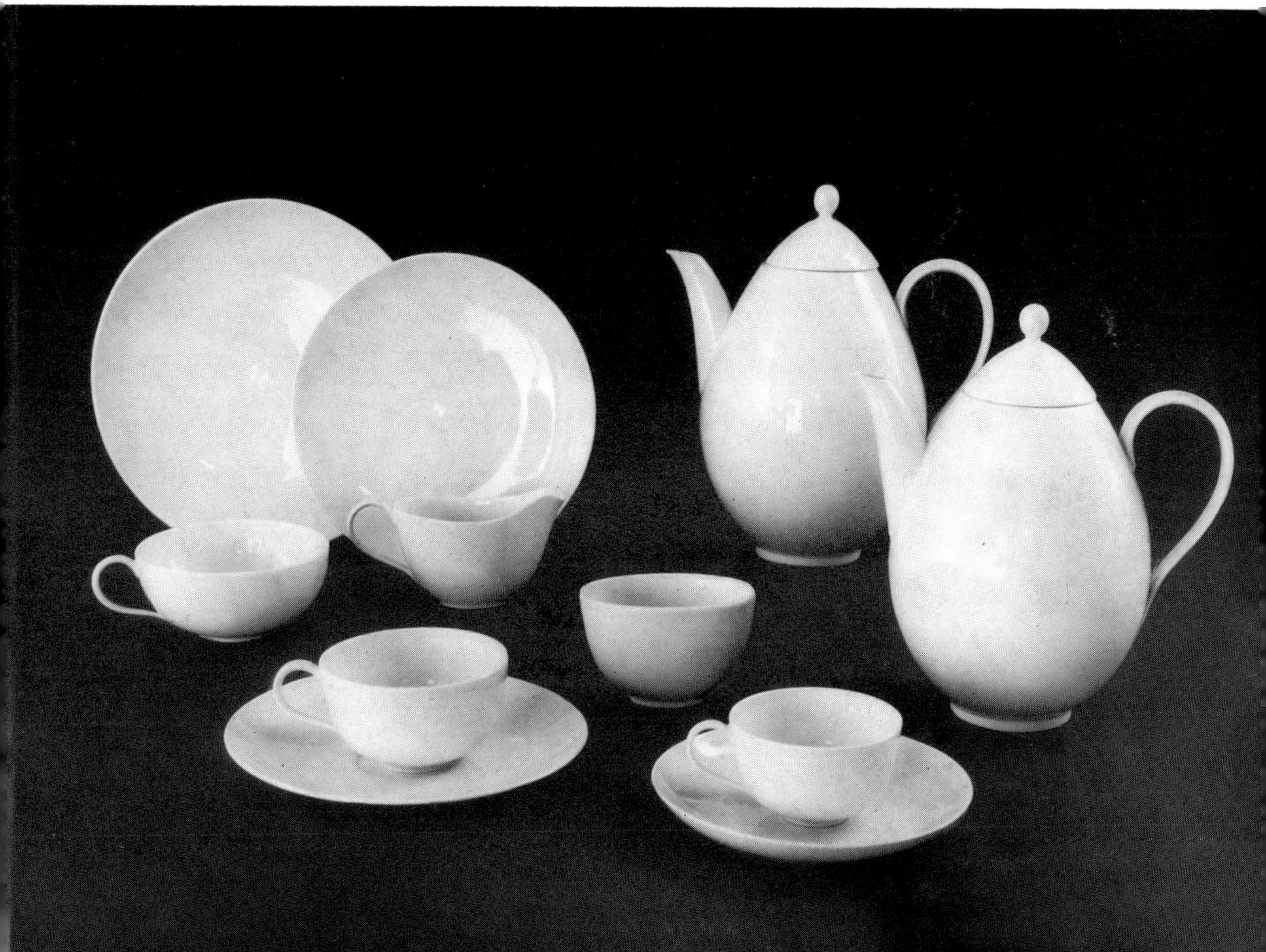

Teile vom Tee-, Kaffee- und Mokkaservice «Urbino oval», Entwurf von Trude Petri, 1947/48

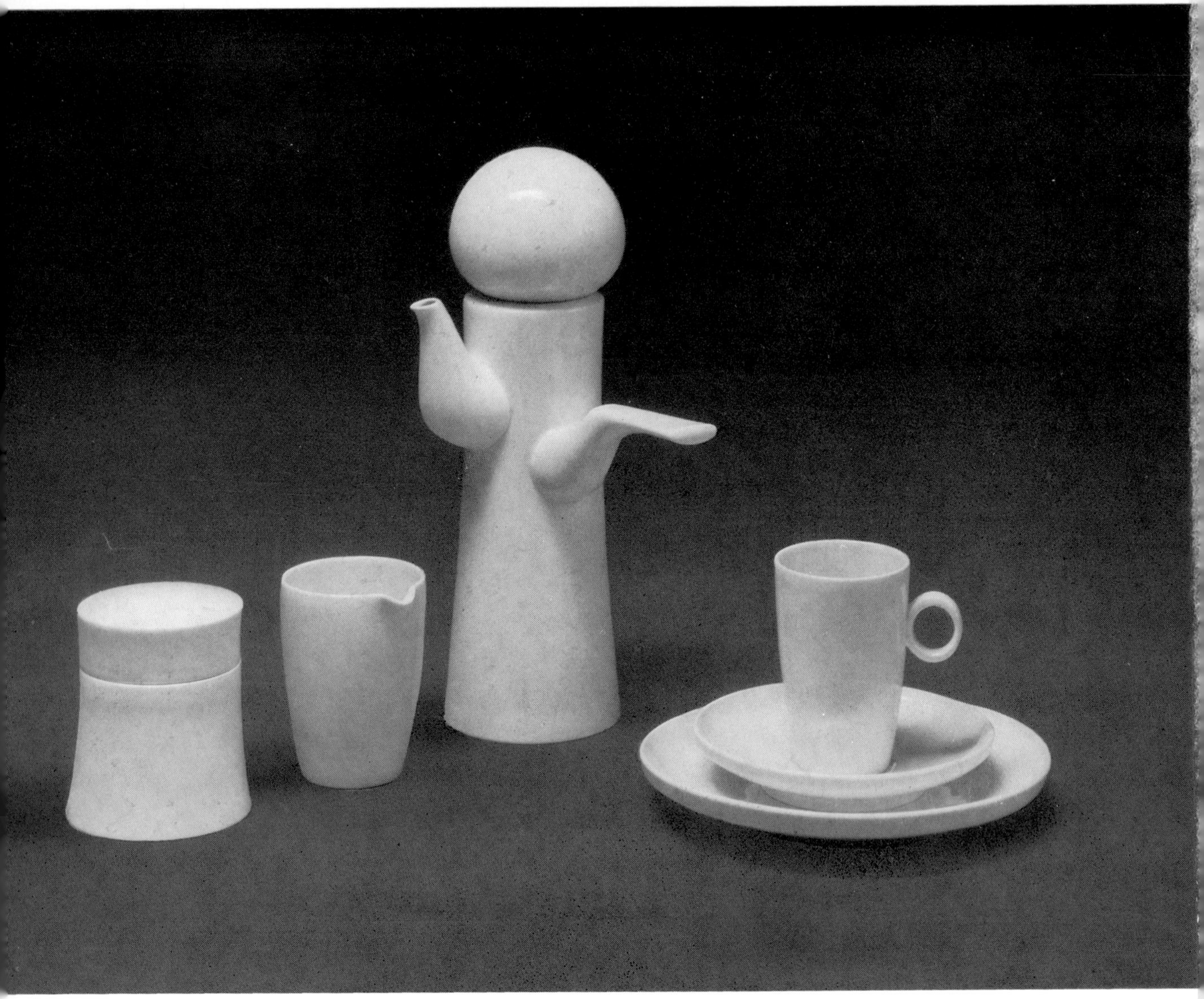

112
Teile vom Mokkaservice «Stambul», Entwurf von Wolf Karnagel, 1967, Ausformung 1970

dafür traten aber seit den neunziger Jahren, seiner persönlichen Neigung entsprechend, wieder mehr die Formen des Neorokokos in den Vordergrund. Im figürlichen Porzellan dominierten unter seinem Einfluß puppenhafte Modedamen und Kinderfiguren in der Kleidung und Gebärde des 18. Jahrhunderts. Auch die Gefäße wurden mit neobarocken Malereien und plastischen Verzierungen überladen geschmückt. So entwarf Alexander Kips auch für die Weltausstellung 1893 in Chikago einen monumentalen Kamin mit Spiegelaufsatz in schwülstigen Formen des Neobarocks, flankiert von zwei lebensgroßen, barockisierenden Figuren, der aber weniger in künstlerischer als vielmehr in technischer Hinsicht als eine großartige Leistung der Manufaktur hinsichtlich der Beherrschung des Materials anzusehen ist. Auch als Maler versuchte Kips entsprechend dem Zeitgeschmack durch monumentale Übersteigerung alles Bisherigen die Leistungsfähigkeit der Manufaktur zu demonstrieren. So entstanden nach seinem Entwurf großformatige Fliesenbilder, mit denen er ebenfalls bis an die Grenzen der dem Porzellan innewohnenden Möglichkeiten ging.

Neben der konsequenten Durchsetzung neobarocker Formen in den neunziger Jahren sollte aber entsprechend den gegebenen Anregungen der Untersuchungskommission des Abgeordnetenhauses mit dem Versuch zur Entwicklung neuer Glasuren und keramischer Massen ein für die weitere Entwicklung der Porzellankunst entscheidender und erfolgreicher Weg beschritten werden. So wurde bereits 1878 bei der Manufaktur eine Chemisch-Technische Versuchsanstalt gegründet, als deren Leiter der bedeutendste Keramikforscher dieser Zeit, Hermann Seeger, gewonnen werden konnte.[143] Seeger gelang es in Zusammenarbeit mit dem begabten Chemiker Albert Heinecke, in diesem Laboratorium eine völlig neue Porzellanmasse zu entwickeln, die bereits bei Temperaturen von 1250–1300 Grad gebrannt werden konnte und damit zur Gruppe der Weichporzellane gehört. Neben der Entwicklung dieser Masse, die man als «Seegerporzellan» mit einer besonderen Marke versah, hatte Seeger auch wichtige Voraussetzungen geschaffen, die bis dahin nur auf Blau und Grün beschränkte Unterglasurpalette wesentlich zu erweitern. Unter dem Einfluß der in der zweiten Hälfte des 19. Jahrhunderts auch in Europa wieder an Bedeutung gewinnenden ostasiatischen Kunst – 1860 wurden für die Vorlagensammlungen der Manufaktur bereits ostasiatische Keramiken angeschafft – gelang es Seeger 1884, ein der chinesischen «Sang-de-bœuf»-Glasur (Ochsenblutglasur) entsprechendes Rot auf der Grundlage von Kupferoxid zu entwickeln, das in verschiedenen Abstufungen gebrannt werden konnte. Weiterhin entwickelte Seeger in der gleichen Zeit durch Überbrennen von zwei Glasurschichten die sogenannten «gekrackten» Glasuren, die wie die Rotglasuren ebenfalls nur auf glatte Gefäßformen aufgeschmolzen wurden. Sowohl in den farbig reizvollen Glasuren als auch in den vollendet schönen Formen von meist beeindruckender Einfachheit kommen in der Mehrzahl der Seegerporzellane die Vorbilder ostasiatischer Keramik deutlich zum Ausdruck. Als Seeger 1888 aus gesundheitlichen Gründen die Leitung der Versuchsanstalt an seinen Mitarbeiter Albert Heinecke übergab, setzte dieser die erfolgreiche Arbeit seines Vorgängers fort. Auch Heinecke konnte neue Kristallglasuren auf der Basis von Titanoxiden und eine verbesserte keramische Masse entwickeln, die gegenüber den bis dahin verwendeten eine größere plastische Bildsamkeit besaß. Damit erhielten die Modelleure die Möglichkeit, die unter dem Einfluß des Jugendstils seit etwa der Mitte der neunziger Jahre in den Mittelpunkt gerückte Nachbildung und Verwendung vor allem pflanzlicher Gestaltungsmotive in einer plastisch und künstlerisch neuen Weise hervorragend auszuführen. Vorwiegend waren es Vasen und Ziergefäße, die seit etwa 1895 den neuen Gestaltungsidealen des Jugendstils folgten und die mit den ästhetisch schönen, von Seeger und Heinecke entwickelten Glasuren geschmückt wurden.

Tafel 105

Diese neue Richtung in Form und Dekor wurde in einer zeitgenössischen Einschätzung lobend erwähnt: «Aus der deutschen Abteilung der Weltausstellung hat die preußische Manufaktur jetzt neben den bekannten Rokoko- und Empiremustern eine ganze Reihe kostbarer Gefäße und Zierstücke neuen Stils aufgebaut, die mit den älteren Fabrikaten in der That kaum mehr etwas gemein haben... ihre Schönheit beruht... in erster Linie auf der eigenartigen Farbengebung, auf dem Fluß der Glasur, und auf den entzückenden Krystallisierungen der Glasurmasse, in denen eine schier unerschöpfliche Mannigfaltigkeit erreicht ist.»[144]

Die Formgebung der Gefäße folgte der bis kurz nach 1900 allgemeingültigen Vorliebe für linienbetonte Umrisse mit pflanzlich-naturalistischen Dekors. Als ein extremer Ausdruck dieser Phase des Jugendstils darf eine von dem Modelleur Karl Bernewitz geschaffene Vase in Form einer vielblättrigen Kohlrabipflanze gelten, die auf der Pariser Weltausstellung von 1900 zu sehen war und auch heute noch als ein artistisches Kabinettstück der Porzellankunst des Jugendstils zu betrachten ist.

Durch die reizvollen Glasuren sowie die naturalistischen Auflagen und Formen der Gefäße geriet die Malerei in der Manufaktur aber sichtbar ins Hintertreffen, obwohl bereits in den neunziger Jahren in Sèvres und Kopenhagen, den neben Berlin führenden Porzellanfabriken des Jugendstils, durch die Weiterentwicklung der Unterglasurfarben der Porzellanmalerei neue Impulse verliehen und größere Ausdrucksmöglichkeiten erschlossen wurden.

Unter der Leitung von Alexander Kips, der sich der Entwicklung des Jugendstils in der Berliner Manufaktur zwar nicht hemmend entgegenstellte, aber persönlich doch konservativ blieb, bevorzugte man in der Malerei eine starke Vergoldung und einen vielfach auf blauem Grund stehenden farbigen Emaildekor, der sich durch Überbrennen mehrerer Aufglasurfarbschichten ergab und als eine Besonderheit der Berliner Manufaktur galt. *Tafel* 94, 106

Die Produktion der Manufaktur wurde 1902 von Richard Borrmann, einem der besten Kenner zeitgenössischer Keramik zu damaliger Zeit, mit den Worten charakterisiert: «Berlin macht vielfarbige und kristallisierte Glasuren, die Rotporzellane und flammés – seit zwanzig Jahren der Stolz der Manufaktur –, stehen unübertroffen da, auch im Email und Lüsterdekor wird Vortreffliches geleistet, kurz, Berlin beherrscht das gesamte Repertoire der modernen keramischen Technik; was ihm fehlt, ist ein rechter künstlerischer Fortschritt und ein festes Ziel seines Schaffens. Man hat mitunter den Eindruck, als ob das Interesse an dem chemischen und technischen Versuch und nicht zugleich dessen möglichst vielseitige künstlerische Verwertung im Vordergrund stände.»[145]

Diese von Borrmann in seiner Kritik geforderte Anwendung der technischen Errungenschaften über das hinaus, was Seeger und Heinecke mit ihren Kunstglasuren und Porzellanen bereits erreicht hatten, sollte jedoch erst der seit 1902 an der Manufaktur tätige und seit 1908 zum Nachfolger von Alexander Kips berufene Maler und Keramiker Theo Schmuz-Baudiss verwirklichen, der bereits vor seiner Tätigkeit in Berlin als einer der bedeutendsten Keramiker des deutschen Jugendstils galt.

Mit der Tätigkeit dieses Künstlers an der Manufaktur sollte die florale Phase in der Formgebung der Gefäße wieder durch eine strengere, sachlich und funktionell bedingte Linienführung abgelöst werden, wobei sich der malerische Dekor den Formen der Gefäße anpaßte und unterordnete. Unter Schmuz-Baudiss wurde das Porzellan wieder auf seine dem Material innewohnenden eigenen Gestaltungsmöglichkeiten zurückgeführt, wozu in erster Linie die ästhetische Wirkung des weißen Scherbens selbst gehörte. Seine oftmals streng stilisierten Pflanzen- und Tierornamente verdeckten nicht mehr die Flächen der Gefäße, sondern rahmten sie, schmückten sie und unterstützten ihren von der Form her gesetzten Aufbau. Damit hatte er die Beziehungen *Tafel* 107 zwischen Form und Dekor wieder in ein sich gegenseitig ergänzendes Verhältnis gesetzt, das seit dem Empire zu Beginn des 19. Jahrhunderts weitestgehend verlorengegangen war.

Ein weiteres Verdienst des Künstlers bestand im Aufbau einer neuen Abteilung für Unterglasurmalerei auf der Grundlage von Heinecke und Adolf König entwickelter neuer Unterglasurfarben, unter denen die für die Berliner Manufaktur so charakteristischen, in reicher Abstufung vorkommenden Töne Blau, Grün und Braun dominierten. Gleichzeitig mit der Einführung dieser neuen Technologie, bei der die Farben im Gegensatz zur Aufglasurmalerei mit einem Spritzgerät (Aerograph) auf den verglühten Scherben aufgetragen wurden, entwickelte Schmuz-Baudiss eine eigene Technologie, bei der die Konturen und Flächen der Malerei vor dem Farbauftrag mit einem Stichel vorgeritzt beziehungsweise schraffiert wurden. Diese von ihm als «Porzellanradierung» bezeichnete Technik betonte den linearen Stil der Malerei des Künstlers, die dadurch auch in ihrer Farbigkeit einen eigenständigen und unverwechselbaren Charakter bekam.

Neben dem zum Ornamentalen drängenden Stil der Malerei auf den Gefäßen führte Schmuz-Baudiss aber auch die Berliner Landschaftsmalerei auf Tellern und Platten zu einer neuen künstlerischen Blüte. *Tafel* 95 Auf der Grundlage der ihm zur Verfügung stehenden Unterglasurfarben mit ihren vielfachen Nuancen, speziell der blauen und grünen Farben, ließen sich besondere atmosphärische Landschaftsstimmungen wiedergeben, die für den Stil der Berliner Unterglasurmalerei nach 1900 insgesamt charakteristisch werden sollten.

Auch in der Formgebung der Gefäße machte sich zu Beginn des 20. Jahrhunderts eine positive Entwicklung bemerkbar. Allein zwischen 1901 und 1908 entstanden zwölf neue Serviceformen. Den Höhepunkt bildete jedoch das von Schmuz-Baudiss 1912 entwickelte «Ceres-Service», dessen vorherrschendes, plastisch ausgebildetes Ornament sich symmetrisch überschneidende Füllhörner mit Blumen- und Weinlaubranken sind. «Im Ceres-Service hat Schmuz-Baudiss zweckmäßige und dekorative Form in einen kaum zu übertreffenden Einklang gebracht. *Tafel* 107 Vor allem in der buntbemalten Ausführung ist das Service die vollendete Verbindung von phantasievoll gestalteter Zweckform und bezaubernd heiterem Dekor. Die graziöse, porzellanmäßige Schönheit dieses Entwurfs stellt viele der späteren, allzu nüchternen und rein funktionellen Schöpfungen der vom Bauhaus beeinflußten zwanziger und dreißiger Jahre in den Schatten.» Diese Bewertung durch Irene von Treskow charakterisiert treffend die Bedeutung dieses Künstlers für die Entwicklung des neuen Stils der Porzellangestaltung der Berliner Manufaktur am Anfang des 20. Jahrhunderts.

Unter dem künstlerischen Direktorat von Schmuz-Baudiss nahm auch die Plastik der Manufaktur einen bedeutsamen Aufschwung. Künstler wie Hermann Hubatsch und Adolf Amberg konnten den bis dahin herrschenden kleinteiligen und bis ins Detail gehenden Stil der am Rokoko orientierten Plastik durch eine großflächigere und damit auf die Gesamtform orientierte Modellierung der Figur überwinden. Dieser neuen plastischen Auffassung entsprachen gleichzeitig auch die zur Bemalung verwendeten Unterglasurfarben mit ihrer zur Flächigkeit neigenden Ausdruckskraft.

Als ein Hauptwerk der Berliner Jugendstilplastik gilt der von dem Bildhauer Adolf Amberg 1904 modellierte «Hochzeitszug» mit insgesamt zwanzig Figuren, zwei Tischleuchtern, einer Jardiniere und zwei flachen Fruchtschalen, der für die Hochzeitstafel des preußischen Kronprinzen im Jahre 1905 gedacht war. Dem Ambergschen Entwurf lag die *Tafel* 96 Idee zugrunde, daß Vertreter der verschiedensten Völkerschaften, durch Kleidung und Attribute gekennzeichnet, dem Brautpaar, das als «römischer Krieger» zu Pferd und als «Europa auf dem Stier» symbolisch dargestellt war, ihre Huldigung dar- *Tafel* 97 bringen. Der neue Stil in der Modellierung der einzelnen Figuren, der sich durch seine «charaktervolle Einfachheit» wesentlich von dem historisierenden figürlichen Porzellan des Neorokokos unterscheidet, erregte beim Kaiserhaus Anstoß, so wie alle fortschrittliche Kunst des beginnenden 20. Jahrhunderts von Wilhelm II. verworfen wurde. In den Jahren 1908 bis 1910 hat Schmuz-Baudiss die Modelle für die Manufaktur erworben und die Herstellung der einzelnen Figuren veranlaßt, was ihn, wie er selbst einmal sagte, beim Kaiser in Mißkredit brachte.

Dem künstlerischen Weitblick und der außerordentlichen Begabung von Theo Schmuz-Baudiss ist es zu verdanken, daß auch andere fortschrittliche *Tafel* 98–101 Künstler wie Franz Anton Puchegger, Hermann Hubatsch und Paul Scheurich an dieser traditionsreichen Manufaktur ihre Ideen verwirklichen konnten.

Nach dem Sturz der preußischen Monarchie 1918 wurde die «Königliche Porzellanmanufaktur» in «Staatliche Porzellanmanufaktur Berlin» umbenannt.

Nach der durch den ersten Weltkrieg bedingten Stagnation der künstlerischen Entwicklung der Manufaktur begannen im Verlaufe der zwanziger Jahre die durch den Deutschen Werkbund und das Bauhaus vertretenen neuen künstlerischen Ideen einer materialgerechten, formschönen und auf Ornamente verzichtenden Gestaltung auch in der Berliner Manufaktur immer mehr an Einfluß zu gewinnen. Das Porzellan sollte sich im Rahmen dieser progressiven Forderungen von einem teuren, nur begüterten Schichten zugänglichem Luxusartikel zu einem Produkt entwickeln, daß trotz seiner edlen Materialeigenschaften auf der Grundlage einer rationellen Herstellungstechnologie zu erschwinglichen Preisen für Verbraucher aus allen Bevölkerungsschichten zur Verfügung stehen sollte.

Dieser Forderung schloß sich auch der 1929 zum Direktor der Manufaktur berufene Günther von Pechmann an, indem er so bedeutende Vertreter des neuen sachlichen Stils im Kunsthandwerk wie Gerhard Marcks, Marguerite Friedländer-Wildenhain und Trude Petri-Raben für gestalterische Aufgaben verpflichten konnte. Die von Marguerite Friedländer um 1930 entworfenen Vasen und Service, als «Halle-Form» bezeichnet, tragen neben dem Zepter in Unterglasurblau zusätzlich das Zeichen der Burg Giebichenstein in Halle (Saale), jener bedeutenden Schule für «Werkkunst», an der sie die Ideen des Bauhauses auf keramischem Gebiet in konsequenter Form angewandt und weiterentwickelt hatte. Ihre Entwürfe, oft auch in Seladonporzellan ausgeführt, zeichneten sich durch einfache, klare und tektonisch beeindruckende Formen aus, deren Dekor, wenn überhaupt vorhanden, sich auf vergoldete Reifen oder reliefierte Riefen beschränkt. *Tafel* 103, 104

Das bedeutendste Tafelservice dieser Zeit aber, zwischen 1930 und 1932 entwickelt, stammt von Trude Petri-Raben und trägt die Bezeichnung «Urbino». Auch hier dominiert die Schlichtheit und Großzügigkeit der Form im Sinne einer funktionsgerechten, ganz auf den industriellen Herstellungsprozeß abgestimmten Form und Technologie. *Tafel* 110, 111 Die künstlerische Wirkung dieses Services, das sowohl von den traditionell-klassischen Formen der chinesischen Keramik angeregt wie auch den zeitgenössischen Gestaltungsprinzipien des Bauhauses verpflichtet ist, beruht im wesentlichen auf dem harmonischen Zusammenklang der ausgewogenen Formen mit dem ästhetischen Reiz des weißen Porzellans. Erst wenig später entschloß sich die Manufaktur, dieses Service auch in Seladonporzellan sowie mit weißer und schwarzer Glasur zu produzieren.

Else Möckel, Entwerferin für Malereidekore an der Staatlichen Porzellanmanufaktur, entwickelte dann 1936/37 eigens für das Service «Urbino» einen der schlichten und großzügigen Form angepaßten «Liliendekor». Nachdem das Speiseservice «Urbino» auf mehreren internationalen und nationalen Ausstellungen hohe Anerkennung gefunden hatte – es erhielt 1937 auf der Pariser Weltausstellung den Grand Prix –, wurde es durch ein Kaffee-, Mokka- und Teeservice erweitert.

Auch auf figürlichem Gebiet fanden gezielte Erneuerungsbestrebungen an der Staatlichen Porzellanmanufaktur statt. Als der auf diesem Gebiet erfolgreichste und bedeutendste Künstler darf der Bildhauer Ludwig Gies angesehen werden. Er fertigte seit 1926 für die sich im künstlerischen Umbruch befindliche Manufaktur eine Anzahl von figürlichen Modellen, die mit der konventionellen Porzellanplastik brachen und die als Beginn der Erneuerung auf diesem Gebiet zu werten sind. Als ein typisches Beispiel für den neuen Stil darf der hier abgebildete «Harlekin» aus dem Jahre 1926 gelten. *Tafel* 108

1943 wurde die Manufaktur bei einem der zahlreichen Luftangriffe auf Berlin in starkem Maße zerstört. Wegen der Bedeutung der «technischen Porzellane» für die Industrie, die bereits seit Beginn des 19. Jahrhunderts einen wichtigen Platz innerhalb der Berliner Manufaktur eingenommen hatten, wurde die Produktion nach Selb im Bayrischen Wald verlegt; die Malerei fand Unterkunft in Mayerhöfen bei Karlsbad (Karlovy Vary).

1949 ging die Manufaktur durch Anordnung der britischen Militärregierung in das Eigentum der Westberliner Verwaltungsbehörden über. Zwischen 1955 und 1957 erfolgte der Wiederaufbau der durch den Krieg zerstörten Anlagen sowie die Rückführung der Produktion des Werkes von Selb nach Berlin, so daß die Manufaktur seit dieser Zeit wieder an ihrem alten Platz unter dem Firmenzeichen «Staatliche Porzellanmanufaktur Berlin» produziert. *Tafel* 112

Anhang

Anmerkungen

1 E. Zimmermann, *Chinesisches Porzellan,* Leipzig 1923

2 W. Bondy, *Kang-Shi. Eine Blüteepoche der chinesischen Porzellankunst,* München 1923

3 F. H. Hoffmann, *Das Porzellan der europäischen Manufakturen im 18. Jahrhundert,* Berlin 1932, Seite 9

4 R. Graul, *Die ostasiatische Kunst und ihr Einfluß auf Europa,* Leipzig 1906; Ch. Yamada, *Die Chinamode des Spätbarocks seit 1650,* Berlin 1935

5 G. Ganssauge, *Das Schloß Pillnitz als Beispiel für den chinesischen Einfluß auf die Baukunst Europas im 18. Jahrhundert,* in: Neues Archiv für sächsische Geschichte und Altertumskunde, Band 49, Heft 1, 1928

6 M. Beurdeley, *Porzellan aus China «Compagnie des Indes»,* München 1962

7 W. Treue, *Kulturgeschichte des Alltags,* München 1952, Seite 161

8 L. Reidemeister, *Die Porzellankabinette der brandenburgisch-preußischen Schlösser,* in: Jahrbuch der Preußischen Kunstsammlungen 1933, Bd. 54, Seite 262; 1934, Bd. 55, Seite 42

9 F. Fichtner, *Dragonerporzellane,* in: Berichte der deutschen keramischen Gesellschaft 29 (1962), Heft 1, Seite 10

10 O. Walcha, *Meißener Porzellan,* Dresden 1973, Seite 9–22

11 M. Mields, *Die Erfindung des europäischen Porzellans,* in: Böttgersteinzeug – Böttgerporzellan aus der Dresdener Porzellansammlung, Dresden 1969

12 G. Weiss, *Ullstein Porzellanbuch,* Berlin 1964, Seite 83

13 A. Schönberger, *Deutsches Porzellan,* München 1949, Seite 9

14 G. Weiss, *Ullstein Porzellanbuch,* Berlin 1964, Seite 86

15 W. Funk, *Die Rohstoffe der Feinkeramik, ihre Aufbereitung und Verarbeitung zu Massen und Glasuren,* Berlin 1933

16 H. Seeger, in: Tonindustriezeitung 1882, Nr. 52, Seite 467

17 J. G. Grieninger, *Vom Ursprung und Fortgang der königlichen aechten Porzellän-Manufactur zu Berlin,* abgedruckt in: Hohenzollern-Jahrbuch, 6. Jahrgang 1902, Seite 193

18 J. Erzgraber, *Königlich Berlin 1763–1913,* Berlin 1913, Seite 34

19 G. Kolbe, *Geschichte der königlichen Porcellanmanufactur zu Berlin,* Berlin 1863, Seite 183

20 J. Schärer, *Meißen 75 – Informationen über das gegenwärtige Schaffen der ersten europäischen Porzellanmanufaktur,* Meißen 1975, Seite 22

21 H. Gatzke, *Die Entwicklung der Porzellanbrennöfen in den letzten 250 Jahren,* in: Sprechsaal für Keramik, Glas, Email, Band 92, 1959, Heft 6, Seite 143–147

22 E. Köllmann, *Berliner Porzellan 1763–1963,* Braunschweig 1966, Seite 44

23 G. Kolbe, *Geschichte der königlichen Porcellanmanufactur zu Berlin,* Berlin 1863, Seite 180; E. Köllmann, *Berliner Porzellan* 1763–1963, Braunschweig 1966, Seite 58, Anmerkung 2

24 A. D. Bensch, *Die Entwicklung der Berliner Porzellanindustrie unter Friedrich dem Großen,* Phil. Diss. Berlin 1928, Seite 67

25 A. D. Bensch, *Die Entwicklung der Berliner Porzellanindustrie unter Friedrich dem Großen,* Phil. Diss. Berlin 1928, Seite 67

26 M. Mields und R. Lauschke, *Praxis der Porzellanmalerei,* Leipzig 1965, Seite 37/38

27 M. Mields, *Die Entwicklung der Aufglasurpalette des europäischen Hartporzellans bis 1731 mit besonderer Berücksichtigung von Johann Gregorius Höroldt,* in: Keramische Zeitschrift 1963/15, Heft 8, Seite 453–459

28 C. F. Foerster, *Einige Erzeugnisse der Berliner Porzellanmanufaktur und ihre Vorbilder,* in: Cicerone, II. Jg., 1910, Seite 547 ff.

29 R. Forberger, *Die Manufaktur in Sachsen vom Ende des 16. bis zum Anfang des 19. Jahrhunderts,* Berlin 1958

30 G. Vogler und K. Vetter, *Preußen. Von den Anfängen bis zur Reichsgründung,* Berlin 1977

31 G. K. Sybel, *Nachrichten von dem Städtlein Plaue an der Havel, inbesonderheit von der dort angelegten Manufaktur,* in: Neue Berlinsche Monatsschrift, Band 25, 1811, Seite 194 bis 224

32 W. Stieda, *Zur Geschichte der Porzellanfabrikation in der Mark Brandenburg,* in: Forschungen zur Brandenburgischen und Preußischen Geschichte, Band 17, 1904, Seite 89

33 W. STIEDA, *Zur Geschichte der Porzellanfabrikation in der Mark Brandenburg,* in: Forschungen zur Brandenburgischen und Preußischen Geschichte, Band 17, 1904, Seite 92
34 B. L. BEKMANN, *Historische Beschreibungen der Chur und Mark Brandenburg,* Berlin 1751, Band 1
35 C. KEISCH, *Das Plauer Steinzeug 1713–1730,* Diplomarbeit Humboldt-Universität Berlin 1965, Seite 27/28
36 *Böttgersteinzeug – Böttgerporzellan aus der Dresdener Porzellansammlung,* Dresden 1969, Kat. Nr. 25
37 E. ZIMMERMANN, *Plaue a. d. Havel, die erste Konkurrenzfabrik der Meißner Manufaktur und ihre Erzeugnisse,* in: Monatshefte für Kunstwissenschaft 1, 1908/II, Seite 602 bis 619
38 E. WINTZER, *Die Wegelysche Porzellanmanufaktur in Berlin,* in: Schriften des Vereins für die Geschichte Berlins, Berlin 1898, Heft XXXV, Seite 3/4
39 H. RACHEL, *Das Berliner Wirtschaftsleben im Zeitalter des Frühkapitalismus,* Berlin 1931, Seite 130
40 O. GEISSLER, *Die Wirtschaftspolitik Friedrich des Großen und der Begriff der Planwirtschaft,* Diss. Tübingen 1951, Seite 34
41 W. RUSKE, *Berliner Porzellan-Vorgeschichte und Entwicklung,* in: Naturwissenschaftliche Rundschau, Band 19, Heft 11, November 1966, Seite 464
42 J. SCHULZE, *Die ersten Versuche der Porzellanfabrikation in Brandenburg,* in: Forschungen zur Brandenburgischen und Preußischen Geschichte, 48. Band, 1936, Seite 149
43 A. D. BENSCH, *Die Entwicklung der Berliner Porzellanindustrie unter Friedrich dem Großen,* Phil. Diss. Berlin 1928, Seite 22
44 J. SCHULZE, *Die ersten Versuche der Porzellanfabrikation in Brandenburg,* in: Forschungen zur Brandenburgischen und Preußischen Geschichte, 48. Band, 1936, Seite 153
45 E. WINTZER, *Die Wegelysche Porzellanmanufaktur in Berlin,* in: Schriften des Vereins für die Geschichte Berlins, Berlin 1898, Heft XXXV, Seite 5
46 O. WALCHA, *Meißener Porzellan,* Dresden 1973, Seite 129; O. WALCHA, in: Keramos 1960, Heft 7, Seite 13
47 P. SEIDEL, *Friedrich der Große und seine Porzellanmanufaktur,* in: Hohenzollern-Jahrbuch, 6. Jg., 1902, Seite 178
48 A. D. BENSCH, *Die Entwicklung der Berliner Porzellanindustrie unter Friedrich dem Großen,* Phil. Diss. Berlin 1928, Seite 24
49 E. WINTZER, *Die Wegelysche Porzellanmanufaktur in Berlin,* in: Schriften des Vereins für die Geschichte Berlins, Berlin 1898, Heft XXXV, Seite 10
50 E. WINTZER, *Die Wegelysche Porzellanmanufaktur in Berlin,* in: Schriften des Vereins für die Geschichte Berlins, Berlin 1898, Heft XXXV, Seite 11
51 E. WINTZER, *Die Wegelysche Porzellanmanufaktur in Berlin,* in: Schriften des Vereins für die Geschichte Berlins, Berlin 1898, Heft XXXV, Seite 18; G. WEISS, *Ullstein Porzellanbuch,* Berlin 1964, Seite 85
52 J. G. GRIENINGER, *Vom Ursprung und Fortgang der königlichen aechten Porzellän-Manufactur zu Berlin,* in: Hohenzollern-Jahrbuch, 6. Jg., 1902, Seite 186
53 *Tonindustriezeitung 1882,* Nr. 52, Seite 467/468
54 L. SCHNORR VON CAROLSFELD, *Porzellan der europäischen Manufakturen,* 5. Aufl., völlig neu bearbeitet von E. KÖLLMANN, Braunschweig 1956, Seite 189
55 E. KÖLLMANN, *Sammlung L, Berliner Porzellan von den Anfängen bis zum 20. Jahrhundert,* in: Lempertz Versteigerungskatalog 545, Köln 1975, Seite 81
56 G. ZICK, *D'après Bouché. Die «Valleé de Montmorency» und die europäische Porzellanplastik,* in: Keramos 1965, Heft 29, Seite 11; desgleichen in: Berliner Porzellan der Manufaktur von Wilhelm Caspar Wegely, 1751–1757, Berlin 1978
57 E. KÖLLMANN, *Berliner Porzellan. Ein Brevier,* Braunschweig/Berlin 1963, Seite 22
58 A. BRÜNING, *Porzellan,* Berlin 1914, Seite 132
59 E. KÖLLMANN, *Sammlung L, Berliner Porzellan von den Anfängen bis zum 20. Jahrhundert,* in: Lempertz Versteigerungskatalog 545, Köln 1975, Seite 82
60 O. WALCHA, *Meißener Porzellan,* Dresden 1973, Seite 144
61 E. WINTZER, *Die Wegelysche Porzellanmanufaktur in Berlin,* in: Schriften des Vereins für die Geschichte Berlins, Berlin 1898, Heft XXXV, Seite 43
62 O. WALCHA, *Meißener Porzellan,* Dresden 1973, Seite 144; S. DUCRET, *Deutsches Porzellan und deutsche Fayence,* Baden-Baden 1962, Seite 33
63 O. WALCHA, *Die Meißener Porzellanlieferungen Friedrich II. während der schlesischen Kriege,* in: Keramos 1960, Heft 7, Seite 30
64 E. WINTZER, *Die Wegelysche Porzellanmanufaktur in Berlin,* in: Schriften des Vereins für die Geschichte Berlins, Berlin 1898, Heft XXXV, Seite 60
65 E. WINTZER, *Die Wegelysche Porzellanmanufaktur in Ber-*

lin, Schriften des Vereins für die Geschichte Berlins, Berlin 1898, Heft XXXV, Seite 58; G. REINHECKEL, *Meißener Service mit Gotzkowski-Reliefmuster,* in: Keramos 1965, Heft 30, Seite 38

66 O. HINTZE, *Ein Berliner Kaufmann aus der Zeit Friedrichs des Großen,* Neudruck in: Schriften des Vereins für die Geschichte Berlins, Berlin 1888, Heft VII, Seite 13

67 W. RUSKE, *Berliner Porzellan – Vorgeschichte und Entwicklung,* in: Naturwissenschaftliche Rundschau,, Band 19, Heft 11, 1966, Seite 464

68 E. KÖLLMANN, *Berliner Porzellan 1763–1963,* Braunschweig 1966, Seite 9

69 J. E. GOTZKOWSKI, *Geschichte eines patriotischen Kaufmanns,* Berlin 1768, Seite 85

70 J. G. GRIENINGER, *Vom Ursprung und Fortgang der königlichen aechten Porzellän-Manufactur zu Berlin,* in: Hohenzollern-Jahrbuch, 6. Jg., 1902, Seite 190

71 G. REINHECKEL, *Friedrich Elias Meyer, ein Porzellanplastiker des 18. Jahrhunderts,* in: Silikattechnik 14, 1963, Nr. 4, Seite 125 ff.

72 A. D. BENSCH, *Die Entwicklung der Berliner Porzellanindustrie unter Friedrich dem Großen,* Phil. Diss. Berlin 1928, Seite 25

73 A. SKALWEIT, *Die Berliner Wirtschaftskrise von 1763 und ihre Hintergründe,* Stuttgart/Berlin 1937

74 H. RACHEL und P. WALLICH, *Berliner Großkaufleute und Kapitalisten,* Berlin 1967, Band II, Seite 462

75 J. G. GRIENINGER, *Vom Ursprung und Fortgang der königlichen aechten Porzellän-Manufactur zu Berlin,* in: Hohenzollern-Jahrbuch, 6. Jg., 1902, Seite 192

76 A. D. BENSCH, *Die Entwicklung der Berliner Porzellanindustrie unter Friedrich dem Großen,* Phil. Diss. Berlin 1928, Seite 31/32; auch G. KOLBE, *Geschichte der königlichen Porcellanmanufactur zu Berlin,* Berlin 1863, Seite 143

77 E. KÖLLMANN, *Berliner Porzellan 1763–1963,* Braunschweig 1966, Seite 20

78 G. SCHIEDLAUSKI, *Tee, Kaffee, Kakao,* München 1961

79 A. BRÜNING, *Porzellan,* Berlin 1914, Seite 139

80 G. LENZ, *Berliner Porzellan. Die Manufaktur Friedrichs des Großen 1763–1786,* Berlin 1913, Seite 35

81 E. KÖLLMANN, *Berliner Porzellan 1763–1963,* Braunschweig 1966, Seite 20

82 G. LENZ, *Berliner Porzellan. Die Manufaktur Friedrichs des Großen 1763–1786,* Berlin 1913, Seite 34

83 A. D. BENSCH, *Die Entwicklung der Berliner Porzellanindustrie unter Friedrich dem Großen,* Phil. Diss. Berlin 1928, Seite 98

84 G. KOLBE, *Geschichte der königlichen Porcellanmanufactur zu Berlin,* Berlin 1863, Seite 149

85 K. HINZE, *Die Arbeiterfrage zu Beginn des modernen Kapitalismus in Brandenburg-Preußen,* in: Veröffentlichungen des Vereins für Geschichte der Mark Brandenburg, Berlin 1927, Seite 133

86 J. KUCZYNSKI und R. HOPPE, *Geschichte der Kinderarbeit in Deutschland 1749–1939.* Band I, Berlin 1958, Seite 103 ff.

87 A. D. BENSCH, *Die Entwicklung der Berliner Porzellanindustrie unter Friedrich dem Großen,* Phil. Diss. Berlin 1928, Seite 45

88 A. D. BENSCH, *Die Entwicklung der Berliner Porzellanindustrie unter Friedrich dem Großen,* Phil. Diss. Berlin 1928, Seite 102/103

89 E. KÖLLMANN, *Berliner Porzellan 1763–1963,* Braunschweig 1966, Seite 31

90 E. KÖLLMANN, *Berliner Porzellan 1763–1963,* Braunschweig 1966, Seite 32/33

91 H. KRÜGER, *Zur Geschichte der Manufakturen und der Manufakturarbeiter in Preußen,* Berlin 1958, Seite 306

92 H. KRÜGER, *Zur Geschichte der Manufakturen und der Manufakturarbeiter in Preußen,* Berlin 1958, Seite 353

93 A. D. BENSCH, *Die Entwicklung der Berliner Porzellanindustrie unter Friedrich dem Großen,* Phil. Diss. Berlin 1928, Seite 71

94 G. KOLBE, *Geschichte der königlichen Porcellanmanufactur zu Berlin,* Berlin 1863, Seite 156

95 A. D. BENSCH, *Die Entwicklung der Berliner Porzellanindustrie unter Friedrich dem Großen,* Phil. Diss. Berlin 1928, Seite 90/91

96 A. D. BENSCH, *Die Entwicklung der Berliner Porzellanindustrie unter Friedrich dem Großen,* Phil. Diss. Berlin 1928, Seite 73

97 E. KÖLLMANN, *Berliner Porzellan 1763–1963,* Braunschweig 1966

98 A. D. BENSCH, *Die Entwicklung der Berliner Porzellanindustrie unter Friedrich dem Großen,* Phil. Diss. Berlin 1928, Seite 94

99 G. KOLBE, *Geschichte der königlichen Porcellanmanufactur zu Berlin,* Berlin 1863, Seite 208, 286

100 G. Kolbe, *Geschichte der königlichen Porcellanmanufactur zu Berlin,* Berlin 1863, Seite 233

101 Zitiert nach E. Köllmann, *Berliner Porzellan 1763–1963,* Braunschweig 1966, Seite 94/95

102 Zitiert nach E. Köllmann, *Berliner Porzellan 1763–1963,* Braunschweig 1966, Seite 96

103 I. v. Treskow, *Die Jugendstil-Porzellane der KPM Berlin,* München 1971, Seite 15/16

104 S. Bursche, *Tafelzier des Barock,* München 1974, Seite 9

105 F. Reichel, *Berliner Geschirrformen als Schöpfungen des preußischen Rokoko,* in: Festschrift Karl Heinz Clasen, Aspekte zur Kunstgeschichte von Mittelalter und Neuzeit, Weimar 1971, Seite 252

106 A. Brüning, *Porzellan,* Berlin 1914, Seite 142

107 J. G. Grieninger, *Vom Ursprung und Fortgang der königlichen aechten Porzellän-Manufactur zu Berlin,* zitiert nach A. Brüning, Porzellan, Berlin 1914, Seite 143/144

108 G. Krienke, *Berliner Porzellan des 18. Jahrhunderts aus dem Kunstgewerbemuseum (Berlin),* Berlin 1961, Seite 11

109 C. F. Foerster, *Einige Erzeugnisse der Berliner Porzellanmanufaktur und ihre Vorbilder,* in: Cicerone, II. Jg., 1910, Seite 545

110 E. Köllmann, *Berliner Porzellan 1763–1963,* Braunschweig 1966, Seite 167

111 C. F. Foerster, *Einige Erzeugnisse der Berliner Porzellanmanufaktur und ihre Vorbilder,* in: Cicerone, II. Jg., 1910, Seite 548/549

112 G. Lenz, *Berliner Porzellan. Die Manufaktur Friedrichs des Großen 1763–1786,* Berlin 1913, Seite 43

113 E. Köllmann, *Berliner Porzellan 1763–1963,* Braunschweig 1966, Seite 169

114 G. Lenz, *Berliner Porzellan. Die Manufaktur Friedrichs des Großen 1763–1786,* Berlin 1913, Seite 24

115 *Pflanzen auf Porzellan, 1750–1850, Ausstellung zum 300jährigen Bestehen des Botanischen Gartens Berlin,* Katalog, herausgegeben vom Botanischen Garten und Botanischen Museum Berlin-Dahlem sowie von der Verwaltung der Staatlichen Schlösser und Gärten, Berlin (West), bearbeitet von W. Baer und H. Sack, Berlin 1979, Seite 65

116 L. Schnorr von Carolsfeld, *Porzellan der europäischen Manufakturen.* 5. Aufl., völlig neu bearbeitet von E. Köllmann, Braunschweig 1956, Seite 224

117 W. Scheffler, *Berlin im Porzellanbild seiner Manufaktur,* Berlin 1963

118 *Potsdam, Bilder auf Porzellan,* Ausstellungskatalog, herausgegeben von den Staatlichen Schlössern und Gärten Potsdam-Sanssouci, 1982, bearbeitet von J. Nicht, Seite 81

119 *Katalog Berliner Porzellan,* Köln/Berlin 1954/55, Seite 66

120 E. Köllmann, *Das Porzellanservice des Herzogs von Wellington,* in: Keramos 1960, Heft 10, Seite 81 ff.

121 G. Kolbe, *Geschichte der königlichen Porcellanmanufactur zu Berlin,* Berlin 1863, Seite 229

122 M. Ouvrier-Böttcher, *Die Arbeiten der Königlichen Porzellanmanufaktur zwischen 1835 und 1890 – KPM Berlin –,* Phil. Diss. Technische Universität Berlin (West) 1984, Seite 64

123 W. und I. Baer, ... *auf Allerhöchsten Befehl ..., Königsgeschenke aus der Königlichen Porzellanmanufaktur Berlin – KPM –,* Berlin 1983, Seite 21

124 W. Pachomowa-Göres, *Schinkels Wirken für die Königliche Porzellanmanufaktur Berlin,* in: Forschungen und Berichte, Staatliche Museen zu Berlin, 1985, Band 25, Seite 154 ff.

125 W. und I. Baer, ... *auf Allerhöchsten Befehl ..., Königsgeschenke aus der Königlichen Porzellanmanufaktur Berlin – KPM –,* Berlin 1983, Seite 23

126 W. v. König, *Berliner Porzellaneier,* in: Keramos 1970, Heft 48, Seite 59 ff.

127 *Potsdam, Bilder auf Porzellan,* Ausstellungskatalog, herausgegeben von den Staatlichen Schlössern und Gärten Potsdam-Sanssouci, 1982, bearbeitet von J. Nicht, Seite 73, Katalog Nr. 51

128 G. Kolbe, *Geschichte der königlichen Porzellanmanufaktur zu Berlin,* Berlin 1863, Seite 254

129 A. Brüning, *Porzellan,* Berlin 1914, Seite 156

130 E. Köllmann, *Berliner Porzellan bei Lempertz,* in: Keramos 1975, Heft 68, Seite 20

131 G. Reinheckel, *Friedrich Elias Meyer, ein Porzellanplastiker des 18. Jahrhunderts,* in: Silikattechnik 14, 1963, Nr. 4, Seite 125

132 G. Lenz, *Berliner Porzellan. Die Manufaktur Friedrichs des Großen 1763–1786,* Berlin 1913, Seite 22

133 E. Köllmann, *Berliner Porzellan 1763–1963,* Braunschweig 1966, Seite 121

134 W. Scheffler, *Berliner keramische Kleinplastik,* Goslar 1959

135 A. Brüning, *Porzellan,* Berlin 1914, Seite 169

136 G. KOLBE, *Geschichte der königlichen Porcellanmanufactur zu Berlin,* Berlin 1863, Seite 193

137 G. LENZ, *Johann Gottfried Schadow und die Berliner Porzellanmanufaktur,* in: Kunst und Kunsthandwerk 1919, Seite 65

138 Zitiert nach E. KÖLLMANN, *Berliner Porzellan 1763–1963,* Braunschweig 1966, Seite 139/140

139 J. ERZGRABER, *Königlich Berlin 1763–1913,* Berlin 1913, Seite 24

140 G. KOLBE, *Geschichte der königlichen Porcellanmanufactur zu Berlin,* Berlin 1863, Seite 271

141 G. KOLBE, *Geschichte der königlichen Porcellanmanufactur zu Berlin,* Berlin 1863, Seite 273/274

142 I. v. TRESKOW, *Die Jugendstilporzellane der KPM Berlin,* München 1971, Seite 274

143 H. LEHMANN, *Hermann Seeger,* Schriftenreihe Steine und Erden, Goslar 1959

144 I. v. TRESKOW, *Die Jugendstilporzellane der KPM Berlin,* München 1971, Seite 26

145 R. BORRMANN, *Moderne Keramik,* Leipzig (1902), Seite 99

Erläuterung der Fachausdrücke

Akanthus: Ornament aus den gezackten Blättern des Bärenklaus. Gehört seit der Renaissance, dann aber verstärkt seit dem Barock zum wichtigsten Ornament im Kunsthandwerk, durchläuft verschiedene Entwicklungphasen

Amorette: siehe Putte

Baldachin: architektonische Konstruktion, die als Gehäuse oder Überdachung für eine Person, einen Altar, ein Grabmal oder ähnliches dient

Baluster: kleine gedrungene Säule oder gedrungener Vierkantpfosten mit ausgebauchtem Schaft. In einer Reihe angeordnet und durch ein Geländer verbunden, bilden die Baluster eine Balustrade

Basis: Sockel für Denkmäler und Statuen, auch Fuß von Sokkeln, Pfeilern und Säulen

Biskuit: ein bei niedriger Temperatur gebranntes, unglasiertes Porzellan

Bleu mourant: (französisch) sterbendes Blau. In der Berliner Porzellanmanufaktur auf Anregung Friedrichs II. entwickeltes helles, mattes Blau, vom König besonders geschätzt und erstmals als Porzellanfarbe auf einem Service von 1784 angewendet

Camaieumalerei: eine nur aus den Abstufungen einer Farbe bestehende Malerei

Grisaillemalerei: eine nur aus grauen Farbabstufungen bestehende Malerei (siehe Camaieumalerei)

Jasperware: englisches, durch Metalloxide gefärbtes Steingut, hergestellt von J. Wedgwood zwischen 1775 und 1780

Kartusche: (französisch) eine schildartige, meist ornamental umrahmte Fläche zur Aufnahme von Monogrammen, Wappen, Emblemen oder auch kleinformatiger Malerei

Laub- und Bandelwerk, auch Bandelwerk genannt: Ornamentform, die zwichen 1700 und 1730 im Kunsthandwerk vorherrscht, gekennzeichnet durch die Verbindung von Laubwerk mit scharf abgesetzten Bändern

Maskaron: ein aus einer Maske (auch menschlichem Gesicht) bestehendes plastisches Dekorationselement, besonders häufig in der Architektur und im Kunsthandwerk des Barocks und Rokokos verwendet

Masse: in der Keramik Bezeichnung für das fertiggestellte Tongemisch vor dem Brand

Miniaturmalerei: kleinformatige Bildnismalerei

Palmette: Ornament aus blattartigen Grundformen, die sich fächerartig und symmetrisch aufbauen; beliebtes Schmuckmotiv in der antiken Kunst, aber auch in der romanischen Kunst und später im Klassizismus weit verbreitet

Pietra dura: (italienisch) Bezeichnung für ein aus kleinen Mosaikstücken zusammengesetztes Bild, sogenanntes Florentiner Mosaik

Plat de menage, auch Platmenage: ein zum Speiseservice gehörender künstlerisch gestalteter Aufsatz mit verschiedenen Gefäßen (Näpfchen, Schalen, Kannen, Fruchtkorb usw.) für Gewürze, Öl, Essig und Früchte; oftmals mit plastischen und figürlichen Verzierungen

Putte, auch Putto oder Amorette genannt: aus antiker Kunst kommende, kleine nackte, oft mit Flügeln versehene Knabengestalt

Scherben: in der Keramik Bezeichnung für das fertig gebrannte Material (Steinzeug, Fayence, Steingut, Porzellan usw.)

Seladon: graugrüner Farbton, abgeleitet vom chinesischen Steingut und Porzellan mit graugrüner, undurchsichtiger Glasur

Staffierer: Porzellanmaler, der für die Dekoration der plastischen Dekore mit Gold oder Farbe sowie für die farbige Bemalung der Figuren zuständig ist

Staffage: (französisch) Bezeichnung für Beiwerk, das eine Darstellung belebt; sehr häufig Menschen und Tiere, die in eine Landschaft oder Architekturdarstellung «hineingestellt» sind

Literaturauswahl

ZUR GESCHICHTE

R. Forberger, *Die Manufaktur in Sachsen vom Ende des 16. bis zum Anfang des 19. Jahrhunderts,* Berlin 1958

O. Geissler, *Die Wirtschaftspolitik Friedrich des Großen und der Begriff der Planwirtschaft,* Rechts- und wirtschaftswiss. Diss. Tübingen 1951

J. E. Gotzkowski, *Geschichte eines patriotischen Kaufmanns,* Berlin 1768

K. Hintze, *Die Arbeiterfrage zu Beginn des modernen Kapitalismus in Brandenburg-Preußen,* in: Veröffentlichungen des Vereins für Geschichte der Mark Brandenburg, Berlin 1927

O. Hintze, *Ein Berliner Kaufmann aus der Zeit Friedrichs des Großen,* Neudruck in: Schriften des Vereins für die Geschichte Berlins, Berlin 1888, Heft VII

H. Krüger, *Zur Geschichte der Manufakturen und der Manufakturarbeiter in Preußen,* Berlin 1958

J. Kuczynski und R. Hoppe, *Geschichte der Kinderarbeit in Deutschland 1750–1939,* Band I Geschichte, Band II Dokumente, Berlin 1958

J. Kuczynski, *Die Geschichte der Lage der Arbeiter in Deutschland,* Band I, Berlin 1954

K. Marx, *Das Kapital,* Berlin 1947–1949

F. Nicolai, *Beschreibung der königlichen Residenzstädte Berlin und Potsdam, aller daselbst befindlicher Merkwürdigkeiten und umliegenden Gegend,* Berlin 1786

F. Nicolai, *Nachrichten aus dem Städtchen Plaue,* 1811

H. Rachel, *Das Berliner Wirtschaftsleben im Zeitalter des Frühkapitalismus,* Berlin 1931

A. Skalweit, *Die Berliner Wirtschaftskrise von 1763 und ihre Hintergründe,* Stuttgart/Berlin 1937

G. Vogler und K. Vetter, *Preußen. Von den Anfängen bis zur Reichsgründung,* Berlin 1977

ALLGEMEINE PORZELLANLITERATUR

M. Beurdeley, *Porzellan aus China «Compagnie des Indes»,* München 1962

A. Brüning, *Porzellan,* Neu bearbeitet von L. Schnorr von Carolsfeld, Berlin 1914

S. Ducret, *Deutsches Porzellan und deutsche Fayence,* Baden-Baden 1962

F. H. Hoffmann, *Das Porzellan der europäischen Manufakturen im 18. Jahrhundert,* Berlin 1932

L. Reidemeister, *Die Porzellankabinette der brandenburgisch-preußischen Schlösser,* in: Jahrbuch der Preußischen Kunstsammlungen, 1933, Bd. 54, Seite 262; 1934, Bd. 55, Seite 42–56

G. Reinheckel, *Meißner Service mit Gotzkowski-Reliefmuster,* in: Keramos 1965, Heft 30

R. Schmidt, *Das Porzellan als Kunstwerk und Kulturspiegel,* München 1925

L. Schnorr v. Carolsfeld, *Porzellan der europäischen Manufakturen,* 5. Aufl., völlig neu bearbeitet von E. Köllmann, Braunschweig 1956

A. Schönberger, *Deutsches Porzellan,* München 1949

W. Treue, *Die Einfuhr ostasiatischen Porzellans im 16. Jahrhundert nach Europa und Amerika,* in: Zeitschrift der Gesellschaft für Keramikfreunde 1955, Seite 24 ff.

O. Walcha, *Die Meißener Porzellanlieferungen Friedrich II. während der schlesischen Kriege,* in: Keramos 1960, Heft 7, Seite 13

O. Walcha, *Friedrich II. letzte bedeutende Porzellanherstellung in Meißen,* in: Keramos 1961, Heft 12, Seite 31–33

O. Walcha, *Porzellan,* Leipzig 1963

O. Walcha, *Meißener Porzellan,* Dresden 1973

G. Weiss, *Ullstein Porzellanbuch,* Berlin 1964

G. Zick, *D' Après Bouché, die «Vallée de Montmorency» und die europäische Porzellanplastik,* in: Keramos 1965, Heft 29

SPEZIELLE LITERATUR ZUR GESCHICHTE DES BERLINER PORZELLANS

W. und I. Baer, *... auf Allerhöchsten Befehl ... Königsgeschenke aus der Königlichen Porzellanmanufaktur Berlin – KPM –,* Veröffentlichung aus dem KPM-Archiv der Staatlichen Porzellan-Manufaktur Berlin I, Berlin 1983

A. D. BENSCH, *Die Entwicklung der Berliner Porzellanindustrie unter Friedrich dem Großen,* Phil. Diss. Berlin 1928

E. BUBLITZ, *Die königliche Porzellanmanufaktur Berlin 1763 bis 1913,* Berlin 1913

J. ERZGRABER, *Königlich Berlin 1763–1913,* Berlin 1913

C. F. FOERSTER, *Einige Erzeugnisse der Berliner Porzellanmanufaktur und ihre Vorbilder,* in: Cicerone, II. Jg., 1910, Seite 545 ff.

J. G. GRIENINGER, *Vom Ursprung und Fortgang der königlichen aechten Porzellän-Manufactur zu Berlin,* in: Hohenzollern-Jahrbuch, 6. Jahrgang, 1902, Seite 186–206

M. JARCHOW, *Die Staatliche Porzellanmanufaktur Berlin (KPM) 1918–1938, Institution und Produktion,* Phil. Diss. Hamburg 1984

C. KEISCH, *Das Plauer Steinzeug 1713–1730,* Diplomarbeit Humboldt-Universität Berlin 1965

G. KOLBE, *Geschichte der königlichen Porcellanmanufactur zu Berlin,* Berlin 1863

E. KÖLLMANN, *Berliner Porzellan 1763–1963,* Braunschweig 1966

E. KÖLLMANN, *Berliner Porzellan. Ein Brevier,* Braunschweig/Berlin 1963

E. KÖLLMANN, *Berliner Porzellan bei Lempertz,* in: Keramos 1975, Heft 68

E. KÖLLMANN, *Ein Berliner Teller für Kaiserin Josephine,* in: Keramos 1970, Heft 48, Seite 47–58

E. KÖLLMANN, *Das Porzellanservice des Herzogs von Wellington,* in: Keramos 1960, Heft 10, Seite 81–97

W. v. KÖNIG, *Berliner Porzellaneier,* in: Keramos 1970, Heft 48, Seite 59–65

G. KRIENKE, *Berliner Porzellan des 18. Jahrhunderts aus dem Kunstgewerbemuseum (Berlin),* Berlin 1961

G. LENZ, *Johann Gottfried Schadow und die Berliner Porzellanmanufaktur,* in: Kunst und Kunsthandwerk 1919, Seite 65 ff.

G. LENZ, *Die Tafelservice Friedrich des Großen aus der Berliner Porzellanmanufaktur,* in: Hohenzollern-Jahrbuch 19/1905

G. LENZ, *Berliner Porzellan. Die Manufaktur Friedrichs des Großen 1763–1786,* Berlin 1913

M. OUVRIER-BÖTTCHER, *Die Arbeiten der Königlichen Porzellanmanufaktur zwischen 1835 und 1890 – KPM Berlin –,* Phil. Diss. Technische Universität Berlin (West) 1984

W. PACHOMOWA-GÖRES, *Schinkels Wirken für die Königliche Porzellanmanufaktur Berlin,* in: Forschungen und Berichte, Staatliche Museen zu Berlin, 1985, Band 25, Seite 154 ff.

F. REICHEL, *Berliner Geschirrformen als Schöpfungen des preußischen Rokoko,* in: Festschrift Karl Heinz Clasen, Aspekte zur Kunstgeschichte von Mittelalter und Neuzeit, Weimar 1971, Seite 250–264

G. REINHECKEL, *Friedrich Elias Meyer, ein Porzellanplastiker des 18. Jahrhunderts,* in: Silikattechnik 14, 1963, Nr. 4, Seite 125 ff.

W. RUSKE, *Berliner Porzellan – Vorgeschichte und Entwicklung,* in: Naturwissenschaftliche Rundschau, 19. Jahrgang, 1966, Heft 11, Seite 460–467

W. SCHEFFLER, *Berlin im Porzellanbild seiner Manufaktur,* Berlin 1963, Schriften zur Berliner Kunst- und Kulturgeschichte 4

W. SCHEFFLER, *Reflexionen in Porzellan,* Mainz 1966

W. SCHEFFLER, *Berliner keramische Kleinplastik,* Goslar 1959, Schriftenreihe Steine und Erden

J. SCHULZE, *Die ersten Versuche der Porzellanfabrikation in Brandenburg,* in: Forschungen zur Brandenburgischen und Preußischen Geschichte, 48. Band, 1936, Seite 149–153

E. SCHUR, *Porzellan von Theo Schmuz-Baudiß (1859–1942),* in: Die Kunst 16, 1906/07, Seite 477–480

P. SEIDEL, *Friedrich der Große und seine Porzellanmanufaktur,* in: Hohenzollern-Jahrbuch, 6. Jahrgang, 1902, Seite 175–206

W. STIEDA, *Zur Geschichte der Porzellanmanufaktur in der Mark Brandenburg,* in: Forschungen zur Brandenburgisch-Preußischen Geschichte, 17. Band, 1904

R. v. STRASSER, *Eine Dose aus Schackertschem Porzellan,* in: Keramos 1967, Heft 38, Seite 26–29

I. v. TRESKOW, *Die Jugendstil-Porzellane der KPM Berlin,* Bestandskatalog der Königlichen Porzellanmanufaktur Berlin 1896–1914, München 1971

E. WINTZER, *Die Wegelysche Porzellanmanufaktur in Berlin,* in: Schriften des Vereins für die Geschichte Berlins, Berlin 1898, Heft XXXV

H. ZETTLER, *Die Lage der Arbeiter der Königlichen Porzellan-Manufaktur in Berlin am Ende des 18. Jahrhunderts,* in: Jahrbuch des Märkischen Museums, Band II, 1976, Seite 20 bis 39

G. ZICK, *Berliner Porzellan der Manufaktur von Wilhelm Caspar Wegely 1751–1757,* Berlin 1978

AUSSTELLUNGSKATALOGE

Berliner Porzellan, Köln/Berlin 1955, bearbeitet von E. Köllmann

Berliner Porzellan des 18. Jahrhunderts. Ausstellung anläßlich des 200jährigen Jubiläums der Manufaktur. Veranstaltet von den Staatlichen Schlössern und Gärten Potsdam und dem Kunstgewerbemuseum der Staatlichen Museen zu Berlin, Potsdam/Berlin 1963, bearbeitet von G. Eckart und B. u. R. Göres

Jubiläumsausstellung des Kunstgewerbemuseums Berlin im Schloß Charlottenburg zum 200jährigen Bestehen der Staatlichen Porzellan-Manufaktur Berlin, Berlin 1963, bearbeitet von W. Scheffler

Sammlung Karl H. Bröhan, Ausstellung im Schloß Charlottenburg, Berlin 1969

Berliner Porzellan vom Rokoko bis zum Empire. Eine Ausstellung im Märkischen Museum Berlin, o. J. (1962), bearbeitet von R. Widerra

Berliner Porzellan vom Rokoko bis zum Biedermeier. Ausstellungskatalog Schloß Charlottenburg/Belvedere Berlin 1972, bearbeitet von W. Baer

160 Teile Berliner Porzellan, in: Auktionskatalog Lempertz Nr. 545, Köln 1975, bearbeitet von E. Köllmann

Pflanzen auf Porzellan, 1750–1850. Ausstellung zum 300jährigen Bestehen des Botanischen Gartens Berlin, herausgegeben vom Botanischen Garten und Botanischen Museum Berlin-Dahlem sowie von der Verwaltung der Staatlichen Schlösser und Gärten Berlin (West), 1979, bearbeitet von W. Baer und W. Lack

Berlin Porcelain, published for the Smithonian Institution Traveling Exhibition Service, Washington D. C. 1980, bearbeitet von W. Baer

Potsdam, Bilder auf Porzellan, herausgegeben von den Staatlichen Schlössern und Gärten Potsdam-Sanssouci, 1982, bearbeitet von J. Nicht

Meißen, Frühzeit und Gegenwart, Johann Friedrich Böttger zum 300. Geburtstag, herausgegeben von den Staatlichen Kunstsammlungen Dresden und dem VEB Staatliche Porzellanmanufaktur Meißen, Dresden 1982

ZUR TECHNOLOGIE

W. Funk, *Die Rohstoffe der Feinkeramik, ihre Aufbereitung und Verarbeitung zu Massen und Glasuren,* Berlin 1933

H. Gatzke, *Die Entwicklung der Porzellan-Brennöfen in den letzten 250 Jahren,* in: Sprechsaal für Keramik, Glas, Email 92, 1959, Heft 6, S. 143ff.

H. Lehmann, *Hermann Seeger, Forscher und Lehrer für die Keramik in Berlin,* Goslar 1959

M. Mields und R. Lauschke, *Praxis der Porzellanmalerei,* Leipzig 1965

M. Mields, *Die Erfindung des europäischen Porzellans,* in: Böttgersteinzeug – Böttgerporzellan. Zum 250. Todestag Johann Friedrich Böttgers, Dresden: Staatliche Kunstsammlungen, 1964

Verzeichnis der Porzellanmarken

MANUFAKTUR WEGELY, Wilhelm Kaspar
1751–1757

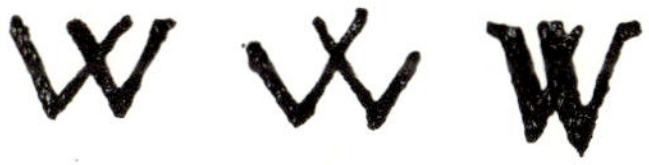

Blau unter der Glasur; sehr häufig noch drei untereinander eingepreßte Zahlen, z. B. $\begin{smallmatrix}1\\90\\9\end{smallmatrix}$ $\begin{smallmatrix}1\\90\\50\end{smallmatrix}$

MANUFAKTUR GOTZKOWSKI, Johann Ernst
1761–1763

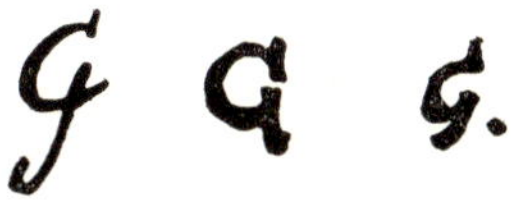

Blau unter der Glasur; auch Braun, Rot und Gold auf der Glasur

KÖNIGLICHE PORZELLANMANUFAKTUR
1763–1918
seit 1918
STAATLICHE PORZELLANMANUFAKTUR BERLIN

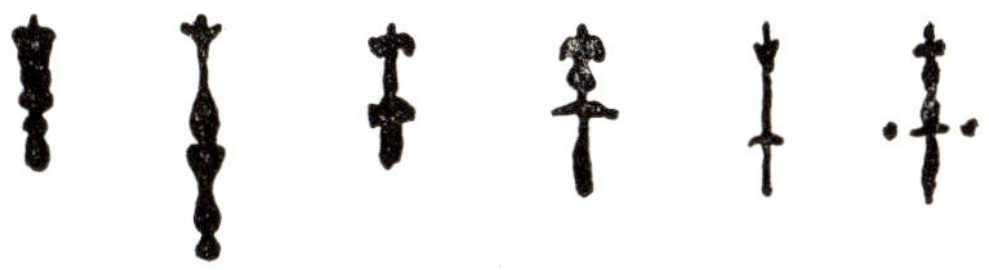

Von 1763 bis 1837 Zeptermarke in Blau unter der Glasur

KPM 1837 bis 1844

KPM 1844 bis 1847

KOENIGL. PORZELLAN-MANUFACTUR

KOENIGLICHE PORZELLAN-MANUFACTUR 1847 bis 1849

KOENIGL. PORZELLAN-MANUFACTUR 1849 bis 1870

ab 1870

Sgr. P ab 1882 für Seegerporzellan

Bleifrei Stg. seit 1882 für Steingut

S Porzellane, die im Auslagerungswerk Selb hergestellt wurden

Malereimarken auf der Glasur ▬ in Blau von 1803 bis nach 1813 ▬ in Rot von 1817 bis gegen 1823

KPM in Rotbraun von etwa 1823 bis 1832

KPM in Rot von 1823 an
in Blau unter der Glasur seit 1911 für Unterglasurmalerei
in Grün seit 1913 für Porzellane, die nur mit Goldrand oder einfachen Bordüren bemalt waren

1763 R 1913

Gedächtnismarken
neben den üblichen Marken für alle Porzellane, die im Jubiläumsjahr 1913 hergestellt wurden:

1. in Rot auf der Glasur für Aufglasurmalereien
2. in Blau unter der Glasur für Unterglasurmalereien
3. in Grün auf der Glasur für Porzellane, die nur mit Goldrand oder einfachen Bordüren bemalt waren

Kriegsmarken 1914–1918

1. in Schwarz auf der Glasur für bemalte Stücke
2. anfangs in Blau, später in Schwarz unter der Glasur für Weißporzellane

Seit 1902 wurden in der Manufaktur Blindstempel zur zeitlichen Einordnung der Porzellane verwendet:
von 1902 bis 1925 = kleine Buchstaben des griech. Alphabets
von 1926 bis 1943 und 1949 bis 1954 = große Buchstaben des griech. Alphabets
ab 1955 große Buchstaben des Alphabets in Frakturschrift

Für die Weißfertigung wurden verwendet:
von 1901 bis 1925 = große Buchstaben des latein. Alphabets
von 1926 bis 1943 und 1949 bis 1954 = kleine Buchstaben des griech. Alphabets
ab 1955 große Buchstaben des Alphabets in Frakturschrift

Verzeichnis der Tafeln

1 Sechskantvase mit plastisch aufgelegten exotischen Szenen, roter Ton, Plaue an der Havel, um 1713, Höhe 42 cm, ⌀ 22 cm. Staatliche Museen zu Berlin, Kunstgewerbemuseum

2 Kaffeekanne, Teekanne und Koppchen, rotes Steinzeug mit Braunsteinglasur, farbiger Lackmalerei und Vergoldung, Plaue an der Havel, 1713–1725; Kaffeekanne: Höhe 20,5 cm; Teekanne: Höhe 17,5 cm; Koppchen: Höhe 4 cm, ⌀ 7,5 cm. Staatliche Museen zu Berlin, Kunstgewerbemuseum

3 Teile eines Tee- und Kaffeeservices, weiß glasiert mit Blumenmalerei, Manufaktur Wegely, 1751–1757; Teekanne: Blaumarke W, eingepreßt: $\frac{2}{90}$, Höhe 10,5 cm; Kaffeetasse: Blaumarke W, eingepreßt: $\frac{1}{4}$: $\frac{2}{7}$, Höhe 5 cm; Untertasse: ⌀ 14,2 cm. Märkisches Museum Berlin

4 Große Platte mit reliefiertem Blütendekor und Terrine mit Malerei in Unterglasurblau, Manufaktur Wegely, 1751 bis 1757; Platte: eingepreßt: $\frac{2}{66}$ W, ⌀ 43 cm; Terrine: Blaumarke W, eingepreßt: $\frac{1}{9C}$, Höhe 31 cm, ⌀ 23 : 37,5 cm. Staatliche Museen zu Berlin, Kunstgewerbemuseum

5 Kanne mit reliefierten Blumenranken und Astwerkhenkel,

weiß glasiert, Manufaktur Wegely, 1751–1757, Höhe 21,5 cm. Staatliches Museum Schwerin

6 Tiefer Teller mit Blumenmalerei in Unterglasurblau, Manufaktur Wegely, 1751–1757, Blaumarke W, eingepreßt: $\overset{1}{\underset{5}{90}}$, ⌀ 24,5 cm. Staatliche Museen zu Berlin, Kunstgewerbemuseum

7 Tiefer Teller vom Tafelservice für den Grafen Gotter, im Spiegel Wappen und Devise VIVE LA JOYE in Purpurmalerei, in den Kartuschen des Randes Landschaften, Manufaktur Wegely, 1751–1757, Blaumarke W, eingepreßt: $\overset{2}{\underset{6}{90}}$, ⌀ 24,5 cm. Märkisches Museum Berlin

8 Deckelvase, Durchbruchmuster, im Laub- und Bandelwerkstil, Manufaktur Wegely, 1751–1757, eingepreßt: $\overset{2}{60}$, Höhe 61 cm. Märkisches Museum Berlin

9 Deckelvase, sechsteiliger Körper aus durchbrochenem Blattwerk, Kaltbemalung, Deckel mit männlicher Figur, Manufaktur Wegely, 1751–1757, Höhe 109 cm, ⌀ 51 cm. Staatliche Museen zu Berlin, Kunstgewerbemuseum

10 Putto als Marketenderin, zu einer Puttenserie von etwa 50 Modellen gehörig, die teilweise nach Meißner Vorbildern gearbeitet wurden, farbige Bemalung, Manufaktur Wegely, 1751–1757, Blaumarke W am Sockelrand, Höhe 10,3 cm. Staatliche Museen zu Berlin, Kunstgewerbemuseum

11 Mädchen mit Blumen in zeitgenössischer Tracht, Manufaktur Wegely, 1751–1757, Blaumarke W, Höhe 23,6 cm. Staatliches Museum Schwerin

12 Paar mit Vogelbauer, weiß glasiert, Modell von Ernst Heinrich Reichard (?) nach einem Vorbild von Johann Joachim Kändler, Manufaktur Wegely, 1751–1757, Blaumarke W, Höhe 23 cm. Staatliche Museen zu Berlin, Kunstgewerbemuseum

13 Lautenspielerin an einem Baumstamm, zwischen den Füßen Lamm, farbig staffiert, Manufaktur Wegely, 1751–1757, Blaumarke W, Höhe 15,7 cm. Staatliches Museum Schwerin

14 Teile eines Kaffee- und Teeservices mit Blumen und Früchtemalerei, Asthenkel mit Maskaronausguß, Manufaktur Gotzkowski, 1761–1763; Kanne: Höhe 19,5 cm, eingeritzt, rou; kleine Kanne: Höhe 9,5 cm, eingeritzt: I; Deckeldose: Höhe 9,1 cm, ⌀ 10,2 cm, eingeritzt: II, innen Blaumarke G. Kunstsammlungen zu Weimar

15 Teekännchen, kugelig, glatte Form mit bunten Blumenbuketts, Asthenkel und Maskaronausguß, Manufaktur Gotzkowski, 1761–1763, Blaumarke G, Höhe 9,5 cm. Märkisches Museum Berlin

16 Tasse und Untertasse mit eisenroten indianischen Blumen und Schuppenmuster, Asthenkel, Manufaktur Gotzkowski, 1761–1763, Blaumarke G, Höhe 4,5 cm, ⌀ der Untertasse 14 cm. Staatliche Kunstsammlungen Dresden, Porzellansammlung

17 Teile eines Kaffee- und Teeservices mit blauer Blumenmalerei in Überglasur, Goldmosaikborte, Modell Reliefzierat, um 1764, Zeptermarke in Unterglasurblau; Kaffeekanne mit Maskaronausguß und Asthenkel: Höhe 23 cm; Deckeldose mit Blüte als Deckelknauf: Höhe 10,5 cm; Tasse mit Untertasse, Astwerkhenkel: Höhe 7 cm, ⌀ der Untertasse 14 cm; Schälchen, passig oval, ⌀ 15 : 12 cm. Staatliche Museen zu Berlin, Kunstgewerbemuseum

18 Dessertteller von dem «Grünen Tafelservice», dem 2. Potsdamschen, oder vom Service für den Markgrafen Alexander von Brandenburg-Ansbach, das König Friedrich II. 1766 für seinen Neffen bestellt hat. Anstelle der hellbraunen bemalten Zwickel des 1. Potsdamschen Tafelservices wurden sie beim 2. Potsdamschen und beim Ansbachischen Service in Lindgrün ausgeführt, daher die Bezeichnung «Grünes Tafelservice». 1767, Zeptermarke, Höhe: 3,5 cm, ⌀ 26,2 cm. Staatliche Museen zu Berlin, Kunstgewerbemuseum

19 Teile vom Service für das Breslauer Stadtschloß mit farbiger Blumenmalerei und blauem Schuppenmosaik. Den Rand der Geschirre bildet ein antikisierendes Stabbündel, das von einem blauen Band umschlungen wird. Modell Antikzierat, 1767/68, alle Stücke mit Zeptermarke; große runde Platte mit Tulpendarstellung: ⌀ 41 cm; zwei Dessertteller mit durchbrochenem Rand in quadratischen Flechtwerkmustern: ⌀ 23 cm; Wärmeglocke mit Puttenknauf: Höhe 22,5 cm, ⌀ 34 cm; zwei kleine Salzmuscheln auf Volutenfüßen: ⌀ 10 : 8 cm; runde Terrine, als Knauf ein Putto mit Weintraube: Höhe 25,8 cm, ⌀ 18,5 cm. Staatliche Museen zu Berlin, Kunstgewerbemuseum

20 Tasse und Untertasse, Lippenrand der Tasse und Rand des Tellers apfelgrün, ebenso das Spalier, Blütenzweige goldstaffiert, in den rocaillengerahmten Kartuschen der Tasse: Darstellung von drei Frauen am Tisch, Liebespaar; der Untertasse: Landschaft mit Frauen und Kind am Fischtrog, Familie am Weinfaß; Modell Reliefzierat mit Kartuschen, um 1765, Zeptermarke; Tasse: Höhe 6,8 cm, ⌀ 7,0 cm; Untertasse: Höhe 3,0 cm, ⌀ 13,7 cm. Kunstgewerbemuseum der Stadt Köln

21 Frühstücksservice mit Tierstück und Vogelmalerei, Modell

Glatt, um 1765, Zeptermarke; ovale Anbietplatte auf Standring und mit Rocailleputten, Darstellung eines Seeufers mit Schwänen, gefangenem Fuchs und fliegender Wildente, Rand vergoldet mit Blütenfestons: ⌀ 36 : 24 cm; Kaffeekanne, Zuckerdose, Tasse und Untertasse mit Geflügelmalerei: Höhe 13,5 cm; Höhe 8 cm, ⌀ 8 cm; Höhe 4,5 cm, ⌀ 7 cm; Höhe 3 cm, ⌀ 13 cm. Museum für Kunsthandwerk, Frankfurt am Main

22 Duftvase (Potpourri), eiförmig, mit Satyrmasken als Griffen, Deckel haubenförmig, durchbrochen, auf der Vorderseite die Darstellung einer Theaterszene nach der Komödie Molières «Le mariage forcé», die er im Auftrage König Ludwigs XIV. schrieb. Die Malerei auf der Vase folgt einer Illustration von François Boucher. Vor einer Draperie in einem Garten ist die Hauptdarstellerin Dorimène mit ihrem Vater Alcantor und ihrem Bruder Alcidor dargestellt, daneben mit gezogenem Hut der künftige Ehemann Dorimènes. Die Rückseite der Vase zeigt ein die ganze Fläche ausfüllendes Blumenstilleben. Um 1770–1775, Zeptermarke und Ritzzeichen «Ko», Höhe mit Deckel 29,8 cm. Kunstgewerbemuseum der Stadt Köln

23 Teile eines Toilettenservices mit Rosenmalerei in Purpur und Grün, am Rand Goldspitzenkante und Purpurschuppenmuster, Modell Glatt passig, um 1770, Zeptermarke; Dekkeldose, rechteckig: Höhe 14 cm, Breite 25 cm, Tiefe 20,5 cm; Schale, oval: ⌀ 16 : 11 cm; Toilettenpinsel: Länge 11,8 cm; Becken, passig oval: ⌀ 25 : 19 cm; Deckeldose: Höhe 8 cm, ⌀ 9,2 cm; Deckeldose: Höhe 10 cm, ⌀ 7,5 cm. Staatliche Museen zu Berlin, Kunstgewerbemuseum

24 «Amerika», aus einer allegorischen Folge der Erdteile, männliche Figur mit Federkleidung, Zepter und Papagei, zwischen den Füßen Krokodil und Füllhorn mit Goldstükken, Modell von Wilhelm Christian Meyer, um 1769, Zeptermarke und S in Überglasurblau, Höhe 25 cm. Staatliche Museen zu Berlin, Kunstgewerbemuseum

25 Großer Kronleuchter, «Kronleuchter größte Sorte zu 21 Lichtern», weiß glasiert, mit farbiger Überglasurmalerei und Goldstaffierung, die Leuchterarme aus vergoldeter Bronze mit aufgesetzten plastischen Porzellanblumen. Der Skulpturenschmuck besteht aus spielenden Putten und Famagestalten, die an den Absätzen des Mittelzapfens sitzen. 1768, Modellnummer 111, Höhe 160 cm. Staatliche Schlösser und Gärten Potsdam-Sanssouci, Neues Palais

26 Teile vom Plat de Menage aus dem Service für das Neue Palais in Potsdam, dem 1. Potsdamschen, farbig bemalt, Modelle von Friedrich Elias Meyer, 1765/66, Zeptermarke; dreieckige, rocaillenverzierte Platte mit Vertiefungen zur Aufnahme der Gewürzgefäße, daraufstehend eine Schäferin mit Wasserkrug in der linken Hand, zu einer Serie der vier Elemente gehörig und das Wasser symbolisierend, rechts und links daneben mit Konfektschälchen ein Gärtner und eine Gärtnerin aus einer Folge der vier Jahreszeiten. Der Gärtner symbolisiert mit einer Weintraube in der Hand den Herbst, die Gärtnerin mit Blumen den Frühling. Platte: Tiefe 21 cm, Breite 33 cm; Schäferin mit Wasserkrug: Höhe 24 cm; Gärtnerin mit Blumen: Höhe 22 cm; Gärtner mit Weintrauben: Höhe 23 cm. Staatliche Museen zu Berlin, Kunstgewerbemuseum

27 Teile vom Tafelservice für das Neue Palais in Potsdam, dem 1. Potsdamschen, mit farbiger Blumenmalerei und Goldmosaik auf hellbraun-orangefarbenem Grund; Teller mit spitzbogigem Durchbruchmuster, Modell Reliefzierat, 1765/66, 1768, Zeptermarke; Wärmeglocke, 1. Lieferung: Höhe 18,5 cm, ⌀ 26 cm; Dessertteller, 2. Lieferung: ⌀ 26 cm. Staatliche Museen zu Berlin, Kunstgewerbemuseum

28 Teile eines Kaffee- und Teeservices mit «Watteau-Szenen» in Purpur-Camaieu-Malerei, purpurfarbene Stäbe mit goldenen Blattranken, Modell Reliefzierat mit Kartuschen, um 1765, Zeptermarke; Kaffeekanne: Höhe 21,5 cm; Teebüchse: Höhe 12 cm. Märkisches Museum Berlin

29 Putten aus der Serie der vier Elemente, Modelle von Friedrich Elias Meyer, 1767, Zeptermarke; links: Feuer mit Amboß und feuerspeiendem Hund: Höhe 19,5 cm; rechts: Wasser mit Fisch und wasserspeiendem Delphin: Höhe 20,5 cm. Staatliche Museen zu Berlin, Kunstgewerbemuseum

30 Fruchtkorb vom Service für das Breslauer Stadtschloß. Auf rundem Sockel steht die den geschweiften und mit rechteckigem Durchbruchmuster verzierten Korb tragende Göttin Flora in kontrapostischer Haltung, ein an ihrer Seite stehender Knabe blickt zu ihr hinauf. Modell Antikzierat, 1767/68, Zeptermarke, Höhe 38 cm, ⌀ 21,5 cm. Staatliche Museen zu Berlin, Kunstgewerbemuseum

31 Terrine vom Service für das Breslauer Stadtschloß mit farbiger Blumenmalerei und blauem Schuppenmosaik, Modell Antikzierat, 1767/68, Zeptermarke, Höhe 25,8 cm, ⌀ 18,5 cm. Staatliche Museen zu Berlin, Kunstgewerbemuseum

32 Kinder als Landleute; Mädchen mit Vogelbauer in zeitgenössischer Tracht, um 1775, Zeptermarke, eingeritzt: Buch-

staben F.M., Höhe 15 cm; Knabe mit Korbtasche in zeitgenössischer Tracht, um 1775, Zeptermarke, eingeritzt: OM, Höhe 16 cm. Staatliche Museen zu Berlin, Kunstgewerbemuseum

33 Platte vom «Roten Tafelservice» für Friedrich II. mit farbiger Blumenmalerei und rotem Schuppenmosaik, Modell Antikzierat, 1768/69, Zeptermarke, ⌀ 36 cm. Staatliche Museen zu Berlin, Kunstgewerbemuseum

34 Mars und die Geschichte, allegorische Gruppe; Mars, Gott des Krieges, mit Rüstung, sitzend; Klio, die Muse der Geschichte, mit verbundenen Augen, Heft und Federkiel, stehend, Modell von Wilhelm Christian Meyer, um 1766, Zeptermarke, Höhe 44,5 cm. Staatliche Schlösser und Gärten Potsdam-Sanssouci

35 Chinesenpaar, farbig staffiert, Modelle von Friedrich Elias Meyer, 1768, Zeptermarke; Höhe des Chinesen 40,5 cm; Höhe der Chinesin 37,5 cm. Märkisches Museum Berlin

36 Kleine Schale, rund, mit hochgewölbtem Rand, vom «Japanischen Tafelservice» für Schloß Sanssouci, Modell Neuglatt, 1769/70, Zeptermarke, ⌀ 23,5 cm. Staatliche Museen zu Berlin, Kunstgewerbemuseum

37 Fruchtkorb vom Plat de Menage des «Japanischen Tafelservices» für Schloß Sanssouci, Modell Neuglatt, Plastik von Friedrich Elias Meyer, 1769/70, Zeptermarke, Höhe 38,5 cm, ⌀ des Korbes 23,5 cm. Staatliche Museen zu Berlin, Kunstgewerbemuseum

38 Teile eines Kaffee- und Teeservices mit «Purpurfliegenden Kindern» nach Stichen von François Boucher für Schloß Sanssouci, Modell Ozier, um 1770, Zeptermarke, Oziermuster gelb staffiert, goldene Laubwerkranken; Kaffeekanne mit gebrochenem Henkel, Rocaillenausguß: Höhe 18,5 cm; Milchkännchen: Höhe 12,8 cm; Kaffeetasse mit Untertasse: Höhe 7,8 cm; Teller: ⌀ 14 cm. Staatliche Museen zu Berlin, Kunstgewerbemuseum

39 Fruchtkorb vom Plat de Menage des Tafelservices mit «Purpurfliegenden Kindern» für Schloß Sanssouci, Modell Ozier, Plastik von Friedrich Elias Meyer, 1769/70, Zeptermarke, H. 39,5 cm. Staatl. Museen zu Berlin, Kunstgewerbemuseum

40 Teile vom Tafelservice für Schloß Charlottenburg mit «umgestürzten Blumenkörben», Modell Neuglatt, 1770–1772, Zeptermarke; Dessertteller: ⌀ 25 cm; Deckelterrine: Höhe 21,5 cm, Breite 33 cm; kleine Deckeldose: Höhe 9 cm, Breite 10,5 cm. Staatliche Museen zu Berlin, Kunstgewerbemuseum

41 Mittelteil des Tafelaufsatzes für Kaiserin Katharina II. von Rußland, rechts und links neben der thronenden Kaiserin die Allegorien Gesetz und Gerechtigkeit, auf den Podesten Mars und Minerva, Modell von Friedrich Elias Meyer, 1770–1772, Höhe des Thrones 93 cm, Breite 79 cm. Staatliche Ermitage Leningrad

42 Allegorie der Malerei, vom Tafelaufsatz des Services für Kaiserin Katharina II. von Rußland, Modell von Wilhelm Christian Meyer, 1770–1772, Zeptermarke, Höhe 31 cm. Staatliche Ermitage Leningrad

43 «Astronomie», allegorische Gruppe vom Tafelaufsatz des Services für Kaiserin Katharina II. von Rußland, Modell von Wilhelm Christian Meyer, 1770–1772, Höhe 31 cm. Staatliche Ermitage Leningrad

44 Dessertteller vom Service für Kaiserin Katharina II. von Rußland, Modell Königsglatt mit Palmendurchbruch, 1770 bis 1772, Malerei von Johann Balthasar Borrmann, Lagerszene aus dem Russisch-Türkischen Krieg, ⌀ 25,5 cm. Staatliche Ermitage Leningrad

45 Dessertteller vom Service für den russischen Thronfolger Großfürsten Paul Petrowitsch mit der Darstellung der Seeschlacht von Tschesme, Modell Antikzierat, 1774, Malerei von Carl Wilhelm Boehme (?), ⌀ 24,3 cm. Staatliche Ermitage Leningrad

46 Flacher Teller vom Service für den russischen Fürsten Potemkin mit Szenen aus dem Russisch-Türkischen Krieg, Modell Neuglatt, 1778, Malerei von Johann Balthasar Borrmann, ⌀ 24,3 cm. Staatliche Ermitage Leningrad

47 Dessertteller vom Service für den russischen Thronfolger Großfürsten Paul Petrowitsch mit dem russischen Wappen, 1778, ⌀ 25 cm. Staatliche Ermitage Leningrad

48 Große Deckelvase, sogenannte «Apothekerbüchse», großer eiförmiger Körper auf flachem Standring und mit kurzem, zylindrischem Hals, flacher Deckel mit vergoldetem Pinienzapfen, Körper und Deckel mit diagonal verlaufenden, rosenumrankten, gewundenen goldenen Stäben verziert, Hals mit purpurrotem Schuppenmuster geschmückt, Modell 574, um 1775–1780, Zeptermarke, Höhe mit Deckel 35 cm. Staatliche Museen zu Berlin, Kunstgewerbemuseum

49 «Die Klugheit», aus einer Serie symbolischer Gruppen, stehende weibliche Gestalt, in den Spiegel blickend, zu ihren Füßen sitzend kleiner Putto mit doppelgesichtigem Janushaupt, Modell von Johann Georg Müller, um 1785, Zeptermarke, Höhe 26 cm. Staatliche Museen zu Berlin, Kunstgewerbemuseum

50 Drei Musen aus der Serie «Apollo und die Musen»; links Muse Erato, Schutzgöttin der Liebesdichtung, mit Violine und Bogen, Zeptermarke, eingeritzt: K, Höhe 19,2 cm; in der Mitte Muse Kalliope, Schutzgöttin der epischen Dichtung, mit Büchern und Schriftrolle, Zeptermarke, eingeritzt: K, Höhe 19,2 cm, auf der Rückseite eingeritzt: Calliope; rechts Muse Thalia, Schutzgöttin des Lustspiels (Komödie), mit Lorbeerkranz auf dem Kopf und Maske in der Hand, Zeptermarke, Höhe 18,5 cm; Modelle von Friedrich Elias Meyer, um 1769. Staatliche Museen zu Berlin, Kunstgewerbemuseum

51 Jupiter und Juno, aus einer Folge von vier Götterstatuetten, auf Wolkensockeln sitzend mit Symbolen, Modelle von Johann Georg Müller, um 1780, Zeptermarke; Jupiter mit Krone und Adler: Höhe 18,5 cm; Juno mit Zepter und Pfau: Höhe 19,5 cm. Staatliche Museen zu Berlin, Kunstgewerbemuseum

52 Teile eines Tafelservices mit Purpurblumen, Goldmosaikkante und Rosengirlanden, Modell Englischglatt, 1780/81, Zeptermarke;
Kännchen vom Plat de Menage des Services: Höhe 18 cm; ovale Platte: Länge 49,5 cm, Breite 31,5 cm. Staatliche Museen zu Berlin, Kunstgewerbemuseum

53 Teile vom Tafelservice mit «Mythologischen Historien» in Eisenrot für Friedrich II., Modell Neuzierat, 1783, Zeptermarke; Teller: ⌀ 25 cm; kleines Salzgefäß: Länge 10 cm, Breite 8 cm. Staatliche Museen zu Berlin, Kunstgewerbemuseum

54 Terrine, Dessertteller und Soupiere vom «Bleu-morant-Service» für Friedrich II., Modell Neuzierat, 1784, Zeptermarke; Terrine: Höhe 25,5 cm, ⌀ 37 : 26 cm; Soupiere: Höhe 12,8 cm; Dessertteller: ⌀ 24,5 cm, auf dem Bord rechteckiges Durchbruchmuster. Staatliche Museen zu Berlin, Kunstgewerbemuseum

55 Fruchtkorb vom Plat de Menage des Tafelservices mit Rosenbukett, Entwurf für das «Bleu-morant-Service» 1784, Modell Neuzierat, 1786, Zeptermarke, Höhe 39,5 cm, ⌀ des Sockels 29,5 : 38 cm, ⌀ des Korbes 38 : 29,5 cm. Staatliche Museen zu Berlin, Kunstgewerbemuseum

56 Teile vom Tafelservice mit Rosenbuketts und blauen und gelben Blümchen, Modell Englischglatt, 1786, Zeptermarke; Dessertteller: gotisierendes Durchbruchmuster, ⌀ 24,5 cm; Zuckerstreuer, zum Plat de Menage gehörend, balusterförmig: Höhe 16 cm; Öl- und Essigkännchen: Höhe mit Deckel 18,5 bzw. 18 cm. Staatliche Museen zu Berlin, Kunstgewerbemuseum

57 Pendüle, Gehäuse von Stutz, bekrönende Figur der «Ewigkeit» von Wilhelm Christian Meyer modelliert, rechter Putto im 19. Jahrhundert ergänzt, Uhrwerk von Buschberg, Berlin, um 1767, Höhe 58 cm. Märkisches Museum Berlin

58 Kaminvase in Flötenform mit Porphyrbemalung, Henkel, Girlanden und Profile vergoldet, um 1774, Zeptermarke, Höhe 48,5 cm. Staatliche Museen zu Berlin, Kunstgewerbemuseum

59 Deckelvase, sogenannte «Apothekerbüchse», auf der Vorderseite im Medaillon Profilbüste König Friedrichs II. in Grisaillemalerei, Schulter, Hals und Deckel mit goldenen Reifen und Immortellenranken geschmückt, um 1780, Zeptermarke, Höhe 36 cm. Staatliche Museen zu Berlin, Kunstgewerbemuseum

60 Teile eines Frühstücksservices mit antiken Porträtköpfen in Grisaillemalerei auf rotbraunem Fond, Modell Neuglatt, um 1785, Zeptermarke; Kaffeekanne: Julius Cäsar und Calpurnia, Höhe 17,5 cm; Teekännchen: Äneas und Dido, Höhe 10 cm; Milchkännchen: Hannibal und Amilcar, Höhe 11,5 cm; Tasse und Untertasse: Marcellus, Höhe 5,5 cm, ⌀ 12,5 cm; ovale Platte: Alexander Magnus, ⌀ 33 : 26,5 cm. Staatliche Museen zu Berlin, Kunstgewerbemuseum

61 Teile eines Frühstücksservices mit Silhouetten und Namenszügen der königlichen Familie, Silhouetten in Schwarz auf blaßgelbem Grund in Medaillons, Modell Glatt, um 1780, Zeptermarke; Kaffeekanne: Silhouettenbildnis König Friedrichs II., Höhe 21 cm; Teebüchse: Silhouettenbildnis Prinzessin Friederikes, Höhe 13 cm; Deckeltasse: Silhouettenbildnis Prinz August Ferdinands, Höhe 9,3 cm. Staatliche Museen zu Berlin, Kunstgewerbemuseum

62 Deckelvase, sogenannte «Weimarvase», auf königsblauem Grund in Medaillon Profilbildnis Prinzessin Friederike Luises von Preußen in Grisaillemalerei, um 1785, Zeptermarke, Höhe 49 cm. Staatliche Museen zu Berlin, Kunstgewerbemuseum

63 Prinzessinnengruppe, Kronprinzessin Louise und ihre Schwester, Friederike von Mecklenburg-Strelitz, verkleinerte Nachbildung des lebensgroßen Gipsmodells für die Marmorgruppe, Modell von Gottfried Schadow, vollendet von seinem Schüler Hagemann, 1795, Biskuitporzellan, Schwertermarke, Höhe 55 cm. Stiftung Preußischer Kulturbesitz, Berlin (West), Kunstgewerbemuseum

64 Voltairebüste, mit Inschrift IMMORTALIS am Sockel, Modell von Friedrich Elias Meyer, 1774, Biskuitporzellan, Zeptermarke, Höhe 16 cm. Staatliche Schlösser und Gärten Potsdam-Sanssouci

65 Teile vom Tafelservice im Kurländermuster «mit natürlichen Feldblumen und kleinen Kaliten». Das «Kurländer Muster» entstand als letzte große Serviceform des 18. Jahrhunderts zwischen 1790 und 1796 im Auftrage des Herzogs von Kurland. Form und Dekor (reliefierte Perlenranke und Tuchgehänge als Randdekor) lassen den Einfluß englischer Silberschmiedearbeiten erkennen (Sheffield-Silber). Dieses ganz aus dem Geiste des Klassizismus geschaffene Service erfreute sich bis ins 20. Jahrhundert großer Beliebtheit. Die hier abgebildeten Teile gehören zu einem für Kronprinz Friedrich Wilhelm (III.) gefertigten Service dieses Musters. Reliefierter Dekor in Gold geätzt, darunterliegender Fond in Chromoxidgrün, um 1794, Zeptermarke; Eisgefäß: Höhe 23,3 cm; Teller: ⌀ 24,8 cm. Staatliche Schlösser und Gärten Schloß Charlottenburg, Berlin (West), Porzellansammlung im Belvedere

66 Zylindrisches Kühlgefäß mit leicht eingezogenem Fuß. Die seitlich angebrachten Griffe sind als ringhaltende Löwen ausgebildet, Fond und Griffe vergoldet. In ovalen, von goldradierten Rahmen eingefaßten Reserven die Darstellung des «Freundschaftstempels im Garten zu Sanssouci» und auf der gegenüberliegenden Seite die «Aussicht vom Pfingstberge nach dem neuen Garten und Pfaueninsel» nach Aquarellen von Schirmer. Das Kühlgefäß gehörte zu einer Tafeldekoration für die Großherzogin Alexandrine von Mecklenburg-Schwerin, einer Tochter König Friedrich Wilhelms III. Um 1822, Zeptermarke, Höhe 19,5 cm. Staatliches Museum Schwerin

67 Liqueuraufsatz mit 15 glockenförmigen Trinkbechern. Das auf Löwenfüßen stehende Tablett, aus vergoldetem Messing gearbeitet, die umlaufend aufgesetzte Weinranke sowie der in der Mitte angebrachte Tragstab sind aus Bronze gegossen. Auf der malachitimitierten Oberseite sind Vertiefungen für die 15 Porzellanbecher eingelassen. Die glockenförmigen Liqueurbecher ruhen auf hochgezogenen Tellerfüßen und sind seitlich mit kleinen Schlaufengriffen versehen. Griffe, Füße und Wandung vergoldet, unter dem Lippenrand umlaufender Blütenkranz, der an jedem Becher aus anderen Blüten besteht, um 1823–1832, Zeptermarke, daneben rotbraune Stempelmarke FR-Adler mit KPM; Tablett: Höhe 6,5 cm, ohne Griffstange, ⌀ 35 cm; Becher: Höhe 7,5 cm; ⌀ 5,9 cm. Kunstgewerbemuseum der Stadt Köln

68 Amphoraförmige Vase, sogenannte «Münchner Vase», der Fond des gebauchten Körpers der Vase mit vergoldeten Arabesken auf weißem Grund geschmückt, auf der Vorder- und Rückseite zwei rechteckige Bildfelder (Reserven) mit «Blick vom Grünen Haus über den Heiligen See auf das Marmorpalais, die neugotische Bibliothek und Häuser der Stadt Potsdam» nach einer Vorlage von L. E. Lütke d. J. von 1825 und «Ansicht der Langen Brücke mit Reiterdenkmal des Kurfürsten Friedrich Wilhelm und das Palais Wartenberg in Berlin», am Hals Fries mit spielenden Putten in Rankenmuster, Entwurf des Dekors von G. H. Strack, um 1832, Zeptermarke, Höhe 62 cm. Staatliche Museen zu Berlin, Kunstgewerbemuseum

69 Tasse mit Silhouette König Friedrich Wilhelms II. auf rosafarbenem Grund, Modell Vasenförmig mit Stäben, um 1785, Zeptermarke, Höhe 7 cm, ⌀ der Untertasse 13,5 cm. Staatliche Museen zu Berlin, Kunstgewerbemuseum

70 Teile von einem Service mit Rosettenstern in Braun und Gelb, daran ansetzend Rosenranken, an den Rändern grüne Eichenlaubranke mit purpurfarbenen Bändern, Modell Antikglatt, um 1780–1785, Zeptermarke; Kühlgefäß: Höhe 23 cm, ⌀ 18,5 cm; Teller: ⌀ 24 cm. Staatliche Museen zu Berlin, Kunstgewerbemuseum

71 Teile vom Service Friedrich Wilhelms II. für Schloß Pfaueninsel mit bunter Vogel- und Insektenmalerei, Modell Antikglatt, um 1790, Zeptermarke; ovale zweihenklige Platte: ⌀ 47 : 32 cm; achteckiger Dessertteller: ⌀ 24 cm; tiefer Teller: ⌀ 23,5 cm; Deckeldose und Schale: Höhe 10,8 cm, Schale ⌀ 20,7 : 15,5 cm. Staatliche Museen zu Berlin, Kunstgewerbemuseum

72 Tafelaufsatz mit antiker Flora, Figuren in Biskuitporzellan, Fruchtschalen marmoriert, Untersetzer in Porzellan mit reicher, feuervergoldeter Bronzemontierung, Flora von Johann Christian Friedrich Riese nach antiker Vorlage modelliert, Figuren der Fruchtschalen von Hans Christian Genelli entworfen für die Tafelaufsätze «Das Reich der Natur» und «Berg des Olympos», modelliert von Johann Christian Friedrich Riese, um 1800, Höhe der Mittelgruppe 110 cm, Seitenteil 56,6 cm. Staatliche Ermitage Leningrad

73 Fruchtschale vom Tafelaufsatz «Berg des Olympos», die drei in antiken Gewändern und klassisch antiker Haltung dar-

gestellten Nymphen in Biskuitporzellan, Sockel vergoldet, Schale altrosa bemalt, Entwurf von Hans Christian Genelli, Modell von Johann Christian Friedrich Riese, um 1800, Zeptermarke, Höhe 43 cm, ⌀ der Schale 34 cm. Staatliche Museen zu Berlin, Kunstgewerbemuseum

74 Teile von einem Service mit Blumenmalerei «en terrasse» auf grünem Fond, am Rand auf goldenem Grund blaue Groteskenmalerei und Masken in Grisaille, Modell Antikglatt, 1790–1800, Zeptermarke; Terrine: Höhe 28 cm, ⌀ 25 : 37 cm; Teller: ⌀ 24,5 cm. Staatliche Museen zu Berlin, Kunstgewerbemuseum

75 Tasse in «Glockenbecherform» mit Rosettenhenkel, auf blaßviolettem Grund antikisierende Goldranken, im Medaillon Brustbild eines Feldherrn, um 1814, Zeptermarke; Tasse: Höhe 12 cm; Untertasse: ⌀ 15 cm. Staatliche Museen zu Berlin, Kunstgewerbemuseum

76 Tasse in «Glockenbecherform» mit Schlangenhenkel, abgesetzter Fuß, blauer, marmorierter Fond mit reicher Vergoldung, in drei ovalen Medaillons in Gold gravierte Füllhörner und geflügelter Genius, der eine Statue der Hoffnung bekränzt, Untertasse mit Inschrift, um 1807, Zeptermarke; Tasse: Höhe 13,5 cm; Untertasse: ⌀ 13,5 cm. Staatliche Museen zu Berlin, Kunstgewerbemuseum

77 Tasse in «Campanerform» ohne Fuß, apfelgrüner Fond mit breitem Goldrand, in goldgerahmtem Oval Schmetterling in der Art des Pietra-dura-Mosaiks, im Spiegel der Untertasse gleiches Motiv, 1803–1813; Tasse: Höhe 7 cm; Untertasse: ⌀ 13 cm. Staatliche Museen zu Berlin, Kunstgewerbemuseum

78 Untertasse, bemalt in der Art des römischen Mosaiks, Goldränder, 1803–1813, Zeptermarke, ⌀ 17,5 cm. Staatliche Museen zu Berlin, Kunstgewerbemuseum

79 Flache Schale in Kraterform mit hohem, eingezogenem Fuß und Schlangenhenkeln, goldener Fond mit umlaufendem Palmettenornament, Fuß marmoriert mit grünen und gelben Flecken, innen Glanzvergoldung, 1803–1813, Zeptermarke, Höhe 10,5 cm. Staatliche Museen zu Berlin, Kunstgewerbemuseum

80 Flacher Teller, im Spiegel weiße Heckenrose und Veilchenkranz, Rand vergoldet mit gravierter, umlaufender Goldranke, um 1817–1823, Zeptermarke mit rotem Querstrich, ⌀ 24,8 cm; Tasse in Glockenform mit hohem, abgesetztem Fuß, umlaufender Fries mit roten und weißen Rosen, darin ausgespart ovales Medaillon mit Biskuitrelief der Königin Luise auf mattgoldenem Grund nach einem Modell von Leonhard Posch, um 1820–1830, Zeptermarke mit schwarzem Querstrich, Höhe 9,5 cm. Staatliche Museen zu Berlin, Kunstgewerbemuseum

81 Porzellanostereier mit Blumenmalerei und Vergoldung (Veilchenranken, Rosenranken, Ranke aus Nelken, Kornblumen und Ackerwinde), um 1820–1830, ohne Marken, Höhe 6 cm; Untertasse mit weißen Heckenrosen, vergoldetem Rand und Inschrift LUISE im Spiegel, zur Tasse auf Tafel 80 gehörig, um 1820–1830, ⌀ 14,5 cm. Staatliche Museen zu Berlin, Kunstgewerbemuseum

82 Teller vom Soldatenservice für die Großherzogin Alexandrine von Mecklenburg-Schwerin, im Spiegel Soldaten mit Regimentsfahne, auf dem Rand breite goldene Eichenlaubranke, um 1820, Zeptermarke, ⌀ 24,5 cm. Staatliches Museum Schwerin

83 Tasse in Glockenform mit abgesetztem Fuß und Schlangenhenkel, auf weißem Fond, von Palmenzweigen gerahmt, die Brustbilder der Feldmarschälle Blücher und Schwarzenberg, innen vergoldet, Untertasse mit dem Plan der Völkerschlacht bei Leipzig, um 1815, Zeptermarke; Tasse: Höhe 10,8 cm; Untertasse: ⌀ 14,2 cm. Staatliche Museen zu Berlin, Kunstgewerbemuseum

84 Runde Tischplatte mit profilierter Einfassung aus Bronze, umlaufender Blumenkranz, blauer Fond mit stilisiertem Pflanzenornament in Mattgold, in vier Medaillons farbige Architekturdarstellungen: 1. Hoffront des Neuen Palais, 2. Marmorpalais und Heiliger See, 3. Schloß Weimar, 4. Palais des Prinzen Wilhelm in Berlin, Vorlagen für Fuß und Platte von L. Hesse, 1832, Vorlage für die Ansicht des Neuen Palais von G. D. A. Walter, 1832. Ihm wird auch die Ausführung der vier Ansichten zugeschrieben. Um 1832, Marke nicht feststellbar, Höhe des Tisches 78 cm, ⌀ der Platte 67 cm. Staatliche Museen zu Berlin, Kunstgewerbemuseum

85 Entwurfszeichnung zu einer runden Porzellantischplatte (Detail), Bleistift aquarelliert, bezeichnet: Schinkel fecit, um 1812–1818, 185 × 197 mm. Berlin, Märkisches Museum

86 Vase mit gekrümmten Henkeln, kraterförmiger Körper mit gebauchtem Ansatz, an dem die gekrümmten Henkel angebracht sind, Plinthe, Fuß, gebauchter Ansatz und ausschwingende Lippe vergoldet, Glanz- und Mattgold, teilweise radiert, in den mit radierten Goldeinrahmungen versehenen Reserven die Darstellung des Alten Museums in

Berlin nach einem Aquatintablatt von Laurens und Thiele, auf der gegenüberliegenden Seite die Friedrichwerdersche Kirche in Berlin, wahrscheinlich direkt nach einer Zeichnung von Karl Friedrich Schinkel gemalt, um 1829. Der Vasentyp selbst dürfte bereits um 1817/18 entstanden sein. Zeptermarke mit Adler über KPM in Braun, Höhe 50 cm, ⌀ 39 cm. Staatliche Ermitage Leningrad

87 Amphoravase ohne Henkel, sogenannte «Münchner Vase», mit umlaufendem Panorama von Potsdam, vom Pfingstberg aus gesehen, im Vordergrund die russische Kirche, Fuß, Ansatz, Schulter und Lippenrand vergoldet mit antikisierenden Ornamenten, Malerei J. E. A. Forst d.J. zugeschrieben, um 1830–1832, Zeptermarke, Höhe 63,5 cm. Staatliche Museen zu Berlin, Kunstgewerbemuseum

88 Teller mit der Ansicht von Schloß Bernburg auf weißem Fond in Grisaillemalerei, Ränder vergoldet, um 1830–1835, Zeptermarke, ⌀ 23,3 cm; Tasse und Untertasse mit Ansicht des Lustschlosses des Prinzen Ferdinand, Bellevue, Ränder vergoldet, im Spiegel der Untertasse goldene Rosette auf weißem Grund, 1803–1813, Zeptermarke; Tasse: Höhe 6 cm; Untertasse: ⌀ 12,7 cm. Staatliche Museen zu Berlin, Kunstgewerbemuseum

89 Entwurfsaquarell zur großen amphoraförmigen Vase, einer sogenannten «Münchner Vase», von Tafel 68, Vorderansicht mit freiem Bildfeld und Seitenansicht, Ornamente in Goldbronze, hell- und dunkelbraun, blau-grün und fleischfarben angelegt, beschriftet: fecit Rosenthal 1833, Höhe 63,9 cm, Breite 86,7 cm. KPM-Archiv, Berlin (West), Schloß Charlottenburg, Mappe 146, Nr. 125

90 Entwurf zur sogenannten «Persischen Vase» (Tafel 91) von Karl Friedrich Schinkel, 1823, Dekor farbig aquarelliert, im Mittelstreifen Umrißzeichnung des Festzuges «Lalla Rookh» nach A. von Kloeber mit den von Schinkel entworfenen Kostümen. Der Vasentyp ist in Form und Dekor durch die islamischen «Alhambravasen» des 14. Jahrhunderts angeregt. 1824 wurde dieses neue Modell erstmals für König Friedrich Wilhelm III. hergestellt. KPM-Archiv, Berlin (West), Schloß Charlottenburg, Mappe 146, Nr. 19

91 Zwei «Persische Vasen» mit Darstellungen zum Hoffest «Lalla Rookh».

Am 27. Januar und am 11. Februar 1821 wurde im Weißen Saal des Berliner Schlosses das Gedicht «Lalla Rookh» von Thomas Moore durch Mitglieder des Königshauses, des Hofstaates und durch Sängerinnen der Berliner Oper in lebenden Bildern mit großem Erfolg und nachhaltigem Eindruck aufgeführt. Die Dekorationen und Kostüme sowie die Anordnung der Gruppe wurden Karl Friedrich Schinkel übertragen. Das Fest wurde durch den Maler Wilhelm Henschel Szene für Szene festgehalten, der Festumzug durch den Maler A. von Kloeber. Für einige Teilnehmer am Fest ließ der König Porzellan mit Darstellungen dieses Festes herstellen.

Der Entwurf der «Persischen Vase» geht auf C. F. Schinkel zurück (1823). In der Mitte des Vasenkörpers die umlaufende Darstellung des Festzuges nach Vorlagen von A. von Kloeber, 1824, Zeptermarke, Höhe 75 cm, mit Postament 91 cm.

Die kleine «Persische Vase» bildete mit einem Pendant und der großen Vase einen Vasensatz, der als Geschenk König Friedrich Wilhelms III. an die russische Kaiserin gesandt wurde (erwähnt im Kontobuch des Königs am 21. Dezember 1843). Das Fest wurde anläßlich des Besuches des russischen Großfürsten und seiner Gemahlin am Berliner Hof veranstaltet. Auf den kleineren Vasen sind, in jeweils 6 Felder unterteilt, Szenen des Festes nach den Stichvorlagen von Wilhelm Henschel dargestellt. Vasen ohne Marke, in den Postamenten Zeptermarke über KPM, zusätzlich brauner Reichsapfel über der Glasur, Höhe 68 cm, mit Postament 82 cm. Staatliche Ermitage Leningrad

92 Kalendertasse von 1841 mit neugotischen Reliefornamenten auf eisenrotem, manganviolettem und grünem Grund mit vergoldeter Laubwerkranke, Stabrand, Henkel und Inneres der Tasse vergoldet, auf rechteckig ausgespartem Feld Angabe der Sonntage des Jahres 1841 sowie des Mondstandes, im Spiegel der Untertasse die sechs Hauptfeiertage des Jahres 1841, 1840, Zeptermarke und KPM in Unterglasurblau, Reichsapfel und KPM in Rot auf der Glasur; Tasse: Höhe 7,5 cm, ⌀ 7 cm; Untertasse: ⌀ 15 cm. Staatliche Museen zu Berlin, Kunstgewerbemuseum

93 Kalendertasse von 1850 mit Flechtwerkornamenten in maurischen Formen in hellem und dunklem Blau, Ränder, Dekkel und Tassen innen vergoldet, auf der Vorderseite weiß ausgespart mit Angabe der Sonntage des Jahres 1850 sowie des Mondstandes, im Spiegel der Untertasse die sechs Hauptfeiertage des Jahres 1850, 1849, aufgestempelte Zeptermarke und preußischer Adler in Kreisfeld in Grün; Tasse: Höhe 8,5 cm, ⌀ 9 cm; Untertasse: ⌀ 17 cm. Staatliche Museen zu Berlin, Kunstgewerbemuseum

94 Bonbonniere in Form eines Ostereis, auf blauem Fond vergoldete Blüten und Ornamente, Emaildekor, um 1895 bis 1900, Zeptermarke in Unterglasurblau, KPM und Reichsapfel in Eisenrot und Eisernes Kreuz in Schwarz, Höhe 14,5 cm. Staatliche Museen zu Berlin, Kunstgewerbemuseum

95 Bildplatte «Dreitorspitz mit Baum im Vordergrund». Diese Darstellung gehört zu einer Gruppe von Bildplatten mit Alpenmotiven und Landschaftsdarstellungen, die Theo Schmuz-Baudiss zwischen 1918 und 1922 entwarf und in Unterglasurmalerei ausführte. Es herrschen hierbei immer gedämpfte Unterglasurfarben in Blau, Taubengrau, Violett, Gelb und Rot vor. Die Umrisse der Zeichnung des Motivs wurden bereits in die Gipsformen geschnitten. Dadurch entstand eine leicht reliefhafte Wirkung der Malerei. Zeptermarke und Signatur Theo Schmuz-Baudiss, Breite 45 cm, Länge 38,5 cm. Staatliche Museen zu Berlin, Kunstgewerbemuseum

96 Teile aus dem Tafelaufsatz «Hochzeitszug» von Adolf Amberg, Entwurf 1904, Ausformung 1913. Den Inhalt des Aufsatzes bildet die Huldigung des Hochzeitspaares durch Vertreter der verschiedensten Völkerschaften, die Tiere, Früchte und Produkte als Geschenke darbringen sowie das Paar durch Musik erfreuen. Im Mittelpunkt der Komposition des Aufsatzes steht eine Jardiniere, um die herum sich vier kniende Figuren gruppieren, die die Gaben ihres Landes reichen. Von rechts und links reiten – symbolisch als Europa auf dem Stier und als römischer Krieger dargestellt – die Braut und der Bräutigam. Ihnen voran schreiten jeweils zwei musizierende Figuren und in ihrem Gefolge jeweils drei weitere mit Tieren sowie eine Doppelgruppe mit Erzeugnissen des Handwerks – einer Rüstung für den Bräutigam und Vasen für die Braut. In der hier abgebildeten freien Gruppierung des Hochzeitszuges sind auf der rechten Seite im Gefolge der Braut dargestellt: kniend: Kaukasierin mit Kranz, Höhe 21,4 cm; Türkin mit Fruchtschale, Höhe 16,8 cm; stehend: Japanerin mit Mandoline, Höhe 27,5 cm; Inderin mit Pfau, Höhe 25 cm; Negerin mit Äffchen, Höhe 26,5 cm. Im Gefolge des Bräutigams auf der linken Seite sind dargestellt: kniend: Kurde mit Rosen, Höhe 17,7 cm; Ägypter mit perlengefüllter Muschel, Höhe 20,2 cm; stehend: Neger mit Waldhorn, Höhe 28,5 cm; Japaner mit Fisch, Höhe 27,5 cm; Assyrer mit Panther, Höhe 29 cm; Braut als Europa auf dem Stier, Höhe 40,5 cm; Bräutigam zu Pferde als römischer Krieger, Höhe 40,5 cm. Alle Figuren in Unterglasurfarben bemalt, Sockel mit Goldborte staffiert, 1913, Jubiläumsmarke 1763–1913. Staatliche Museen zu Berlin, Kunstgewerbemuseum

97 Teile aus dem Tafelaufsatz «Hochzeitszug» von Adolf Amberg, Entwurf 1904, Ausformung 1913, Musiker aus der Begleitung des Bräutigams; links: Araber mit Dudelsack, Höhe 29 cm; rechts: Neger mit Waldhorn, Höhe 28,5 cm; 1913, Jubiläumsmarke 1763–1913. Staatliche Museen zu Berlin, Kunstgewerbemuseum

98 Affengruppe, auf hohem ovalem Sockel zwei sitzende Affen in grauer und brauner Unterglasurbemalung, Entwurf von Franz Anton Puchegger, 1909, Ausführung 1910, auf den Sockel geritzt A. Puchegger, Zeptermarke, Reichsapfel und KPM in Unterglasurblau, 140/307 in Schwarz, gestempelt Z (Jahresbuchstabe), Höhe 25 cm. Staatliche Museen zu Berlin, Kunstgewerbemuseum

99 Diana-Meerkatze, auf zusammengerolltem Schwanz sitzende Meerkatze in bräunlicher und grauer Unterglasurbemalung, Entwurf von Franz Anton Puchegger, 1910, Ausführung 1920, Zeptermarke, Reichsapfel und KPM in Unterglasurblau, gestempelt M 15, N (Jahresbuchstabe), Höhe 31 cm. Staatliche Museen zu Berlin, Kunstgewerbemuseum

100 Diana die Liegende, auf flachem ovalem Sockel mit Rasenstück liegender weiblicher Akt, Entwurf von Paul Scheurich, 1918, Zeptermarke in Unterglasurblau, Eisernes Kreuz in Schwarz, gestempelt S (Jahresbuchstabe), geritzt 11031, Höhe 22,5 cm, Länge 35,7 cm. Staatliche Museen zu Berlin, Kunstgewerbemuseum

101 Galante Dame und galanter Herr, auf geschwungenen flachen Sockeln stehende Dame und stehender Herr in Kostümen des 18. Jahrhunderts, blaue, gelbe, graue, grüne und schwarze Aufglasurbemalung mit partieller Goldstaffierung, Entwurf von Hermann Hubatsch, 1920, Dekor von Gertrud Kant(?), auf den Sockeln geritzt HUBATSCH, Zeptermarke in Unterglasurblau, Reichsapfel, KPM in Eisenrot, in Braun 140/1012,50.. und 140/1011,50.., Höhe 22,5 cm. Staatliche Museen zu Berlin, Kunstgewerbemuseum

102 Hohe schlanke Vase mit stilisiertem Blütendekor, auf gelbem Fond vier Reserven mit violetter und goldener Aufglasurbemalung, Bemalung von Gertrud Kant (?), um 1925, Zeptermarke in Unterglasurblau, Reichsapfel, KPM in Eisenrot, in Grau 147/515.IIII, Höhe 38,8 cm. Staatliche Museen zu Berlin, Kunstgewerbemuseum

103 Teller und oval gebauchte Vase mit seladonfarbenen Gla-

suren, Entwurf von Marguerite Friedländer-Wildenhain, um 1930, Zeptermarke in Unterglasurblau und eingepreßtes Zeichen der Burg Giebichenstein in Halle (Saale); Teller: ⌀ oben 24,3 cm, unten 16,4 cm, Höhe 5 cm; Vase: Höhe 22 cm, ⌀ oben 8 : 9 cm, unten 7 : 9 cm. Staatliche Museen zu Berlin, Kunstgewerbemuseum

104 Teile vom Teeservice «Halle», Entwurf von Marguerite Friedländer-Wildenhain, 1930, Dekor von Trude Petri.
Das Kaffee-, Mokka- und Teeservice «Halle» ist das Ergebnis neuer formgestalterischer Bestrebungen an der Manufaktur, die 1929 unter dem künstlerischen Leiter Günther von Pechmann einsetzten. Aus einer Arbeitsgemeinschaft mit Künstlern der Kunstgewerbeschule Halle-Giebichenstein (Friedländer) und Gestaltern der Manufaktur (Petri) gingen mehrere Service in neuer werkbetonter Formgebung hervor. Der «Goldringdekor» von Trude Petri unterstreicht in seiner sachlichen Art und Weise die strengen Formen der von Marguerite Friedländer entworfenen Geschirre. Marguerite Friedländer war Bauhausschülerin und leitete nach Abschluß ihres Studiums die Keramikklasse in Halle.
Zeptermarke; Kanne: Höhe 12,5 cm; Tasse: Höhe 5 cm; Untertasse: ⌀ 15,6 cm; Kuchenteller: ⌀ 19,2 cm. Staatliche Museen zu Berlin, Kunstgewerbemuseum

105 Drei Vasen aus Seegerporzellan mit farbigen Glasuren; Flaschenvase, ockerfarbene, grünlich geflammte Glasur, 1902, Zeptermarke und Buchstaben Sgr in Unterglasurblau, gestempelt C (Jahresbuchstabe), Höhe 25 cm; Deckelvase, «Ochsenblut»-Glasur mit partiellen violetten Flecken, an Fuß, Hals, Deckel und Knauf schmale Mattgoldringe, um 1906, Zeptermarke und Buchstaben Sgr in Unterglasurblau, Höhe 19,5 cm; Vase, seladonfarbene grün-braun geflammte Laufglasur, um 1890, Zeptermarke und Buchstaben Sgr in Unterglasurblau, Höhe 33 cm. Staatliche Museen zu Berlin, Kunstgewerbemuseum

106 Zwei Vasen mit farbigen Glasuren und Reliefemaildekor; braune geflammte Laufglasur mit mehrfarbiger Reliefemailmalerei und Reliefgold, Dekor: auf der Schulter umlaufende Beerenranke, unterteilt durch vier Blattbüschel, aus denen Stengel aufsteigen, die unterhalb der Mündung in je zwei Blüten übergehen, nach 1900 (Entwurf der Form 1900), Zeptermarke in Unterglasurblau, Reichsapfel und KPM in Eisenrot, gestempelt 6462 (Modellnummer), Höhe 25 cm; kobaltblauer, golden gewurmter Fond mit Reliefemailmalerei und Reliefgold, Dekor: in dreifachem Rapport von der Mündung herabhängende Fuchsienstengel mit Blüten und Knospen, an der Mündung drei Nachtfalter, 1904 (Entwurf der Form 1900), Zeptermarke in Unterglasurblau, Reichsapfel und KPM in Eisenrot, gestempelt 6459 (Modellnummer) und D (Jahreszeichen), Höhe 24,5 cm. Staatliche Museen zu Berlin, Kunstgewerbemuseum

107 Teile vom «Ceres-Service». Dieses Service wurde 1912 anläßlich des 1913 bevorstehenden 150jährigen Jubiläums der Manufaktur von dem künstlerischen Leiter der Manufaktur, Theo Schmuz-Baudiss, entworfen. Es gilt auf Grund seines harmonischen Zusammenklanges von Form und Dekoration als eines der künstlerisch ausgewogensten Service in den Formen des späten Jugendstils. Sein Name leitet sich von den immer wiederkehrenden Dekorationsmotiven Füllhorn mit Früchten und Blumen, Gerstenähren usw. her, die als Attribute der Göttin der Feldfrüchte, Ceres, gelten. 1914 wurde das Service in drei Ausführungen hergestellt: 1. «mit Ährenkante in Gold und Aufglasurfarben», 2. «ohne Ährenkante in Gold und Aufglasurfarben» und 3. «ohne Ährenkante in Unterglasurfarben». Die abgebildeten Teile stammen aus einem 1920 ausgeformten Service. Zeptermarke, Monogramm Theo Schmuz-Baudiss, rotes Malerzeichen, Reichsapfel über KPM, Jahresbuchstabe U = 1920; flacher Teller: ⌀ 25 cm; kleine Terrine: Höhe 12,5 cm, Breite mit Griffen: 26 cm; Fruchtaufsatz: Höhe 14 cm, ⌀ 29,3 cm. Berlin–Porzellansammlung Belvedere, Berlin (West)

108 Harlekin «Maske», Harlekin mit hoher spitzer Mütze, rotschwarzem Umhang, grünem Rock und schwarz-weißer Klatsche, vor den Augen schwarze Maske mit grünem Band, Entwurf von Ludwig Gies, 1926. Zeptermarke und Reichsapfel mit KPM in Eisenrot, Höhe 45 cm; moderne Pallas Athene, als schreitende Dame mit einem Pekinesen auf dem Arm, in der modischen Kleidung dieser Zeit dargestellt, grau-grüne Farbgebung in Unterglasurfarben, Entwurf von Hermann Hubatsch, 1911, Ausführung 1912, am Sockel signiert, Zeptermarke, Reichsapfel und KPM in Unterglasurblau, Jahresbuchstabe M = 1912, Höhe 34 cm. Staatliche Museen zu Berlin, Kunstgewerbemuseum

109 Teile vom Kaffee- und Teeservice «Krokus», Entwurf von Hubert Griemert, 1956, Ausführung 1956–1972.
Hubert Griemert, Schüler von Marguerite Friedländer an der Kunstgewerbeschule Burg Giebichenstein, setzte als Leiter der Meisterklasse für Keramik an der Staatlichen Werkschule für Keramik in Höhr-Grenzhausen die aus der

Bauhaustradition kommenden Gestaltungsprinzipien handwerks- und zweckbetonter Formgestaltung bis in die 2. Hälfte des 20. Jahrhunderts fort. Sein Service «Krokus» ist dafür ein gutes Beispiel, auch für die Fortsetzung der unter Günther von Pechmann seit 1929 an der Staatlichen Porzellan-Manufaktur begonnenen Traditionen einer sachlichen und zweckbetonten Formgebung.

Zeptermarke, Preßzeichen; Kaffeekanne: Höhe 23,2 cm; Teekanne: Höhe 11,7 cm; Zuckerdose: Höhe 8,6 cm; Milchkännchen: Höhe 10,5 cm; Tasse: Höhe 4,7 cm, ⌀ 10 cm; Untertasse: Höhe 2,3 cm, ⌀ 13,2 cm; Kuchenteller: Höhe 2,2 cm, ⌀ 18,8 cm. Kunstgewerbemuseum der Stadt Köln

110 Teile vom Speiseservice «Urbino», Entwurf von Trude Petri, 1930–1932.

Das von Trude Petri entwickelte Speiseservice «Urbino» gehört zu den formvollendetsten Geschirrformen der Staatlichen Porzellan-Manufaktur dieser Zeit. Die abgebildeten Serviceteile gehören zu einer Neuausformung aus dem Jahre 1970. Zeptermarke in Unterglasurblau; Terrine: Höhe 15,0 cm, ⌀ 25,8 cm; Deckelschüssel: Höhe 11,3 cm, ⌀ 27,4 cm; Teller: Höhe 2,7 cm, ⌀ 26,7 cm; Suppentasse: Höhe 4,3 cm, ⌀ 12,2 cm; Untertasse: Höhe 2,2 cm, ⌀ 17,0 cm. Kunstgewerbemuseum der Stadt Köln

111 Teile vom Tee-, Kaffee- und Mokkaservice «Urbino oval», Entwurf von Trude Petri.

Nachdem das Speiseservice «Urbino» auf mehreren Ausstellungen Auszeichnungen erhalten hatte (u. a. den Grand Prix der Pariser Weltausstellung von 1937), wurde es durch das Kaffee-, Mokka- und Teeservice erweitert. Hierbei wurden die Tassen vom Service «Neu-Berlin» übernommen, das Trude Petri bereits 1931 aus dem Teeservice «Alt-Berlin» entwickelt hatte. Die eiförmig-ovale Kaffeekanne und das Mokkaservice entstanden dagegen erst 1947/48 im Werk Selb. Die abgebildeten Teile wurden zwischen 1966 und 1972 ausgeformt. Zeptermarke in Unterglasurblau. Kaffeekanne: Höhe 20,5 cm; Mokkakanne: Höhe 18,5 cm; Sahnekännchen: Höhe 5,1 cm; ovale Zuckerdose: Höhe 5,0 cm; Kaffeetasse: Höhe 4,4 cm, ⌀ 7,8 cm; Mokkatasse: Höhe 3,9 cm, ⌀ 6,9 cm; Teetasse: Höhe 4,2 cm, ⌀ 9,6 cm; Untertasse: Höhe 1,8 cm, ⌀ 12,7 cm; Kuchenteller: Höhe 1,6 cm, ⌀ 17 cm. Kunstgewerbemuseum der Stadt Köln

112 Teile vom Mokkaservice «Stambul», Entwurf von Wolf Karnagel, 1967, Ausformung 1970; Zeptermarke in Unterglasurblau, weiß glasiert; Kanne: Höhe 22,6 cm; Zuckerdose: Höhe 8,0 cm; Sahnekännchen: Höhe 7,3 cm; Tasse: Höhe 7,5 cm; Untertasse: ⌀ 11,6 cm; Kuchenteller: ⌀ 15,6 cm. Kunstgewerbemuseum der Stadt Köln

Bildnachweis: Klaus G. Beyer, Weimar 14; Ekkehard Fabry, Berlin 3, 7, 8, 15, 28, 35; Thomas Helms, Schwerin 66; Volkmar Herre, Leipzig 17, 18, 19, 23, 105, 106, 108, Schutzumschlag; Sächsische Landesbibliothek, Abteilung Deutsche Fotothek, Dresden 16; Kunstgewerbemuseum der Stadt Köln 20, 22, 67, 109–112; Märkisches Museum Berlin 85; Museum für Kunsthandwerk, Frankfurt (Main) 21; Staatliche Ermitage Leningrad 41–47, 72, 86, 91; Staatliche Museen zu Berlin, Kunstgewerbemuseum 1, 6, 9, 10, 30, 34, 48, 62, 63, 64, 69, 84, 92, 93, 95, 96, 98–102, 104; Staatliche Schlösser und Gärten Potsdam-Sanssouci 25; Staatliche Schlösser und Gärten Schloß Charlottenburg, Berlin (West) 65; Stiftung Preußischer Kulturbesitz, Berlin (West) 89, 90; Berlin–Porzellansammlung Belvedere, Berlin (West) 107.

Alle übrigen Fotos wurden für diesen Band von Walter Danz, Halle, aufgenommen.